Jean-Pierre Montier

Henri Cartier-Bresson

Seine Kunst – Sein Leben

»Alles, was ich zu sagen habe, steckt in meinen Photos.« Mit diesen Worten hatte sich Henri Cartier-Bresson, Jahrgang 1908, bisher allen biographischen Annäherungsversuchen widersetzt. Jean-Pierre Montier, Dozent für Literaturwissenschaft an der Universität Rennes, gelang es, das Vertrauen des Altmeisters der französischen Photographie zu gewinnen und mit seiner großen Studie, für deren Bebilderung Cartier-Bresson rund 300 seiner Aufnahmen, auch Zeichnungen und Gemälde, zur Verfügung stellte, eine seit langem als gravierend empfundene Lücke in der Literatur zur Photographie unseres Jahrhunderts zu schließen.

Eine Biographie im landläufigen Sinn ist dieses Buch dennoch nicht geworden. Montier holt weit aus, um alle Facetten dieser so vielschichtigen Persönlichkeit und eines so komplexen künstlerischen Werkes zu erfassen. Schwerpunkte seiner Analyse sind neben den rein biographischen Eckdaten die entscheidenden kulturellen Prägungen, die Cartier-Bressons Charakter und Kunst formten: das geistige Klima im Paris der zwanziger und dreißiger Jahre, in dem er aufwuchs und zum Künstler wurde; seine Neugierde an der Welt und ihren Menschen, die ihn zum Begründer des modernen Bildjournalismus werden ließ; die Begegnung mit dem Zen-Buddhismus, der seine sehr persönliche Theorie und Praxis des Photographierens entscheidend beeinflußte; schließlich seine Liebe zur Malerei, die schon den jungen Mann betörte und zu der er in hohem Alter zurückgekehrt ist.

In langen Recherchen und zahlreichen Gesprächen mit Cartier-Bresson entstand ein außergewöhnliches »Portrait« des großen Photographen, seiner Kunst und seines Jahrhunderts – ein Portrait, das umso eindrucksvoller ausfiel, als es nicht nur aus vielen klugen Worten, sondern auch aus mehreren hundert Bildern besteht, die für ihren Autor sprechen: »Alles, was ich zu sagen habe ...«

Unseren 1997 erschienenen Band, nach wie vor die umfassendste Biographie zu Henri Cartier-Bresson, legen wir jetzt als broschierte Studienausgabe vor.

336 Seiten, 289 Abbildungen, 10 Farbtafeln
ISBN 3-8296-0020-8

Henri Cartier-Bresson bei Schirmer/Mosel:

Die Photographien
Mit einem Text von Yves Bonnefoy
344 Seiten, 155 Duotone-Tafeln

A propos de Paris
Mit einem Texten von Vera Feyder und André Pieyre de Mandiargues
168 Seiten, 131 Duotone-Tafeln

Tête à tête
Mit einem Text von Ernst Gombrich
144 Seiten, 142 Duotone-Tafeln

Europäer
Mit einem Text von Jean Clair
232 Seiten, 184 Duotone-Tafeln

Landschaften und Städte
Mit Texten von Erik Orsenna und Gérard Macé
240 Seiten, 105 Duotone-Tafeln

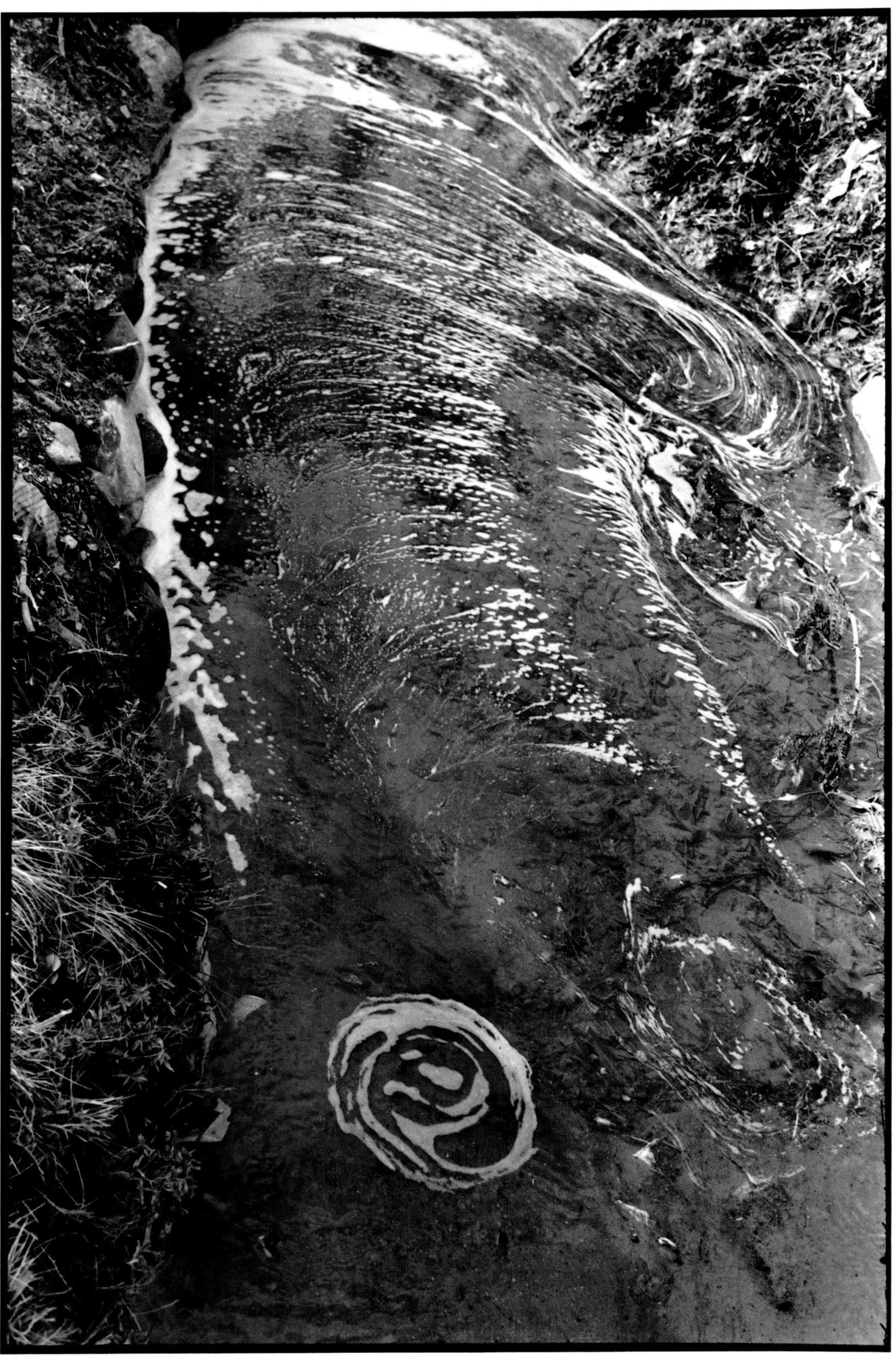

I. Yin und Yang eines japanischen Baches, 1966

Jean-Pierre Montier

Henri Cartier-Bresson

Seine Kunst – Sein Leben

Aus dem Französischen übersetzt
von Caroline Gutberlet

SCHIRMER/MOSEL

MÜNCHEN · PARIS · LONDON

»Daß der Weg der kunstlosen Kunst nicht leicht ist,
sollten wir gleich in der ersten Unterrichtsstunde erfahren.«
Eugen Herrigel, *Zen in der Kunst des Bogenschießens*

In memoriam Gilles Saupin (1955–1976)

© der Photographien, Gemälde und Zeichnungen 1995 by Henri Cartier-Bresson, Paris
© dieser Ausgabe 1997 / 2002 by Schirmer/Mosel München
Autorisierte deutschsprachige Ausgabe des 1995 bei Flammarion, Paris erschienenen Werkes
L'Art sans art d' Henri Cartier-Bresson

Die Deutsche Bibliothek – CIP-Einheitsaufnahme
Montier, Jean-Pierre: Henri Cartier-Bresson: seine Kunst – sein Leben / Jean-Pierre Montier.
Aus dem franz. übers. von Caroline Gutberlet. – München; Paris; London: Schirmer/Mosel, 2002
Einheitssacht: L'Art sans art d' Henri Cartier-Bresson [dt.]
ISBN 3-8296-0020-8

Satz: Typograph, München
Druck und Bindung: EBS, Verona

ISBN 3-8296-0020-8

www.schirmer/mosel.com

INHALT

Portrait:
Erste Skizze

Patrizierhände, von feinem und nervösem Aussehen.
Das Schöne an ihm waren vor allem seine Augen ...
ALFRED DE MUSSET, *Namouna, histoire orientale*

Die Photographie läuft gut. Das war eine gute Idee von mir.
Ich werde Ihnen bald einige gelungene Sachen zuschicken.
ARTHUR RIMBAUD, *Brief*

Das Portrait dessen, der so gerne welche von anderen »geschossen« hat, wird hier nicht in Bildern geliefert werden. Mit dieser Abwesenheit soll weder der Mythos durch den Kunstgriff des Geheimnisvollen verlängert noch der Leser um seine berechtigte biographische Neugier gebracht werden. Aber war denn letztendlich die Erfindung des Portraits des Isidore Ducasse wirklich lehrreich im Hinblick auf die Dichtung des Grafen von Lautréamont? Sind etwa die Silhouette von Henri Beyle und die Statur von Stendhal exakt deckungsgleich? Die Identität eines Künstlers verbirgt sich in seinem Werk.

Anfang der dreißiger Jahre machte Henri Cartier-Bresson die Photographie zu seiner Geliebten und Herrin. Er sollte sie rund um die Welt mitnehmen. Damals brach er gerade mit allen Konventionen. Als er 1908 geboren wurde, beugten sich die Glücks- und Wohlstandsfeen über seine Wiege. Doch sehr schnell zog er ihnen die Musen vor, Terpsichore (der Tanz), Klio (die Geschichte), Erato (die Liebeslyrik), Urania (die Astronomie, die mit einem Kompaß in der Hand dargestellt wird, Meisterin der Gestirne und der Stunden). Später wird er, der virtuose Schütze, sich des Bogens annehmen – Apollos Instrument, wo dieser sich von der Lyra abwandte, aber auch das von Odysseus, dem listigen Reisenden. »Die jüdisch-christliche, die islamische Welt, das war es nicht ... Als ich ein kleiner Junge war, war ich voller Begeisterung für

die griechische Mythologie und das Heidentum. Diesen Göttern begegnet man jeden Tag im Leben!«[1] Sehr früh schon wird er zu einer Randerscheinung in seinem Milieu, dessen Konformismus und vorgefaßte Überzeugungen er nicht erträgt, insbesondere nicht auf religiösem Gebiet; die Vorstellung vom Körper, die ein moralisch engstirniger und strenger Katholizismus predigt, tauscht er lieber gegen die Früchte seines Nachdenkens aus. »Ich habe nie einen Glauben besessen, und ich habe in meinen Augen eine schlechte erste Kommunion abgegeben, weil ich wußte, woher die Kinder kamen – ich dachte zu der Zeit, daß man nicht das Recht hätte, es zu wissen –, und ich hatte eine ganz und gar botanische Vorstellung davon; ich wußte, daß ich zwei Kinder haben würde, ich betastete sie, um zu wissen, ob es zwei Jungen oder zwei Mädchen sein würden, und ich sagte mir: die armen Männer, die zehn oder zwölf Kinder haben, das muß ganz schön schwer zu tragen sein. Ich glaubte, daß es wie ein Kern war, den man zwischen die Beine der Frau legte ... Das war meine Vorstellung von der Zeugung!«[2]

Laut Claude Lefranc, seinem Gefangenschafts- und Fluchtgefährten (er war drei Jahre Kriegsgefangener in Deutschland), erlebte Cartier-Bresson seine Zugehörigkeit zu einer großen Dynastie von Industriellen der Textilbranche, einer jener berühmten zweihundert Familien in den dreißiger Jahren, »wie einen Makel«. »Als ich ein kleiner Junge war,

How and why...

A few years ago, on the intercom:
- "Sir, I would like to write a thesis on your photographs."
- "Thank you, sir, but there are more amusing ways of spending your time". — I hang up. —

Some years later;
- "Sir, I didn't take your advice and my thesis weighs more than two kilos"."
- "Come up".

Jean Pierre Montier, a young professor in litterature at the University of Rennes, is a man of wide ranging culture. My wife, Jean Clair and I were there when he presented his thesis at the University of Aix en Provence, and here is what constitutes most of his thesis and has been published thanks to our friend Yves Bonnefoy. — It is a masterly analysis of photography from observation, from real life. — .... and it is me that he happens to have focused on! It is a bit uncomfortable to behold the image of his reflected in the mirror !!, ...

The choice of illustrations is mine, in complete accord with Jean Pierre Montier.

Henri Cartier-Bresson
28.6.96

How and Why ...

> *A few years ago, on the intercom:*
> — *»Sir, I would like to write a thesis on your photographs.«*
> — *»Thank you, Sir, but there are more amusing ways of spending your time.« — I hang up. —*
> *Some years later:*
> — *»Sir, I didn't take your advice and my thesis weighs more than two kilos.«*
> — *»Come up.«*

Jean-Pierre Montier, a young professor in literature at the University of Rennes, is a man of wide ranging culture. My wife, Jean Clair and I went there when he presented his thesis at the University of Aix-en-Provence, and here is what constitutes most of his thesis and has been published thanks to our friend Yves Bonnefoy. – It is a masterly analysis of photography from observation, from real life – ... and it is me that he happens to have focused on!
> *It is a bit uncomfortable to behold the image thus reflected in the mirror!! ...*

The choice of illustrations is mine, in complete accord with Jean-Pierre Montier.

Henri Cartier-Bresson
28.6.96

Wie und Warum ...

> *Vor ein paar Jahren, an der Sprechanlage:*
> — *»Sir, ich möchte meine Doktorarbeit über Ihre Photographien schreiben.«*
> — *»Vielen Dank, Sir, aber wissen Sie mit Ihrer Zeit nichts besseres anzufangen?« — Ich legte auf. —*
> *Einige Jahre später:*
> — *»Sir, ich habe Ihren Ratschlag nicht beherzigt, und meine Doktorarbeit wiegt über zwei Kilo.«*
> — *»Kommen sie rauf.«*

Jean-Pierre Montier, ein junger Literaturprofessor an der Universität Rennes, ist ein hochgebildeter Mann. Meine Frau, Jean-Clair und ich waren dabei, als er seine Dissertation an der Universität von Aix-en-Provence vorstellte, und hier ist sie, zumindest ein großer Teil davon, dessen Veröffentlichung wir unserem Freund Yves Bonnefoy verdanken. – Es ist eine meisterhafte Analyse der Photographie aus der Perspektive des Beobachters, des wirklichen Lebens – ... und zufällig bin ich derjenige, um den es geht!
> *Mir wird ein bißchen mulmig, wenn ich dieses Spiegelbild betrachte!! ...*

Die Bilder habe ich selbst ausgesucht, in vollem Einvernehmen mit Jean-Pierre Montier.

Henri Cartier-Bresson
28.6.96

In diesem Schreiben vom Juni 1996 skizziert Henri Cartier-Bresson das Zustandekommen der hier vorliegenden »Biographie« und die Zusammenarbeit mit ihrem Autor.

befand sich in meinem Zimmer ein großer Spiegel aus vergoldetem Holz; ich hatte einzelne Buchstaben aus *L'Écho de Paris* ausgeschnitten [...] und ich hatte geschrieben: *Wo kommt das Geld her?* In meiner Familie herrschte reinster Paternalismus, ich hatte praktisch kein Geld. Und als ich malen wollte, sagte mein Vater: ›Du wirst dein Einkommen aus der Mitgift beziehen. Du wirst kein Vatersöhnchen sein, und mache das, was du tun willst, gut!‹ Ich habe das mit dem Einkommen aus der Mitgift sehr schnell begriffen ... Wenn ich mit einem Mädchen ins Kino gehen wollte, durfte ich für ich weiß nicht wie lange nicht rauchen!«[3] Geld war für ihn etwas, das Hierarchien herstellte, Rollen zuwies, die menschlichen Beziehungen trübte. Indes kultivierte er bereits, was der indische Filmemacher Satyajit Ray auf sich selbst bezogen eine »Passion für Leute und Orte« nannte. Er trat in die Fußstapfen etlicher Söhne aus guter Familie, indem er seine Persönlichkeit in der Revolte gegen alles suchte, was die Werte und Ordnung des bürgerlichen Milieus symbolisierte. Darin liegt nichts besonders Originelles, wenn nicht der feine Unterschied darin bestünde, daß diese Revolte dauerhaft bleiben sollte: Sie ist integraler Bestandteil seiner Leidenschaft für das Schauen, Hinterfragen, das visuelle Analysieren. »En-rit« alias »Hank Carter«, wird sein ganzes Leben »Ca-bré«[4] sein, Rebell, widerspenstig. Vielleicht wegen Charlotte Corday, von der er mütterlicherseits abstammt?

Selbstverständlich legt er gegenüber dem Kerker der schulischen Institution und ihrer aseptischen und militarisierten Atmosphäre ein störrisches Verhalten an den Tag. Julien Gracq, zwei Jahre jünger als er, ruft die Erinnerung an das Gymnasium in Nantes mit folgenden Worten wach: »Aus dem Abstand eines halben Jahrhunderts heraus staune ich immer noch, wie sehr diese Anstalt (in der das der Gesellschaft Jesu so teure Internat weiterhin eine zentrale, aber denaturierte, keineswegs erzieherische und auf die Rolle eines disziplinären Aufseheramtes reduzierte Stelle einnahm) napoleonisch geblieben war, wie aggressiv und völlig konträr sie sich zum Traum einer *gastlichen Gesellschaft* verhielt, in dessen Bann unsere Epoche steht: Ordnung, Einheitlichkeit, Hierarchie und Disziplin lauteten die Parolen. Es war eine grobe, kantige, schneidende Anstalt, in der jede spontane Geste leicht zu einer Quetschung wurde [...].«[5] Schon fällt einem bei Gracq auch Lautréamont ein, wie er sich der »anarchischen, brisanten Impulse, die diese Administrierung stoßweise hervorbrachte«, erinnert.

Seine Bildung erhält Henri Cartier-Bresson eher als Autodidakt denn als ehrlicher Pennäler. Mit einigen der größten Werke der Literatur nimmt er einen geheimen Dialog auf, von dem sich sein Werk später nähren sollte: »Ich hatte das Glück, daß mich eines Tages der Oberaufseher von Fénelon, ein Laie in diesem katholischen Laden, in der Unterprima beim Lesen von Rimbaud erwischte. Er sagte: ›Keine Unordnung während der Lernstunden, du wirst ab sofort in meinem Büro lesen können ...‹ Und so habe ich im Laufe eines Jahres alles gelesen: D'Annunzio, Proust, Dostojewski, Nietzsche, Joyce. Ich entdeckte ein Buch über Schopenhauer, das mich auf Romain Rolland und den Hinduismus brachte. Ich bin kein Christ. Die Wahrheit, oder besser gesagt der Weg, das ist der Buddhismus, der Zen, der Taoismus; und für mich ist Gott – ich möchte niemandem zu nahe treten – eine Erfindung des Menschen! Der Surrealismus hat mich auch sehr stark geprägt. Ich bin Anarchist, durch und durch anarchistisch, das heißt gegen jede Macht.«[6] Seine Persönlichkeit konstituiert sich um die Ablehnung all dessen, was die Institutionen seiner Zeit verehren und für heilig erklären. Die Portraits, die von ihm zu seiner Gymnasialzeit aufgenommen wurden und die Sarah Moon in ihrem Film *Point d'interrogation* erstmals präsentierte, zeigen einen sehr »dandyhaften« Henri, schön wie seine Mutter, die eine Ähnlichkeit mit den Damen von Jacques-Henri Lartigue besitzt. Auch wenn er auf einem Photo als Geck von achtzehn Jahren ein blasiertes Lächeln zur Schau trägt – zur Überheblichkeit eines Dandys würde es niemals reichen, trotz eines Aufenthalts in Cambridge im Jahr 1928, wohin ihn seine Familie aus Verzweiflung darüber schickte, daß er noch immer nicht seine Zugehörigkeit zur guten Gesellschaft begreifen wollte.

Für sein Erbteil hatte er sich bereits entschieden. Nicht aus seinem industriellen Erbgut sollte es kommen, sondern von einem anderen Zweig seines Stammbaums: »Mein Vater wünschte sich, daß ich in der Textilbranche Karriere mache. Dafür mußte ich auf die Haute École Commerciale. Ich fiel dreimal durchs Abitur, und die großen Stücke, die er auf mich setzte, lösten sich schnell in Wohlgefallen auf!«[7] Er hält sich an seinen Onkel Louis, der wie Soutine Schüler von Cormon war und 1910 mit dem Prix de Rome ausgezeichnet wurde: »Es gab eine visuelle Tradition in meiner Familie, mein Vater zeichnete. Ich besitze Zeichnungen von ihm und auch welche von meinem Urgroßvater mütterlicherseits, Jules Blazy. Und ich hatte auch einen Onkel, der 1915 getötet wurde, der ein ausgezeichneter Maler war: Er hieß Louis Cartier-Bresson. Sein Name steht auf dem Gefallenendenkmal der École des beaux-arts.«[8] Indem es das Erbgut in Marmor sichtbar werden läßt, das er mit jenem teilt, den er seinen geistigen Vater nennt, gibt das Schicksal Henri, der die Institutionen, die Monumente und die geweihte Kunst verabscheut, einen Wink. Die Treue zu diesem wegbereitenden Onkel sollte er später unfreiwillig so weit treiben, daß er seinerseits für auf dem Felde der Ehre gefallen erklärt wird: 1946 wurde ihm eine posthume Ausstellung im Museum of Modern Art in New York gewidmet. Als hätte man in dieser Familie mehr noch als Sinn für Humor (einen schwarzen in diesem Fall) einen Sinn für das Schicksal gehabt. In ihr kultiviert man auch gerne einen gewissen Skeptizismus, der mit einem ausgeprägten Sinn für die Wirklichkeit einhergeht, was Cartier-Bresson davor bewahren wird, sich irgendeinem Dogmatismus anzuschließen, sei es dem marxistischen Messianismus oder dem Idealismus der Ideologen des *l'art pour l'art.*

Dieses gütliche Zurückweisen des väterlichen Erbes hat nichts Freud'sches an sich. Eine solche Existenz könnte höchstens einen Biographen à la Sartre locken, der die Suche nach Freiheit des Objekts Cartier-Bresson in einem Labyrinth von Verweigerung und Entscheidung ansiedeln würde, getragen von einem konfliktbeladenen Dialog zwischen dem Vater und dem Onkel, dem Ich und der Gesellschaft. Stetig gekennzeichnet von Momenten des Infragestellens, verdankt seine Existenz nichts der Komödie der Unaufrichtigkeit und liest sich schwerlich wie ein vorgezeichnetes Schicksal. Vielmehr wie ein Voranschreiten mit klarem Verstand, scheinbar auf verschlungenen Wegen, doch immer konsistent. Statt dazu

2. Pierre Josse, 1980

beizutragen, retrospektive Interpretationen zu konstruieren, denen immer der bittere Geschmack des Posthumen anhaftet, zieht es Cartier-Bresson vor, wenn er von seiner Vergangenheit spricht (was selten vorkommt), die Zufälle herauszustellen, mit denen das Leben gespickt ist und die einem weismachen wollen, daß es einen Gott oder einen gewitzten Dämon gibt, der sein Spiel treibt mit unserem Wunsch, in den Wechselfällen des Lebens den Beweis für eine Transzendenz zu finden. »Ich fühle mich als Sizilianer, denn neun Monate nach der Hochzeitsreise meiner Eltern in Palermo wurde auf den Tag genau der kleine Henri geboren. Dort wurde ich gewünscht, und das ist viel wichtiger als der Ort, an dem man geboren wird! Es ist schon merkwürdig, daß mich, obwohl ich weder an Gott noch an den Teufel glaube, Zufälle immer verblüfft haben. [Dabei habe ich erst 1994 *Die Wurzeln des Zufalls* von Arthur Koestler gelesen.] In meinem ganzen

Leben hat es immer Zufälle gegeben ... Zum Beispiel ging es da um einen Preis. Borges sollte die Staffel weiterreichen, er sagte mir: ›Sie werden sie tragen, denn Sie können sehen, und ich kann nicht mehr sehen.‹ Ich sagte: ›Ich mag keine Zeremonien ...‹ Doch er starb, bevor wir nach Palermo gingen. Borges war in Palermo in Argentinien geboren, und ich, mich hat man sich in Palermo gewünscht. Bevor er starb, sagte er zu Maria: ›Du wirst den Preis überreichen.‹ Und es fand in dem Hotel statt, wo der kleine Henri gezeugt wurde! Es gibt nur Zufälle!«[9] Ebensowenig lassen sich seine wahren Ursprünge auf irgendeinen primitiven Konflikt zurückführen noch auf seine Heimat (»Wir haben es hier mit einer furchtbar puritanischen Welt zu tun. Was erklärt, warum ich den Fernen Osten so mag. Man hält mich für einen Weißen, aber ich bin durch und durch kein Weißer!«[10]), auch nicht auf seine Vergangenheit. Vielmehr haben sie mit seinem regelmäßigen Umgang mit Menschen zu tun, mit dem breiten Kulturwissen, das er sich aneignet. Denn er ist gierig danach, eingeweiht zu werden in das, was Pavese den »Beruf zu leben« nennen sollte, und den Werten zu begegnen, die einmal in ihm selbst widerhallen würden.

Er wird also Maler werden. »Seit der Zeit, als dieser mythische Vater, der Bruder meines Vaters, den ich im Alter von fünf Jahren während der Weihnachtstage des Jahres 1913 kennengelernt hatte, mich in sein Atelier mitnahm, wurde die Malerei zu einer fixen Idee. Dort lebte ich in einer farbengetränkten Atmosphäre, ich schnüffelte an den Leinwänden.«[11] Was danach kam, sollte ihn darin bestärken, ihn gleichzeitig aber auch Lügen strafen. Als er schon ein bekannter Photograph war, fragte ihn ein Mitgefangener, was er nach dem Krieg zu tun gedenke: »Ich werde Maler sein«, immer noch. Im Juni 1943 – ihm war gerade die Flucht gelungen und er wartete auf die Ankunft eines Korrespondenten, der ihm falsche Papiere aushändigen sollte – malte er den Hügel von Fourvière, der die Saône in Lyon überragt. Drei Monate später fertigte er in Gouache die Skizze eines Tisches an, die in ihrer Art an die Stilleben denken läßt, die Georges Braque um 1928 herum schuf. Viel später, Ende der sechziger Jahre, wird die Malerei wiederkommen, allmählich sich ihren Weg bis zu seinen Pinseln gebahnt haben. So wie Degas seine Sichtweise dank der Photographie schärfte, hat auch Cartier-Bresson die seine immer wieder in der Malerei verjüngt: »Alberto Giacometti war ein großartiger Zeichner. Eines Tages spielten wir, daß jeder für sich die Namen seiner Lieblingsmaler aufschreiben sollte. Wir zählten beide van Eyck, Cézanne, Paolo Uccello beziehungsweise Piero della Francesca auf.«[12] Maler zu sein hat sich für ihn lange Zeit im Photographieren, später im Zeichnen ausgedrückt.

Am Anfang war die Photographie ein Kinderspiel: »Wie viele andere Jungen hatte ich eine Brownie-Box, aber ich benutzte sie nur von Zeit zu Zeit, um kleine Alben mit meinen Ferienerinnerungen zu füllen. Erst sehr viel später fing

Tafel II
Tafel III

ich an, durch den Apparat hindurchzuschauen, meine kleine Welt wurde größer, und das bedeutete das Ende der Urlaubsphotos.«[13] Zu dieser Zeit feierte ein neues, bewegtes, lyrisches, leuchtendes Bild seinen Triumph: das Bild des Stummfilms. »Dann gab es auch die Filme – *Mysteries of New York* mit Pearl White, die großen Filme von Griffith, *Broken Blossoms,* die ersten Filme Stroheims, *Greed* [Gier nach Geld], die Filme von Eisenstein, *Panzerkreuzer Potemkin,* und Dreyers *La passion de Jeanne d'Arc* –, die mir das Sehen beibrachten. Später lernte ich Photographen kennen, die Abzüge von Atget besaßen; ich war sehr von ihnen beeindruckt. Also kaufte ich mir ein Stativ, ein schwarzes Tuch und eine 9 x 12-Kamera aus poliertem Nußholz, die an der Stelle des Verschlusses vorne auf dem Objektiv eine Kappe hatte. Diese Besonderheit brachte mit sich, daß ich mich nur mit Gegenständen abgeben konnte, die sich nicht bewegten. Andere Themen waren zu kompliziert oder schienen mir zu amateurhaft; ich bildete mir ein, mich auf diese Weise der Kunst zu widmen.«[14] Die großen pathetischen oder komischen Inszenierungen aus dem goldenen Zeitalter des Stummfilms, allen voran die Filme von Buster Keaton, bieten sich ihm wie ein natürliches Gegenstück zur Romanliteratur an. Das überdeutliche Spiel der Darsteller gibt ein Beispiel ab für eine visuelle Welt, die auf das Wort verzichten kann, ohne darüber ihre emotionale Intensität zu verlieren.

Cartier-Bresson wird des öfteren mit Filminszenierungen in Berührung kommen, ohne jedoch jemals die Grenze von der Reportage zum Spielfilm zu überschreiten: »Es war 1935, bei Paul Strand, daß ich anfing, das Filmen zu lernen. Ich wechselte das Werkzeug. Ich wußte, daß ich keine Spielfilme machen würde, vermutlich aber Dokumentarfilme, denn mir fehlt die literarische Phantasie. Für mich ist die visuelle Seite der Kino-Photographie nur eines von vielen Elementen, und ich glaube, daß die großen Filme von Leuten gemacht werden, die fast schon Romanschriftsteller sind.«[15]

Mit dem Film wird seine Sichtweise auf eine weitere Art geprägt. Hier entwickelt sich sein extrem feines Gespür für das Spiel und die Anordnung der Gesichter, das er später in seinen Photoportraits einsetzt, die eine Art Synthese bilden zwischen der dramatischen Kunst des Stummfilms und der Kunst des unverhofften Festhaltens, wie sie für die Reportage charakteristisch ist. »Ich schaue die Leute an, auf der Straße, in der Kneipe, sie sind von Natur aus Schauspieler. Ich liebe es, Leute anzuschauen. Ich liebe den Stummfilm über alles. Er hat mich geprägt, als ich ein Junge war. Es ist schwer, zu schauen und gleichzeitig zuzuhören ... Ich habe in Ländern gelebt, deren Sprache ich nicht konnte, also mußte ich viel mehr schauen!«[16] Wie die zunehmende Verfeinerung des Gehörs die Blindheit kompensiert, so lernt der Zuschauer von Stummfilmen das Schweigen, um besser sehen zu können.

Als Henri Cartier-Bresson einmal seine Ferien in Offranville verbringt, malt er bei Jacques-Émile Blanche (den Proust gut gekannt hatte), der ihn unter seine Obhut nimmt und Gertrude Stein vorstellt. Um 1923–1924 herum saugt er sich förmlich, in einer Galerie nach der anderen, mit kubistischer Malerei voll: in den Galerien von Kahnweiler, gegründet 1920 in der Rue d'Astorg 29, von Léonce Rosenberg, Percier und Barbazange. Da er seit seinem sechzehnten Lebensjahr regelmäßig mit Männern wie René Crevel und Max Jacob, als 19jähriger dann mit Élie Faure, André Breton und Max Ernst

3. Akt, *Lithographie für* Der Pariser Bauer, 1993

verkehrt, verläuft sein Weg bereits parallel zu den innovativsten künstlerischen Strömungen des beginnenden 20. Jahrhunderts. Mit Zwanzig kennt er die meisten Schriftsteller und Künstler der Avantgarde, von Cocteau bis Dalí. Alles ist im Keim vorhanden; Malerei, Film und Literatur sind die Pfeiler, auf denen er die Photographie aufbauen wird.

Mitte der zwanziger Jahre verkörpern die Surrealisten den glühenden Imperativ der Revolte, den Spott gegenüber dem christlichen Moralismus; für sie hat sich die Kunst darzustellen als ein Sich-Überstürzen der Formen und Äußerungen des

Lebens, wie sie unerwarteter nicht sein könnten. Sie personifizieren die intime Vereinigung der visuellen Künste mit der Literatur. Cartier-Bresson bringt ihnen enthusiastische Bewunderung entgegen, auch wenn er zusammen mit seinem Freund Mandiargues nur ein leidenschaftlich aufmerksamer Zuschauer ihrer Debatten bleibt. »Meine Jugend, das ist eine ganze Welt für sich! Zusammen mit André Pieyre de Mandiargues und Pierre Josse, dem Bildhauer und großen Freund von Alberto Giacometti, verbrachten wir unsere Zeit damit, Pfefferminz-Aperitife in Bordellen zu uns zu nehmen. Wir gingen nicht hinauf, aber ... diese Gespräche! Rue des Moulins, das war der Ort, wo Degas und Toulouse-Lautrec, wenn ich mich nicht täusche, ihre Zeichnungen machten ... Und dann gingen wir ins Café, an der Place Blanche, und setzten uns ans Tischende, zu den Surrealisten. Wir waren zwar zu jung, um an allen Gesprächen teilnehmen zu können, aber wir verpaßten keine Versammlung! Die Verehrung von Breton als Heiligem ist schon ein merkwürdiger Gedanke ... Und das Rimbaud-Jahr! Na ja, mein Gott!«[17] Seine Neigung, sich zu empören, bleibt erstaunlicherweise das Gegenstück zu seiner durch und durch philosophischen Haltung.

Die Bordelle: Hochburg der Pädagogik surrealistischer Befreiung! Es geht darum, sich von einem sinnlosen und antiquierten Moralismus zu lösen, eine Religion der Liebe zu erfinden. »Wie denn, muß mein Sinn für diese Leidenschaft und mein Respekt vor ihr nicht sehr groß sein, ja, wie ich im stillen glaube, einzigartig, wenn kein Widerwille mich von ihren schlichtesten, ihren unwürdigsten Altären fernzuhalten vermag? Heißt es nicht, ihr Wesen zu verkennen, wenn man sie für unvereinbar hält mit dieser Erniedrigung, dieser absoluten Absage an das Abenteuer, das freilich immer noch ein Abenteuer meiner selbst ist, des Mannes nämlich, der ins Wasser springt und dabei auf jede Maskerade verzichtet, was für den, der wirklich liebt, etwas Berauschendes hat?« schreibt Louis Aragon.[18] In *Le Désordre de la mémoire* erzählt Mandiargues, wie Aragon 1929, kurz nachdem er sein Buch *Le Paysan de Paris* beendet hatte, seinen beiden jungen Anhängern die Bordelle von Rouen und Nancy zeigt.[19]

Die Surrealisten verleihen dieser individuellen Revolte die Macht, die Rechtfertigung und die Aura einer kollektiven und unwiderstehlichen Bewegung. Sie enthüllen die Existenz eines neuen Kontinents, den zu erforschen überaus aufregend ist: das Unbewußte. »[...] wir lebten in der Zeit des Großen Verlangens: die Surrealisten wollten die unendliche Begierde wiedererwecken, deren Gegenstand nichts anderes als Alles ist«, erinnert sich Jean-Paul Sartre lakonisch.[20]

Als Surrealist besuchte Henri Cartier-Bresson mit zwanzig Jahren häufig das Atelier von André Lhote, dem Maler und Theoretiker der Komposition. »Er brachte mir Lesen und Schreiben bei, das heißt: das Photographieren. Sein Buch *Traité du paysage et de la figure* ist von grundsätzlicher Bedeutung. Er hatte die Angewohnheit zu sagen: ›Wenn man einen

Instinkt hat, dann hat man das Recht zu arbeiten!‹ Angesichts einiger meiner Gemälde rief er aus: ›Ach! Sie kleiner Surrealist! Ihre Farben sind schön, machen Sie weiter so.‹ Ich sah ihn kurz vor seinem Tod wieder. Alles kommt von Ihrer Ausbildung zum Maler, sagte er als Kommentar zu meinen Photographien.«[21] So stellt er Regeln auf, setzt sich Grenzen, obwohl er seine rebellische Energie, von der er weiß, daß sie seine beste Seite ist, nicht wieder fallenlassen will. Lhote aber hat die Tendenz, die Errungenschaften des Impressionismus und des Kubismus zu rationalisieren, die bereits den Weg des Klassizismus eingeschlagen und somit einen Teil ihrer innovativen Kraft, ihres Widerstandspotentials eingebüßt haben. Damit würde der Widerspruch doch zu weit führen, und Cartier-Bresson kommt sehr schnell zu der Einsicht, daß er sich in eine Sackgasse begibt: den Akademismus. »Ich verließ das Atelier von André Lhote, weil ich nicht in diese systematische Geisteshaltung hineingeraten wollte. Ich wollte mich in Frage stellen, ich selbst sein. Mit Rimbaud, Joyce und Lautréamont in der Tasche bin ich auf gut Glück losgezogen und habe meinen Lebensunterhalt damit verdient, in Afrika beim Licht einer Karbidlampe auf Jagd zu gehen. Ich habe die Brücken hinter mir radikal abgebrochen.«[22]

Er zerstört einen Großteil seiner Gemälde und fällt seine Entscheidung, weder ein französischer Maler noch ein surrealistischer Künstler zu sein und auch keiner Schule, keiner Bewegung angehören zu wollen. Sein Aufenthalt an der Elfenbeinküste im Jahr 1930 stellt eine wesentliche Etappe auf diesem Weg dar. Er entspricht ganz offensichtlich einer Suche nach Authentizität, einer heftigen Verweigerung der Werte, der Lebensart und der Philosophie des Westens, einer Ablehnung, die das Gerüst dessen bildet, was er seine »anarchistische Seite« nennt. Ein solches Abenteuer ist nicht ohne Vorläufer: die Suche nach einem exotischen Anderswo, nach einer primitiven Heimat, weit weg von den Ausdünstungen der Industriegesellschaften, ist Bestandteil der entscheidenden Erfahrungen junger Künstler dieser Zeit, erst Gauguin, dann Loti, Segalen, Conrad, Céline, Claudel und viele andere. Hatten die Romantiker im frühen 19. Jahrhundert Griechenland zur Absolvierung von Pilgerfahrten zu den Quellen unserer Zivilisation zum Ziel gehabt, so ging am Ende des 19. und Anfang des 20. Jahrhunderts diese gewisse Anziehungskraft von Afrika und vom Fernen Osten aus, von denen sich all jene Künstler und Schriftsteller angezogen fühlten, die sich mit der bürgerlichen Gesellschaft überworfen hatten und nach neuen Lebensinhalten suchten. Michel Leiris, der am 31. Mai 1931 nach Afrika aufgebrochen war, schreibt: »Als ich von einer fast ausschließlich literarischen Tätigkeit zur Ethnologie überwechselte, wollte ich mit den intellektuellen Gewohnheiten brechen, die bis dahin die meinen gewesen waren, wollte in der Berührung mit Menschen anderer Kulturen und anderer Rassen die trennenden Mauern niederreißen, zwischen denen ich erstickte, und meinen Ge-

4. Pirogen, Elfenbeinküste, 1930

sichtskreis auf ein wahrhaft menschliches Maß erweitern.«[23] Noch schärfer formulierte es Paul Nizan in *Aden. Die Wachhunde:* »Keine Reisen in Europa. Wir betrachteten diesen winzigen Streifen Erde, diesen Ableger Asiens als einen Block, den Block unseres Geburtslandes. Man sprach von ihm wie von einer Einheit, die dem Unglück ein und desselben Schicksals ausgeliefert war. Es gab nur noch Europa, unsere Heimat, und uns. Wir mußten uns also vor allem von Europa befreien. Außerhalb Europas lagen Kontinente, in denen Kräfte, Tugenden und Weisheiten herrschten, die unserer Provinz fremd waren. Alles war besser als dieses Europa.«[24] Aus denselben Gründen hatte sich André Gide 1926 in Begleitung seines Freundes Marc Allégret für eine Reise in den Kongo eingeschifft. Allégret brachte von dort einen zu wenig bekannten Film mit zurück, bei dem es sowohl um Politik als auch um Ethik und Ästhetik ging, der also ganz auf die Erfahrungen abgestellt war, die Cartier-Bresson an der Elfenbeinküste machen sollte. Dieser Film erzählt in offensichtlicher Weise vom zutiefst mehrdeutigen Charakter des zivilisatorischen Werks der Weißen, aber auch von der Faszination für die unvermittelte und unversehrte Schönheit der Nacktheit, die von den Körpern der afrikanischen Völker aus-

geht. Henri Cartier-Bresson entkommt diesem zwingenden Bedürfnis nicht, die Ketten zu einem Kontinent zu sprengen, der in einer Identitätskrise steckt, ganz zu schweigen davon, daß er in diesem Punkt dem Einfluß von André Breton und dem Kreis der Surrealisten treu bleibt, die entscheidend dazu beitrugen, daß die Schwarze Kunst entdeckt und die Entwicklung der bildenden Kunst auf eine Suche nach dem Primitiven ausgerichtet wurde.[25]

Schon zu dieser Zeit ist Afrika der Teil der Welt, in dem die Widersprüche des Industriesystems am deutlichsten zutage treten, dessen Ungerechtigkeiten und menschliches Desaster sich am offensichtlichsten zeigen. Später wird er behaupten, daß er dort eine mit dem Anfang von Célines *Reise ans Ende der Nacht* vergleichbare Atmosphäre in natura vorgefunden habe. Hier bestätigt sich auch seine wohlbegründete Geringschätzung des europäischen Gesellschaftsmodells, als dessen Negativ, Karikatur und zugleich Opfer der von den verhängnisvollen Folgen des Kolonialismus vergiftete afrikanische Kontinent erscheint. Doch trotz aller zutage tretenden herben Enttäuschung birgt Afrika noch etwas Primitives beziehungsweise Fundamentales in sich. Dem menschlichen Handeln haftet dort nicht diese blindwütige Produktivität an.

Cartier-Bresson übt seinen Blick außerhalb der Mauern eines Ateliers oder einer Schule, in der Beobachtung der Fülle des Lebens, angesichts heftiger und unvorhergesehener Situationen und tausend Meilen von Modeerscheinungen oder leichtgemachten Erfolgen entfernt. Am eigenen Leibe erfährt er Mittellosigkeit und Krankheit und streift sogar den Tod: Als er an einem galligen Blutharnen erkrankt, wird er dank der Heilkünste eines Zauberers aus einem mehrtägigen Koma gerettet.

Seine afrikanischen Erinnerungen wird Henri Cartier-Bresson mit den Reminiszenzen eines Joseph Conrad in Verbindung bringen, der in seiner Erzählung *Herz der Finsternis* die Höllenfahrt des jungen Raddampferkapitäns Marlow beschreibt, der im Auftrag einer Handelsgesellschaft den geheimnisumwitterten Agenten Kurtz ausfindig machen soll. Dieser sammelt massenweise Elfenbein von unschätzbarem Wert für den Export, gerät aber in einen gefährlichen Zustand wechselseitiger Verzauberung mit den schwarzen Stammesangehörigen, denen das Gebiet gehört, auf dem sein Kontor steht – und wird schließlich in mehrfacher Hinsicht ein »Opfer des Dschungels«. In verkürzter Form ist hier eine Vision der *condition humaine* in ihrer absoluten Negativität wiedergegeben. Marlow erinnert sich, schwankend zwischen Faszination und Abscheu, an das Sterben von Kurtz: »Da ich selber über die Grenzlinie gespäht, verstehe ich die Bedeutung seines Blickes besser, der die Kerzenflamme nicht mehr sah, doch groß genug war, das ganze Universum zu umfassen, eindringlich genug, all die Herzen zu durchschauen, die da im Finstern schlagen. Er hatte die Summe gezogen – er hatte das Urteil gefällt. ›Das Grauen!‹ Er war ein bemerkenswerter Mensch.«[26]

Im Geiste des jungen Henri ist diese afrikanische Episode derart in einen literarischen Kontext eingebettet und phantasiegeladen, daß er seinem Großvater eine Postkarte schreibt und ihn bittet, seine Beerdigung an seinem Geburtsort, am Waldrand von Eawy in der Normandie zu organisieren, wobei ein Streichquartett Debussy zu spielen hätte. Ein Onkel antwortet anstelle des Großvaters, ohne sich von dieser morbiden und einigermaßen romantischen Lyrik beeindrucken zu lassen: »Dein Großvater findet das zu teuer. Es wäre besser, wenn du erst einmal zurückkämst.« Und er kommt zurück, noch von Fieber geschüttelt, an Bord des Frachtschiffs Saint-Firmin, auf das sich auch Michel Leiris für seine ethnographische Expedition einschiffen sollte, von der er seinen desillusionierten Bericht *Phantom Afrika* zurückbrachte.

Weder diese Expedition nach Afrika noch Cartier-Bressons künftige Reisen sind von der Faszination für das Exotische getragen. Seine Aufenthalte haben nichts mit denen von Segalen gemeinsam, der sich in seiner niemals befriedigenden Suche nach dem Anderen davontragen läßt. Er ist nicht der Pensionär, der ewig an Kreuzfahrten teilnimmt, und er hat

auch nicht die geringste Berufung zum Forscher. »Ich bin viel herumgekommen, obwohl ich eigentlich nichts vom Reisen verstehe. Ich lasse mir dabei gerne Zeit und versuche, den Übergang von einem Land zum anderen behutsam zu gestalten. Wenn ich erst einmal angekommen bin, verspüre ich fast immer den Wunsch, mich dort niederzulassen, um noch besser am Leben dieses Landes teilnehmen zu können. Zum Globetrotter bin ich nicht geboren.«[27] Er verdient seinen Lebensunterhalt mit Jagen. Durch einen jener Zufälle, die Henri Cartier-Bresson belustigen, bietet sich ihm die Gelegenheit, seine Talente als Schütze unter Beweis zu stellen, in diesem Fall an einem Flußpferd, dessen geräuchertes Fleisch er verkauft. Er ersteht einen Reisephotoapparat, der handlicher ist als seine erste Brownie-Box, wird aber nur wenige Abb. 4 Aufnahmen herüberretten: »Bei meiner Rückkehr, nach einem Jahr, mußte ich feststellen, daß meine Kamera innen mit Fäulnis überzogen war; alle meine Bilder waren mit baumartigen Farnen überblendet.«[28] Eine Collage auf Postkarte, mit Kautschukharz geklebt und mit dem Titel *Für die Liebe und gegen die Industriearbeit* versehen, ist das einzige, was er produziert: eine Botschaft aus einer anderen Welt und die letzte Hommage an den Surrealismus und seine anarchistischen Vorgänger, Élisée Reclus und Paul Lafargue, dessen *Recht auf Faulheit* er hoch schätzt, und alle anderen. Doch im Gegensatz zu Rimbaud, der in Abessinien scheitert, nachdem er befunden hatte, der Macht und dem Zauber der Poesie umfassend auf den Grund gegangen zu sein, hat Henri, der Afrikaner, die Lyra der Photographie noch nicht gestimmt. Dieser Aufenthalt wird seinen Blick mit einer ganz besonderen Schärfe und Tiefe erfüllen und dem abstrakten Imperativ der Surrealisten, deren Empfehlung es war, dem Leben vor allem anderen den Vorzug zu geben, einen konkreten Wert verleihen, im Fels der Erfahrung einmeißeln.

Daß diese Reise nach Afrika ein Mißerfolg war, ist gewiß: Man kommt nicht ohne Enttäuschungen hinsichtlich der eigenen Mythen davon. Am Ende von *Aden* schreibt Paul Nizan: »Es gibt nur eine einzige gewinnbringende Art zu reisen, das ist die Reise zu den Menschen [...].« Seine Unternehmung wird dazu gedient haben, ihm den Wunsch nach Flucht auszutreiben und eine Basis für ein notwendiges soziales Engagement wiederzufinden; selbst wenn seine kommunistischen Freunde Anstoß daran nehmen sollten, wird er niemals den Dandy verleugnen, der er gewesen war. Während Michel Leiris nach einer erneuten Expedition zu den Antillen 1948 schreibt: »Diese beiden Reisen in Kolonial- bzw. Halb-Kolonialstaaten waren für mich notwendig, um zu entdecken, daß weder eine Ethnographie noch Exotismus angesichts der Ernsthaftigkeit der Probleme standhalten können, die sich auf sozialer Ebene durch die Gestaltung der modernen Welt stellen.«[29] Zumindest in diesem Punkt sind die Schlußfolgerungen von Nizan, Leiris und Cartier-Bresson absolut deckungsgleich.

Er wird nie wieder nach Schwarzafrika zurückkehren. Was nicht heißt, daß diese Erfahrung nicht wertvoll war, da sie sowohl einen End- als auch einen Ausgangspunkt markierte. Ein Endpunkt insofern, als Afrika das Abenteuer, den Bruch, den Inbegriff der Erneuerung, die Möglichkeit darstellte, mit seinem erworbenen Wissen aufzuräumen, seine Kunst in anderen Kulturen als der seinen zu verwurzeln und zugleich menschliche Beziehungen zu erleben, die weniger künstlich, weniger konventionell waren als diejenigen, die er aufgrund seiner Erziehung gekannt hatte. Und ein Ausgangspunkt, weil er die Photographie – über die Tatsache hinaus, daß er an ihr seine Leidenschaft für das Üben des Blicks stillen konnte – als eine Möglichkeit zu begreifen anfing, hautnah und völlig unvermittelt Situationen und Geschehnisse zu erleben, ohne sie erfinden oder rekonstruieren zu müssen wie beispielsweise im Film. Sie war gewissermaßen das einfachste Mittel, emotionale Situationen, die sich aus zufälligen Begegnungen ergaben, zu leben, zu begreifen und in eine Form zu bringen – Situationen, die mit Phantasie aufgeladen, aber doch authentisch waren. Seine Praxis wird immer einen Bezug zur Literatur, zum Reisetagebuch bewahren, Notiz- und Skizzenblock in einem sein, die gesehene Sache selbst.

Die Kristallisation

1931 kommt Henri Cartier-Bresson nur kurz nach Frankreich zurück, um gleich wieder in Begleitung von André Pieyre de Mandiargues nach Osteuropa (Deutschland, Polen, Ungarn) abzureisen, von wo er surrealistisch angehauchte Photographien (ein Schaufenster in Budapest, der Kopf einer Schaufensterpuppe und das Bild eines Tänzerpaares auf bizarre Weise miteinander verbunden) und Szenen der Armut und Verzweiflung (eine Gruppe von Männern und Frauen in Abb. 5 einer Straße in Warschau; zwei Taxifahrer in Berlin) zurückbringt. Es fällt schwer, in diesen Bildern den surrealistischen Einfluß von den sozialen beziehungsweise politischen Motiven zu trennen, da sie auch Reflexionen über Entfremdung und Elend beinhalten. Das im Ausbruch begriffene Werk sucht noch nach seinen Koordinaten. »Jedesmal, wenn ich Henri Cartier-Bresson gegenüberstehe«, schreibt Mandiargues später, »muß ich an diese Jahre 1930, 1931 und folgende denken, in denen ich auf unseren gemeinsamen Reisen quer durch ganz Europa und unseren Streifzügen durch Paris erlebte, wie der größte Photograph der Moderne geboren wurde, aus einer Art spontaner Aktivität heraus, die zunächst eher ein Spiel war und sich diesem jungen Maler aufdrängte,

5. Taxifahrer, Berlin, 1931

wie sich anderen jungen Leuten die Poesie aufdrängt. Es lag uns fern, sie zum Gegenstand einer einträglichen Karriere zu machen, denn bei uns beiden Kleinbürgern, die kaum ihre Jugend hinter sich gelassen hatten und schwerlich den Regeln der *guten Gesellschaft* entkommen waren, lösten Worte wie Karriere und selbst Beruf unweigerlich einen Brechreiz aus!«[30] In Mandiargues' Text hat die Bezeichnung Kleinbürger kei- Abb. 6, 83 nen streng soziologischen Wert: Er will sagen, daß Henri und er Kinder von Großbürgern waren. Demgegenüber gesteht Julien Gracq, daß der tatsächliche Kleinbürger, wie er einer war, sich gehütet hätte, mit den niedrigeren sozialen Schichten zu fraternisieren, die der seinen zu nahe stehen (dieses Phänomen nennt er den »Absonderungsreflex um jeden Preis, wie er beim kleinen Europäer inmitten einer Masse von Eingeborenen auftritt«[31]). Seit Ende der zwanziger Jahre tritt bei Cartier-Bresson ein Gefühl der Brüderlichkeit, ein instinktives Verständnis und ein konstantes Interesse für die elendsten Gestalten zutage, die sich auf jenem Niveau der sozialen Leiter befanden, welches die damaligen Vorurteile als des Interesses nicht würdig befanden (außer unter einem gewissen Aspekt, der als pittoresk bezeichnet werden kann und auf den wir später noch zurückkommen werden). Doch diese Komplizenschaft manifestiert sich nicht in Mitleid, in Miserabilismus: eine ethische Brüderlichkeit bringt ihn dazu, sich dem anderen unter Ausschluß von Vorurteilen zu nähern. Nicht mit dem Blick eines Soziologen, sondern dem eines Moralisten.

Auch wenn er von Afrika kein Bild zurückbrachte, das er auszustellen für würdig hielt, mit Ausnahme des spät wiederentdeckten Bildes von den Pirogen, sollte ein weiterer Zufall, eine im Kongo aufgenommene Photographie von Martin Munkasci (*Drei Jungen am Tanganyika-See*, um 1929) seine Abb. 7 heftige Leidenschaft für die photographische Tätigkeit auslösen: »[das Photo], das mich entscheidend beeinflußt hat, war ein Bild von Munkasci, schwarze Jungen, die auf Wellen zurennen. Ich fasse es immer noch nicht! Was für eine gestalterische Kraft, was für ein Sinn für das Leben, das Weiße und das Schwarze, die Gischt! Ich war überwältigt!«[32] Erst nach seiner Rückkehr aus Osteuropa entdeckt er Munkascis Bild, das 1931 in der Jahresausgabe der Zeitschrift *Photographies* abgedruckt war. Kurze Zeit später, 1932 in Marseille, tauscht er seinen in Afrika erstandenen Photoapparat gegen eine Leica ein und begibt sich erneut auf eine Reise, von der er seine ersten Meisterwerke zurückbringt.

Was war so besonders an dieser Photographie? Drei schwarze Jungen stürzen auf das Meer zu, ihre Arme und Beine sind schlank, ihre Gesten frei und überaus sinnlich. Von einem ursprünglichen Verlangen getrieben, verkörpern sie eine sorglose Welt, die Unschuld der Nacktheit. Alles teilt sich einem mit: der Eifer, der sie beflügelt, die Lebhaftigkeit ihres Schwungs und die freigebige Gischt scheint ihrem Enthusiasmus zu antworten. Obwohl ihre Gesten ungeordnet sind, wird ihre Bewegung zur Choreographie, und das gestalterische Gleichgewicht hält ihren Lebensimpuls in einem langen uralten Flug fest, durch den Reminiszenzen von einer Rückkehr zu den Ursprüngen, zu einer erhabenen Menschheit evoziert werden. Munkasci bahnt so gewissermaßen den Weg, den Cartier-Bresson einschlagen wird, indem er eine Ästhetik vom menschlichen, in der Bewegung festgehaltenen Körper erfindet, die den plastischen mit dem kinetischen Sinn versöhnt und eine noch nie dagewesene Freiheit, Dynamik und überschäumende Vitalität in die Photographie der Reportage einführt.

Robert Delpire relativiert die Bedeutung dieser Aufnahme insofern, als er zu Recht auf der Priorität der Malerei in Cartier-Bressons Werk beharrt: »Man kann nicht behaupten, daß Henri von Photographen beeinflußt wurde. Oder vielleicht doch: Munkasci, Kertész ... Natürlich hat er sich manchmal auf den ersten Blick verliebt, wie jedermann. Er zitiert immer nur das Photo von Munkasci, drei kleine schwarze Jugendliche, die sich ins Wasser stürzen, von hinten gesehen, im übrigen ein recht schönes Bild und das einzige, das er immer bei sich aufgehängt hat. Doch alle diese Bezüge kommen aus der Malerei, das ist offensichtlich!«[33] Bezüge machen allerdings noch kein Werk. Doch es ist und bleibt eine Tatsache, daß Munkascis Photographie wie eine Offenbarung gewirkt hat. Die Eleganz dieses Bildes, seine Lyrik und seine gestalterische Qualität sind unbestreitbar, und wenn man sich auf einen retrospektiven Standpunkt stellt, könnte man meinen, Cartier-Bresson selbst habe es aufgenommen, mit der einzigen Einschränkung, daß der Rahmen der Komposition straffer gewesen und das Motiv nicht aus jedem sozialen Kontext losgelöst worden wäre. Eine solche Betrachtung ist allerdings müßig, da dieses Bild in einen anderen Produktions- und Rezeptionshorizont gehört als die Werke Cartier-Bressons. Martin Munkasci, der Sportphotograph für die ungarische Zeitschrift *AZ Est* war und als Modephotograph in New York,

insbesondere für *Harper's Bazaar*, Karriere machen sollte, interessiert sich als Ästhet und als Forscher für Bewegungsabläufe und die Schönheit des Körpers. Auch wenn die Offenheit der Sprache, die fröhliche und unbeschwerte Vitalität der Figuren ihn als authentischen Neuerer ausweisen, gehören seine Bilder doch einer anderen photographischen Tradition an als der von Cartier-Bresson begründeten: man denkt eher an Lartigue, an Bragalia oder Edgerton und später an Irving Penn, der wie Munkasci von der Reportage zur Mode überwechselte, wenn auch in einen anderen Sektor.

Cartier-Bressons Photographien aus dieser Zeit stehen allerdings in diametralem Gegensatz zu diesen *Drei Jungen am Tanganyika-See:* sie sind statischer in ihrer Gestaltung und morbider in ihrer Stimmung. Auf einem Bild ohne Titel aus dem Jahr 1931 sieht man eine an einer Wäscheleine aufgehängte Jacke, deren lose baumelnde Ärmel an einen unheimlichen Vogel oder die Haut eines Enthäuteten erinnern. Ein anderes Bild von 1929 zeigt unordentlich auf einem Regal übereinandergestapelte Gipsabdrücke von Füßen und Händen.[34] Hier finden sich zwar schon Elemente einer visuellen Sprache, die er später, insbesondere in Italien und in Mexiko, wiederverwenden wird, doch fehlt diesen Photographien noch die Dynamik der nach 1931 entstandenen.

Besser noch, 1929 in Rouen: ein Schaufenster, wie es Abb. 8 Atget 1921 in der Avenue des Gobelins oder am Boulevard de Strasbourg hätte aufnehmen können. Eine schwarze Schaufensterpuppe, die in einem schlecht geschneiderten Anzug steckt, stramm stehend wie in Habachtstellung, den Hals in einen abknöpfbaren Kragen gezwängt, darüber ein zur Grimasse verzogenes Lächeln, um die Taille ein metallener Halterungsreif. Alles an diesem Bild des frühen Cartier-Bresson (die Komposition, die Symbolik) steht im Widerspruch zu den *Drei Jungen*. Aber genau dies zeigt um so deutlicher, warum Munkascis Photographie eine Gelegenheit zur »Kristallisation« in sich barg – nicht weil ihr der Duft einer Erinnerung an Afrika anhaftete, das er erst kurz zuvor verlassen hatte (die Photographie hat für Cartier-Bresson niemals Sinn oder Funktion einer Erinnerung), sondern weil sie die Synthese von Wegen darstellte, die ihm die Malerei einzuschlagen nicht ermöglichte und auf die er seinen Blick zu lenken suchte: die Neugier auf andere Lebensweisen, den Hunger nach Spontaneität, den Sinn für die improvisierte Bewegung, eine exaltierte Vitalität, eine enthemmte Sinnlichkeit – alles im Gegensatz zum gestelzten Puritanismus, den er verabscheute. »Bei H. C.-B. [...] fand sehr schnell, dank der Photographie glaube ich, eine Kristallisation jenes feurigen, impulsiven, energischen, genialen Menschen statt, der er unausweichlich werden sollte«, schreibt Mandiargues.[35]

Diese Kristallisation trat 1932 offen zutage, während seiner Reise nach Italien und Spanien, wo die ersten wirklich originären Bilder entstanden. Die photographische Aktivität ermöglichte es ihm damals, die nihilistischen Tendenzen sei-

6. André Pieyre de Mandiargues, 1991

ner Auflehnung zu verwandeln und sie zu entäußern; er öffnete sich allen Entdeckungen und machte aus der Übung des Blicks auf das Leben eine Existenzform: »Ich habe meinen Apparat nie losgelassen, er war immer an meinem Handgelenk. Mein Blick tastete das Leben unaufhörlich ab. Darin fühlte ich mich Proust sehr nahe, der am Ende von *Auf der Suche nach der verlorenen Zeit* sagt: Das Leben, das endlich wiedergefundene Leben, das ist die Literatur. Für mich war es die Photographie.«[36] Was zählt, ist wohlbemerkt nicht die Photographie, sondern das Photographieren: »Der photogra-

phische Schuß ist die große Leidenschaft; er ist eine beschleunigte Zeichnung, aus Intuition und der Anerkennung einer plastischen Ordnung gemacht, das Ergebnis meiner Museums- und Galeriebesuche, meiner Lektüre und meines Hungers nach Welt.«[37] Die Tätigkeit des Photographierens, die er »intuitiven Schuß« nennt, ist eine Konfrontation mit den Wechselfällen des Lebens, das völlige Einbringen seiner selbst angesichts des Ephemeren, einschließlich der daraus resultierenden Exaltation. »Es gibt da eine Freude am Photographieren, die es immer geben wird, das ist die Freude des

7. *Martin Munkasci*, Drei Jungen am Tanganyika-See, *um 1929*

8. Rouen, 1929

Blicks, den Bruchteil der Sekunde festzuhalten, das ist der photographische Schuß, der intuitive Schuß.«[38] Für ihn hat diese Tätigkeit nur in dem Maße einen Wert, in dem das Leben in seiner ganzen Intensität und in all seinen Dimensionen auch gelebt wird. »Ich ziehe es vor, die Wirklichkeit zu betrachten und nicht meine eigenen Photos. Was mich interessiert, ist, zu leben, aktiv zu sein! Da gibt es Dinge, an die man glaubt, und dann korrigiert man wieder, was man glaubt, wenn die Wirklichkeit mit den eigenen Wünschen und Sehnsüchten nicht übereinstimmt.«[39] In seinen Augen steht die Kunst immer im Verdacht, das Leben verschönern zu wollen oder tröstende Illusionen zu produzieren. Wo das Bewußtsein sich unablässig nach der Existenz richtet, erlaubt das Photographieren, die Dichotomie zwischen Tätigsein und Kontemplation zu überwinden: »Photographieren, das ist meiner Meinung nach ein Mittel des Verstehens, das sich nicht von anderen visuellen Ausdrucksmitteln trennen läßt. Es ist eine Art zu schreien, sich zu befreien, nicht aber seine Originalität auszuprobieren oder unter Beweis zu stellen. Es ist eine Art zu leben.«[40]

Die Kristallisation – eine spontane Erfindung, die mit einer bestimmten Lebensart und einem neuen Konzept von Photographie einhergeht – setzt das Vorhandensein einer ganzen Reihe von Faktoren voraus, die zahlreicher und komplexer sind, als es der surrealistische Einfluß allein sein könnte (selbst wenn er real ist): Zunächst einmal bricht Cartier-Bresson mit der für Atget – den Breton entdeckte und in den Himmel lobte – typischen Ausdrucksweise, indem er sich endgültig von der Ästhetik des Banalen und jenem dokumentarischen Objektivismus entfernte, der das Reale bis zum Überdruß inventarisierte.

Seine Photographien nehmen jetzt nicht mehr die aus dem Gestein der Zeit sickernden Ergüsse auf. Sie sind nicht mehr das unerschütterliche Gedächtnis der Stunden und Orte. Von Atget – von dem er zahlreiche Werke kannte, da er sie bei befreundeten amerikanischen Photographen gesehen hatte – übernimmt er nur, daß Straßen und Plätze eine Bühne sein können. Doch wenn die Bühne bei Atget eine manchmal mit schwindenden Schemen belebte Kulisse war (wie in dem berühmten Bild *Au Petit Dunkerque, 3 Quai*

Conti[41]), so nimmt sie bei Cartier-Bresson Personen auf, deren Anwesenheit ein sowohl plastisches als auch menschliches Ereignis darstellt. Atget photographierte die Orte des Verbrechens, Cartier-Bresson hält den Augenblick auf frischer Tat fest. Später sagt er dazu: »Große, talentierte Künstler wie Edward Weston oder Paul Strand oder Adams halten sich eher an das natürliche, geologische Element, an die Landschaft, das Denkmal. Ich hingegen kümmere mich fast nur um den Menschen. Ich habe es sehr eilig. Die Landschaften haben ewig Zeit.«[42]

So beginnt er, sich von der dokumentarischen beziehungsweise experimentellen Praxis der Photographie abzugrenzen, die als Bestandsaufnahme von Orten oder Fakten

9. *Louis Daguerre,* Boulevard du Temple, *1839*

verstanden wird. Er stellt den Menschen in Bewegung, den sozialen Menschen, den krisengeschüttelten Menschen, den lebendigen Menschen wieder in den Mittelpunkt. »Daß ich in diesen Bildern nur selten die monumentalen Leistungen der Menschheit, wie Hochhäuser, Brücken und Straßen, gezeigt habe, geschah nicht aus mangelnder Anerkennung ihrer Größe oder Schönheit, sondern einfach deswegen, weil mich am Menschen das menschliche Wesen vor dem Erbauer interessiert; was er baut, hat bis zu einem gewissen Grad Bestand, während der Ausdruck seines Wesens im Bruchteil einer Sekunde aufgeschnappt werden kann oder einem entgeht. Diesen Bruchteil einer Sekunde einzufangen stellt mei-

ner Meinung nach die bedeutendste Leistung der Photographie dar.«[43] Bei Atget registriert, hortet sie die Zeit und rekonstruiert deren Spuren. Sie folgt derselben Logik, die Alain Buisine als »das Paradox des Schuhputzers« in Anspielung auf Daguerres 1839 entstandene Aufnahme vom Boulevard du Temple bezeichnet, bei der wir mit einer fast völlig leeren Pariser Verkehrsader konfrontiert werden: Aufgrund der langen Belichtungszeit konnten die Leute in Bewegung nicht festgehalten werden, mit Ausnahme eines aufrecht und still dastehenden Mannes, der seine Schuhe geputzt bekommt. Dagegen ist der Schuhputzer, dessen Körper und vor allem dessen Arm in Bewegung ist, auf eine Silhouette reduziert, die »die Form eines Gnoms«[44] hat. Hier haben wir es noch mit der archaischen Methode der Photographie in ihrem Bezug zur Zeit zu tun: mittels Imprägnierung, Ablagerung. Daher neigt dieses Vermächtnis vergangener Tage notwendigerweise zur Melancholie und umfaßt die Vorstellung von Archivierung und phantasmatischer Serialisierung.[45] Mit der Serie von Photographien aus Spanien sieht man sich unmittelbar in einen völlig anderen Zeitbezug versetzt: Es geht nicht mehr um Imprägnierung, sondern um einen Stoßwurf. Man schaut nicht mehr in Richtung Vergangenheit, die in dem Maße Trauerfarben annimmt, wie sie mehr und mehr ins Nichts übergeht; man befindet sich in einer Position der Vorwegnahme, dem Unmittelbaren zugewandt, auf die unwahrscheinliche und doch unumstößliche Perfektion eines Augenblicks lauernd, der sich wider Erwarten durch seine in Erstarrung versetzende Autonomie aufdrängt. Gewiß, ein kurz nach dem Festhalten schon wieder vergangener Augenblick, der aber weder zu Retrospektion noch zu Nostalgie neigt.

Es würde schon reichen, Atgets und Cartier-Bressons Photographien von Bordellen miteinander zu vergleichen, um sich von diesem entscheidenden Unterschied zu überzeugen. 1921 hatte Atget in der Rue Asselin im Stadtviertel La Villette die Aufnahme einer *Fille publique faisant le quart devant sa porte,* einer vor ihrer Tür auf Freier wartenden Prostituierten, gemacht: Sie sitzt an der Ecke zweier enger, gepflasterter Gassen in der Nähe eines offenen Hauseingangs vor einer maroden Mauer. Sie trägt ein Kleid, das entfernt an eine Matrosenuniform erinnert, und schwarze, sehr eng geschnürte Stiefeletten und schaut, ein professionelles Lächeln andeutend, nach der linken Bildseite. Dieses Bild beruht auf einem Gefühl fürs Pittoreske und enthält vielleicht eine Anspielung auf volkstümliche Fortsetzungsromane wie *Les Mystères de Paris* (von Eugène Sue, 1842/43), wobei eine schlüpfrige Konnotation, wie sie sich eindeutiger in seinen pornographischen Aufnahmen der Bordelle von Versailles bestätigen lassen, nicht auszuschließen ist.

Abb. 11 Dieser Photographie läßt sich Henri Cartier-Bressons 1933 in Alicante entstandene Aufnahme gegenüberstellen: Von drei üppigen Venusgestalten liegen zwei im Vordergrund auf dem Boden, während eine dritte im oberen Bildausschnitt merkwürdige Gymnastikübungen vollführt und mit ihrem Körper eine Art Swastika vor einem gekachelten Hintergrund bildet, dessen komplexes geometrisches Muster sich von den einfachen quadratischen, abwechselnd hellgrauen und dunkelgrauen Steinplatten des Bodens abhebt. Hier verschwimmt die mögliche soziologische Implikation der Szene und ihre pittoreske Komponente angesichts des hochgradig unwahrscheinlichen Charakters dieser Dreier-Choreographie. Die Frauen sind in Bewegungen festgehalten, die nichts anderes als spielerisch sein wollen: Es geht nicht um eine für den Klienten bestimmte, abgesprochene komische Vorstellung, sondern um ein Spiel, dessen Regeln der Betrachter nicht kennt und an dem diese Damen teilnehmen, ohne sich dessen wirklich bewußt zu sein, was dem Ganzen etwas Phantastisches verleiht. Das Interessante an dieser Photographie liegt in der Neuordnung des Raumes, der durch die perspektivischen Effekte und Kontrastwerte plötzlich auf die Mitte zuzulaufen scheint; das Verweilen des Blicks auf den fleischigen Rundungen der beiden Damen stößt sich an der vertikalen Bewegung des Beines der dritten Figur, die ihren Fuß, der in einem schwarzweißen Pumps steckt, in die Höhe schwingt. Die so erhaltene Spiralbewegung bewirkt, daß man nicht mehr weiß, ob es sich um drei verschiedene Frauen oder um drei Stellungen, um drei Momente eines Liebesspiels handelt. Dies ist kein Bild mehr, das feststellt, dokumentiert und neugierig macht: Es macht sprachlos.

Führen wir den Vergleich anhand zweier weiterer Photographien fort. 1924 kehrte Atget an den Ort des »Verbre-
Abb. 12 chens«, in die Rue Asselin zurück und nahm dieses Mal drei Prostituierte auf, die nebeneinander auf der Türschwelle eines dieser besagten »Häuser« stehen. Daß sie arm sind, ist unübersehbar. Die kurzärmeligen Blumenkleider, die billige Kette und das eher mütterliche als aufreizende Lächeln lassen fast an Hausfrauen in Sonntagskleidern denken, die ihre Bälger für einige Stunden sich selbst überlassen haben. Auch hier drängt sich die Stimmung der realistischen Chansons auf, der Klagelieder, in denen die sich aufopfernde Mutter gepriesen wird, die anschafft, damit sie ihren Kindern »das Kotelett« auf den Tisch bringen kann.

Abb. 13 1934 wird Henri Cartier-Bresson noch andere Prostituierte photographieren, diesmal in Mexiko. Der Bildausschnitt ist frontal und unmittelbar. Nur die Büsten und das Gesicht

der jungen Frauen sind durch zwei Öffnungen in einer Tür zu sehen. Die linke lehnt sich aus dem Holzrahmen heraus, als würde sie sich aus einem schmalen Stollen zwängen, und berührt fast den Photoapparat, während sie mit dem angedeuteten Kuß die Lust mimt, die ihre halb geschlossenen Augen zu versprechen scheinen. Die rechte, weiter nach hinten versetzt, wirkt zurückhaltender und hebt sich, die Büste zu dreiviertel sichtbar, das Gesicht frontal zur Kamera gerichtet, den linken Ellbogen auf den Rahmen aufgestützt, vom dunklen Hintergrund ab. Die Pose (durch die Portraitmalerei kodifiziert), die Frisur, das Lächeln könnten durchaus an irgendeine Mona Lisa mit ungewöhnlichem Schicksal erinnern. Die Beschreibung der Gegebenheiten und der Gesten der Frauen, die von ihnen vermittelten Zeichen, ihre Haltung allein reichen allerdings nicht aus, um ihre Bedeutung erschöpfend zu erfassen oder auch nur anzudeuten. Wir haben es hier nicht mehr mit der Semiologie der sozialen Verhaltensweisen zu tun: Der photographische Rahmen ist zu einem zwingenden Raum geworden, zum Ort einer wahrhaftigen zweidimensionalen perspektivischen Darstellung, in den sich sehr komplizierte figürliche Spiele einschreiben. Durch den Effekt des Eintauchens und der sehr großen Nähe des Photographen zu seinem Objekt, die zu einer optischen Verzerrung führten, stellt sich zwischen dem Nahen und dem Fernen eine Spannung ein, die eine merkwürdig ambivalente Beziehung zwischen Bild und Betrachter auslöst. In einer Art Schaukelspiel, das die Vieldeutigkeit der Lust in den Blicken der Prostituierten plastisch verdoppelt, wird der Betrachter gleichzeitig vom zurückversetzten rechten Bildteil in die Tiefe gezogen und vom linken bedroht, so daß er sich in einer Szene gefangen wiederfindet, die ihn unweigerlich anzieht und abstößt. Der Kontrast zwischen den Haltungen der beiden Frauen verstärkt die Dialektik von Anziehung und Abstoßung, die sich in der Komposition zwischen Nähe und Entfernung eingestellt hat. Durch eine Art formaler Redundanz rücken die Eigenarten des plastischen Raumes eng an die Eigenheiten der dargestellten Szene. Dieses ganze Spiel strebt einem Ring an der Tür zu, dessen Rätsel zu lösen der Betrachter sich einbildet, indem er diese Komposition« in Form eines Diptychons öffnet. Doch das ist natürlich unmöglich.

Der Blick des Photographen hat sich soeben wesentlich verändert. Er urteilt nicht mehr aus der Distanz über klar zugeordnete Verhaltensweisen, sondern mißt und konstruiert innerhalb des ausgeschnittenen Raumes Beziehungen zwischen Bildgehalten, die nur in dem Augenblick existieren, in dem die Aufnahme gemacht wird. Das Wesen der photographischen Zeit wird dadurch zutiefst verändert, da das Bild die Autonomie gewinnt, die es ihm ermöglicht, als Fiktion, und nicht mehr nur als Dokument, zu fungieren. Viel später findet Cartier-Bresson in einem Aphorismus von Victor Hugo die ästhetische Formel für das Bild, das er intuitiv und scheinbar zufällig erfunden hat: »Form ist das an die Oberfläche gebrachte Wesentliche.«[46]

Gerade weil diese Photographie ein für alles Fiktive eigentümliches Gefühl widerspiegelt, ist sie zwar ausgesprochen erotisch, aber nicht pornographisch: Es steckt weder Zwanghaftigkeit noch irgendeine Objektivierung dahinter, sondern eine Gabe des innigen Verständnisses. Keine Zurückhaltung, sondern eine Inszenierung der Lust, einer besonderen Geisteshaltung, auf halbem Wege zwischen Besitzgier und dem für das verliebte Subjekt typische wirklichkeitsferne Verhalten, zwischen haptischem Impuls – das Bedürfnis, sich eines Blickes zu bemächtigen – und dem, was Barthes in

10. *Eugène Atget*, Rue Asselin, fille publique faisant le quart devant sa porte, *1921*

Anlehnung an das Tao das »Nicht-fassen-Wollen« nennt, wodurch das Subjekt sich seines eigenen Verlangens entledigt, um es besser formulieren zu können.[47] Auch vom Fetischismus der Privatsammler, beispielsweise eines Pierre Louÿs, kann hier keine Rede sein: Diese Frauen sind keine den Liebhabern anatomischer Darstellungen zum Fraß vorgesetzte Objekte, sondern die zugleich vulgären und pathetischen, banalen und rätselhaften Personen eines Spiels ohne Anfang und Ende, ohne Gewinner und Verlierer. Photographie erhält

so voll und ganz eine Beziehung zur Welt oder wird, wie Cartier-Bresson es selbst einmal ausdrückte, »eine Geste der Liebe, die sich unendlich wiederholt«.[48]

Während einer dreijährigen, sehr ergiebigen Schaffensphase, von 1932 bis 1935, gibt er den Auftakt zu seiner neuen Kunst zu leben, indem er ohne Unterlaß photographiert. »Damals entdeckte ich die Leica, die sich als perfektes Werkzeug für die beschleunigte Zeichnung und die Übung des Blicks auf das Leben erwies. Ich schnüffelte herum, es gibt keinen anderen Ausdruck dafür, ich schnupperte mit dem Photoapparat herum.«[49] Wie Buñuel faszinierte ihn zu dieser Zeit die kulturelle Komplexität der hispano-amerikanischen Welt, die Mischung aus morbidem Mystizismus und tragischem Paganismus, die äußerst gespannten sozialen Beziehungen, die wenig später jene politischen Kurzschlußhandlungen hervorbringen sollten, die Spanien zugrunde richteten: »In Spanien war ich für alles ungeheuer offen. Ich hatte sehr wenig Geld. Ich wohnte in ziemlich schmuddeligen Hotels. Wenn ich einmal eine Fahrkarte besaß, dann war das purer Luxus: 3. Klasse, drei Monate gültig, 300 Peseten.«[50] 1937 würde er wiederkommen, um für eine Gruppe spanischer Ärzte einen Dokumentarfilm über die Krankenhäuser der Republikaner zu drehen: *Victoire de la vie*.

1933 macht er in Sevilla eine prophetische Aufnahme, die Abb. 14 André Breton später zur Illustration einer fiktiven Episode des Spanischen Bürgerkriegs in *L'Amour fou* aussucht und mit folgender Legende versieht: »Alles kleine Kinder der spanischen Milizionäre«. Durch ein riesiges klaffendes Mauerloch hindurch, dessen Rand so ausgefranst ist wie ein mit Gewalt aufgerissener Karton und das den schwarzen rechteckigen Rahmen mit seinen grauen abgehackten Flächen wie parodistisch verdoppelt, entdeckt der Blick eine Horde von etwa fünfzehn Kindern, die lachend die Gesten und Gebärden des Krieges nachahmen: da gibt es solche, die nur schauen, weiter hinten einen, der ein Geschoß zu werfen scheint, einen mit Armbinde, der gerade losrennt, einen, der einen Eimer trägt, dann solche, die mit allem scheinbar nichts zu tun haben, einen, der sich wie von einer Kugel getroffen den Bauch hält, einen, der einen anderen mit beiden Armen packt, und schließlich den im Vordergrund, der mit aller Kraft auf zwei Krücken, die seinen schwankenden Körper tragen, auf die Lücke zuflüchtet. Wie soll man aber flüchten können durch ein Loch, das selbst Sinnbild der Zerstörung ist? Diese weiße Mauer, die rechts unten im Bild gesprungen ist wie ein Spiegel, kann weder schützen noch einsperren, denn hinter ihr erheben sich noch andere durchlöcherte oder zerfetzte Mauern in verschiedenen Grautönen über eine mit Schutt übersäte Gasse, die Überreste einer Phantomstadt, die auf wenige Teile einer nunmehr abstrakt gewordenen Architektur reduziert ist. Dieser zersprungene Spiegel der Erscheinungen läßt nicht die geringste Illusion durchschimmern und sagt weitere Brüche, unvermeidbare Ruinen und gräßliche Einschnitte

11. Alicante, 1933

für die Zukunft voraus, die aber im Moment noch hinter diesem zerrissenen Vorhang von Kindern gespielt werden, die ein Schicksal mimen, das das ihre sein wird. Diese tragische Inszenierung funktioniert symbolisch wie ein historisches *Trompe-l'œil.* Die den Abstraktionen der Malerei entlehnten gestalterischen Elemente werden hier in einem außerordentlich konkreten, eng mit der Wirklichkeit verbundenen Kontext neu interpretiert. Die tiefgehende Originalität seiner

Sichtweise erscheint hier bereits erfüllt. Der Blick ist auf das Brodeln des geschichtlichen Werdens gerichtet, nimmt aber auch Anteil an den Sorgen des Anthropologen. 1934 verläßt Henri Cartier-Bresson Spanien und begibt sich nach Mexiko, um an einer ethnographischen Kampagne teilzunehmen. Diese scheitert jedoch, als sich der Leiter der Expedition, dem er einen Blankoscheck überreicht hatte, auf Nimmerwiedersehen verabschiedet. So führt er zusammen mit anderen

12. *Eugène Atget,* Rue Asselin, *1924*

Künstlern (dem Maler Nacho Aguirre und dem Dichter Langston Hughes) ein Leben als Bohémien, wohnt in einer *vivenda* in der *candelaria* von Los Patos, dem gefährlichsten Stadtviertel von Mexico City.

Zwei Jahre früher hatte Eisenstein dort gewohnt, um *Que viva Mexico!* zu drehen. Während der Vorbereitungsarbeiten hatte er das Buch von Lucien Lévy-Bruhl, *Das Denken der Naturvölker,* zur Untermauerung seiner eigenen Theorie gelesen, derzufolge die Dynamik des Bildes auf der Affektivität des Zuschauers beruht und sie transzendiert. 1935 begab sich Claude Lévi-Strauss nach Brasilien, begann seine Arbeit über die Indianer aus dem Amazonasgebiet und machte nebenbei dreitausend Bilder, die 1995 in einem schönen Band mit dem Titel *Brasilianisches Album*[51] veröffentlicht wurden. Das zeitliche Zusammentreffen dieser Ereignisse ist kein Zufall. Sie verweisen zumindest auf ein gemeinsames Interesse, auch wenn die eingeschlagenen Wege voneinander abweichen. Lévi-Strauss, Sohn und Neffe von Malern, benutzt die Photographie als dokumentarisches Werkzeug, wobei er sich aus deontologischen Gründen die Subjektivität des Blicks ebenso wie das Abenteuer verbietet: »Für das Abenteuer gibt es im Beruf des Ethnologen keinen Platz; es ist für ihn nichts weiter als ein Zwang, dem er sich unterwerfen muß«, schreibt er in *Traurige Tropen.*[52] Henri Cartier-Bresson dagegen entscheidet

sich für das Abenteuer und für die Subjektivität, doch die Neugier, die er für alle Formen des sozialen Lebens an den Tag legt, der gewissenhafte Respekt, den er ihnen entgegenbringt, und der ihn motivierende Anspruch, zu bezeugen, fließen letztendlich mit dem imperativen Appell zusammen, der den Philosophieprofessor Lévi-Strauss dazu verpflichtete, drei Jahre bei den Nambikwara, den Tupi-Kawahib und den Bororo zu verbringen.

Während seines Aufenthalts 1929 in Cambridge hatte Henri Cartier-Bresson Gelegenheit gehabt, James George Frazer kennenzulernen, der 1890 eines der Grundlagenwerke der vergleichenden Ethnologie, *Der goldene Zweig,* verfaßt hatte, dessen Lektüre auch auf Claude Lévi-Strauss starken Einfluß ausübte. Eine der Schlußfolgerungen aus *Der goldene Zweig* lautet: »Verachtung und Verhöhnung oder Abscheu und Anklage sind zu häufig die einzige dem Wilden und seinen Gebräuchen entgegengebrachte Beachtung. Und doch waren viele, wenn nicht die meisten der Wohltäter, denen wir ein dankbares Andenken schulden, Wilde. Denn schließlich finden wir doch mehr gemeinsame Züge zwischen den Wilden und uns als unterscheidende Merkmale [...].«[53] Hier werden eine Moral und ein Humanismus vertreten, wie sie Cartier-Bresson schon vor seiner Abreise nach Afrika verstanden hatte und die ihn später zur folgenden Bemerkung veranlaßten: »Wir Photographen sind Ethnologen oder Psychoanalytiker.«[54]

Gewiß begibt er sich nicht auf die Suche nach verlorenen oder aussterbenden Kulturen, im Unterschied zu Lévi-Strauss, der sich für sogenannte »geschichtslose« Gesellschaften aus Gründen entscheidet, die gleichermaßen mit seiner Methodik (dem Strukturalismus) wie auch mit seiner in vielen Punkten an Jean-Jacques Rousseau angelehnten Philosophie zu tun haben. Cartier-Bresson hingegen, zugleich Ethnologe, Historiker der Gegenwart und Maler, faßt das scheinbar visuelle Chaos, so wie es sich ihm bietet, ins Auge und entnimmt ihm, voller Leidenschaft, eine geometrische Ordnung, ohne jemals die anthropologischen Konstanten oder die Eigenheiten seiner Personen noch gar den unterschwelligen roten Faden ihrer Geschichte zu leugnen.

In den dreißiger Jahren steht Mexiko noch unter dem Schock der 1910 ausgebrochenen Revolution. 1932 dreht Fernando de Fuentes den ersten Film über eine der berühmtesten Gestalten dieses Heldenepos: *Vamonos con Pancho Villa.* Mexico City ist dank José Vasconcelos und der ersten großen Arbeiten der Wandmaler Rivera, Orozco und Siqueiros zur intellektuellen und künstlerischen Hauptstadt avanciert. Später, zur Zeit der mit der Entkolonisierung einhergehenden Konflikte, findet sich Cartier-Bresson auf Bali Abb. 15 wieder. Er veröffentlicht ein Buch über die balinesischen Tänze, für das Antonin Artaud das Vorwort und Beryl de Zoete einen ausführlichen Kommentar schreibt, in dem er bis ins kleinste Detail auf die Verbindungen zwischen Musik und

13. Calle Cuauhtemocztin, Mexiko, 1934

Tanz sowie die Beziehungen der Balinesen zu den magischen Kräften eingeht.[55]

Im März 1935 stellt er, zusammen mit Manuel Alvarez Bravo, seine Photographien im Palacio de Bellas Artes de Mexico aus, wo sie als vom europäischen Surrealismus inspiriert verstanden und rezipiert werden. Doch diese Interpretation wimmelt von Mißverständnissen, auf die wir an anderer Stelle zurückkommen werden. In Wirklichkeit erarbeitet Cartier-Bresson schon ganz andere Gegenstände als die eigentlich surrealistischen Photographen, für die, wie Rosalind Krauss betont, »Photographie künstlich ist bis ins Äußerste, auch wenn sie nicht von Mehrfachbelichtungen, Solarisationen oder ähnlichen Techniken Gebrauch machen. [...] Ob das Objekt *objektiv* oder manipuliert ist, es ist in der Tat immer so manipuliert, daß es als Fetisch erscheint. Der Skandal steckt ausgerechnet in dieser Fetischisierung der Realität.«[56] Er aber kann im Bild weder ein Zeichen noch einen Fetisch, in der Photographie weder ein Instrument der Introversion noch der Introspektion erkennen. Er photographiert nicht *sich selbst,* inszeniert nicht seine eigenen Phantasien und läßt auch sein eigenes Abbild nirgends erscheinen, und sei es auch nur durch einen Spiegelungseffekt. Er ästhetisiert seine Auf-

lehnung nicht, die, weil sie authentisch ist, von einer unstillbaren Leidenschaft für das Reale lebt und sich nährt. Sie bringt ihn dazu, daß er sich endgültig verbietet, vor der Realität zu fliehen, sie zu leugnen, sich auf sich selbst oder in Abstraktionen des Schönen zurückzuziehen, um darin Schutz zu suchen.

Aus dieser Phase tätigen Umherschweifens datiert sein einziges photographisches Selbstportrait: eine 1932 in Italien gemachte Aufnahme. Darauf sieht man vor sich den Körper des Photographen auf einem Mäuerchen ausgestreckt, das an einer Straße entlang führt und sich in Schlangenlinien in der Ferne hinten links im Bild verliert, während rechter Hand weiter unten Dickicht und weiter oben ein Olivenhain hinter einer weiteren Mauer zu sehen sind und in der Mitte des Bildes die rechte Hosentasche offensteht und sein rechter nackter Fuß in die Höhe gestreckt ist. Vertikal zur Falte des Hosenlatzes nähert sich die Silhouette eines Mannes, der eine Art phallische Verlängerung bildet. Diese Photographie, die er sein »Selbstportrait als Fuß« nennen könnte und die so wenig narzißtisch wie möglich sein möchte, hat mehr mit dem Verweis auf ein Ganzes zu tun als mit einer Inszenierung. Sie ist für das Werk, das sich herauskristallisiert, um so

Abb. 16

23

14. Sevilla, 1933

emblematischer, als das Gesicht und die Augen des Photo-graphen darin nicht auftauchen. An ihre Stelle wird sein Fuß, wie eine Pflanze an der frischen Luft und angesichts der Welt, zu seinem Geometer- und Entdeckergesicht. Eine humoristische Umsetzung seines Status als Fußgänger-Photograph (man denkt auch da wieder an Rimbaud, den Fußgänger-Poeten mit den Löchern in den Taschen), als »Seiltänzer«, der »auf dem Straßenstrich geht«, Erforscher der direkten Wege, so wie er eben sich selbst definiert. Mit dieser Photographie macht er seinen Biographen frühzeitig eine lange Nase, die er auf sein Werk verweist, und nur auf dieses: »Alles, was ich zu sagen habe, steckt in meinen Photos.«[57] Daß er bei aller Abwesenheit dennoch in ihnen präsent ist, liegt an der Lebensdichte, mit der er seine Bilder durchtränkt und kondensiert.

Da er den Akt des Photographierens nicht als ein Experiment mit sich selbst, sondern als eine Konfrontation mit der Essenz der sozialen und historischen Wirklichkeit begreift (auch wenn diese Essenz so immateriell ist wie die Zeit ...), die mit der Entdeckung der Tiefen des Ichs einhergeht, steht er weniger den Surrealisten nahe als in der Nachfolge Prousts, der schreibt: »Es scheint, daß in allen Künsten das Talent eine

Annäherung des Künstlers an das auszudrückende Objekt ist. Solange der Abstand noch besteht, ist die Aufgabe nicht vollendet. Jener Geiger spielt seinen Violinensatz sehr gut, aber Sie sehen seine Ergebnisse, Sie applaudieren, er ist ein Virtuose. Wenn all dies am Ende verschwunden ist, wenn der Violinensatz nur mehr eins ist mit dem Künstler, der ganz und gar in ihm verschmolzen ist, wird sich das Wunder ereignen. [...] Läge nicht das erste Bemühen des Schriftstellers um den Stil in dieser Verwandlung von Energie, in der der Denker verschwunden ist und die Dinge vor uns bringt?«[58] In der Tat wird Cartier-Bresson niemals eine bloß technische Perspektive auf den Blick der Photographie haben (»Ich vergesse meinen Apparat wie eine gute Sekretärin ihre Tasten.«[59]), denn er erfindet gleichzeitig eine Lebensart und einen Stil, der innerlich mit der Umsetzung einer Vision verbunden ist: »Der Stil ist für den Schriftsteller, so wie die Farbe für den Maler, keine Frage der Technik, sondern der Vision.«[60] Und Cartier-Bresson: »Hinsichtlich der photographischen Technik hat sich viel Fetischismus breitgemacht. Sie muß aber nur zu dem Zweck geschaffen und angepaßt werden, eine Vision zu realisieren.«[61] Diese Vision ist sehr darum bemüht, die Wirklichkeit mit einer Dichte und Intensität herauszufordern, die allem

15. Bali, Indonesien, 1950

weit überlegen ist, was uns die banale Wahrnehmung der gängigen Intelligenz anzubieten hat. Proust nannte das das »wahre Leben«.

16. Selbstportrait, Italien, 1932

Für diese Art, die Photographie zu leben, bleibt der Surrealismus ein Einfluß unter anderen, der nicht die alleinige Bestätigung seiner Ästhetik beanspruchen kann. So jung Cartier-Bresson auch war, mit seinem beachtlichen künstlerischen und kulturellen Hintergrundwissen erfindet er spontan, wie Mandiargues schreibt, diese Kunst, Photographie zu machen, indem er die gängigen Vorstellungen, Hierarchien und Konventionen verschmäht, diese »harte Arbeit« ohne Künstlichkeit, die das genaue Gegenteil von Arbeit ist, diese *kunstlose Kunst,* die auch eine geistige Angelegenheit ist. In einem derart fruchtbaren künstlerischen und intellektuellen Abenteuer, in einer so ausgestalteten Ästhetik ist natürlich alles solidarisch. Dennoch lassen sich vier Komponenten unterscheiden, die, miteinander vereinigt, über ihre Beschaffenheit wachen: der Kult des Lebens, der Animismus, die Vorstellung vom photographischen Schuß und schließlich der surrealistische Einfluß.

25

Das Leben

Das Leben. Das Leben.
JAMES JOYCE, *Ulysses*

Und man komme mir nicht mit der Behauptung, es läge ein vager Vitalismus darin, über das Leben zu sprechen.
HENRI MESCHONNIC, *Modernité, modernité*

S ich im Kontext der zwanziger Jahre für das Leben als den einzigen Wert zu entscheiden, hieß, den Bankrott der europäischen Moralwerte endgültig zu beglaubigen, den Paul Valéry 1919 in folgende Worte faßte: »Und wir sehen jetzt, daß der Abgrund der Geschichte groß genug ist für alle. Wir spüren, daß eine Zivilisation so zerbrechlich ist wie ein einzelnes Menschenleben.«[1] Dennoch wendet sich die neue Generation diesem zerbrechlichen Leben wie einem letzten Rettungsanker zu, an den sich die unmittelbare Verzweiflung jener klammert, die feststellen, daß inmitten der Ruinen nichts weiterbesteht als ebendieses Leben. Solche Geisteshaltung gewinnt bei zahlreichen Künstlern die Oberhand, und auch Henri Cartier-Bresson läßt darauf noch ein

Abb. 17   Echo verlauten, wenn er 1991 behauptet, er schätze an Cioran besonders dessen heiteren Pessimismus. Das Leben ist die letzte Instanz, die Verkörperung der Idee des Heiligen; was an Wahrheit übrigbleibt, würde man den Menschen auf seine animalischen Anteile reduzieren, ist nur der Instinkt. Eine symptomatische Reaktion in Krisenzeiten. Später sollten auch die Filmemacher der Nouvelle Vague davon sprechen, von *Die Geschichte der Nana S.* bis *Rette wer kann (Das Leben).*

Seit den dreißiger Jahren erhält das Wort Leben eine stark politische Konnotation, da es als ein Recht begriffen wird, das es wiederzuerlangen gilt, gleichermaßen als kollektive Utopie wie als individuelles Abenteuer. Im März 1935 nimmt Car-

17. Cioran, 1984

tier-Bresson als einer der Regieassistenten von Jean Renoir am Dreh eines von der französischen kommunistischen Partei in Auftrag gegebenen Propagandafilms teil: *Das Leben gehört uns.* Der Kult des Lebens ist das Gegenmittel gegen jede Ideologie, jedes System, ein Zustand permanenter Revolte und ständiger Infragestellung – sowohl der Welt als seiner selbst. Grund genug für Cartier-Bresson, sich der anarchistischen Revolte anzuschließen.

Am Ende des 19. Jahrhunderts hatte sich diese Dichotomie zwischen dem Leben des »Bourgeois« und dem Künstler-

18. Quai des Tuileries, Paris, 1955

leben allgemein durchgesetzt. Die Imagination ist nicht mehr die närrische Phantasie, der Zulieferer von Chimären. Seit den Romantikern wurde sie aufgewertet, als kreativ aufgefaßt. Außer in der Photographie, wo sie, wie in den Augen eines Baudelaire, keinen Platz hat. Und Henri Cartier-Bresson teilt beinahe diese Ansicht: »Ich wußte, daß ich niemals eine Inszenierung machen würde, und Renoir hat es mir auch gesagt; er wußte, daß ich keine Phantasie habe. Ich habe die Dinge immer wie ein Insektenforscher angeschaut.«[2] Dennoch hatte Baudelaire nicht gänzlich den Horizont der Photographie versperrt, und dieser »Maler des modernen Lebens«, der »geht, läuft und sucht«, dieser »Einsiedler, der mit einer tätigen Imagination begabt ist, der immer durch *die große Menschenwüste reist*«, der »ein höheres Ziel [hat] als ein reiner Müßiggänger, ein anderes, umfassenderes Ziel als das flüchtige Pläsier des Augenblicks«, für den es darum geht, »von der Mode das loszulösen, was sie im Geschichtlichen an Poetischem, im Flüchtigen an Ewigem enthalten mag«, derjenige, der schließlich die Synthese herstellt zwischen »dem Wandelnden, Flüchtigen, Zufälligen« und »dem Ewigen und Beständigen«[3], wer ist er, wenn nicht dieser außergewöhnliche Typus des Photographen, wie ihn Cartier-Bresson später verkörpern sollte? In Wirklichkeit hatte es Baudelaire nicht auf die Photographie selbst abgesehen, sondern auf die vulgäre Vorstellung, es könne einen Fortschritt in der Kunst geben.[4] Die Technik wurde zwar oft als etwas verstanden und vorgestellt, das die Malerei und die Zeichnung verbessern könnte. Baudelaire aber ist die Häresie einer »Industriekunst« (die Flaubert in seiner *Éducation sentimentale* ebenfalls verspottet) unerträglich. Von seiner feurigen Polemik angestachelt, verweist er auch die Photographie in die Grenzen eines Dilemmas zwischen Kunst und Technik.

Die für die romantische Ästhetik kennzeichnende Aporie wird ausgerechnet zu Beginn dieses Jahrhunderts von einer Ästhetik der Überraschung, der Begegnung, des Zufalls abgelöst. Ein Mann verkörpert auf prophetische Weise diese nicht zu unterdrückende Bewegung, die den Künstler künftig nach neuem poetischem Material Ausschau halten läßt, aus dem er aufs Geratewohl schöpft: Guillaume Apollinaire. »Einer alten Welt überdrüssig, fängt er die Unruhe des Lebens ein [...]. ›Die Überraschung, das Unerwartete, ist eine der Hauptantriebsfedern der Poesie von heute. Und wer würde wagen zu behaupten, daß für diejenigen, die der Freude würdig sind, das Neue nicht auch schön sei?‹«[5]

Was später als französische Photographie bezeichnet werden sollte, entsteht eher vor dem Hintergrund einer poetischen Kultur als in Anlehnung an eine Tradition der Malerei. »L'esprit nouveau«, der Neue Geist, zu dessen Herold sich Apollinaire gemacht hat, eröffnet bisher unerforschte Horizonte, die sich für noch nie dagewesene Abenteuer eignen, sei

19. Saint-Germain-l'Auxerrois, Paris, 1984

es dank der Reise durch die ganze Welt – man mag dabei an Blaise Cendrars denken, »der einer impressionistischen Technik entsprechend die Poesie der Gleichzeitigkeiten und der Zufälle verzeichnet«⁶ – oder in innere Welten, wo Bilder und Worte in ungewöhnlichen Begegnungen aneinanderstoßen – wobei man an Pierre Reverdy denken mag, der beim Anblick der burlesken Funken, die die Begegnungen von Worten und Bildern auslösen, in Verzückung gerät, und noch mehr an Max Jacob, den Henri Cartier-Bresson häufig besuchte in einer Zeit, als dieser Freund von Picasso und Rivale von Apol-

linaire, der wahre Dichter des Kubismus, laut Cocteau, aus seinem Hotelzimmer in der Rue Nollet den zugleich faszinierenden und acherontischen Ort machte, an dem sich zwischen den beiden Weltkriegen Maler und Schriftsteller einfanden, namentlich Dubuffet, Trénet, Malraux, Jouhandeau und Artaud.

Das Leben für sich beanspruchen heißt, nach Authentizität zu streben und im gleichen Zuge das Überkommene, den Kleinmut von sich zu weisen und nach dem künftigen Standort des Menschen zu suchen. Eine neue kopernikani-

20. Passage, *Lithographie für* Der Pariser Bauer, 1993

sche Revolution, die die Vorstellung von der Existenz eines zentralen Punktes, auf den sich alles bezöge, von vornherein ausschließt und sie durch einen per definitionem unbegreifbaren Wert ersetzt: »In diesen großartigen und zugleich dreckigen Zeiten lebte ich, den Beschäftigungen meines Herzens fast immer seine Besorgnisse vorziehend, so, wie es der Zufall wollte, auf der Suche nach dem Zufall, der als einzige der Gottheiten sein Ansehen zu wahren gewußt hatte«, schreibt Aragon in *Der Pariser Bauer.*[7] Die dem Zufall zugewiesene Bedeutung markiert sowohl den Bankrott des klassi-

schen Rationalismus, die Ablehnung des Kartesianismus (der bei Jean Renoir wiederzufinden ist) als auch das Aufkommen neuer, noch unerforschter Bereiche in den Wissenschaften (insbesondere in der Biologie), doch ebenso in den Künsten, wo im 20. Jahrhundert die Begriffe von Zufallsbedingtheit, Improvisation und Kombination auftauchen. Künstler greifen auf Maschinen zurück (und der Photoapparat ist eine von ihnen), um neue Schaffensformen zu erfinden, die die Rolle des Menschen neu definieren. Der Zufall wird zu einem positiven Wert, sowohl in der Musik als auch in der Literatur und der Photographie. Für ein Subjekt ohne Mittelpunkt stellt er die Möglichkeit dar, fernab der alten Determinismen unerwartete Beziehungen zur Welt zu knüpfen und neue Zusammengehörigkeiten zwischen dem Menschen und dem Realen zu stiften. »Unsere Epoche bemüht sich, so etwas wie eine direkte Erfahrung der Kräfte der Natur zu sammeln«, schreibt Pierre Francastel.[8] In diesem Fall handelt es sich um die Kräfte des Unbewußten, die in Kollektiv- oder Einzelerfahrungen entfesselt und kanalisiert werden, wobei die gesamte Aufmerksamkeit auf das psychische Leben im Urzustand gelenkt wird.

Nicht ohne Grund fällt der willentliche und systematische Gebrauch des Photoapparats als Instrument künstlerischen Schaffens in die Zeit der surrealistischen Bewegung (zwar haben sich schon die Piktorialisten daran versucht, doch da sie an die Photographie die Maßstäbe der Malerei anlegten, kamen lediglich photographische Gemälde dabei heraus). Photographie erscheint nicht mehr länger als die technische Fortführung der Zeichnung und der Malerei: Sie hat selbst Bilder eines neuen Typs anzubieten, Produkte des Gedächtnisses wie der visuellen Wahrnehmung, des Unbewußten wie der Technik. Das mechanische Bild, von der romantischen Ästhetik noch als unrein empfunden, weil es keine Seele habe, wurde in den Augen der Surrealisten interessant, nicht weil sie in ihm die Umsetzung einer stets verschwenderisch mit Bildern umgehenden Phantasie oder eine getreue Reproduktion des Realen sahen, sondern ein geistiges Bild, eine zwar unbeabsichtigte, aber authentische Frucht jenes versenkten Teils des Menschen, der von nun an das Zentrum seines psychischen Lebens, den Kern des Subjekts bildet. Der Photoapparat – oder die Filmkamera – waren die beiden neuen Instrumente, die es ermöglichten, sich »einer unmittelbaren Erfahrung der Kräfte der Natur« auszusetzen und dem »objektiven Zufall« auf neuem Gelände zu begegnen, im Grenzbereich des Unbewußten – diesem obskuren Ort des Innenlebens des Menschen – und der Wahrnehmung.

Die Photographie, per definitionem extrovertiert, wurde darüber hinaus zu einem wirkungsvollen Mittel der Introspektion. Sigmund Freud notierte 1929, daß ihre Erfindung ein noch nie dagewesenes zivilisatorisches Ereignis darstelle: »Mit all seinen Werkzeugen vervollkommnet der Mensch seine Organe – die motorischen wie die sensorischen – oder räumt die Schranken für ihre Leistung weg. [...] In der photographischen Kamera hat er ein Instrument geschaffen, das die flüchtigen Seheindrücke festhält, was ihm die Grammophonplatte für die ebenso vergänglichen Schalleindrücke leisten muß, beides im Grunde Materialisationen des ihm gegebenen Vermögens der Erinnerung, seines Gedächtnisses.«[9] Der Photoapparat wird nicht mehr als Mittel der Archivierung angesehen, sondern als eine Technik, mit deren Hilfe die von unserer Konstitution her aufgezwungenen Grenzen der Sinne überschritten werden können. Parallel hierzu entwickelte Jean

Epstein das Konzept vom Potential neuer Sensationen, deren Träger die Filmkamera ist. Er schreibt: »Unsere Intelligenz geht vor allem analytisch vor und tut sich schwer, von der Welt andere als bloß fragmentarische Ansichten zu erhalten. [...] Eines der wesentlichen Merkmale des Kinematographen liegt darin, diesem Mangel in gewisser Weise Abhilfe zu verschaffen, uns gewisse Synthesen vorzubereiten, eine Kontinuität von solchem Ausmaß und solcher Dehnbarkeit im Raum-Zeit-Kontinuum zu rekonstruieren, zu denen unsere Physiologie unfähig wäre.«[10] Dieselbe Begeisterung kommt bei Henri Cartier-Bresson zum Ausdruck, wenn er die Freude des Photographen beschreibt, der diese körperliche Verschmelzung in einem Raum-Zeit-Kontinuum von nie erreichter Dichte intensiv erlebt: »Ich bin ein Nervenbündel, das auf den Augenblick wartet, und es steigt, steigt, steigt, bis es explodiert, und es ist eine körperliche Freude, Tanz, Zeit und Raum in einem. Ja! Ja! Ja! Ja! Wie die Schlußfolgerung von *Ulysses* bei Joyce. Sehen ist ein Ganzes.«[11]

Da die Photographie die Hand und den Geist von mechanischen Aufgaben befreit, um das Reale graphisch zu reproduzieren, macht sie es für die Aufmerksamkeit paradoxerweise möglich, sich auf die Wahrnehmung selbst als geistiges Phänomen zu konzentrieren, wobei wahrnehmen nicht nur sehen ist, sondern auch sich erinnern, ausdenken, planen, wünschen, genießen. Der Photoapparat, alles andere als das gefühlskalte Instrument des Reisenden, verschafft dem Körper in der künstlerischen Schöpfung wieder einen herausragenden Platz.

Für Henri Cartier-Bresson nimmt darüber hinaus die photographische Tätigkeit die Bedeutung einer Rückeroberung seiner selbst an, einer Befreiung gegenüber jedem künstlich auferlegten physischen und geistigen Zwang. Der Kult des Lebens stellt also bei weitem keine idealistische Abstraktion dar. »Es ist eine große körperliche Freude, ein überaus großes körperliches Vergnügen, da zu sein, präsent zu sein!«[12] Für ihn gibt es keine starke intellektuelle Tat, die nicht sinnlich wäre, keine geistige Erfahrung, die nicht bis ins Innerste des Körpers gespürt, im Fleische empfunden würde. Präsenz ist nicht nur Geistesgegenwart im Sinne von Opportunismus, sondern das stets wache Bewußtsein für das Winzige, das Ungreifbare, mit anderen Worten das, was für das rein zuschauende Bewußtsein nicht greifbar ist: Der Photograph ist im selben Raum und Zeitfluß eingeschlossen wie das, was er photographiert. »Es ist eine Sache von Millimetern, hier zu sein oder dort. Zwischen einem guten und einem schlechten Photo gibt es nur einen sehr schwachen Unterschied. Das sind kleine Unterschiede, sehr kleine ...«[13] Diese Tätigkeit verschmäht den Dualismus und stellt die Einheit des Subjekts wieder her. Die körperliche Präsenz des Photographen ist demnach das Mittel zur unmittelbaren Erfahrung der Wirklichkeit wie auch eine Art, an der äußersten Spitze der Gegenwart zu sein, wo Raum und Zeit miteinander verquickt

21. Alicante, 1933

und die Millimeter zugleich Hundertstel Sekunden sind, so daß »der kleine Unterschied«, das Ungreifbare gleichzeitig als Unterschied von Zeit und Raum gewertet wird. Die Momentphotographie erfaßt das Leben (als wäre sie dazu erfunden worden, dessen Äußerungen zu übersetzen), weil sie sich dem Ephemeren verschrieben hat, dem, was man niemals zweimal sehen wird. Denn das Ephemere ist es, wodurch sich das Leben selbst auszeichnet: »Ich ergreife die Verteidigung aller Neigungen der Menschen, und zum Beispiel die Verteidigung des Geschmacks am Ephemeren«, schreibt Aragon.[14]

Dies erfordert folglich Lebendigkeit, und: »Man muß aufpassen, sich konzentrieren. Der Maler hat eine Eingebung, er kann sie korrigieren. Für uns gibt es keine Retusche, keine Wiederholung. Man muß wach sein! Das Leben ist das eigentlich Spannende: man braucht Sensibilität, geistige Disziplin, das ist alles. Es geht um Neugier auf das Leben und um plastische Strenge.«[15] Weil das Leben nicht stabil ist, besteht die Kunst im Streben nach Erregung. Der »kleine Apparat«, wie ihn Henri Cartier-Bresson nennt, stellt tatsächlich »das perfekte Instrument zur Übung des Blicks auf das Leben« dar, im Gegensatz zur Feder oder zum Pinsel, die es erforderlich machen, daß man einen Augenblick innehält, um in sich oder vor sich zu schauen. Mit ihm läßt sich das

Leben anschauen, ohne die eigene Wahrnehmung der Zeit verändern oder wiederherstellen zu müssen, wobei dieselbe absolute Beziehung zur ständigen Erneuerung der Gegenwart beibehalten wird. Photographie an sich ist kein Ziel, aber auch kein Mittel; niemals könnte sie sich gegen das Leben durchsetzen. Sie löst einen Zustand steter Wachsamkeit aus, läßt uns ein intensives Innenleben und eine aktive Aufmerksamkeit für die Welt um uns herum mitteilen.

Weil er der Frische und Spontaneität eine besondere Bedeutung beimißt, hat Cartier-Bresson schon sehr früh eine Ethik des Reisens oder genauer des Ortswechsels für sich formuliert. Seinen Abwesenheiten, seinen Brüchen und Aufbrüchen wird zu keinem Augenblick etwas von Verleugnung, von einer Suche nach dem Vergessen anhaften. Selbst da zeigt er einen ausgesprochenen Sinn für Ausgeglichenheit (wie ein guter Normanne, schreibt Mandiargues spöttisch), indem er die beiden Klippen sorgfältig umschifft, an denen nomadische Künstler zerschellen können, die entweder zu Passanten werden, ohne Gefühl der Verbundenheit und ohne Aufmerksamkeit (es sei denn für das eigene innere Abdriften), oder aber der Versuchung unterliegen, sich mit Leib und Seele einer anderen Welt zu verschreiben, sich zu einer anderen persönlichen und kulturellen Identität zu bekehren.

Cartier-Bresson ist allerdings nicht so naiv anzunehmen,

22. Sri Lanka, 1949

daß dem Leben den Vorrang zu gewähren gleichbedeutend ist mit irgendeiner Form von Spontaneität. Verstehen und sehen implizieren auch Zeit, und es lohnt sich nicht, jede Neuigkeit aufzugreifen, außer man begnügt sich damit, Wertloses zu bestaunen. Es gibt auch keine unstillbare Neugier ohne eine beharrlich zu pflegende unerbittliche Strenge. Das Leben wird so zur Kunst an sich; es muß kultiviert werden, damit aus der Erfahrung Respekt entstehen kann: »Das Wesentliche eines Landes läßt sich nicht schnell in wenigen Tagen erfassen. Meine Photos von Asien sind die Spuren eines knapp zwanzig Jahre langen Lebens im Fernen Osten. ›Was man mit der Zeit macht, respektiert die Zeit auch‹, sagte Rodin ... Ich selbst möchte lebendig sein, von einer Lebendigkeit, wie sie sich erst nach langer Berührung mit den Menschen und den Dingen einstellt.«[16] Photographieren bedeutet letzten Endes, einen stets neu ausgehandelten Kompromiß zwischen der fiebrigen Erwartung des nächsten Augenblicks und einem langen Atem zu erreichen ... Das die photographische Aufnahme bestimmende Charakteristikum der Augenblicklichkeit ist demzufolge keine technische Größe, sondern ihre poetische Dimension, da aus dem Augenblick als solchem die Empfindung zutage tritt, die aus der Konvergenz beziehungsweise dem zufälligen Zusammentreffen von Ephemerem und Perfektion hervorgegangen ist.

Photographieren bedeutet nämlich, in die Dauer einzutauchen. Um dort die Ordnung vom Chaos zu unterscheiden, auch wenn sich die Ordnung ständig wieder auflöst, kaum daß sie sich gezeigt hat. Seinen spezifischen Charakter erhält das photographische Bild im Gegensatz zum gemalten Bild dadurch, daß es sich aus zeitlichem Material zusammensetzt: »Es gibt in der Photographie eine neue Form der Plastizität, die eine Funktion plötzlich auftretender Linien ist; wir arbeiten innerhalb der Bewegung, als eine Art Vorahnung des Lebens, und die Photographie muß das Gleichgewicht des Ausdrucks innerhalb der Bewegung festhalten.«[17]

Will der Photograph »auf der Welle der Zeit reiten« – die Metapher stammt von Cartier-Bresson – und nicht von ihr weggerissen werden, muß er durch und durch energisch, flexibel, reaktionsschnell, konzentriert und impulsiv sein. Die Maler der Renaissance nannten das »Temperament«, das damals vom Horoskop bestimmt wurde. Nach Aussage von André Pieyre de Mandiargues ist Henri Cartier-Bresson als »Sonne mit Aszendent Löwe« im Zeichen des Lichts geboren, ein »leidenschaftlicher, impulsiver, energischer Mensch«. In seinen Augen immer Maler bleibend, paßt er sein »Temperament« einem Werkzeug an, mit dem er das Leben, begriffen als ein Vergnügen am Ephemeren und am Elan, zu fassen bekommt.

Die Überraschung

Wie zeigen sich diese Augenblicke, die sich vom Kontinuum, dem sie angehören, unterscheiden, und wie bringen sie uns der reinen Empfindung von Dauer und von da aus dem Leben näher? Durch die Überraschung, durch das Gefühl vom unerwarteten, aber identifizierbaren Aufscheinen von etwas – dem Beweis für Authentizität: »Das Schöne an der Photographie ist, daß plötzlich irgend etwas aufscheint, einfach so, direkt vor einem, und dieses Etwas muß man fassen ... Es verhält sich wie mit der Poesie: man darf nicht überlegen. Die restliche Zeit muß man überlegen, ja, aber da, da muß man springen!«[18] Die Überraschung ist um so leichter und um so häufiger anzutreffen, je weniger der menschliche Kontext dem Photographen, der sich ja in ihm weiterentwickeln soll, bekannt und vertraut ist. »Es ist wahnsinnig schwierig, über das eigene Land zu sprechen. Man ist von einer Fülle vorgefertigter Gedanken, Erinnerungen und Gewohnheiten durchtränkt. Unser Gedächtnis ist überfrachtet und lückenhaft zugleich. Man muß sich den Blick waschen, versuchen, sich selbst die Augen zu öffnen, um in den Genuß der Würze dessen zu kommen, was uns tagtäglich umgibt. Es ist unbedingt notwendig, sich die Frische der Eindrücke, die Fähigkeit, jederzeit überrascht zu sein, zu bewahren.«[19]

Der Photograph muß permanent mit der gängigen Wahrnehmung brechen, sich selbst immer wieder in den Zustand von Unwissenheit oder Naivität gegenüber den Verhaltensweisen und sozialen Codes zurückversetzen, obwohl er gelernt hat, sie als natürlich oder normal wahrzunehmen. Er ähnelt ein wenig jenem geübten Leser, der sich schon lange nicht mehr an der Beschaffenheit der Zeichen aufhält, die auf dem Papier an ihm vorbeiziehen, und sich plötzlich zwingt, sie einzeln wahrzunehmen, und dabei ihre ursprüngliche Fremdartigkeit und Undurchschaubarkeit entdeckt: »Man weiß zuviel und nicht genug vom eigenen Land, und es fällt schwer, daraus eine Synthese zu bilden. Es ist einfacher, im Ausland zu arbeiten! In Frankreich muß man jedesmal seine Eindrücke erneuern, den frischen Blick auf das Leben wiederfinden. Man sollte in Anbetracht jeder Sache sagen können: ›Was ist das?‹ und ›Warum?‹«[20]

Das Gefühl der Überraschung allein reicht allerdings nicht, wenn es nur eine passive Reaktion, ein verkrampftes Überraschtsein ist. Es setzt vielmehr aufmerksames Warten, kenntnisreiche Vorwegnahme und eine Vorahnung voraus, die sich an den Erscheinungsformen des unmittelbar Bevorstehenden geschult hat. »Das Photo ist die Konzentration des Blicks. Das Auge, das Ausschau hält, unablässig in Bewegung, auf der Lauer, stets bereit. Das Photo ist unmittelbares Zeich-

nen. Es ist Frage und Antwort.«[21] Das Zusammenfallen von Frage und Antwort, ihre Homogenität macht sich als Erinnerung bemerkbar: »Das Bedürfnis der Menschen nach Freude und Glück, oder ihre Grausamkeit, zeigt sich in den verschiedenen Facetten kleiner, unzähliger Details. Sie überraschen durch ihre Neuartigkeit, aber auch durch ihre Vertrautheit, als hätte man es mit einer Reminiszenz zu tun. Man glaubt, sie inmitten allgemeiner Eindrücke wiederzuerkennen, ein bißchen wie in einem Museum, in das man zum ersten Mal geht und in dem Gemälde hängen, die man von Reproduktionen her kennt. Wenn man plötzlich vor einem solchen Gemälde steht, spürt man den Schock der Überraschung, die Freude, sich in einer Konfrontation ausloten zu können.«[22]

Abermals kommen wir den Vorstellungen Prousts sehr nahe: »Wir tun nichts anderes, als zum Ursprung des Lebens zurückzugehen, mit all unserer Kraft die Macht der Gewohnheit und des Verstandes zu brechen, die unmittelbar die Wirklichkeit verstellt und bewirkt, daß wir sie nie zu sehen bekommen; wir tun nichts anderes, als das offene Meer wiederzufinden. Warum vermag dieses Zusammentreffen von zweierlei Eindrücken uns die Wirklichkeit zurückzugeben? Vielleicht weil sie dann mit dem, was sie unterdrückt, wieder

23. Die Baltard-Hallen, Paris, 1952

aufersteht, während wir, wenn wir unseren Verstand einsetzen, uns zu erinnern versuchen, entweder hinzufügen oder wegnehmen.«[23]

Henri Cartier-Bressons Vorstellungen stimmen auch mit dem fundamentalen Begriff der Intuition von Bergson überein, daß sich das Bewußtsein in der Dauer entfalte: »Im Tiefsten unserer Selbst suchen wir den Punkt, wo wir uns unserem eigenen Leben innerlichst nahe fühlen. Es ist die reine Dauer, in welche wir so zurücktauchen; eine Dauer, in der die ewig vorrückende Vergangenheit unablässig um eine absolut neue Gegenwart anschwillt.«[24] Bergson schlägt die Definition eines Ichs vor, das nicht mehr im Zeichen der Beständigkeit des *cogito* steht, sondern in der Intuition der Dauer untergebracht ist. Am Anfang von *Die seelische Energie* beschreibt er dieses wahrnehmende Ich mit folgenden Worten: »Die Aufmerksamkeit ist ein Erwarten, und es gibt kein Bewußtsein ohne eine gewisse Aufmerksamkeit auf das Leben. Dort liegt die Zukunft; sie ruft uns, oder vielmehr sie zieht uns an sich; diese unaufhörliche Anziehung, die uns auf der Straße der Zeit vorwärts schreiten läßt, ist auch die Ursache dafür, daß wir unablässig handeln.«[25] Die Tätigkeit des Photographierens ist kein Zustand passiven Eintauchens in die reine

Dauer, da die Fähigkeit zur Vorwegnahme nicht unwichtiger ist als das Gedächtnis, während das Leben eine Art ewig fortgesetzter Widerspruch von Identität und Differenz ist, zwischen der radikalen Neuartigkeit jedes auftretenden Augenblicks und den Gedächtnisknoten, an die dieser sich aber doch hängt, ohne daß etwas diese Bewegung der Flucht nach vorne aufhalten kann, nicht einmal die Photographie. »Das Gedächtnis ist sehr wichtig; man muß sich an jedes einzelne Photo erinnern können, das man im Galopp, im Tempo des Ereignisses selbst gemacht hat. Schon während der Arbeit muß man sich vergewissern, nirgends eine Lücke gelassen zu haben, daß man alles zum Ausdruck gebracht hat, denn hinterher ist es zu spät, unmöglich, die Zeit zurückzudrehen und das Ereignis noch einmal aufzunehmen.«[26]

Henri Cartier-Bresson teilt allerdings Bergsons vitalistische Vorstellung nicht. Für ihn ist das Leben nicht das Eifern nach Transzendenz, es zeigt sich vielmehr in der Immanenz, rein zufällig durch Momente der Perfektion, die die Intuition wiederzuerkennen und zu fassen weiß: »Im Grunde sind alle Momente gleichwertig. Dennoch gibt es so eine Art Unentschiedenheit aller Augenblicke im Fluß des Realen. Für mich, wie für jeden Künstler, existiert allerdings die Anerkennung einer rettenden plastischen Ordnung gegen die Auflösung durch das Banale, das Chaos und das Vergessen.«[27] Diese Augenblicke werden nicht durch die sichtbare Welt allein hervorgebracht, als ob sie autonom wäre; es geht auch nicht darum, dem Sichtbaren künstliche geometrische Raster aufzudrücken: »Es wird oft über den Blickwinkel einer Aufnahme gesprochen, doch letztlich gibt es nur die geometrischen Winkel der Bildkomposition. Nur sie sind wertvoll, und nicht die Perspektiven, die einer zustande bringt, indem er sich auf den Bauch wirft, um dadurch besondere Effekte oder ähnlich Ausgefallenes zu erzielen.«[28] Bei Cartier-Bresson findet sich im Gegenteil eine Dialektik von Innen- und Außenleben, in der Weise, daß der Blick beides harmonisch zusammenfügt und die Einheit des Ichs mit der Welt wiederherstellt: »Indem wir leben, entdecken wir uns selbst und gleichzeitig die Welt, die uns umgibt, die uns prägt, auf die wir aber auch unsererseits einwirken können. Es gilt, ein Gleichgewicht zwischen diesen beiden Welten, dem Innen und dem Außen, zu schaffen, die aus einem immerwährenden Dialog heraus ein einziges Ganzes bilden. Diese Welt müssen wir mitzuteilen suchen.«[29]

Wie aber läßt sich diese plastische Ordnung im Dahinfließen der Zeit vorausahnen, wie aus ihr der Augenblick für eine Betätigung des Auslösers entnehmen, wenn nicht durch eine außerordentliche Anstrengung des Bewußtseins, sich auf die unablässige Bewegung der Formen synchron einzustellen? Wir haben es also in der Tat mit »einer neuen Form der Gestaltung, die eine Funktion plötzlich auftretender Linien ist«[30], zu tun, die mit einer neuen geistigen Haltung einhergeht.

24. Deligny-Schwimmbad, Paris, 1955

25. Hortense Cartier-Bresson, 1979

Die Photographie wird »aus dem Leben gegriffen«, eine Redewendung, die mittlerweile zwar zum Klischee verkommen ist, aber im engeren Sinn verstanden sein will: »Den ganzen Tag streife ich durch die Straßen, war in höchster Erregung und zum Sprung bereit, entschlossen, Photos zu machen, die aus dem Leben gegriffen wären, auf frischer Tat ertappt.«[31] Mit anderen Worten beruht die Photographie, im Gegensatz zur langen Tradition der graphischen Künste, wo das Bild das Ergebnis einer geduldigen manuellen Ausarbeitung ist, allein auf der zarten und flüchtigen Beziehung zwischen dem photographierenden Subjekt und dem, was es wahrnimmt. »Der Photograph (egal, ob er schlechte Manieren hat oder nicht) muß das Leben aus der Überraschung heraus, sozusagen beim Sprung aus dem Bett, aufnehmen.«[32] Die Photographie hält keineswegs das Leben auf, sondern überrascht es in seinen Augenblicken höchster Dichte oder vielmehr Leichtigkeit, denn es geht nun einmal nicht darum, mit Bedeutung übersättigte und mit Botschaften überladene Szenen festzuhalten. Das Leben streift und geht vorüber. Um es einfangen zu können, muß sich der Photograph diesem Gesetz unterordnen und wie auf dem Sprung photographieren, wie es Cartier-Bresson selbst ausdrückte.

Augenblicklichkeit bedeutet also keine Erleichterung, sondern stellt eine neue Regel vor, die ebensowenig überschritten werden darf wie die überkommenen Kompositions-regeln der Zeichnung. Eine Photographie zu retuschieren wird zu einer buchstäblich ikonoklastischen Geste und bedeutet letzten Endes, ihre Integrität zu zerstören und sie so zu behandeln, als wäre sie eine Zeichnung, ohne ihre zeitliche Dimension zu berücksichtigen und des Gewichts der Dauer, also des Lebens gewahr zu werden, mit dem sie sich für die Zeit der Betätigung des Auslösers aufgeladen hat. Sie ist nicht retuschierbar, da sie genaugenommen weder Graphik noch Schrift ist; als visuelle Spur einer Empfindung definiert sie sich über ihre Augenblicklichkeit: »Von allen erdenklichen Ausdrucksformen kann allein die Photographie einen bestimmten Augenblick festhalten. Wir spielen mit Dingen, die wieder verschwinden und die man, wenn sie erst verschwunden sind, unmöglich wieder zum Leben erwecken kann. Ein Motiv läßt sich nicht retuschieren.«[33] Wie sollte es auch möglich sein, im nachhinein auf eine Empfindung zurückzukommen, da sie doch einzigartig ist? Cartier-Bresson wird die Bedeutung der traditionellen Aufnahme völlig umkrempeln, derzufolge die Photographie, weil sie die Bewegung gefriert, tötet und das Lebendige mumifiziert. Die Retusche ist ihrerseits dem Leben untreu; sie leugnet dessen bestimmendes Gesetz, das kontinuierliche Verschwinden. Die Regel, die sich der Photograph auferlegt, respektiert das Leben bis in seine scheinbare Negativität hinein, daß es nämlich vorübergehend ist, erlaubt ihm jedoch gleichzeitig, sich neu zu erfinden, un-

26. Ivry-sur-Seine, 1955

ablässig neu geboren zu werden. »Wer ein gelungenes Photo auch nur ein ganz klein wenig beschneidet, zerstört unweigerlich das Zusammenspiel der Proportionen. Andererseits kommt es nur in den seltensten Fällen vor, daß eine von vornherein schwache Komposition später in der Dunkelkammer, beim Versuch einer Rekomposition, gerettet werden kann, indem am Negativ unter dem Vergrößerungsapparat herumgestutzt wird: Die Vision in ihrer Integrität ist nicht mehr vorhanden.«[34] Integrität, Integralität – Unversehrtheit, Vollständigkeit: ob Versprecher oder Wortspiel, diese Gleichstellung zeigt jedenfalls die enge Verflechtung zwischen Ethik und Ästhetik.

Photographie ist eine durch das wahrnehmende Bewußtsein an der Dauer vorgenommene Punktur. Diese Überzeugung ist nicht neu: Edward J. Muybridge und Étienne-Jules Marey hatten daraus ein Mittel zur wissenschaftlichen Untersuchung von Bewegung gemacht. Marcel Duchamp hatte in glänzender Weise auf die Probleme hingewiesen, die die Zerstückelung der Zeit in Mikro-Momente für die Malerei mit sich bringt. Neu ist allerdings, die Augenblicklichkeit zu einer künstlerischen Regel zu erheben. Wenn die Photographie zu einer Momentzeichnung wird und die Erfordernisse und Regeln berücksichtigt, die sie als Zeichnung, als Skizze gestalten, ist sie eine Antwort des Augenblicks auf eine bewegte Wahrnehmung.

Wenn das Leben etwas Werdendes ist und sich durch Veränderungen zeigt, dann erscheint der Photoapparat – ebenso wie die Filmkamera, wenn auch mit einigen Unterschieden – wirklich als ein privilegiertes Instrument, mit dem es möglich wird, in den Fluß des Werdens einzutauchen, dem Lebenslauf der Menschen und ihrer Geschichte zu folgen, sie zu beobachten und zu verstehen und dabei allem unablässig in Bewegung Befindlichen Form zu verleihen, was manchmal Linien, Proportionen, Werten oder einer Harmonie gleicht, die das Auge einfängt und aus denen Körper und Geist als Ganzes Freude schöpfen.

Im Gegensatz zu Bergson nimmt bei Henri Cartier-Bresson die Energie einen zentralen Platz in seiner Vorstellung vom Leben ein, an der wir in unserer Eigenschaft als Lebewesen teilhaben, die alles in uns und um uns herum verändert und neu schafft. Bei Bergson wird dieser Elan, wenn unsere Persönlichkeit sich in einem Akt reiner schöpferischer Freiheit auf sich selbst konzentriert, in Freude umgesetzt: »Durch ein genaues Zeichen tut sie [die Natur] uns kund, daß unsere Bestimmung erreicht ist. Dieses Zeichen ist die Freude. Die Freude – nicht die Lust. Die Lust ist nur ein Kunstgriff, den die Natur ersonnen hat, um von dem lebenden Wesen die Bewahrung des Lebens zu erreichen; nicht aber bezeichnet sie die Richtung, die dem Leben gewiesen ist. Die Freude hingegen zeugt stets dafür, daß das Leben sich durchgesetzt hat,

27. Schweden, 1956

daß es Boden gewonnen hat, daß es einen Sieg errungen hat: jede große Freude hat einen triumphierenden Klang. Wenn wir nun aber diesen Hinweis beachten [...], so finden wir, daß überall, wo Freude ist, Schöpfung ist: und zwar ist die Schöpfung um so reicher, je inniger die Freude ist.«[35] Henri Cartier-Bresson würde sich sicherlich nicht von dieser Definition distanzieren wollen.

Er formuliert seine eigene Synthese: Von seiner Leidenschaft für die Malerei bewahrt er sich die Notwendigkeit einer harmonischen geometrischen Ordnung, von seinem Umgang mit den Surrealisten die dem Zufall, der Überra-

schung und dem Unbewußten zugewiesene Bedeutung, von seinen Erfahrungen mit dem Film den emotionalen Wert des Schwarzweißbildes und die Gestaltung von Bewegung in der Zeit. Daß es zwischen diesen verschiedenen Einflüssen Reibungspunkte gibt, ist gewiß. Die Kristallisation ist keineswegs eine von Widersprüchen freie Synthese. Aber seine Weigerung, sich zu erinnern, sein Wille, auf den folgenden Augenblick gespannt zu sein, und schließlich seine Gewohnheit, alles auf das Leben als das letzte aller Rätsel zu beziehen, werden dazu dienen, sich diesen Bereich des Ungedachten zu erhalten.

Der Animismus

Die Sinne sind alle ein einziges Begreifen, die Künste alle eine einzige Nachahmung. Doch jeder Sinn begreift für sich und jede Kunst ahmt in einer ihr eigenen Weise nach.
DENIS DIDEROT, *Entretien sur le Fils naturel*

Seit ihren Anfängen geht die Photographie mit einem Aberglauben einher, der scheinbar zutiefst mit dem verbunden ist, was man ihr Phantasma nennen könnte. Nadar berichtet in *Quand j'étais photographe*, wie ihm Honoré de Balzac, der davon überzeugt war, daß sich jedes Lebewesen aus übereinandergelagerten Persönlichkeitsschichten zusammensetzt, seine »Spektraltheorie« darlegte und schlußfolgerte, daß es wohl besser sei, sich nicht allzuoft photographieren zu lassen, weil diese Schichten vom Photoapparat einbehalten würden und der Betreffende allmählich den Stoff, aus dem seine Persönlichkeit ist, einbüße. »Jeder daguerreotype Vorgang, jede Photographie«, schreibt Nadar in seinem Kommentar zu Balzac, »überrascht eine der Schichten des vom Objektiv anvisierten Körpers, löst sie von ihm ab und hält sie fest, indem sie sie auf sich überträgt. Daher setzt für den besagten Körper bei jedem neuerlichen Vorgang der offensichtliche Verlust eines seiner Spektren ein, das heißt seiner konstitutiven Essenz.«[1] Die Verbindung von photographischem Bild und Spektrum einerseits und die Gleichsetzung des Aufnahmevorgangs mit der Aneignung der Persönlichkeit andererseits, ein konstantes anthropologisches Phänomen, erklären das Fortdauern (auch in unseren modernen Gesellschaften) einer Beziehung zu Bildern, die sich durch eine magische Komponente auszeichnet. In *Der goldene Zweig* trug J. G. Frazer ausführlich Material über Aberglauben im

Zusammenhang mit Schatten und Spiegelbildern zusammen und ergänzte: »Häufig findet man den Glauben, sie [die Photographien] enthielten die Seele dessen, der aufgenommen ist. Leute, die diesen Aberglauben besitzen, lassen sich natürlich auch ungern photographieren.«[2]

Da die Photographie Photonenströme, Lichtspuren der Vergangenheit aufnimmt, bietet sie sich für irrational gefärbte Betrachtungsweisen geradezu an und trägt zu einer Belebung archaischer Glaubensüberzeugungen bei. Was Susan Sontag wie folgt feststellt: »Unser unleugbares Gefühl, daß der Prozeß des Fotografierens etwas Magisches hat, kommt nicht von ungefähr. Niemand hat angesichts eines Bildes von der Staffelei das Gefühl, dieses Bild sei von der gleichen Substanz wie sein Gegenstand. Es stellt etwas dar oder verweist auf etwas. Eine Fotografie ist aber nicht nur ›wie‹ ihr Gegenstand, eine Huldigung an den Gegenstand. Sie ist Teil, ist Erweiterung dieses Gegenstands; und sie ist ein wirksames Mittel, ihn in Besitz zu nehmen, ihn unter Kontrolle zu bringen.«[3] Laut Frazer beruht das Prinzip der »sympathetischen Magie« auf der Idee, daß »Dinge, die einmal in Beziehung zueinander gestanden haben, fortfahren, aus der Ferne aufeinander zu wirken, nachdem die physische Berührung aufgehoben wurde«[4].

Der Aberglaube von Honoré de Balzac ist alles andere als ein Einzelfall. Im ausgehenden 19. Jahrhundert werden

Theorien und Versuchsreihen entwickelt, die auf die Enttarnung der vermeintlich im Zusammenhang mit dem photographischen Vorgang agierenden Mächte abzielen, wobei wissenschaftliche Ansätze mit Elementen des Volksglaubens verknüpft werden. Es sei hier ein gewisser Dr. Bourion genannt, von dessen Versuchen die Société de médicine légale in Paris 1870 unterrichtet wurde und der behauptet, einen Mörder dadurch identifizieren zu können, daß er das Bild, das die Netzhaut seines Opfers von ihm behalten hat, photographiert (vorausgesetzt, daß der besagte Mörder die letzte Person war, die das Opfer gesehen hat ...). Dr. Bourion nannte seine Methode »Optogramm«.

Es sei außerdem auf die Erfahrungen von Dr. Hippolyte Baraduc verwiesen, eines berühmten Spezialisten für Nervenkrankheiten und Mitglied einer Gruppe von Ärzten an der Salpêtrière, die sich für ein breiteres Verständnis der Hysterie einsetzte. Er stellt sich vor, die Spuren menschlicher Leidenschaften, oder genauer, die Spuren der unsere Person umgebenden Strahlen und Wellen photographieren zu können, wenn wir von Leidenschaften ergriffen sind, die viel Energie produzieren, wie Angst, Freude, Melancholie. Er veröffentlichte das Ergebnis seiner Untersuchungen 1896 in einem Buch mit dem Titel: *L'Âme humaine, ses mouvements, ses lumières, et l'iconographie de l'invisible fluidique.*[5]

28. Robert Flaherty, 1947

Die Photographie als eine Erfindung von Wissenschaftlern und Bastlern wurde zunächst als ein Wunder aufgefaßt und verblüffte durch ihre Fähigkeit, die Wirklichkeit nicht nur getreu wie ein realistisches Gemälde, sondern *wirklich* wiederzugeben. Edgar Allan Poe notiert dies 1840: »Die Platte des Daguerreotyps stellt die Wirklichkeit unendlich genauer dar als irgendein von menschlicher Hand geschaffenes Gemälde!«[6] Der Vorgang spielte sich im Mysterium der Dunkelkammer ab, unter den Auspizien der *magia naturalis,* als wäre der Mensch – nur einfacher Handlanger – gar nicht anwesend.

Von diesem quasi unvorstellbaren physikalisch-chemischen Vorgang hat die weit verbreitete und wirre Vorstellung überdauert, daß die Photographie von alleine entsteht, als wenn die Technik, deren Ergebnis sie ist, so natürlich wäre, daß der Mensch gleichsam überflüssig würde. Oder im Gegenteil so ausgefeilt, daß man auf ihren Eingriff verzichten

könnte. Trotz des Widerspruchs zwischen diesen beiden recht vagen, doch ziemlich verbreiteten Vorstellungen war die Übereinstimmung zwischen ihnen groß. Sowohl im einen wie auch im anderen Fall war die Rolle des photographierenden Subjekts im Hinblick auf die ästhetischen Vorurteile unklar.

In einem Artikel mit dem Titel *Ontologie des fotografischen Bildes* schreibt André Bazin, daß »das Leichentuch Christi von Turin [...] die Synthese von Reliquie und Fotografie darstellt« und daß »die Fotografie von der Übertragung der Realität des Objektes auf seine Reproduktion [profitiert]«[7]; seine These bestätigt, daß sich der mit unserer Wahrnehmung des photographischen Phänomens verbundene Aberglauben gewandelt hat.

Im Zusammenhang mit Henri Cartier-Bresson denken wir allerdings nicht an diese Form des Animismus, selbst wenn in gewisser Hinsicht seine Weigerung, sich photographieren zu lassen, als Ausdruck eines Glaubens an eine unheilbringende Macht des Bildes erscheinen könnte. »Die Leute enthüllen sich. Doch man nimmt ihnen etwas weg. Darin liegt etwas leicht Magisches.«[8]

Er scheint durchaus sensibel für die »Magie« der Photographie, interpretiert sie aber in einem spezifischen Kontext. Weder seine Kenntnis vom Werk J. G. Frazers noch die Anziehung, die die Anthropologie auf ihn ausübt, lassen ihn gleichgültig. Frazer bemerkt, daß der magische Glaube universeller und beständiger ist als die Dogmen der großen Religionen.[9] Er stellt einen zwar strittigen, doch faszinierenden Zusammenhang zwischen Magie und Wissenschaft her, die sich beide auf der Vorstellung einer immanenten Notwendigkeit gründen, welche wiederum in beiden Fällen gegen die Religion gerichtet ist: »Neben der Auffassung, daß die Welt von höheren Kräften durchdrungen ist, hat der primitive Mensch eine andere [...] Anschauung, daß sich die Natur von Ereignissen zusammensetzte, die sich in unveränderlicher Folge, ohne Eingreifen einer persönlichen Macht wiederholen.«[10] Er unterbreitet eine Dialektik der Menschheitsgeschichte, die von der Magie ausgeht, von ihr enttäuscht wird, sich infolgedessen die Religion (das Transzendente) erschafft und wiederum infolge einer neuen Enttäuschung die Wissenschaft erfindet, die schließlich die Grundlage magischen Denkens, die Vorstellung einer immanenten Ordnung, in der alles notwendig und

29. Joan Miró, 1953

zugleich miteinander verknüpft ist, wiederfindet: »So kommt es, daß schärfere Geister, in ihrem Drange nach einer noch vertiefteren Lösung der Geheimnisse des Weltalls, dazu geführt werden, die religiöse Theorie von der Natur als unzulänglich zu verwerfen und in gewisser Weise zu dem alten Standpunkt der Magie zurückkehren [...].«[11] Obgleich Frazers Thesen unter dem Einfluß des Positivismus standen, weisen sie einen engen Bezug zu den Zweifeln Cartier-Bressons auf. Wobei er nicht der einzige ist, der so vorgeht: In seinem fesselnden Werk beispielsweise verbindet Robert Flaherty – der die Filme *Die Männer von Aran, Moana (Sohn der Südsee)* und *Nanuk, der Eskimo* drehte – Untersuchungen zur Magie des Schwarzweißbildes mit ethnologischen Forschungen; oder auch Brassaï, der uns mit seinen ersten in der Zeitschrift *Le Minotaure* veröffentlichten Graffitis – deren anonymer und kollektiver Autor das städtische Unbewußte zum Ausdruck bringt – einen schwindelerregenden Einblick in unsere eigenen Archaismus vermittelt, in unsere schlecht getarnte, zum Himmel schreiende Primitivität: »1933 tauchten, zwei Schritte von der Opéra entfernt, plötzlich Zeichen auf den Mauern auf, die denen in der Dordogne, im Niltal oder am Euphrat ähnelten. [...] Diese kurzen Zeichen sind nichts Geringeres als der Ursprung der Schrift, diese Tiere, Monster, Dämonen, Helden, phallischen Götter nichts Geringeres als Versatzstücke der Mythologie.«[12]

So war auch Cartier-Bressons Aufenthalt in Afrika nicht ganz zufällig. Louis-Vincent Thomas unterstreicht, daß die Künste der dortigen Kulturen auf einem energetischen Prinzip aufbauen. Er schreibt: »Die Welt ist wie ein großes Ganzes, das sich ständig verändert, aber in sich selbst gleich bleibt, denn es ist dieselbe Energie, die allerorten fließt.«[13] Von diesem Prinzip leitet sich die Aufwertung bestimmter (in den Photographien Cartier-Bressons ausschlaggebender) Gegebenheiten ab, insbesondere des Rhythmus, der »das Gerüst des Lebewesens [ist], die innere Dynamik, die ihm seine Form verleiht, das System der Schwingungen, die es für

andere aussendet, der reine Ausdruck seiner Lebenskraft.«[14] Diese auf den Rhythmus übertragene Bedeutung bedingt die Komposition des Bildes; eine Vorstellung, die sich ähnlich bei einigen Malern wiederfindet, etwa bei Miró. Thomas bemerkt, daß in der afrikanischen Literatur »der Gegenstand nicht das bedeutet, was er darstellt, sondern was er beim Menschen auslöst, was er erschafft. Wir haben es hier mit einem mystischen und zugleich metaphysischen Surrealismus zu tun, dessen Wirksamkeit und symbolischer Charakter auf das Bild übertragen wird.«[15] Das gleiche gilt für die Gemälde von Paul Klee oder die Collagen von Max Ernst.

Das ist eine der Beziehungen, die die Photographien von Henri Cartier-Bresson mit der Literatur unterhalten: Er schöpft aus ihr eine visuelle Sprache, die eine besondere Behandlung des Bildes mit sich bringt.[16] So lassen sich zahlreiche skurrile Verbindungen zwischen Gegenständen oder Formen finden, die eine unmittelbar symbolische Dimension annehmen, mit stark sexualisierten Konnotationen, die sowohl in den Bereich der Phantasie als in den des Surrealismus gehören. Das Phantastische beruht gleichermaßen auf dem Glauben an eine expressive Autonomie der Gegenstände wie auf dem Verdacht, daß eine andere Welt als die unseres

Abb. 28

Abb. 103

Abb. 29

Abb. 30

30. Max Ernst, 1955

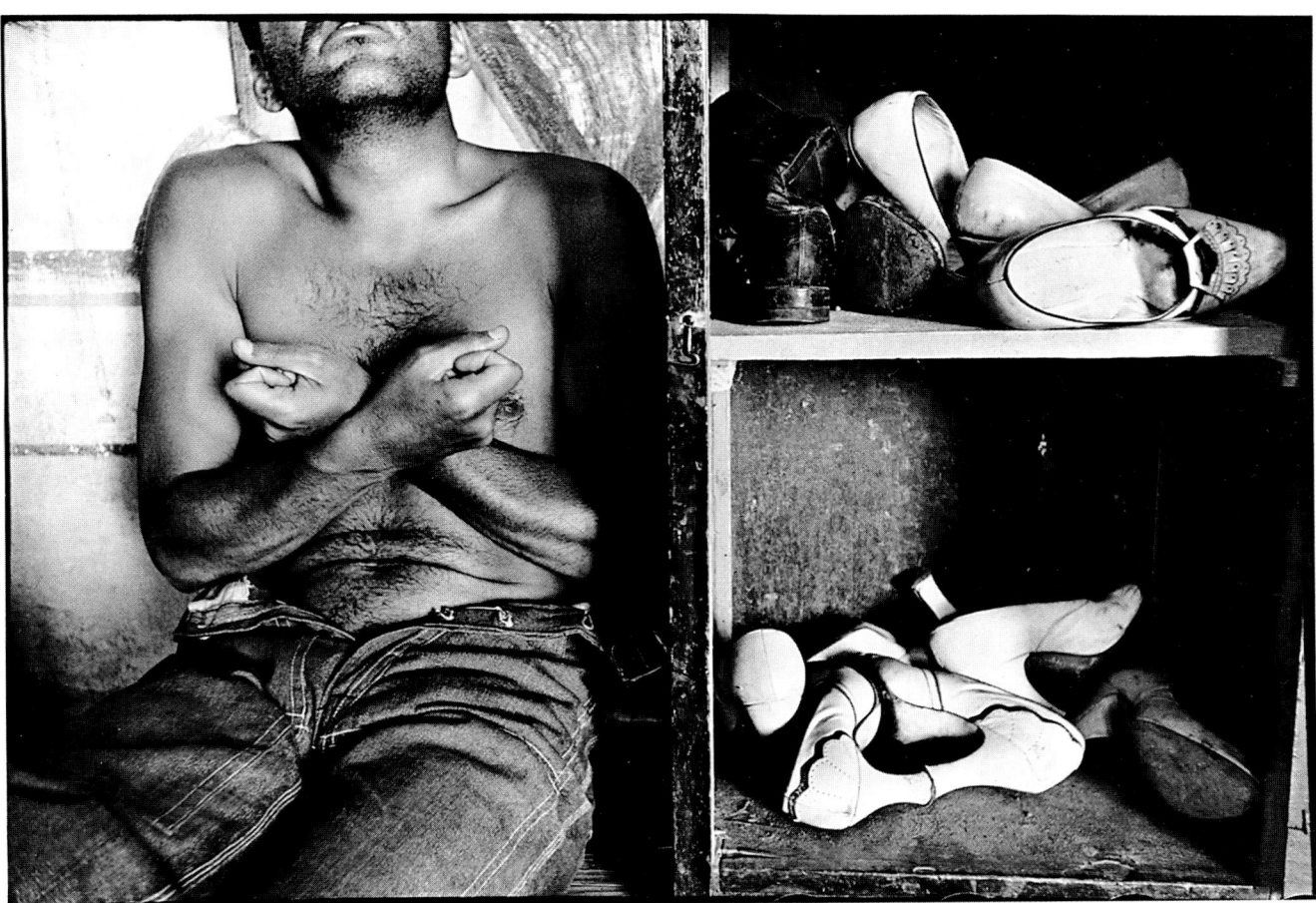

31. Santa Clara, Mexiko, 1934

Verstandes jederzeit den Schleier, sprich unsere Lebensgrundlage, zerreißen kann.

Ein Mann hält beide Fäuste gekreuzt vor seine nackte Brust, seine Hose ist offen, zu seiner Linken befindet sich ein Gestell mit Frauenschuhen *(Santa Clara, Mexiko, 1934).* Im Vordergrund zwei Pumps, die das Zeichen der gekreuzten Arme ins Gegenteil umkehren und ein Herz bilden – eine Allegorie der Leidenschaft. Immer noch in Mexiko, im selben Jahr: Eine Frau, deren Haltung überaus würdevoll ist, hält in ihren Armen ein in schwarzen Tüll gehülltes Baby. Erscheinung? Oder: Ein aufgeblasener Schlauch aus der Haut eines Tieres, dessen Hoden eindeutig zu sehen sind, hängt an einer durchbrochenen Mauer, in deren Zwischenräume eine bestimmte Art von Kalebassen gelegt wurde, die an Brüste oder Penisse erinnern. Alptraum? 1933 in Madrid: Ein Mann trägt zwei Kanister, die aussehen wie monströse Armprothesen, die ihn aufzufressen scheinen.[17]

Diese Liste ließe sich durchaus noch verlängern. Von einer Symbolik durchdrungen, die an das Paar Eros & Thanatos erinnert, stellen sich alle diese Photographien als Reportagebilder und Visionen gleichermaßen dar. Es sind Bilder, die »auf dem Sprung« überrascht wurden und in einer dialektischen Beziehung mit dem Photographen und dem Leben stehen, dem unerschöpflichen Erzeuger neuer, unerwarteter, magischer Formen, die jedoch ebenso in Frage stellen, wie sie überraschen.

Abb 31
Abb. 32
Abb. 34
Abb. 33

Die photographische Illusion

Die Photographie als Mittel der exakten Reproduktion des Sichtbaren macht von den ästhetischen Effekten und Vergnügungen, die den Täuschungskünsten eigen sind, nur wenig Gebrauch. Es ist weder die Absicht des Photographen, glaubwürdig zu sein, noch eine täuschend echte Wirklichkeit vorzuführen, wie es für einen Regisseur typisch wäre. »Das Wesen der Photographie«, schreibt Roland Barthes, »besteht in der Bestätigung dessen, was sie wiedergibt.«[18] Sie ist eine Spur des Lebens, dessen einer Bestandteil das Sichtbare, der andere die Zeit ist. Der Photograph befindet sich im selben Raum-Zeit-Kontinuum wie das, was er photographiert, und sein Apparat stellt nicht das Sichtbare her, sondern vermittelt

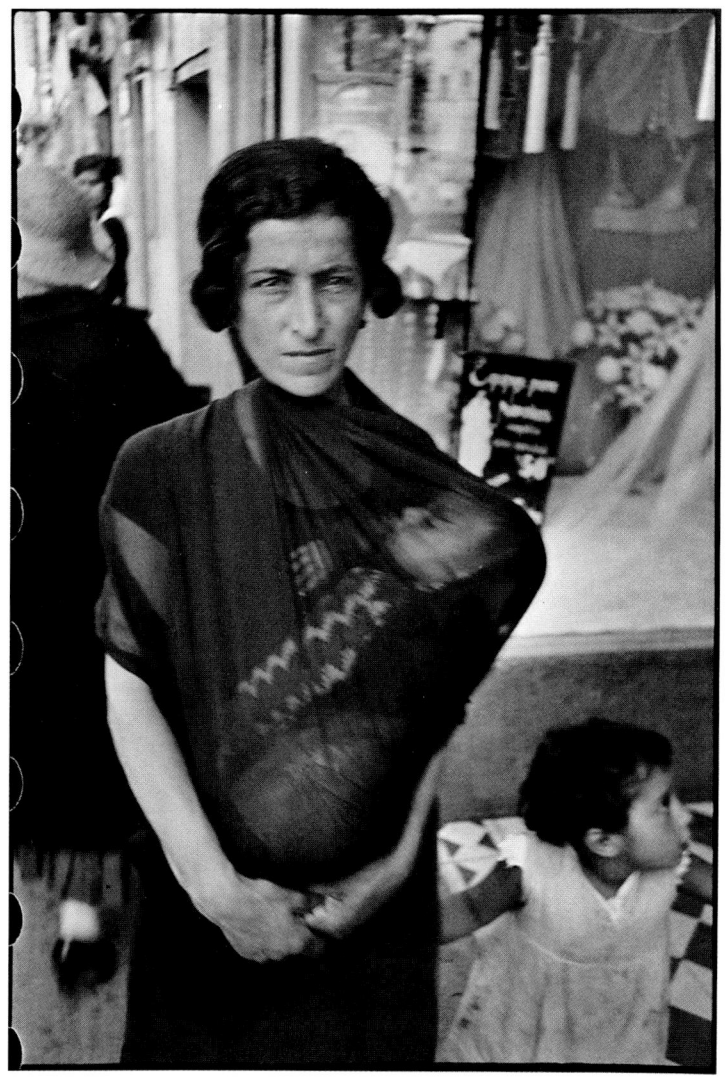

32. Mexiko, 1934

33. Madrid, 1933

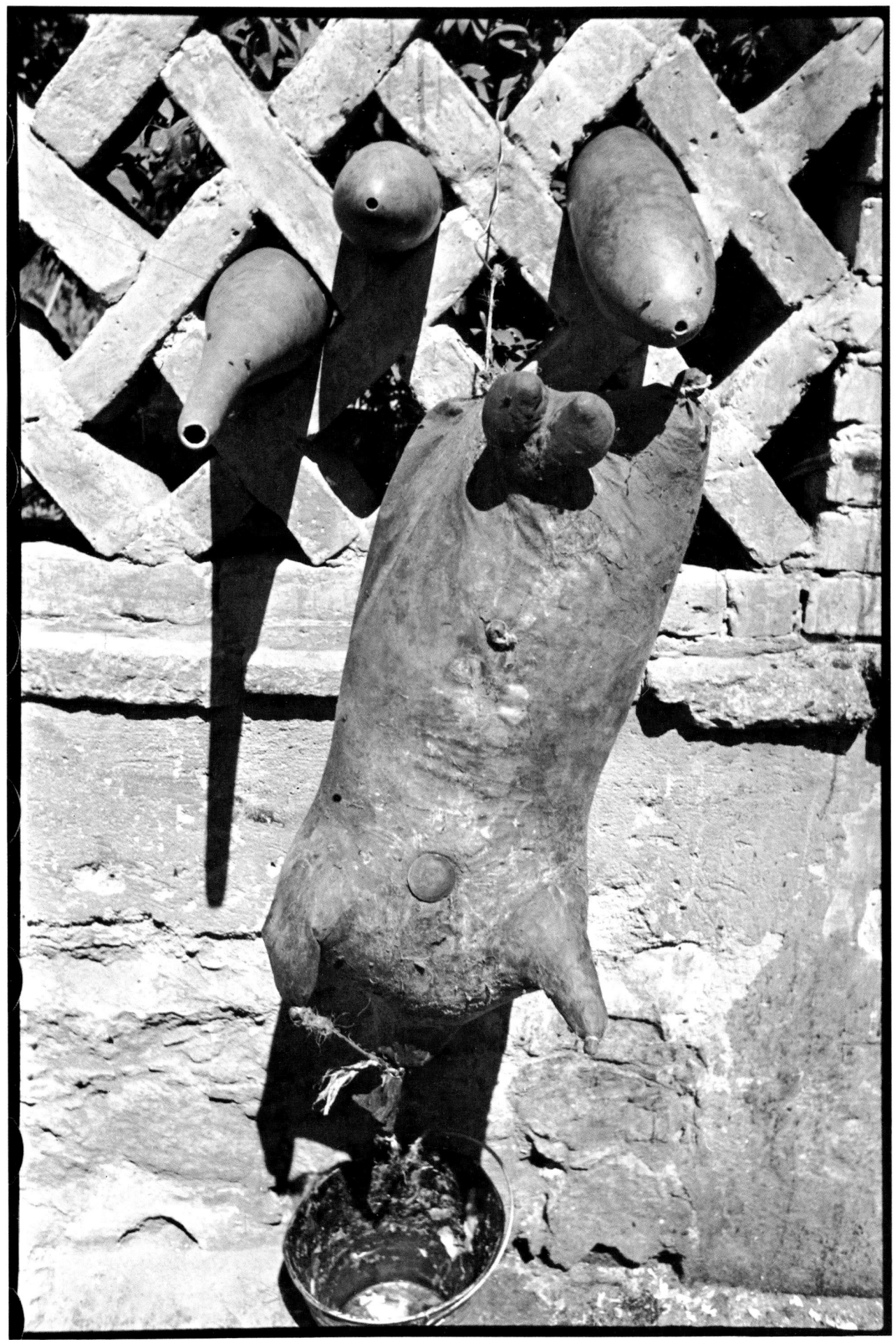

34. Mexiko, 1934

35. Arizona, 1947

den Eindruck, es der Wirklichkeit zu entziehen, um es verwandeln zu können. Mit den Worten Barthes': »Die Realisten, zu denen ich gehöre [...], betrachten eine Photographie keineswegs als eine ›Kopie‹ des Wirklichen – sondern als eine Emanation des *vergangenen Wirklichen:* als Magie und nicht als Kunst. Die Frage, ob die Photographie analogisch oder codiert sei, hilft uns bei der Analyse nicht weiter. Wichtig ist, daß das photographische Bild eine bestätigende Kraft besitzt und daß die Zeugenschaft der Photographie sich nicht auf das Objekt, sondern auf die Zeit bezieht. Phänomenologisch gesehen, hat in der Photographie das Bestätigungsvermögen den Vorrang vor der Fähigkeit zur Wiedergabe.«[19] Sie verstofflicht eine bestimmte Beziehung zur Zeit, indem sie den festgehaltenen Gegenstand entmaterialisiert.

Der Photograph fürchtet sich weniger vor dem Fehlen von Ähnlichkeit (man ist immer ein bißchen unaufrichtig, wenn man angesichts eines Photos leugnet, sich selbst wiederzuerkennen) als davor, daß die Photographie die Intensität der Situation nicht wiedergibt. Übernimmt man die Aussage von Walter Benjamin, der Photographie sei »das Merkmal des Realen eingebrannt«, könnte man sagen, daß die größte Sorge des Photographen darin besteht, diese Verbrennung des Realen, seine Aura, sei nicht stark genug. Hier haben wir zweifellos die Grundlage für die Beziehungen zwischen animistischen Darstellungen und Photographie: Am Anfang des Pro

zesses existiert unterschwellig die Idee einer expressiven Autonomie des Realen. Diese immanente Expressivität fungiert als Unterscheidungskriterium zwischen Photographien, die berühren, und solchen, die informieren: »Deshalb muß man auf den Kontaktabzügen die Photos, deren Schweigen ins Auge springt – und das kommt selten vor –, von denen unterscheiden, die trotz ihrer gelungenen Komposition nur einen Zeitabschnitt, eine Tatsache, eine Gewohnheit oder ähnliches wiedergeben, diese unzähligen Reste und Rückstände ohne jede Ausstrahlung.«[20]

Diese Überlegung gilt nicht ausschließlich für Photographen. Die Spekulationen von S. M. Eisenstein über das Kino-Bild beruhen auf der Vorstellung einer »nicht gleichgültigen Natur«, um den Titel eines der wichtigsten Aufsätze des russischen Filmemachers zu übernehmen. Er schlägt eine Theorie der Montage vor, die die Gesetze der Natur mit den Gesetzen der Schöpfung von Werken in Einklang bringt – im Goldenen Schnitt.[21] Und dieser steht auch für Henri Cartier-Bresson im Zentrum seiner Überlegungen zu den Formen und ihren Beziehungen zum Lebendigen.

In der Photographie wird weniger nach dem Kriterium der Übereinstimmung als nach dem der Präsenz beurteilt; man fragt die auf dem Bild dargestellte Wirklichkeit: Bist du da? Darin liegt ihre Magie: Es gilt für den Photographen, »die Stimmungslage zu respektieren, die Verhältnisse, die dieses

36. Hudson und Manhattan, 1946

Milieu beschreiben, einzubeziehen, und vor allem Künstliches, das die Wahrheit des Menschen tötet, zu vermeiden, dann aber auch, daß die Kamera und derjenige, der sie bedient, in Vergessenheit geraten. Eine komplexe Ausrüstung mit Scheinwerfern verhindert meiner Ansicht nach, daß das Vögelchen aus dem Kasten kommt«, schreibt Cartier-Bresson.[22] Und damit die Atmosphäre des photographierten Ortes, der Geste, der Szene oder der Person wirklich *da* ist, damit das Vögelchen im richtigen Augenblick herauskommt, ist es notwendig, daß sich der Photograph gewissermaßen entfernt. »Wenn einen plötzlich die Eile überkommt, man aber mit seinem Apparat von irgend jemand bereits bemerkt worden ist, sollte man das Photographieren erst einmal vergessen und lieber seine Beine der Umklammerung von Kindern überlassen.«[23]

Dies ist zumindest der Eindruck, den zahlreiche seiner Photographien hinterlassen, in denen Szenen dargestellt sind, die einen verblüfft fragen lassen, nicht so sehr, ob es sie gegeben hat (eine Frage, die die Photographie per definitionem für ungültig erklärt), sondern wie sie überhaupt gesehen werden konnten: als hätte sein Blick die Macht, die Wirklichkeit selbst irreal zu machen oder sie in ihren Momenten der Abwesenheit, der äußersten Stimmungsintensität zu überraschen. Diese Landschaften, die von eigenen Erinnerungen zu erzählen scheinen, lassen an die merkwürdigen Gebärden

eines sogenannten Tagträumers denken, den man dabei ertappte, daß er mit sich selbst redete. *Arizona, 1947:* ein Autowrack, das in einer weiten Ebene sich selbst überlassen wurde, könnte an die amerikanische Depression denken lassen, während der vorbeifahrende Zug im Hintergrund wie eine Reminiszenz der Eroberung des Westens wirkt. Oder *Hudson und Manhattan, 1946:* vorn eiszapfenstarrende Holzgestelle, von denen Dampfschwaden aufsteigen, im Hintergrund die Hochhäuser, die sich ein paar zarten Wolken entgegenstrecken, als wäre Amerika genau in jenem Moment aufgenommen, in dem sein herrlicher Traum in einen chaotischen Alptraum umschlägt ... Oder auch die Gänse auf einem Feldweg in der Beauce, der zu einer Mühle führt, die so aussehen, als wären sie einem Schelmenroman entsprungen und nicht auf einem Geflügelhof zu Hause (1960); und dann die Schweine, die ihre Köpfe über die Brüstung recken, wie es scheint voller Sehnsucht nach einer Freiheit, die dieser diesige Landstrich Hollands nicht kennt (1953) ...

Die Abwesenheit des Photographen scheint den Verfechtern einer Interpretation der Photographie recht zu geben, die die bloße Apparatur in den Vordergrund stellen: Wem läßt sich, da das Subjekt abwesend ist, die Genese, der Ursprung des Bildes zuordnen? Das aber hieße, eine ausschlaggebende Tatsache zu vernachlässigen: Die Abwesenheit des Photographen ist nicht gegeben, sondern gewollt. Seine Diskretion ist

Abb. 35
Abb. 36
Abb. 37
Abb. 38

37. Beauce, 1960

der Schnittpunkt von Ethik und Ästhetik, untrennbar verbunden – dort, wo das Subjekt allein durch die Tatsache eingreift, daß es da ist, ohne sich selbst produzieren zu müssen. Der Photograph handelt unaufdringlich.

So gesehen ist Photographie, anders als Barthes dachte, nicht »ohne Erfindung«, vielmehr durchaus in der Lage, fiktive Wirkungen zu erfinden.[24] Wenn das, was sie an Sichtbarem reproduziert, über jeden Zweifel erhaben ist, dann macht sie den Blick selbst irreal. Den Blick des Photographen, der seine Fähigkeit auf den Apparat überträgt und sich auslöscht, um dem Ereignis die Möglichkeit zu geben, sich zu ereignen; den Blick des Betrachters der Photographie, dem die Erfahrung eines Pseudo-Blicks, der sich auf eine echte Wahrnehmung bezieht, dargeboten wird. In den traditionellen Künsten der Illusion und der Kopie zielt das *Als-ob*, die Formel alles Fiktiven, auf den Gegenstand der Darstellung. In der Photographie aber zielt das *Als-ob* auf den Blick des Photographen und den des Betrachters ab. Später wird das Bild so gesehen, als wäre der Betrachter in diesem Augenblick anwesend gewesen, als Pseudo-Augenzeuge an Ort und Stelle des Photographen, während dieser, da er sich aus der Darstellung entfernte, nun seinerseits als abwesend empfunden wird.

Die Nachahmungskünste führen stark strukturierte, wahre Blicke angesichts des falschen Scheins ein. Die Malerei schließt, spätestens seit dem 15. Jahrhundert, erfundene

Szenen in Konstrukte ein, die den Blick lenken, dauerhaft einrichten, konzentrieren, objektivieren und schließlich inszenieren.[25] Die Photographie verfährt gewissermaßen umgekehrt: Alles, was man auf einem Bild sieht, ist wirklich, aber der Ort, von dem aus man sieht, ist abwesend. Nicht das Schauspiel disponiert den Blick, sondern der Blick des Photographen, der mit dem Hang der Wirklichkeit, sich zur Schau zu stellen, komponiert. So läßt sich das der Photographie innewohnende Vergnügen, von Barthes als deren Magie bezeichnet, darauf zurückführen, daß der Blick unwirklich gemacht werden kann, während sein Entdeckungspotential sich verzehnfacht. Die durch die Photographie präsentierte Szene muß sich also so abspielen, als finge das Reale an, ohne gesehen zu werden, plötzlich wie ein in sich geschlossenes Schauspiel zu existieren. Selbst wenn er es seitens der photographierten Person mit einem direkten Blick zu tun hat, weiß der Betrachter des Bildes genau, daß nicht er damit gemeint ist, und wahrscheinlich auch nicht der Photograph als Person, sondern das Auge des Photoapparats oder sogar die abstrakte Situation des Gesehen-, Beobachtet-, Überraschtwerdens. Hierin liegt die ganze Schwierigkeit des Portraits: das Subjekt in dem Augenblick aufzunehmen, in dem es sich gehenläßt. Die Photographie versetzt ihren Betrachter in eine Haltung der Pseudo-Wahrnehmung vor ein als Schauspiel dargebotenes Reales, demgegenüber

38. Holland, 1953

dieser dann, ausgehend von einem »nie gesehenen« Augenblick, eine Vision konstruieren kann. Dieser Ausdruck stammt von Marc Le Bot, der sagt: »Das Sichtbare verrenken, um es in gemalten Bildern wieder einzurenken, das ist keine dieser Bewegungen, die nur auseinandernehmen, um das gleiche wieder zusammenzufügen und zu bestätigen. Die Einrenkung des Bildes ist etwas anderes, ein Nie-Gesehenes. Wenn es nicht genau das ist, wonach sich die Augen sehnen, warum sollten sie dann Bilder herstellen?«[26]

Da unsere Wahrnehmung normalerweise zu jedem Zeitpunkt das Sichtbare neu ordnet, wird von Bildern zu Recht die Qualität verlangt, daß sie frei von Redundanzen sind. Cartier-Bresson entscheidet sich, mit dem Auge im Hinterkopf zu photographieren und, wenn man so sagen kann, die gängige Wahrnehmung in der eigenen Schlinge zu fangen: Da sich das Sichtbare nur »hinter unserem Rücken« von selbst strukturiert, erfindet er einen Blick, der es im Raum-Zeit-Kontinuum des Bildrahmens neu artikuliert und dabei die widersprüchlichen Spannungen zwischen Ordnung und Unordnung dramatisiert. Seine In-flagranti-Photos sind auf alles andere als auf Sensationen aus: Die visuelle Realität wird in dem Augenblick festgehalten, in dem sie sich spontan zu ordnen scheint, nur daß dieser Augenblick etwas anderes ist als eine gespeicherte Wahrnehmung: eine fiktive Rekomposition, buchstäblich Nie-Gesehenes. Diese Photos implizieren

demzufolge eine Dialektik von Gewußtem und Nicht-Gewußtem, Voraussehbarem und Unvorhergesehenem.

Auf frischer Tat

Eine der Szenen, die er auf diese Weise auf frischer Tat ertappte (und eines seiner ersten Photos, die er mit der Leica aufnahm), spielte sich 1932 in Brüssel ab. Dieses Photo stellt Abb. 41 die Weichen seines künftigen künstlerischen Vorgehens. In ihm konzentrieren sich sämtliche erzählerischen Komponenten und Kompositionsregeln, die für seine Art bestimmend sein werden. Zwei Männer stehen vor einer zwischen einzelnen Pfosten aufgespannten Jutewand, eine Vorrichtung, die mit großer Wahrscheinlichkeit zum Schutz vor neugierigen Blicken aufgestellt wurde. Diesem Verbot trotzend machen sie sich die Risse in der Wand zunutze, um irgendein Schauspiel anzuschauen. Vielleicht ein Fußballspiel? Eine Baustelle? Eine Versammlung? Das wird man nie erfahren: In der Photographie gibt es kein Fortsetzungsbild, das die Fragen des Betrachters beantworten könnte. Dieses Bild handelt vom

39. Claude Roy, 1992

40. Alexander Calder, 1971

Vergnügen, zu sehen, und von seinen Schattenseiten, der Neugier, der Indiskretion und sogar dem schlechten Gewissen: Als der Mann im Vordergrund mehr oder weniger deutlich hinter sich die Anwesenheit des Photographen spürt und fürchten muß, seinerseits von einem anderen Blick überrascht zu werden, dreht er sich um. Der andere gibt sich voll und ganz dem Vergnügen hin, zu sehen, ohne ein Recht dazu zu haben.

Wurde der eine durch irgendeinen Skrupel von seinem Vorhaben abgelenkt, stellt dafür der andere den schamlosen Voyeur dar. Hier wird die Haltung des Photographen, der zwischen Neugier und Zurückhaltung hin- und hergerissen ist, humorvoll zum Verweis auf das ganze Bild. Wie die Jutewand diesen Männern ermöglicht der Photoapparat, eine Wirklichkeit zu sehen, die für intensiver, wertvoller, realer erachtet wird. Henri Cartier-Bresson identifiziert sich weder mit der einen noch mit der anderen Person, deren Standpunkte nicht die seinen sind. Indem er die Wirklichkeit befragt, artikuliert er sie neu. So überträgt er auf seinen Blick, was buchstäblich ein Recht des Blicks ist. Er ist weder der Voyeur noch der Sehende. Der Photograph enthüllt das Lebewesen nicht: als Cartier-Bresson schlüpft er »zwischen Hemd und Haut«, mischt sich in das Intervall von Tatsachen und Bewußtseinszuständen ein.

In diesem ersten In-flagranti-Photo werden die beiden Männer beim Griff in die Handtasche oder beim Blick durchs Schlüsselloch erwischt, ebenso wie die visuelle Realität auf frischer Tat ertappt wird: Die Photographie, die das wahrnehmende Kontinuum plötzlich stoppt, entscheidet sich für den Bruchteil einer Sekunde, in dem sich innerhalb des Ausschnitts Chaos ausbreitet. Genau dieses Sichtbare – für das nicht mechanische Auge unsichtbar, das Nie-Gesehene – ist das Wild, das Henri Cartier-Bresson in die Enge treibt.

Das Abenteuer ist nicht neu: auch der Maler oder der Zeichner setzen das Sichtbare neu zusammen und decken es auf, indem sie es organisieren. Aber sie tun es *a posteriori*. Sogar die Arbeit vor dem Motiv, wie sie die Impressionisten betrieben, ist keine direkte noch gar automatische Malerei. Dank seines automatischen Zeichen-Apparats entscheidet sich Henri Cartier-Bresson, nicht von einem Motiv ausgehend, sondern direkt aus dem Leben gegriffen zu malen, das Sichtbare auf frischer Tat beim sich selbst Organisieren aufzunehmen, genau in dem Augenblick, in dem aus Amorphem bestimmte Ausdrücke und Werte auftauchen, so daß es zu einer engen Wechselbeziehung zwischen der überlieferten Anekdote und der Struktur ihrer Darstellung kommt. So wird alles in diesem Bild zum Genuß, angefangen beim Schnurrbart, dem Ohrläppchen und den Falten im Mantel dieses Mannes mit der Melone und den Allüren eines belgischen Detektivs bis hin zur plastischen Formel, die der Photograph festhält, die beiden Stangen, die der Flucht der Perspektive nach links hin vertikal einen Rhythmus verleihen,

41. Brüssel, 1932

ohne dabei das Material zu vergessen, die Falten und die Webart des Stoffes, der an manchen Stellen durchsichtig wirkt und auf dem im rechten unteren Winkel des Bildes der verzerrte Schatten des Voyeur-Detektivs lässig aufliegt, der mit den Händen auf dem Rücken dasteht wie ein Dieb, der sich selbst festgenommen hat!

Wenn man von der Situation absieht, die der Aufnahme vorausging beziehungsweise auf sie folgte, bietet diese Photographie viele Lesarten: Sie ist eine doppelte, plastische und narrative (aber nicht diskursive) neue Artikulation einer visuellen Erfahrung. Obwohl in einer realen Situation aufgenommen, ist sie genausogut eine Erfindung wie eine Neugestaltung von Erfahrung. Sie bietet einen nie gesehenen und nicht wieder darstellbaren Augenblick, eine Abstraktion nach der Natur.

Der Tanz des Photographen

»Oft gibt einem während der Arbeit ein Moment des Zögerns oder die Unterbrechung des körperlichen Kontakts mit dem

Ereignis das Gefühl, ein bestimmtes Detail im Hinblick auf das Ganze nicht beachtet zu haben.«[27] Daher bei Cartier-Bresson die Bedeutung des Tanzrituals.

Der Tanz des Photographen ist kein bloßes Vorspiel, sondern die Suche nach einer körperlichen Entsprechung zur rhythmischen Struktur der visuellen Welt. Die Strich um Strich erfolgende Konstruktion eines Gemäldes gehorcht immanenten Kompositionsregeln, während die Konstruktion von Photographien, die aus dem Leben gegriffen sind, auf einer Symbiose zwischen dem Körpereinsatz des Photographen und dem Ablauf des Ereignisses beruht. »Als ich 1947 zusammen mit Claude Roy in die Kirchen von Harlem ging, sagte er mir, daß ich mich, um unbeachtet die Gläubigen in Trance photographieren zu können, instinktiv ihrem Rhythmus anpassen solle [...].« Abb. 39

Diese Verschmelzung, die Cartier-Bresson zum Schlüssel seiner Kunst macht, ist eine Art Kampf. Ein Kampf, der Geschicklichkeit erfordert: Es geht nicht darum, der Wirklichkeit die ihr entweichende Macht wieder zurückzugeben, sondern darum, mit ihr zu spielen, um ihren Hang, Chaos zu produzieren, zu durchkreuzen. Der Tanz des Photographen ist Vorspiel und Erfüllung zugleich. »Vor einigen Tagen hatte jemand behauptet, wir seien wie Schmetterlinge, und in

42. Mario, Bauer und Tanzmeister, Bali, 1949

43. Tanz des Barong, Bali, 1949

gewisser Weise stimmt das auch. Einmal sah ich auf den Stufen von St. Paul, es war vor Churchills Beerdigung, einen Jungen, der Photos machte; [...] es war wunderbar, denn er war einfach da, zurückhaltend, und plötzlich, hopp!, machte er einen kleinen Sprung. Er war schön wie ein Tier, und es kommt selten vor [...], daß man Menschen sieht, die so schön sind wie die Tiere [...]. Diese Eleganz, wie die eines Rehs! [...] Die Leute achteten nicht darauf. Es war ein Tanz, und gleichzeitig war es ein Kampf mit der Zeit«, erzählt Cartier-Bresson.[28]

Abb. 42   Der Photograph verwandelt die wahrgenommenen Phänomene nicht in einbalsamierte, ausgestopfte, präparierte Fetisch-Objekte. Er ist es, der sich in ein Tier verwandelt, um die Bewegungen des Lebens selbst annehmen und auf seinem Feld, der Zeit, kämpfen zu können. Die glückliche Verschmelzung des entscheidenden Augenblicks ist nicht ohne dieses zwischen Kampf und Verführung hin- und herpendelnde Ritual denkbar.

Abb. 43   Der Tanz – Tanz des Lebens und Totentanz, Tanz der Verzückung und Kriegstanz – ergreift die Form im Herzen des Unförmigen, den Rhythmus im Chaos. Er bringt die visuelle Welt in ihrer ureigenen Sprache zum Sprechen: Rhythmus, Elan, Lust, Gewalt, auch Liebe. Denn der Photograph steht in einem fragilen Verhältnis zum Lebendigen, ihre Begeg-

nung bekommt etwas Heiliges, das sich nicht anders beschreiben läßt als durch die Zeremonie des Tanzes, die das Wagnis darstellt, das der Photograph eingeht.

Doch in welche Wagnisse begibt er sich eigentlich? Oberflächlich betrachtet: stören, belästigen, irritieren, ein lästiger Zeuge sein. Das ist zwar nicht von der Hand zu weisen, bleibt aber eher zufällig, dem eigentlichen Vorgehen äußerlich, und ist für die Qualität des Bildes letztlich nicht ausschlaggebend. Für den Photographen besteht das wahre Risiko darin, auf die Abkürzungen der Gefälligkeit und des Ästhetizismus hereinzufallen und mit einer simplen Beobachter-/Aufnehmer-Rolle billig davonzukommen.

Folgt man den Gedanken von Michel Leiris, dann ist die   Abb. 44 Tätigkeit des Schreibens (in unserem Kontext: die Tätigkeit des Photographierens) nicht umsonst, wenn ein höheres Risiko sie sanktioniert, wenn der Schriftsteller (der Photograph) einer nicht vorschreibbaren Regel gehorcht, die ihn ganz in seine Handlung einschließt und seine Konfrontation mit dem Realen zu einer Zeremonie macht, die, wie die Kunst des Stierkampfs, rituelle und ästhetische Aspekte beinhaltet. Jede Konfrontation mit dem Leben hat ihren rituellen Aspekt, ohne den die erlaubte Tötung des Torero ein Massaker wäre (und der photographische Schuß einer Verwüstung gleichkäme).

44. Michel Leiris, 1971

Der Schriftsteller muß seiner Vorgehensweise etwas hinzufügen – Leiris nennt es das »Horn des Stieres« –, als Äquivalent zu jener Sache, der sich der Torero in der Arena aussetzt: »ist das, was auf dem Gebiete der Schriftstellerei vor sich geht, nicht jeden Wertes bar, wenn es ›ästhetisch‹ bleibt, harmlos und straffrei? Wenn es in dem Vorgang, ein Werk zu schreiben, nicht etwas gibt, das [...] dem entspräche, was für den *Stierkämpfer* das spitze Horn des Stieres ist? Denn einzig und allein diese materielle Bedrohung verleiht seiner Kunst eine menschliche Realität und bewahrt sie davor, nichts weiter zu sein als eitle Grazie einer Ballerina.«[29] Der Kampf ist dabei ein Zeremoniell, das Gegenstück zur Präsenz einer Realität, die in ihrer brutalen Nacktheit zu konfrontieren man sich zur Regel gesetzt hat.

Henri Cartier-Bresson verordnet sich jedenfalls den unumstößlichen Grundsatz, sich mit einer lebendigen Wirklichkeit zu konfrontieren, die sich ihm aufdrängt, die er nicht verändern kann (ebensowenig wie der Schriftsteller, laut Michel Leiris, ein Komma in seinem Leben verändern kann) und die er darum weder verschönern noch mechanisch über-

tragen darf. »Im Grunde ist diese Mühelosigkeit der Photographie ein wenig ihre eigene Falle, und das macht sie so extrem schwierig, weil es so wichtig ist, sich zu entscheiden. [...] Man drückt auf den Auslöser und man sagt sich: Ein gutes Bild wird schon dabei sein ...«[30]

Das Prinzip steht dem Klassizismus sicher nicht entgegen, der seinen Photographien oft nachgesagt wird: »Komposition ergibt sich nicht von allein, es gehört eine Notwendigkeit dazu, und außerdem kann man Inhalt und Form nicht voneinander trennen.«[31] Ein Beispiel dafür ist die Photographie des Lieblingspfaus von Bhagwan Mahareshi aus dem Jahr 1948: Der aufgefächerte Schwanz des Rad schlagenden Vogels überträgt seine Gesetzmäßigkeit auf eine kreisbogenförmige Komposition, die den Kreislauf der Wiedergeburt symbolisiert; tatsächlich hauchte der weise Bhagwan in genau diesem Augenblick seinen letzten Atemzug aus.[32] Abb. 45

Die besagte Notwendigkeit, der sich der Künstler beugt und die ihn das Reale so annehmen läßt, wie es geschieht, ohne sich auf dessen Tyrannei einzulassen, stellt letzten Endes das wahre »Horn des Stieres« dar, dem er sich aussetzt: Bei jeder Konfrontation mit dem Lebendigen, bei jedem Schuß oder Zug wird alles wieder in Frage gestellt.

Photographieren bedeutet also, eine komplexe und gefahrvolle Beziehung zur Welt einzugehen. Die unablässig in Frage gestellte Bestätigung seines ästhetischen Erfolgs steckt im Augenblick der unwahrscheinlichen Verschmelzung zwischen dem Torero-Photographen und der sich ständig ändernden Masse des Realen, deren Bewegungen er annimmt: »Im gleichen Maße«, schreibt Leiris, »wie der Mensch sich ›profiliert‹ [...], wird er mit dem Tier zusammen diese blendende Komposition bilden, wo Mensch, Mantelstoff und schwer gehörnte Masse durch ein Spiel gegenseitiger Einwirkungen miteinander vereinigt scheinen [...].«[33]

Das Licht

Zu den bewegten Kräften, die das Lebendige mit ihren ewigen Widersprüchen reizen, gehört das Licht. Selbst in gedämpfter Form ist es immer da, wie die dialektische Form unseres Daseins in der Welt eine Erinnerung an die Kontinuität des Lebens ist. Es ist nie ganz abwesend, sogar nachts nicht. Das Licht lebt. »Und vor allem kein Blitzlicht! Das ist nicht die Beleuchtung des Lebens. Ich verwende es nie, ich will es nicht verwenden. Bleiben wir im Realen, bleiben wir im Authentischen. Denn Authentizität ist ohne Zweifel die größte Tugend der Photographie.«[34]

Schatten und Licht: In einer einfachen, rein rhetorischen

Symbolik ließen sie sich mit Furcht und Hoffnung assoziie-
ren. In den Photographien Henri Cartier-Bressons zählt nur
die augenblickliche Ausgewogenheit. Ist das Licht zu intensiv,
wird es beunruhigend: Dann erscheint der Schatten wie eine
Art Riß im Tuch des Realen. 1965, als Pier Paolo Pasolini ihn
Abb. 46 durch die Vorstädte Roms führte, hielt er folgendes Bild fest:
im Hintergrund sieht man eine Reihe neuer, unpersönlicher
Wohnbauten, während auf dem undefinierbaren Gelände
davor drei Jungen spielen – genau auf der imaginären Linie,
die die weite Lichtebene vom unregelmäßigen, leicht koni-
schen Schatten trennt, der sich von rechts unten in die Bild-
tiefe ausbreitet und verjüngt wie ein Riß. Es geht hier nicht
um simple Kontraste, sondern um ein Spiel des Widerspruchs
zwischen Extremen (die Anwesenheit der Kinder scheint dies
zu bestätigen), das Prinzip des Lebens selbst zwischen Gleichgewicht und Ungleichgewicht.

Licht kann auch eine Art Abgrund versinnbildlichen, in
Abb. 47 den unsere Anhaltspunkte zu stürzen drohen. 1959 in Rom:
ein Mädchen rennt über einen Hinterhof und setzt einen Fuß
mitten in ein von Schatten umgebenes Trapez aus gleißen-
dem Licht, wie Alice, die gleich in dieser Falle verschwinden
wird, um in eine Welt zu gelangen, in der andere Gesetze
herrschen. Cartier-Bresson stellt Licht und Schatten wie
zwei unversöhnliche Entitäten einander gegenüber. Dennoch
spricht keinerlei tragische Vision aus diesen Szenen, in denen
glückliche Kinder zu Gestalten metaphysischer Possen werden. Das Licht artikuliert die geometrischen und zeitlichen
Wertigkeiten der Photographie mit einer Dynamik, aus der
jede Form von Manichäismus, von Dualismus ausgeschlossen
wird.

Der rhythmische Wechsel der Valeurs als immanenter
Ausdruck für Veränderung spielt eine grundlegende Rolle in
der Komposition. Daher die Bedeutung der Entwicklungs-
arbeit, die darin besteht, »das Gleichgewicht zwischen Schatten und Licht wiederherzustellen, was das Auge ständig und
von alleine tut«[35]. Dieses Prinzip formuliert André Lhote fast
wortwörtlich am Schluß einer Untersuchung zum Helldunkel
in einem Gemälde Cuyps mit dem Titel *Landschaft mit Scha-
fen:* »Diese Analyse des rhythmischen Gleichgewichts von
Schatten und Licht ließe sich bis ins Unendliche weiter-
führen; sie ist im Detail ebenso wie im Ganzen möglich.
Untersucht man diese Meisterwerke [...], stellt man fest, daß
die Komposition um so einprägsamer, schöner ist, je mehr
sich die Bahn von Schatten und Licht ausdehnt, je mehr Platz
ihre funkelnden Kielwasser einnehmen, um in nichts zu zer-
rinnen.«[36] Obwohl André Lhote hier von Gemälden spricht
und Henri Cartier-Bresson die Schwarzweiß-Photographie
vorschwebt, verwenden sie beide keine wesentlich anderen
Begriffe als die von Licht und Schatten.

Für André Lhote ist die Verwendung simultaner Kontraste (hierbei beruft er sich auf die physiologischen Reaktionen
bei der Wahrnehmung von mehr oder weniger leuchtenden

45. Bhagwan Mahareshis Lieblingspfau, Indien, 1948

Farben, die nebeneinander aufgereiht sind) eines der einfach-
sten Mittel, wenn man die Linearperspektive erzielen will,
ohne sich von ihren Zwängen abhängig zu machen. Die
Komposition wird dann in musikalischen Begriffen aufgefaßt: »Dieser Vergleich zwischen Musik und Malerei, den ich
ständig anstellen werde, drängt sich mir in jedem Augenblick
auf. Denn der Mensch ist für *Rhythmus* äußerst sensibel.
Malerei und Musik werden gleichermaßen durch die gestalterische Komposition beherrscht, die auf die Erschaffung eines
eindeutigen rhythmischen Systems hinausläuft. Diesen
Rhythmus erhält man in der Malerei, wenn die komposito-
schen Elemente nach bestimmten Zahlenverhältnissen oder
aufgrund eines Systems sich gegenseitig hervorbringender
paralleler Linien oder Kreise angeordnet sind.«[37]

So lautet, jedenfalls nach Ansicht von Lhote, die Lektion,
die Cézanne uns übermittelt hat. Aber auch Cartier-Bresson
macht sie sich zu eigen: Komponieren bedeutet vor allem,
dem Auge einen unumgänglichen Weg aus Licht und Schatten einzurichten, mit dem rhythmischen Wert von Hell und
Dunkel zu spielen. Natürlich gibt es zahlreiche Beispiele

46. Rom, 1965

Abb. 49 dafür. So etwa die 1933 in Triest entstandene Photographie: Ein Mann liegt ausgestreckt auf einem Rasen, er ist mit einer Badehose bekleidet und sein Kopf mit einer Art weißer Mütze bedeckt. Sein lässig auf die rechte Seite gedrehter Körper hebt sich als helle Masse vom Gras ab, ihre Schatten (das Schulterblatt und der rechte Arm) betonen noch das Plastische an ihr. Etwas nach oben versetzt scheint eine undeutliche weiße Spur (sicherlich eine Sandbank) einen leicht gespenstischen Reim auf die Form seines rechten, einzig sichtbaren Beines abzugeben. Weiter hinten versperrt eine Reihe von Badekabinen die Sicht mit breiten schwarzen und weißen Streifen (einige Türen stehen offen), die ein schwarzer horizontaler Strich (das Dach der Kabinen) noch betont, der sich in der Mitte durch das Bild zieht. Ein steinerner Turm (eine Landmarke?) ist mit abwechselnd dunklen und hellen Quadraten bemalt, die die Längsstreifen der Kabinen wieder aufgreifen. Der leere Luftraum oberhalb des horizontalen Strichs verleiht diesem ein merkwürdiges Aussehen, was, zusammen mit der Sandbank, dieses Sonnenbad-Bild zu einer unwirklichen Szene macht. Genau dieses abstrakte Moment kompensiert den offensichtlichen »Fehler« der Komposition, nämlich daß das Bild durch die Reihe der Kabinen entzweigeschnitten

wird, und verleiht ihm die Qualität eines rhythmischen Arrangements in Schwarz und Weiß.

Eine im selben Jahr in Madrid aufgenommene Photographie zeigt als hellen Hintergrund die riesige Wand eines Wohnhauses, die in unregelmäßigen Abständen von winzigen, ungleich großen Fenstern durchlöchert ist, die das Bild mit dunklen Vierecken spicken. Ganz im Vordergrund sind Kinder zu sehen, an beiden unteren Ecken auf halber Brusthöhe durch den Rahmen abgeschnitten (dunkle Hemden linker Hand, helle rechter Hand), während weiter oben ein dicker Mann mit Hut und weißem Hemd unter dem Jackett vorbeigeht. Auch hier stellt sich das Auge auf einen Blickverlauf ein, dessen Rhythmus die Hell- und Dunkelwerte vorgeben. Dadurch werden zugleich formale und referentielle Elemente zusammengehalten, die derart heterogen sind, daß selbst die Möglichkeit einer solchen Szene in Abrede gestellt werden könnte; es verhält sich ein bißchen so, als würden die Effekte des in der Photographie überaus prägnanten Realen durch die Macht plastischer Abstraktion bekämpft und untergraben; gäbe es da nicht diesen Blick, den ein Kind (unten in der Mitte des Bildes) mit leicht spöttischer Miene auf den Photographen richtet und letzten Endes den Betrach- Abb. 50

47. Rom, 1959

48. Siphnos, 1961

ter zu einer vielschichtigeren Lesart einlädt: eine Straßenszene und ein rhythmisches Arrangement von Vierecken, ein bißchen à la Paul Klee, und eine phantastische Miniaturerzählung, mit diesem merkwürdigen Herrn, der einen unwahrscheinlichen Tango zu tanzen scheint, in einem.

Abb. 48   Ein vergleichbares Spiel mag in einer anderen Straßenszene, dieses Mal in Griechenland (*Siphnos, 1961*), ablaufen: Die Türen und Fenster wirken auch hier allesamt wie viereckige oder rechteckige geometrische Formen, da sie sich gegen die hellen Mauern mit den unbestimmten Kanten der Häuser abheben, die, weiß gekalkt, halb gebaut und halb geknetet, vom Material her einen salzigen Geschmack zu haben scheinen. Fast alle erdenklichen Schwarz-, Weiß- und Grautöne sind hier vertreten: zwei tiefschwarze Vierecke, verschiedene Grauwerte der Hölzer und Steinplatten, mehr oder weniger kräftige Schatten, die sich auf dem Kalk ausbreiten, das mittlere Grau der Gestalt, verschiedene Weißtöne, darunter auch reines Weiß (links unten und rechts unten sowie rechts der stufenförmigen Mauer). Ein schattiger und frischer Luftzug gleitet mit der Treppe in der Mitte des Bildes herab, die zwischen verschachtelten Häusern durchführt und durchbricht, was eine Kulisse für eine Postkarte abgeben könnte, während

im Zentrum des Bildes die Silhouette eines Mädchens, das genau in dem Augenblick festgehalten wurde, da es die Stufen hochrennt, dieser Szene andeutungsweise etwas Rätselhaftes verleiht: das Gefühl einer Dringlichkeit, einer zwingenden, lebenswichtigen Notwendigkeit, die diesem Dorf ohne Einwohner keine Ruhe läßt. In dieser räumlich vollendeten

49. Triest, 1933

50. Madrid, 1933

Architektur keinesfalls eingesperrt, bringt die Gestalt einen Hauch Vergänglichkeit und versteckte Vitalität in das Ganze. Die Strenge der Komposition läßt an eine Theaterkulisse denken, die sich einen Spalt weit öffnet und einen kurzen Einblick auf den Doppelboden, auf die Rückseite der Kulisse gewährt. Durch welche Öffnung und wohin mag das Mädchen wohl verschwinden? Durch welche unvorstellbare und doch sichere Spalte? Wie in der chinesischen Malerei ist hier die Fülle nur das wert, was sie an Leere hervorruft, und die plastische Perfektion lebt nur durch den sie beseelenden Odem.

Hierbei fallen einem noch weitere Spiele mit der Architektur ein, etwa das Bild eines jungen Mannes, der an den Mauern eines an einem Steilhang errichteten Dorfes entlang klettert. Es wurde 1973 in Matera, Italien, aufgenommen *Abb. 51* und erinnert stark an eine 1983 in Gordes entstandene *Abb. 52* Zeichnung.

Diese Öffnungen und Spalten finden sich in anderer Form in Cartier-Bressons Zeichnungen und Photographien *Abb. 53* wieder. Quai Saint-Bernard in Paris, 1932: Links im Bild bergen verschneite Planen dunkle Massen. Zwei Männer mit Hut sind im oberen rechten Bildwinkel von hinten zu sehen,

auch sie dunkel, wobei einer der beiden sich über eine Brüstung lehnt, die im rechten Teil des Bildes mit einer zweiten über die ganze Höhe ein V bildet. In diesem V-förmigen Spalt leuchten Bahngleise, die sich als parallele Längslinien in den rechten Schenkel des Mauerwerks der Brüstung hineinbohren und eine unterirdische Welt vermuten lassen. Der Spalt hier wirkt einigermaßen furchteinflößend ...

Oder auch *Salerno, 1933.* Hier gehorcht die vollständig *Abb. 54* auf dem Wechsel von Licht und Schatten beruhende Komposition dem Prinzip der Einteilung in Felder, wie es André Lhote in seinem Buch *Traités du paysage et de la figure*[38] erläutert. Linker Hand scheint sich die Masse einer Mauer, von einheitlichem Mittelgrau in der oberen Hälfte und von grobkörnigem Dunkelgrau in der unteren Hälfte, über den übrigen Raum zu ergießen. Rechter Hand eine hellere Mauer, deren regelmäßig angebrachte Vorsprünge jeweils eine Schattenlinie werfen. Auch hier findet sich wieder ein körniger unterer Teil und ein glatter oberer Teil, wobei eine schwarze, rechteckige Öffnung deren Trennlinie durchbricht. Die Silhouette eines Kindes hebt sich schwarz vom hellen Hintergrund ab, wobei es mit seinen Beinen auf der Schattengrenze steht. Zu seiner Rechten befindet sich auf gleicher Höhe ein

51. Matera, Italien, 1973

52. Gordes, 1983

53. Quai Saint-Bernard, Paris, 1932

Fahrgestell. Die auf dem Boden abgestellten Trägerstangen verlängern sich nahtlos über das Fahrgestell selbst, so daß man sich an eine Kanone erinnert fühlt, deren Rohr auf den Kopf des Kindes zielt. Dieses Rohr ist auch auf die Quelle des diesen geschlossenen Raum überschwemmenden Lichts gerichtet. Eine bedrohliche Stimmung lastet auf dem Bild. Und dennoch hält der Raum scheinbar noch einen verborgenen Doppelboden bereit, scheint eine Fluchtmöglichkeit zum Licht hin gegeben. Eben weil Henri Cartier-Bresson den Raum so rigoros abschließt, können komplexe imaginäre Zeitlichkeiten sich einrichten, ins Spiel kommen.

Die Anordnung in Felder führt zu einer verstärkten Dramatisierung der Szene: sie schafft einen Raum, der fast hermetisch und dennoch durchbrochen ist. Ein Ausweg wird geboten – wie der Horizont dem Seemann –, nicht etwa in der Hoffnung, diese imaginäre Trennlinie überqueren zu können, die ins Unendliche zurückweicht, sondern in der Überzeugung, daß das Leben immer noch und auch zukünftig, mit jeder Sekunde, die verstreicht, ein Anderswo bereithält.

Dieses Anderswo, diese dritte Dimension des photographischen Bildes, seine Tiefe, ist die Zeit, für die das Licht ein Symbol darstellt.

Kosmologie

Die Photographie, wie sie Henri Cartier-Bresson praktiziert, setzt die Überzeugung voraus, daß der Wirklichkeit Energie, Rhythmus und Bewegung innewohnen – was insbesondere eine eigene Darstellung von Zeit mit sich bringt. Durch die dialektische Gegenüberstellung von Ordnung und Chaos wird eine Kosmologie (eine Darstellung der Welt) der antagonistischen, in ihr wirkenden Kräfte und des vom Menschen eingenommenen Standpunktes skizziert. Dabei entspricht die Ordnung nicht dem Guten und das Chaos auch nicht dem Bösen, denn beide können nicht ohne das jeweils andere existieren; sie bringen sich gegenseitig ebenso hervor, wie sie sich negieren.

Für den Photographen, der seine Intuition an der Entdeckung des Lebens übt, gibt es keine Veränderung, die nicht neue Formen und ungewöhnliche visuelle Empfindungen hervorbrächte, die nicht positiv wäre. Doch jede Veränderung ist zugleich auch Unordnung, ein negatives Prinzip, das auf Zerstörung, auf Verfall hinausläuft. Eine Welt ohne Transzen-

54. Salerno, 1933

dentes also, ohne Gott, der Sinn verleihen, das Gute vom Bösen unterscheiden könnte. Des Photographen Regel ist die Bewegung, sein erstes und letztes Gesetz ist die Zeit, die er sich als ziellosen Strom und als Quelle vorstellt. Seine spezifische Verantwortung liegt darin, sich in diesem Strom zurechtzufinden, ohne die Möglichkeit zu haben, sich gegen das Gesetz zu stellen, demzufolge die Zeit unablässig fließt, sondern indem er es nutzt, um ihm Augenblicke der Freude und Perfektion abzutrotzen.

Im Gegensatz zum christlichen Monotheismus, für den die Zeit auf ein Ziel hin orientiert ist und alles sich in Abhängigkeit davon anordnet, kennt der animistische Glaube keine Eschatologie und entwickelt Vorstellungen zyklischer Zeit, in denen absolute Gegenwart und Ewigkeit sich vereinen. Mit den Worten des japanischen Schriftstellers Shuichi Kato: »Wenn die Zeit weder Anfang noch Ende hat, kann jeder Augenblick als Zentrum der Zeit begriffen werden. Die Bedeutung der Gegenwart wird nicht im Verhältnis zur Zukunft und zur Vergangenheit definiert. Jeder Augenblick ist absolut.«[39] Diese animistische Vorstellung bildet bei Cartier-Bresson die Grundlage für eine Philosophie der Zeit. »Da die Leica so groß ist wie eine Hand, erlaubt sie diesen Kampf mit der Zeit, präsent zu sein. Wach, lebendig und

rege! Ich lebe nur im Augenblick.«[40] Für den Animisten gibt es kein Jenseits des Raums, sondern einen von Kräften, die die Welt in ständige Bewegung versetzen, durchwirkten Raum. Auch für Cartier-Bresson gibt es kein Jenseits, und nichts kann anders gelebt werden als im *hic et nunc:* »Für mich zählt nur eines: der Augenblick und die Ewigkeit; die Ewigkeit, die wie die Linie am Horizont immer nur zurückweicht.«[41]

Der Animismus begeistert den Anarchisten, für den es keine andere Erfüllung gibt als im gegenwärtigen Augenblick. Er beruht auf den Überzeugungen, daß die Welt durch Gesetze bestimmt wird, die anders sind als die des kartesianischen Rationalismus: nämlich Gesetze, die die Intuition aufgreifen muß, indem sie eins wird mit dem Realen, nicht indem sie es objektiviert. Der spontane Animismus steht im Gegensatz zur westlichen Metaphysik und vereitelt die Dichotomie von Seele und Körper, Geist und Materie. Er bewahrt sich eine gewisse Bedeutung von Heiligem und Transzendentem, das überall um uns herum verstreut, aber von keiner Institution kodifiziert ist. Solcher Animismus bringt eine Seinsweise mit sich, die intuitiv mit einem unser Dasein anregenden Prinzip in Verbindung steht, aufgrund dessen wir das Gefühl haben, daß alles, was uns umgibt, von etwas durchtränkt sei, das

55. Istanbul, 1965

56. Fest der Drachen, Ahmedabad, Indien, 1966

57. La Madeleine, Paris, 1978

58. Die Tuilerien, kahle Bäume (ohne Jahr)

Hegel mit *turgor vitae* umschrieben hat: das überschäumende Leben.

Daher Bilder, die an den Lebenskräften, an der Suche nach dem Verborgenen, am Sinn für Rhythmus, wie er jeder einzelnen Szene eigen ist, teilhaben. Versöhnung von Realem und Surrealem, Zusammenführung von Sinnlichkeit und Verstand. Formen und Gegenstände verweisen nicht nur auf einen Signifikanten, sondern verkeilen sich in komplexere Verhältnisse, die bisweilen an surrealistische Montagen erinnern, nur daß sie weder zitierte noch aufgeklebte Elemente sind, sondern direkt aus dem Strom des Lebens und der Bewegung geschöpft (oder gestohlen) werden. Als würde Cartier-Bresson vom Leben selbst nichts anderes als den Ausdruck seiner irreduziblen Autonomie erwarten, um es dann in flagranti festhalten zu können. Was dieses Festhalten möglich und die dafür notwendige extreme Konzentration einträglich macht, ist im Grunde die Gewißheit, daß aus der Unordnung plötzliche Geistesblitze, Funken der Magie auftauchen können. Darauf beruht ohne Zweifel die ureigene animistische Grundaussage von Photographie: Selbst wenn er nicht sicher sein kann, daß die Dinge einen Sinn haben, hat der Photograph doch die Gewißheit, daß sie eine Macht sind.

Von den Gegenständen selbst, von ihrem Rhythmus, von ihrem Atem können Momente der Einheit ausgehen. Diese machen die besondere Würze des Lebendigen aus, das sich unablässig erneuert und in seinem eigenen Verschwinden wiedergeboren wird. Verweist der entscheidende Augenblick auch auf das Begriffsfeld des Willens, darf man sich doch nicht täuschen lassen: Nicht dem Photographen allein obliegt die Entscheidung über den günstigsten Augenblick für das Betätigen des Auslösers, sondern der Augenblick selbst bietet sich als entscheidend dar. Hier erfüllt sich vorübergehend ein Zustand des Gleichgewichts und der Harmonie, der nur insoweit vom Beobachter abhängt, als dieser über die Bereitschaft verfügen muß, ihn – in einer einzigen Bewegung – zu verspüren und festzuhalten. Diese Vorstellung verweist uns weder an eine metaphysische Transzendenz noch an ein gemeinsames Bezugssystem von Zeichen und Jenseits, sondern an eine Erfahrung der Entfaltung in der Versöhnung, eine Ästhetik der Begegnung mit der eigentlichen Substanz des Lebendigen. Unter diesem Aspekt erscheint der Photoapparat als das Instrument einer höheren Hellsichtigkeit, Photographieren bekommt den Wert einer Lebenskunst.

Daß der entscheidende Augenblick kein Augenblick der Entscheidung ist, ist eine (oft umgangene) Grundvoraussetzung, denn davon ist der Stil – nicht als künstliche Regel, sondern als organisches Prinzip – des Photographen betroffen. »Ich mag es, wenn meine Bilder klar sind, oder besser: zugespitzt ... Das ist mehr eine Sache des Stils als der Technik. Viele Photographen lenken ihre ganze Aufmerksamkeit nur auf die Technik und vergessen den Stil, der viel wichtiger ist.«[42] Der Künstler ist gegenüber dem Werk, das er in sich trägt, ebensowenig frei wie in der Wahl seines Stils. Entweder drängt er sich ihm auf, oder er hat keinen. Für Flaubert: »Man schreibt nicht, was man will. Maxime Du Camp, der schreibt, was er will, aber das ist kein Schreiben.« Und Henri Meschonnic: »So wenig wie man sich aussuchen kann, in dieser oder in einer anderen Kultur geboren zu werden, Nerval zu sein oder jemand anderes, so wenig ist der Stil aus einer Entscheidung heraus entstanden. Er steckt darin, daß man keine Wahl hat. Die Wahl haben nur diejenigen, die keinen Stil haben.«[43]

Gleichzeitig mit der Rationalisierung des latent in der Photographie vorhandenen Animismus, begründet Henri Cartier-Bresson einen Stil. Genauer ausgedrückt: Auch wenn seiner Methode kein philosophisches oder ästhetisches Konzept vorausgeht, so läßt seine Praxis doch auf ein animistisches Konzept visueller Phänomene, des Standpunkts und der Funktion des Photographen schließen. Bedeutete Afrika eine Art heroische Verlängerung seiner Revolte, wird er seine Aufenthalte in Asien nach dem Zweiten Weltkrieg abwarten müssen, bis er eine Philosophie entdeckt, die an die Stelle der westlichen Werte tritt, eine Vorstellung von Dasein, die einfach, anspruchsvoll und raffiniert zugleich ist und jedes Systemdenken ausschließt, eine neue Repräsentation der Verhältnisse von Mensch und Natur.

Wie kommt es aber, daß diese animistischen Elemente, so kohärent sie auch sein mögen, zugleich überlegter und instinktiver Ausdruck dieser Praxis sind? Louis Althusser schlägt den Begriff der »spontanen Philosophie« vor, um die Gesamtheit aller Glaubensrichtungen, Überzeugungen und Werte zu beschreiben, die bei Gelehrten nicht in den Bereich ihres Privatlebens fallen, sondern in unmittelbarem Zusammenhang mit ihren Überlegungen als Wissenschaftler stehen und Probleme und Verflechtungen widerspiegeln, deren Bedeutung wissenschaftlicher Natur ist, selbst wenn ihr Ausdruck ein ideologischer ist.[44] Es ließe sich hier die Existenz einer spontanen Philosophie der Künstler vorbringen, das heißt einer Philosophie der Werte, denen sie anhängen, und der Überzeugungen, die zwar das ideologische Feld des persönlichen Glaubens evozieren, aber doch unmittelbar in den Bereich ihrer künstlerischen Praxis fallen, aus dem sie im Gegenzug Informationen beziehen.

Cartier-Bressons photographische Tätigkeit tendiert dazu, ein spontaner Ausdruck nach Maßgabe animistischer Schemata zu sein. Da Photographieren für ihn »eine Art zu leben« bedeutet, kann es hier nicht darum gehen, zwischen Aufnahmen zu unterscheiden, die in die Privatsphäre gehören, und solchen, die etwas mit seiner künstlerischen Erfahrung zu tun haben.

Hinter ihrer scheinbaren Klarheit läßt sich die ganze Komplexität und Differenziertheit seiner Vorstellungen erkennen.

59. Der Wald von Saint-Germain-en-Laye, 1980

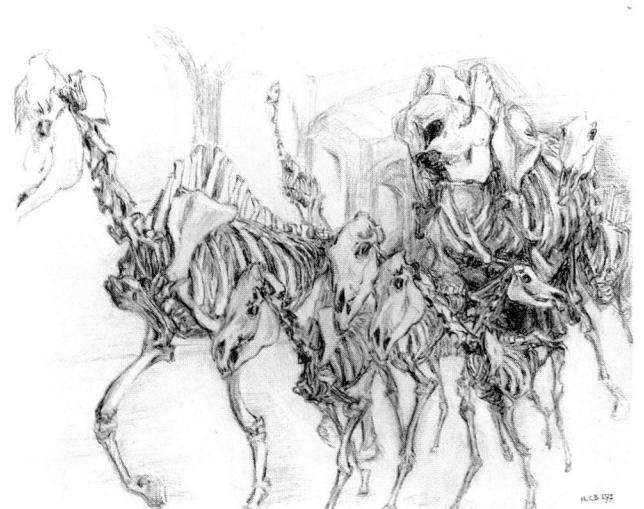

60. Naturhistorisches Museum, Paris, 1977

Der photographische Schuß

Ob Tat oder Rede, alles muß an der Zeit sich messen lassen.
Man muß wollen, wenn man kann; denn weder die Jahreszeit noch die Zeit selbst warten auf einen.
[...] der Weise weiß, daß das Leitmotiv der Vorsicht heißt: sich der Zeit anpassen.
BALTHAZAR GRACIÁN, *L'Homme de cour*

Als sich der Photoapparat vom Stativ löste und leicht genug war, um problemlos mitgeführt zu werden, als es möglich wurde, fast augenblicklich einen neuen Film einzulegen beziehungsweise ihn schußfertig zu machen, veränderte sich das Verhältnis zwischen Photograph und Bild. Photographie war zur Jagd, zum photographischen Schuß geworden. Es kam überhaupt nicht mehr in Frage, sich Modelle kommen zu lassen, sie vor einen unbeweglichen Apparat zu setzen und die Starrheit ihrer gezwungenen Pose auf eine lichtempfindliche Platte zu übertragen. Von nun an trug man die Kamera bei sich, wurde sie den vergänglichen Bildern zugeführt: auf die sie lauert, die sie überrascht, festhält, im Flug erstarren läßt und wie eine Trophäe zurückbringt, die der unablässigen Beweglichkeit des Lebens entrissen wird. Der Photograph betreut sein Objekt nicht mehr: Er erfaßt es in seinem Sucher, wie man ein Opfer ins Visier nimmt, und betätigt den Auslöser, um es einzufrieren. Ab sofort ist der Photoapparat eine Waffe, die über die Schulter gehängt wird, eine automatische Waffe, die nachgeladen wird und mehrere Feuerstöße hintereinander abgeben kann. Henri Cartier-Bresson selbst hat es sich nicht nehmen lassen, auf eine weidmännische Metapher zurückzugreifen: »Der Photograph muß sich auf die Lauer legen, dem Opfer auflauern, vorausahnen, was geschehen wird ... Und wenn es da ist, greifbar nah, muß er sich zum Sprung ducken, um besser los-

stürmen zu können. Er muß verschwinden, muß sich in Luft auflösen, sich zusammenkauern, um besser und heftiger hervorschießen zu können.«[1] Der Photograph ist zum Jäger der Bilder geworden. Oder zum Fischer, wie es Robert Doisneau vorzieht zu sagen. Oder zum Trapper, wie es Henri Van Lier vorschlägt, für den »der Photoapparat auf keinen Fall ein Revolver ist, abgesehen vielleicht vom Geräusch des Auslösers und dem phallischen Vorbau, den sich die Werbung zunutze macht [...]. Er ist vielmehr eine Falle, in die das Wild gelockt werden muß. Der Belichter von Bildern ist ein Trapper. Der Trapper ist gleichermaßen passiv wie aktiv. Damit das Tier in die Vorrichtung des Menschen tappt, muß der Mensch zuvor das Verhalten des Tieres einstudiert haben. Trapper kommt von den Indianern Nordamerikas, für die die Jagd eben etwas ist, bei dem der Fänger und der Gefangene Komplizen sind, durch eine äußerste Brüderschaft miteinander verbunden.«[2] Das Bild von der Falle, die der Trapper aufstellt, trifft zu: Es klärt die wesentlichen Fragen der Photographie, die nur latente Aggressivität des Jägers, seine paradoxe Passivität, seine konstitutive Bindung an die Bewegung, die Notwendigkeit einer aus seinem Verhältnis zum Lebendigen abgeleiteten Ethik – man könnte von einer spezifischen »Bioethik« der Photographie sprechen, so wie Gombrich von einer »Ökologie des Bildes«[3] sprach.

Photographie gleich Schuß: Heute überrascht diese Assoziation nicht mehr, was der Photographie aber wahrscheinlich eher zum Nachteil gereicht, die auf wenige Verwendungsbereiche, wenn nicht auf die vulgärsten, so doch auf die populärsten beschränkt wird. Denn ist es nicht so, daß die Metapher vom Schuß nicht mehr nur das Bild für diese Praxis darstellt, sondern allmählich zum unmittelbaren Ausdruck dieser Praxis geworden ist? Ohne die Photos von Safaris erwähnen zu wollen – wo der Tourist eine heroische Konfrontation mit verwirrten Raubtieren, den letzten Überlebenden ihrer Spezies, mimt –, muß doch darauf hingewiesen werden, wie tiefgreifend die Inthronisation der Photographie als Waffe (welch grauenhafter Zynismus, wenn sie den Journalisten als Mittel zur Berichterstattung der vielfältigen Gewalttaten unseres Jahrhunderts dient) unsere Wahrnehmung des Bildes verändert hat: Das Klicken des Apparats reproduziert und bestätigt das Klicken der echten Waffe, neutralisiert dabei den gewärtigen Tod und versetzt den Betrachter des Bildes in die zweideutige Lage des schuldigen Zeugen.

Bei Cartier-Bresson verweist die Metapher vom Schuß allerdings weder auf das Verhalten der Paparazzi noch auf die Schwerstarbeit der Kriegsberichterstatter. Er hat sich nie als ein Jäger von Bildern im heutigen Sinne des Wortes definiert; dieses Verständnis würde er niemals in Anspruch nehmen wollen, weder für sich noch zugunsten des modernen Photojournalismus, als dessen Urheber er gilt. Was seit einem halben Jahrhundert zum Klischee geworden ist, war Anfang der dreißiger Jahre eine Neuheit, damals, als Cartier-Bresson einen Gebrauch von Photographie einführte, der sich bei seinen Nachfolgern als etwas Selbstverständliches durchsetzen sollte.

Bevor sie zum Klischee wurde, stellte die als Schuß aufgefaßte Photographie ein Potential zur Erforschung des Verhältnisses von Zeit und Bewegung dar, der sich um 1870 Étienne-Jules Marey mit seinem chronophotographischen Gewehr widmete, über das François Dagognet schreibt: »Das wesentliche bei Marey liegt in seiner eigenen und der unumgänglichen Entwicklung subtiler Instrumente, darunter das überaus berühmte chronophotographische Gewehr – zum Teil geht es auf den astronomischen Revolver von Janssen zurück –, mit dessen Hilfe sehr weit entfernte oder extrem kleine Phänomene ›gehoben‹ beziehungsweise ausgeschnitten werden können, ohne sie im geringsten zu verändern. Der Tele-Fang! Natürlich sollten gewisse Theoretiker, die mit der Psychoanalyse auf Tuchfühlung gekommen waren, mit Leib und Seele darin aufgehen: ein Gewehr, eine Beute, was für eine dumpfe Aggressivität! Welch ein Voyeurismus! Doch die dafür verwendeten Worte riskieren selbst zu verfälschen.«[4] Wie Dagognet unterstreicht, verwendet Marey diese photographische Apparatur nur zu wissenschaftlichen und nicht zu gestalterischen Zwecken. Dennoch sollte man sich von zu kurz greifenden Analogien, aus denen sich im Handumdrehen eine Ästhetik der Photographie ableiten läßt, nicht auf die falsche Fährte setzen lassen.

Ende des 19. Jahrhunderts werden die (ereignis- oder sogar stimmungsbedingten) Phänomene der Bewegung zum künstlerischen Motiv. Ein Landschaftsbild ist kein Gemälde mehr, sondern eine Impression.[5] Das Motiv erfordert, daß man auf es zugeht, aus dem Atelier herausgeht, ihm regelrecht hinterherjagt, draußen in den Straßen der Stadt und auf dem Land, und schließlich auf allen Kontinenten. Um 1880 entstehen die ersten Momentaufnahmen durch die Gebrüder Lumière; ihre schnell wirkenden chemischen Emulsionen dienen zunächst einmal der Ankurbelung der kinematographischen Industrie. Diverse Künstler hatten sich bereits für das Verhältnis von Bewußtsein und Dauer, Intuition und Leben interessiert. Die Entwicklung der Physik und die Entdeckungen, die sie völlig umkrempelten, brachten jene wahrhaftige Revolution in Schwung, die vor allem auch den Bruch mit der linearen Darstellung der Zeit herbeizwang. Seit 1910 hatte Apollinaire die poetischen Zirkel in Paris mit den Theorien von Marinetti bekannt gemacht, die einen wichtigen Einfluß auch auf die Neue Malerei ausübten (Sonia und Robert Delaunay, Marcel Duchamp usw.). Man denke ebenfalls an Proust, für den die Zeit ein wesentlicher Faktor im Leben des Subjekts ist; er macht sie zum eigentlichen Stoff künstlerischer Schöpfung. Das Kino erlaubt die Entdeckung der Kinetik, der plastischen Komponente von Bewegung. Obwohl die Photographie kein bewegtes Bild ist, wird sie doch von demselben Elan erfaßt, der so viele Künstler zu formalen Untersuchungen und Experimenten anregt, die darauf hinauslaufen, das Bewegungsgefühl jener Dimension zurückzugeben, die Jean Epstein als »die vierte Dimension, die Zeit«[6], bezeichnen sollte.

Es ist die Leica, die die Allianz von Film und Photographie besiegeln wird: Ihr 24 x 36 mm-Film stammt ursprünglich aus der kinematographischen Technik. Das Wagnis Cartier-Bressons bestand darin, sich dieses »kleinen Apparats« bemächtigt und die sich anbietenden Konsequenzen aus ihm gezogen zu haben: Dank seiner Handlichkeit und der Erfindung schnell wirkender chemischer Emulsionen ist der Photograph ab sofort von den zeitlichen und räumlichen Zwängen der alten Techniken befreit. Vor allem aber steht es ihm frei, die direkte Konfrontation mit der nackten visuellen Realität zu seiner persönlichen Lebensweise und zu einer originären künstlerischen Praxis zu machen.

1928 mischt sich der deutsche Journalist Erich Salomon allerorten unter die Leute, um ungewöhnliche Szenen zu erhaschen, was ihm dank seiner Leica und extrem lichtempfindlicher Filme gelingt. Der photographische Schuß etabliert ein völlig neues Verhältnis zum Sichtbaren und kann Begabungen zur Entfaltung verhelfen – ein Potential, das Henri Cartier-Bresson mit den Mitteln der Malerei nicht hätte zum Ausdruck bringen können: »Der Abenteurer in mir fühlte sich verpflichtet, mit Hilfe eines flinkeren Instruments als dem Pinsel die Narben der Welt zu bezeugen.«[7] Die Photographie entwickelt sein Talent für das Vorausahnen von Situationen, seine Neugier, seine Nervosität (für die er sich zwar entschuldigt, die er aber trotzdem für die wichtigste Eigenschaft des Photographen hält), seine Intuition und seine Spontaneität, der der Geschmack von Freiheit anhaftet. Sie ist das Instrument, das eine ursprüngliche Beziehung zur visuellen Realität herstellt, die Begegnung mit dem Leben ermöglicht, das in all seinen Ausdrucksformen, mit all seinen ergreifenden, empörenden oder erschütternden Facetten einen unmittelbaren Einfluß auf die Geschichte und ihre bekannten oder anonymen Akteure ausübt. »Ich bin von der Leica nie abgekommen, jeder Versuch in eine andere Richtung hat mich zu ihr zurückgebracht. Ich sage nicht, daß das für einen anderen auch gelten muß. Für mich ist sie nun einmal die einzige Kamera, die in Frage kommt. Sie ist, und das ist wörtlich zu verstehen, die optische Verlängerung meines Auges ... Wie sie in meiner Hand liegt, an meiner Stirn lehnt, ihr Swing, wenn ich meinen Blick auf die eine oder auf die andere Seite werfe, gibt mir das Gefühl, der Schiedsrichter in dem Spiel zu sein, das sich vor mir abspielt und dessen Höhepunkt ich mit einer Hundertstel Sekunde festhalten werde.«[8] Sich in einen Bewußtseinszustand versetzen zu können, der ihn jederzeit die Unmittelbarkeit spüren läßt, ist genau die Haltung, die der Photograph unbedingt einnehmen muß.

Henri Cartier-Bresson faßt das in dem Wort »Trottoir-Photograph«[9] zusammen. Es bereitet ihm offensichtlich Vergnügen, den Photographen mit Menschen gleichzusetzen, denen die geltenden Vorurteile hart zusetzen: er ist die Nutte, der Seiltänzer, der Taschendieb. Und dieser Lebensstil eines Nomaden mißfiel ihm keineswegs: »Ich bin ein Außenseiter ohne Beruf und ohne festen Wohnsitz.«[10]

Die Einstellung gegenüber der Photographie war in den zwanziger Jahren, wie die Äußerungen einiger großer Künstler belegen, bestenfalls zwiespältig. So überraschte es Picasso, daß sich Brassaï, trotz aller Talente, die er besaß, der Photographie verschrieben hatte: »Sie sind der geborene Zeichner! Warum machen Sie nicht weiter? Sie besitzen eine Goldmine und begnügen sich damit, Salz zu fördern ...« »Salz fördern« verweist auf die chemische Zusammensetzung der photographischen Emulsion. Die Metapher ist eindeutig: Picasso will zwar nicht behaupten, daß die Photographie keine Kunst sei, aber doch deutlich machen, wie undankbar ihm diese Kunst vorkommt: »(fast zornig) Es ist unmöglich, hören Sie, unmöglich, daß die Photographie Sie vollkommen befriedigen kann. Sie zwingt Sie zur völligen Selbstverleugnung.«[11] Cartier-Bresson eignet sich diese mehr oder minder hochmütige Geringschätzung nicht an, die die Photographie lange Zeit in eine Außenseiterposition gedrängt hat, und setzt sie auch nicht mit »sozialem Abstieg«[12] gleich. Er macht sie sich im Gegenteil zunutze: »Die Photographie ist ein wunderbares Handwerk, solange es beim Kleingewerbe bleibt. Sobald es aber KUNST wird, wird es schrecklich.«[13] Diese Position

verdankt er einer Tradition, deren Wurzeln im 19. Jahrhundert zu suchen sind. Mit den Worten Rimbauds: »Ich verabscheue alles Handwerk. Ob Meister oder Arbeiter, alles gemeine Bauern, widerlich! Die Hand an der Feder taugt genauso viel wie die Hand am Pflug. Was für ein Jahrhundert der Hände! Ich werde meine Hand niemals besitzen. Schließlich führte solche Dienerschaft zu weit.« Während Aragon die Literaten als »Krabben« bezeichnete, trieb André Breton die Radikalisierung der Entmystifizierung der Kunst voran, indem er sich schon gegen die Vorstellung empörte, daß er Schönheit zu produzieren habe: »Jenseits aller ästhetischen Erwägung bin ich dem Diktat des Denkens gefolgt.«[14] Diese Verachtung gegenüber der Arbeit, sei sie auch künstlerisch, findet sich bei Cartier-Bresson wieder, der zumindest in seinen Anfängen den Dilettantismus für sich beansprucht und das Amateurhafte aufwertet. »Die Technologie bringt alle Individuen auf dasselbe Niveau. Die Amateure finden sich als nicht anerkannte Einzelgänger wieder, während die Professionellen ihrerseits dem Gesetz des Dschungels folgen. Man könnte meinen, es blieben nur noch die Kinder übrig, die sich spontan ausdrücken können.«[15]

So macht es ihm die Vorstellung vom photographischen Schuß möglich, den widersprüchlichen Status der Photographie als künstlerische Praxis zu überwinden. Als Schuß bringt sie keine Arbeit mit sich, sie ist mit dem Spaziergang des Flaneurs vereinbar und ist, wie auch die Kunst, für jedermann zugänglich: »Jedes menschliche Geschöpf ist ein potentieller Künstler, das heißt ein empfindsames Wesen«[16], behauptet er und greift dabei eine Position auf, wie sie Rimbaud und in einem anderen Sinn André Breton postulierten.[17] Allerdings wird dieser Schuß nicht von allen in gleicher Weise umgesetzt: »Das Problem des Photos ist falsch gestellt. Man hat einen höllischen Spaß daran, alles zu verwechseln ... Es ist ein wenig so, als würde man alle, die einen Bleistift benutzen, in denselben Topf werfen: Poussin, den Krämer von nebenan, einen Revisor und Simenon.«[18] Der Schuß, die photographische Jagd, ist folglich eine völlig triviale und zugleich hochgradig elitäre, aristokratische Tätigkeit. Immer wieder wird Cartier-Bresson diese grundsätzliche Ambivalenz unterstreichen (und sich hüten, sie aufzuheben): »Die Fotografie ist nur scheinbar ein einfaches Metier; als vielseitiger und mehrdeutiger Prozeß bietet es denen, die es betreiben, nur einen gemeinsamen Nenner: das Instrument.«[19]

Die Technik

Der Begriff des Schusses spielt eine strategische Rolle in den Vorstellungen Henri Cartier-Bressons. Daß das Problem der Photographie aus seiner Sicht falsch formuliert ist, liegt

61. Auf der Rennbahn von Curragh bei Dublin, Irland, 1955

62. Prix de l'Arc de triomphe, Longchamp, 1969

63. Paris (ohne Jahr).

daran, daß historisch gesehen das Verhältnis zur Technik, auf der sie beruht, ambivalent ist: Einerseits ist die tatsächlich einfache Bedienung der photographischen Technik ihre größte künstlerische Schwierigkeit, andererseits geben ihre vermeintlichen technischen Schwierigkeiten Anlaß zu »künstlerischen« Bequemlichkeiten, die sehr verbreitet, wenn nicht gar allgemein anerkannt sind. »Es wird niemals vorkommen, daß jemand, der sich gerade eine neue Geige gekauft hat, am selben Abend ein Konzert gibt! Man wird aber durchaus gewissen Leuten begegnen, die sich mit einem Photoapparat ausstatten und dann sofort in eine große Reportage stürzen.«[20] In der Photographie steckt nicht nur ein faktisches Sensationselement (den er »das Imponiergehabe der Reportage«[21] nennt), sondern auch ein technisches Sensationselement.

Sehr schnell tauchten die ersten Apparate auf, die dafür sorgen, daß sich die Photographie überall ausbreiten konnte: Da sie sozusagen nahtlos von den Händen genialer Experimentierer in die Hände jedes x-beliebigen Familienvaters gelangte, wurde sie zu einer Art Instrument, mit dem man jeden technischen Aspekt verschleiern konnte. Damit wurde die Vorstellung noch bestärkt, die Photographie bestünde alles in allem nur im Betätigen des Auslösers; genau das war die Formel, die das allgemeine, populäre Gefühl letzten Endes exakt zum Ausdruck brachte (schließlich hieß Schrift-

steller zu sein auch nichts anderes, als denselben Bleistift zu handhaben wie der Krämer ...).

Mit photographischer Technik verbindet sich seitdem eine absolut zweideutige Vorstellung: Für den Großteil der Benutzer kommt der Prozeß des Entwickelns einer simplen Übertragung vom Film aufs Papier gleich, ein Vorgang, der zu einfach ist, als daß er wirklich Aufmerksamkeit verdienen würde, und zugleich zu kompliziert, um ihn selbst vorzunehmen. Bleiben noch diejenigen, die sich ausschließlich für die Technik interessieren, weil sie in ihr ein eigenständiges, vollwertiges Ausdrucksmittel sehen. Sie machen aus der Photographie ein reiches Betätigungsfeld zum Basteln und Erfinden, das um so ergiebiger ist, als es vom Apparat selbst bis hin zu den Geheimnissen der Entwicklung im Labor reicht. Sie sind gemeint, wenn Cartier-Bresson von den Fetischisten der Photographie spricht. Eine Analyse der zahlreichen Periodika und Zeitschriften zum Thema Photographie seit ihren Anfängen würde ergeben, daß sie mit dazu beigetragen haben, einer von Fetischismus dominierten Kultur den Weg zu bereiten, die die Wurzeln künstlerischen »Fortschritts« in der Technik sieht. Letzten Endes also ein photographischer Mythos, der sich mit dem von Roland Barthes verwendeten und in *Die helle Kammer* kritisch analysierten Terminus technicus deckt. Er zählt hier die verschiedenen Formen auf, die die Faszination für die Photographie annehmen kann: das Seltene

64. Peter-und-Paul-Festung, Leningrad, 1973

(die Frau mit drei Brüsten ...); das *numen* (eine Geste, die genau in dem Moment ihrer Bewegung festgehalten wird, in dem das normale Auge sie nicht fixieren kann: eine aus dem Fenster springende Person ...); die Großtat (Harold D. Edgerton, der das Fallen eines Milchtropfens in einer Millionstel Sekunde photographiert); die Verformungen (Doppelbelichtungen, Anamorphosen, Randauflösung, Unschärfe, Verzerrung der Perspektive usw.); der originelle Fund (ein Emir fährt in seiner heimatlichen Tracht Ski ...).[22] Diese unterschiedlichen Modalitäten des Überraschenden bezeichnen die Achsen, um die sich die allgemein verbreitete photographische Ästhetik dreht: Das Bild wird als Illustration oder Großtat, nicht aber als die Umsetzung eines authentischen Blicks in Betracht gezogen.

Obwohl diese unterschiedlichen Modalitäten auf die Vorstellung von Photographie als Schuß oder Jagd zurückgehen, steht die daraus abgeleitete Ästhetik in direktem Gegensatz zur Ästhetik Cartier-Bressons. Denn hier wird die Photographie zu einem Surrogat der Wirklichkeit – durch einen dieser Taschenspielertricks, die der Konsumgesellschaft eigen sind –, zu einem Artefakt, das als Gegenbild auftritt. »All diese Überraschungen«, schreibt Roland Barthes, »unterliegen einem Prinzip der Herausforderung (weshalb sie mir fremd sind): der Photograph muß wie ein Akrobat den Gesetzen der Wahrscheinlichkeit oder gar denen der Möglichkeit Trotz bie-

ten; im äußersten Fall muß er es mit denen des Interessanten aufnehmen: ein Photo wird ›überraschend‹, sobald man weiß, warum es aufgenommen wurde; aus welchem Grunde und mit welchem Interesse sollte man einen Akt im Gegenlicht in einer Türöffnung photographieren, die Kühlerhaube eines alten Autos im Gras, einen Frachter an der Mole, zwei Bänke auf einer Wiese, das Gesäß einer Frau vor einem rustikalen Fenster oder ein Ei auf einem nackten Bauch (preisgekrönte Photos eines Amateurwettbewerbs)? Zuerst photographiert die PHOTOGRAPHIE, um zu überraschen, das Bemerkenswerte; bald aber deklariert sie, im Zuge einer bekannten Verkehrung, das zum Bemerkenswerten, was sie photographiert. Das ›X-Beliebige‹ wird somit zum snobistischen Gipfel des Werts.«[23] Er unterstreicht, daß diese Pseudowerte der Photographie den Semiotiker unter dem Aspekt interessieren, was sie vom gesellschaftlich Imaginären offenbaren, daß sie ihn jedoch völlig ungerührt lassen, bar jeder Empfindung, weil sie die Vision der Technik unterordnen, wie Proust es einmal formulierte. Im Grunde hat die Photographie ebenso wie die religiöse Kunst ihre Devotionalien.

Für Henri Cartier-Bresson »[hat sich] die Fotografie seit ihren Anfängen nicht verändert, wenn man von ihren technischen Aspekten absieht, die für mich keine wichtige Rolle spielen«[24]. Ab dem Moment, da der Apparat zum »verlängerten Auge«[25] wird, ist sein Sinn erfüllt. Nachträgliche Verbesserungen haben folglich eine sekundäre Bedeutung und sind häufig sogar schädlich, wenn sie auf eine Vulgarisierung des Vorgangs abzielen, die Vision verwässern, statt ihren Anforderungen zu dienen und sie zu verfeinern: »Die Photozelle ist überflüssig; sie fördert die Faulheit des Auges; man muß den Wert erst selbst erraten und kann ihn später eventuell prüfen.«[26] Genauso unnötig ist auch der Motor: »Man schießt nicht mit einem Maschinengewehr auf eine Schar junger Rebhühner!«[27]

Aus einer Art fatalistischer Vorahnung heraus schreibt er 1952: »Hoffentlich werden wir den Tag nie erleben, an dem die Photohändler Mattscheiben mit eingeritztem Raster zum Verkauf anbieten.«[28] Wozu wurde dann überhaupt ein Apparat erfunden, der es dem Geist, der geschärften Anschauung und dem Entscheidungswillen ermöglicht, ein und dieselbe Partitur zu spielen, wenn es letzten Endes nur dazu führt, deren jeweilige Aufgaben der Technologie zu überlassen?

Der photographische Schuß ist geradezu prädestiniert, unterschiedlichste Werte, Bedeutungen und Nutzungsarten zu transportieren, um einen euphemistischen Terminus zu verwenden: »Einmal wurde ich gefragt, was ich über die Leica denke, und ich habe geantwortet, daß sie ein dicker warmer Kuß sein kann, daß sie auch ein Schuß aus einem Revolver sein kann oder die Couch des Psychoanalytikers.«[29] Allen vorgefaßten Meinungen begegnet Cartier-Bresson mit dieser heilsamen Kritik: »Ich muß immer wieder über die Vorstellung lächeln, die manche Leute von der photographischen Technik haben – eine Vorstellung, die sich im schier unersättlichen Bedürfnis nach Bildschärfe äußert. Hat das etwas mit der Leidenschaft für penible Genauigkeit, fürs Ausgefeilte zu tun, oder hoffen sie, mit diesem *Trompe-l'œil* auch die Wirklichkeit besser in den Griff zu bekommen? Damit sind sie vom tatsächlichen Problem übrigens ebenso weit entfernt wie frühere Generationen, die ihre Anekdoten mit sogenannter künstlerischer Unschärfe überzogen.«[30]

Die Farbe

Einer der Bereiche, zu deren Verwirrung dieser Fetischismus beigetragen hat, ist die Farbe. Eine irritierende Problematik, die nicht nur den alten Komplex der Photographie gegenüber der Malerei berührt (war es nicht so, daß die Piktorialisten ihre Photographien kolorierten, um den damals geltenden Vorstellungen von Werk und Arbeit des Künstlers gerechter zu werden?), sondern auch den empfindlichen Druck anspricht, den die Verleger und Verbreiter von Bildern (insbesondere die Zeitschriften) ausüben, die die Farbe aus Gründen ihrer dekorativen Eigenschaften und ihrer Überzeugungskraft bevorzugen. Tatsächlich schätzen wir den Wahr-

heitsgehalt und die Aussagekraft des Dokuments (egal, ob es sich dabei um eine Presseaufnahme handelt oder ein Familienphoto) höher ein, wenn es in Farbe ist und je mehr es schmeichelt, der Wirklichkeit aber doch nahe kommt. Die Übereinstimmung mit unserer Wahrnehmung ist der entscheidende Grund, warum sich die Farbe im Handel und insbesondere im Bereich des Erinnerungsphotos so rasch durchsetzte.[31]

Die Bestimmtheit in Cartier-Bressons Haltung ist darauf zurückzuführen, daß für ihn die Farbe – das bevorzugte Betätigungsfeld des technischen Fetischismus, der sich darin wollüstig ausbreitet – zwar »[...] ein äußerst wichtiges Informationsmittel [ist], jedoch nur begrenzt tauglich, wenn es um die eigentliche Wiedergabe geht, die ja ein chemischer Prozeß bleibt und nicht transzendent ist wie in der Malerei. Im Unterschied zu Schwarz, das eine unübertroffen komplexe Skala hergibt, bietet Farbe eine gänzlich fragmentarische Palette an Möglichkeiten.«[32] Er macht darauf aufmerksam, daß ein Kasten Pastellfarbe eine Palette von dreihundertfünfundsiebzig verschiedenen Grüntönen zu bieten hat und daß Maler außerdem noch ihre eigenen Farben erfinden. Die industrielle Herstellungstechnik chemischer Emulsionen hingegen stellt dem Photographen bei weitem keine so große Auswahl an Farbtönen zur Verfügung.

Seine Position festigt sich in den fünfziger Jahren und wird sich auch fortan nicht mehr ändern: Farbe könne in der Geschichte der Photographie keine Zäsur darstellen, außer im kommerziellen und journalistischen Bereich. »Für mich ist Farbe ein Bereich, der der Malerei vorbehalten ist. Ich habe China und die Seine für *Paris Match, Life* und den *Stern*, dann Frankreich für Robert Laffont in Farbe photographiert. Das war eine berufliche Notwendigkeit [...]. Mein einziges gutes Farbphoto erschien auf dem Umschlag von *Camera* während meiner Ausstellung im Pavillon von Marsan 1954, aber es ergab überhaupt keinen Sinn, ich verfiel in Ästhetizismus. Der einzige, der mir einen interessanten Standpunkt vermittelte, war der Ingenieur Kudelski: Er erklärte mir, daß Farbe die schnellere Identifizierung eines Dokuments ermöglicht. Aber das ist eine andere Diskussion. Emotion finde ich nur im Schwarzweiß: Es transponiert, es ist eine Abstraktion, es ist nicht normal. Die Wirklichkeit ist eine chaotische Sintflut, und in einer solchen Wirklichkeit muß man seine Wahl treffen, Inhalt und Form in ausgeglichener Weise miteinander verbinden; wenn man sich dann auch noch um die Farbe kümmern müßte ... ! Und außerdem, was heißt das schon, natürliche Farben? Eine verkümmerte Art zu sehen: Farbphotos begeistern nur die Händler und die Zeitschriften.«[33] In der Photographie ist die Farbe ein Informationsträger; sie ist zu wenig nuanciert, um das Reale in seiner Komplexität wiederzugeben, und in ihrem Wahrheitsgehalt zu oberflächlich, um Gefühle auszulösen und Abstraktionen zum Ausdruck zu bringen, wozu das Schwarzweiß durchaus fähig ist. Sie

65. Alberto Giacometti, 1961

bewegt nicht. Dagegen bietet sich der Schwarzweiß-Bichromatismus als eine Spannung zwischen der Wahrnehmung und ihrer unmittelbaren Versinnbildlichung an. Er stimmt vollkommen mit jenem besonderen Modus des Festhaltens visueller Ereignisse überein, der unter dem Vorzeichen der Überraschung und des blitzschnellen Reagierens auf sie steht.

Das Schwarzweiß ist die stilisierte Form dieses mit der Überraschung zusammenfallenden Festhaltens. Henri Cartier-Bressons gesamtes Werk könnte das illustrieren.

Nehmen wir beispielsweise das Bild eines fast nackten, glatzköpfigen Mannes, der mit ausgestreckten Armen in Meditationshaltung vor der Mauer der Peter-und-Paul- Abb. 64

Festung in Leningrad steht, einsam in seinem Gebet. Es ist nicht nur eine unerwartete und sogar merkwürdige Begegnung, sondern auch eine irgendwie jenseitige Erscheinung in einer Zeit, in der die Breschnjew-Ära ihre Triumphe feiert (1973), und in einer Stadt, die den Namen des Gründers der UdSSR trägt. Diese Photographie ist darüber hinaus eine visuelle Variation zum Thema Stein, seiner unterschiedlichen Konnotationen und symbolischen Werte. Farbe hätte sie sicherlich zu einem leicht exotischen Erinnerungsphoto gemacht. Schwarzweiß dramatisiert, indem es die Frucht der Überraschung konserviert, die noch nach all den Fragen duftet, die sie uns stellt. Auf diese Weise sieht man sich in die Widersprüche der russischen Seele versenkt, ist gezwungen, diese so merkwürdige Wirklichkeit zu hinterfragen, in der Überlieferung und Moderne nebeneinander Bestand haben und die uns eine sonderbare, wechselseitige Faszination ahnen läßt zwischen dem Mystizismus eines Volkes und der Brutalität extremer Machtformen, die dieses Volk von jeher kannte.

Oder auch, in einem völlig anderen Zusammenhang, das **Abb. 65** Photo von Alberto Giacometti, der mit einer seiner Statuen auf dem Arm zwischen zwei anderen seiner Statuen hin-

66. William Faulkner, 1947

durchgeht, im gleichen Schritt wie sie – beinahe aus einem Nachahmungsdrang heraus – völlig in seine Schöpfung vertieft (1961). Und 1947 William Faulkner, der sich versonnen **Abb. 66** den Ellbogen hält, während sich einer seiner Hunde hinter ihm streckt. Das Schwarzweiße stellt keine Tatsachen fest, es ermöglicht vielmehr das Festhalten von Wahrnehmungen, nicht über die Identifizierung von Phänomenen, sondern über Gedankenassoziationen. Hier wird auf subtile Weise die Projektion des Künstlers in sein Werk nahegelegt, die im Fall von Alberto Giacometti, der zum *Aufrecht gehenden Menschen* geworden ist, fast buchstäblich wiedergegeben wird.

Obwohl Cartier-Bressons Position gegenüber der Farbe entschieden ist, ist sie keineswegs puristisch. Sie steht in engem Bezug zur Photographie, wie er sie praktiziert, nämlich im Zustand ständigen Improvisierens angesichts des Vergänglichen, des Bewegten. Das Arbeiten mit Farbe entwickelte sich eigentlich nur im Bereich der »fabrizierten Photographie«, um seine Worte zu verwenden, zu authentischer Meisterschaft und Schöpfung. Allerdings meist auf Kosten der referentiellen und informativen Funktion der Farbe, wenn es beispielsweise darum geht, bestimmte Sättigungs- oder Stimmungseffekte zu erreichen oder auch nur schlicht um Kitsch wie im Werk von Pierre und Gilles.

Dieser Anspruch ist nicht minder widersprüchlich, wenn man sich vor Augen hält, daß Farbe selten so überschwenglich zur Anwendung kam wie bei den Impressionisten, die mit vergänglichen und unbeständigen Empfindungen arbeiteten. Doch steht das Herstellen von Farbe nicht in der Macht des photographischen Werkzeugs.

Es geht hier jedoch nicht um die Frage der Vergleichbarkeit von Malerei und Photographie in puncto ihres Gebrauchs von Farbe. Für Henri Cartier-Bresson ist Photographie die Nicht-Farbe, falls man Schwarzweiß überhaupt so nennen kann. Glücklicherweise war sie von Anbeginn bichromatisch. Da sie die Wirklichkeit in einer ganz anderen Weise als die Malerei wiedergibt, vollendet sie sich nur dann als autonomes Ausdrucksmittel (als Kunst, wenn man so will), wenn sie die Verwendung von Farbe ausschließt. Schwarzweiß ist nicht seinem Wesen nach unvollkommen – sonst wäre es ab dem Augenblick aufgegeben worden, als die Farbemulsionen erfunden wurden –, sondern bezeichnet den fundamentalen Unterschied zwischen Malerei und Photographie und beweist letzten Endes, daß beide nicht dieselbe Arbeit der Rekomposition von Realem vollführen. Deshalb sieht Henri Cartier-Bresson in der Farbe, die dem naiven Wunsch nach Ähnlichkeit schmeichelt, einen Rückschritt, der die Verwechslung mit der Malerei weiterhin schürt. Photographie ist eine Frage, die der flüchtigen, fundamental »unbeständigen« Wirklichkeit gestellt wird.

Schwarzweiß verkörpert die Essenz der Photographie, die aus dem Lebendigen schöpft. Es durchkreuzt unsere Neigung, das photographische Bild auf einen einfachen Ab-

67. Katherine Anne Porter, 1946

klatsch unseres Sehens zu reduzieren, und materialisiert damit die Zäsur zwischen Wahrnehmung und Repräsentation, verbannt das Bild aus dem Bereich referentieller Konkretheit auf die Ebene zeitlicher Abstraktion. Die photographischen Referenzen sind sowohl visueller wie zeitlicher Natur – die Zeit, die für die Anschauung und den Verstand sichtbar gemacht wurde. »Das Wunderbare an der intuitiven Photographie, an der Photographie, die aus dem Leben greift, ist die persönliche Reaktion, diese Reaktion des Lebens, wenn man ganz man selbst ist und sich gleichzeitig vergißt, um die Wirklichkeit zu befragen und zu versuchen, sie zu verstehen.«[34]

Der theoretische Fetischismus

Der technische Fetischismus schlägt sich auch theoretisch nieder: im photographischen Akt. Nach Ansicht von Philippe Dubois liegt die Eigentümlichkeit photographischer Vorgehensweise im Akt des Photographierens selbst, der dazu verurteilt ist, bis zum Überdruß wiederholt zu werden: »Photographie ist eine Partie, die sich unablässig abspielt und in der

alle Partner (der Photograph, der Schauende, das Referentielle) etwas *riskieren,* indem sie versuchen, einen Punkt für sich zu verbuchen. Dafür sind alle Tricks gut. Sämtliche Gelegenheiten müssen wahrgenommen werden. Und jedesmal, wenn man gespielt hat, geht es wieder von vorne los (der *Wiederholungszwang* ist ein wesentlicher Bestandteil des photographischen Aktes: man macht nicht nur *ein* Photo, außer aus Frust; man macht immer eine ganze Serie von Photos – laßt uns erst einmal losschießen, später können wir immer noch eine Auswahl treffen; Zufriedenheit beim Photographieren stellt sich nur zu dem Preis ein, daß man den Akt selbst [...] wiederholt, immer wieder von vorne anfängt, immer wieder das gleiche tut, wie man es eben vom Spieltrieb her kennt oder vom Geschlechtsakt: nicht darauf verzichten können – keine Runde auszusetzen).«[35] Der Pragmatismus dieser Definition müßte um eine Theorie des Spiels ergänzt werden, wollte man von neuem eine Analyse unternehmen.[36] Denn auf dieses Geständnis von Philippe Dubois hin, auf diese »Aneinanderreihung von Indizien«, läßt sich nichts antworten, außer daß er ganz einfach von gewissen Gebrauchsweisen der Photographie berichtet (Fetisch, Beweis, Spur usw.).

Wie aber läßt sich dort ein Sinn wiederfinden? Indem man das Spiel, wie es in der photographischen Apparatur vor-

68. Harlem, New York, 1947

handen ist, zum Einsatz kommen läßt, vor und nach diesem Augenblick. Vorher entscheidet der Photograph über das Motiv, trifft technische Entscheidungen, bestimmt den »entscheidenden Augenblick«; danach, während der Vervielfältigung, greifen noch andere, »kulturelle« Entscheidungen. »Dieser Augenblick des Vergessens der Codes wird von den kulturellen Formen der Repräsentation buchstäblich eingekreist, umschlossen, bedrängt, wobei deren Werk letzten Endes doch immer die photographische Botschaft mehr oder weniger beeinflußt.«[37] Der dem Subjekt, das den »entscheidenden Augenblick« festhält, zugestandene Raum, der hier im Grunde nur ein leerer Fleck ist und über so gut wie gar nichts entscheidet, stellt sich als recht eng heraus. Was aber ist dann wirklich »entscheidend«? Die photographische Apparatur selbst und die Konsequenzen, die man aus dem großen Spiel ziehen muß, durch das sie sich definiert, »der Hieb des Schnitts«. Damit ergänzt Philippe Dubois das Konzept der Metaphysik des Zeichens, das er Pierce entlehnt hatte, um eine Mythologie des photographischen Aktes.[38] Wie Medusa läßt die Photographie alles das erstarren, hält sie das fest, stellt sie das still, was vom Hieb (dem Schnitt) ihres Blickes getroffen wird; auch Orpheus gleich übereignet sie alles, was sie sieht, dem Reich der Finsternis, dem Tod.[39] Dies führt dazu, daß das Bild als todbringende Macht (»Thanatographie«)

oder als grauenerregender Abgrund zwischen Bild und Objekt (als *Blow-up*-Effekt[40]) betrachtet wird.

Die Logik des Aktes unterliegt tatsächlich einer Theorie, in der die Technik als bestimmender Faktor fungiert. Sie folgt einer Ideologie vom Tod des Subjekts, das durch eine abstrakte Instanz ersetzt wird, in der sich die technologische Funktion und die Metaphysik des Zeichens vermischen. Genaugenommen verhält es sich so, daß die Rolle des Photographen für nachrangig gilt, weil dieser nicht mit seinen Händen am Zustandekommen des Bildes beteiligt ist. Das geht so weit, daß er nur noch als »passiv Beteiligter« eines mechanischen Vorgangs figuriert, der ihm selbst unbegreiflich ist und auf den er eher weniger als mehr Einfluß nehmen kann.

Alles in allem wäre diese Auffassung von Photographie ihrer Form nach modern (mit den Bezügen zur Psychoanalyse und den Theorien zum Tod des Subjekts). Letztlich aber bestätigt sie nur die archaische Vorstellung, daß sich das Bild der Welt – da es keine reale (d. h. manuelle) Vermittlung mehr gibt zwischen dem Photographen und dem Bild, das er festhält – selbst auf dem Photo manifestiert und in ihm seine ontologische Vollendung erfährt. Genau das also, was Henri Cartier-Bresson als Fetischismus bezeichnete und ihn in Rage versetzen konnte. Die Einladung zu einem Kolloquium über den »photographischen Akt« lehnte er mit folgenden Worten

69. Île de la Cité, Paris, 1952

ab: »Meine Herren [...] mir liegt sehr daran, Ihnen mitzuteilen, wie empfänglich ich für Ihr aufopferungsvolles Engagement in Sachen des Akts unseres großen masturbierenden Verschluß-Fingers bin, der mit jenem Unruhestifter verbunden ist, der unser visuelles Organ ist. [...] Haben Sie vielen Dank und erlauben Sie mir, bevor ich mich auf meinen *Reporter*-Beinen schleunigst davonmache, Ihnen die besten Grüße eines reumütigen Photographen zu übermitteln.«[41]

Und gewiß gehören das große körperliche Vergnügen, die Freude, die seiner Ansicht nach mit dem Schuß einhergeht, nicht in den Bereich des Wiederholungszwangs, ganz im Gegenteil: Die Sinnlichkeit seiner Photographien läßt sich weder in der Bewegung des Zeigefingers noch im Zucken des Auslösers unterbringen. Die Vorstellung eines rein photographischen Aktes, der nur für sich selbst lebt, ist ihm völlig fremd. Genauso ist die Tätigkeit des Photographierens, um mit seinen Worten zu sprechen, das schiere Gegenteil des »photographischen Aktes«, da nicht die Apparatur und deren »Vorrat an Wissen und Technik« ihren Kern ausmacht, sondern die zarte und flüchtige, labile, aber genußvolle Beziehung, die sich zwischen dem Photographen und dem Leben einstellt.

Der »entscheidende Augenblick« liegt ebensowenig im technischen Bereich (der Moment, in dem der Photograph endlich bereit ist) wie im Bereich des Narrativen (der Moment, in dem die Anekdote zusammenläuft), vielmehr begründet er ein Verhältnis wechselseitiger Abhängigkeiten zwischen der Photographie und der visuellen Welt, mit der der Photograph konfrontiert wird.

Der photographische Akt bringt einen stummen Bezugspunkt mit einer Tranchierapparatur in Verbindung, die in das pulsierende Leben einschneidet. Wenn das der Preis ist, warum also einen Film in den Apparat einlegen? Doch wohl, um in das narzißtische Vergnügen zu kommen, von der Repräsentation verschlungen zu werden! Warum eigentlich photographieren? Um »die Zeit totzuschlagen«![42] Diese Logik ist der Henri Cartier-Bressons diametral entgegengesetzt: »Man muß sich auf Zehenspitzen an das Objekt heranschleichen, selbst wenn es sich um ein Stilleben handelt. Man muß sich Samthandschuhe überziehen und Argusaugen haben. Nur kein Geschiebe und Gedränge; wer angeln geht, darf das Wasser vorher nicht aufwirbeln.«[43] Da werden scheinbar konventionelle Metaphern verwendet – »auf Zehenspitzen an das Objekt heranschleichen« und »Samthandschuhe überziehen« –, tatsächlich findet aber eine implizite Umkehrung statt, weil es darum geht, das Pulsierende eines Phänomens einzufangen (statt es gefangenzunehmen) oder visuelle Phänomene im Moment ihrer größten Kraft, ihrer optimalen

70. South Carolina, 1960

Lebhaftigkeit festzuhalten. Der Photograph sagt von seinem Metier als Photoreporter: »Wir sind Seiltänzer, der körperlichen Freude wegen, und zugleich Taschendiebe, Räuber, aber wie in jenem arabischen Sprichwort: ›Du darfst nicht nehmen, ohne zu geben.‹« Er balsamiert die Zeit nicht ein, er befragt sie und erfindet die Freude an ihr neu. Somit befinden wir uns in genau entgegengesetzter Richtung zu einer Ästhetik der Thanatographie, des Dualismus zwischen Leben und Tod.

Philippe Dubois' Untersuchungen besitzen theoretische Gültigkeit nur für solche Praktiken der Photographie, die die technische Apparatur ins Zentrum ihrer Vorgehensweise stellen. Diese Theorie ist in einer Art Metaphotographie verwurzelt, die auf der Annahme beruht, daß die Apparatur ein eigenes Unbewußtes besitzt (»Vorrat an Wissen und Technik« genannt) und es der Photographie als Kunst obliegt, dieses zu inszenieren. Der daraus resultierende Typus von Photographien kommt den Tendenzen der Gegenwartsphotographie, genauer gesagt jenen Tendenzen sehr nahe, die Cartier-Bresson vehement ablehnt als etwas, das sich auf ein rein konzeptuelles Denken beschränkt und narzißtische, manieristische Neigungen verrät. Er zieht es vor, Cézanne zu zitieren: »Wenn ich male und dabei zu denken anfange, löst sich alles auf!«

Um die Metapher vom photographischen Schuß wird er eine starke Ethik der Photographie errichten, die in sämtlichen Punkten der Theorie des photographischen Aktes widerspricht.

Die Ethik des Schützen

Nadar war wahrscheinlich der erste überhaupt, der eine Ethik der Photographie formulierte, und zwar in der Zeit, als er gegen seinen Bruder prozessierte. Im folgenden wird ein Ausschnitt aus seiner Zeugenaussage vor Gericht im Jahre 1859 wiedergegeben: »Die Photographie ist eine wunderbare Erfindung [...], deren Anwendung für jeden, auch für den letzten Idioten zugänglich ist. Die Theorie der Photographie läßt sich in einer Stunde lernen; die ersten praktischen Lektionen innerhalb eines Tages. Was aber nicht gelernt werden kann, werde ich Ihnen jetzt verraten: Es ist das Gefühl für das Licht. [...] Was noch viel weniger gelernt werden kann, das ist die

71. Beauce, 1958

moralische Urteilsfähigkeit in bezug auf das Motiv.«[44] Heute noch könnte Cartier-Bresson Wort für Wort diese Aussage übernehmen. Natürlich ist Nadar im wesentlichen Portraitist, aber für den »Trottoir-Photographen«, der »sein Motiv plötzlich überrascht«, drängt sich »die moralische Urteilsfähigkeit in bezug auf das Motiv« wie ein noch absoluterer Imperativ auf. Die Situation der Reportage selbst verleiht dieser ethischen Dimension ihre besondere Schärfe. Hierzu Henri Cartier-Bresson: »Eigentlich ist es empörend, Leute zu photographieren, eine Art Vergewaltigung, das steht fest; ohne ein gewisses Maß an Sensibilität hat es etwas Barbarisches an sich. Wichtig ist vor allem die Diskretion. Man muß wie ein Artillerist richtig zielen und schnell schießen. Eine Wiederholung ist unerträglich. Schließlich nimmt man etwas weg, und wenn die Leute nicht photographiert werden wollen, muß man das respektieren.«[45]

Das Verhältnis von Photographie und Raub wurde von zahlreichen Autoren erläutert, unter anderem von Susan Sontag: »Mit dem photographischen Akt geht eine Art räuberischer Aggressivität einher. Jemanden photographieren heißt, ihm Gewalt anzutun, ihn zu sehen, wie er sich selbst nie sieht.«[46] Es gibt im übrigen Situationen, in denen das Photographieren unmöglich ist, in denen schon die kleinsten Anstalten des Photographen in völligem Widerspruch zur Scham, zu den Rücksichten stehen, die wir der Freiheit des anderen schulden.

Vera Feyder fragt ihn: »Wenn Sie vor sich einen Menschen sehen, der sich mit Benzin übergießt und zu brennen anfängt, photographieren Sie nicht?

– Ich glaube nicht. Man kann nie wissen ... Ich kann es nicht im voraus sagen. Auch angesichts der Liebe gibt es manchmal ein Indiskretes ... Wenn man sich den Leuten doch nähert, dann aus Respekt vor dem Menschen. Mit großer Neugier, und doch sind wir keine Voyeure.«[47]

Die Ethik des Schützen-Photographen wird zwei Grundsatzartikel enthalten, die da heißen: Respekt und Diskretion.

Respekt betrifft in erster Linie etwas, das man in angemessener Weise das Recht der Personen an ihrem Bild nennen könnte. Der Respekt bedingt allerdings auch die Zuverlässigkeit des vom Photographen erbrachten Zeugnisses und die Qualität des »überzeugenden Beweises«, den er seinem Publikum darbietet: »Natürlich werde ich diesen Menschen nicht willkürlich aus seiner Umgebung lösen, von seiner Wohnstätte trennen: Ich bin ein Reporter und kein Portraitist in einem Atelier. Doch das Äußere, in dem dieser Mensch lebt und handelt, dient mir nur, wenn Sie so wollen, als bedeutungsträchtige Kulisse. Ich bediene mich dieser Kulisse, um meine Akteure zuzuordnen, ihnen Bedeutung zu verleihen, sie mit dem ihnen zustehenden Respekt zu behandeln. Und meine ganze Art ist auf diesem Respekt gegründet, der auch ein Respekt vor der Wirklichkeit ist: Bloß keinen Lärm machen, nicht herumprahlen, unsichtbar sein, so wenig machen wie möglich, nichts vorbereiten, nichts gestalten, einfach nur da sein, ganz langsam auf Samtpfoten sich anpirschen, um das Wasser nicht zu trüben.«[48] Ohne die vielfältigen Irritationen oder Mißverständnisse (die die Mehrdeutigkeit des Bildes von Natur aus impliziert) nennen zu wollen, die eine Photographie mit sich bringen kann, gilt in der Regel, daß der Respekt vor dem Subjekt den Photographen autorisiert, Situationen, Physiognomien und spontane Reaktionen in starre Bilder zu verwandeln.

Der Begriff des Subjekts beziehungsweise Motivs (im Sinne von *subject-matter*) ist allerdings weit gefächert und umfaßt sowohl Stilleben als auch Landschaften bis hin zum Licht: »Und bloß keine Blitzlichtaufnahmen, versteht sich, aus Respekt, und sei es nur vor dem Licht, selbst wenn keines vorhanden ist. Andernfalls wird der Photograph zu einem unerträglich aggressiven Wesen.«[49] Respekt ist kein juristisches Schutzgitter. Er umfaßt die Gesamtheit aller Elemente, die beim Einfangen des Bildes eine Rolle spielen, so daß der Photograph, sein Apparat, das Licht, die Umgebung und die Personen (oder die Landschaft für sich allein) ein untrennbares Ganzes ergeben.

72. Cape Cod, 1947

Die Neugier des Photographen wäre nicht zu rechtfertigen, wäre sie nicht abgemildert durch die Sensibilität, eine Form intimer Anteilnahme am umfassenden Widerhall einer Situation, die dennoch nichts von dessen Selbständigkeit leugnet: »Dieser Lernprozeß der Welt durch die Photographie kann zu glücklichen oder verheerenden Ergebnissen führen, je nachdem, ob die kleine Tatsache, die man zeigt, aus ihrem zeitlichen Kontext, ihrem Ort der Menschlichkeit gerissen wurde oder nicht.«[50] Damit dieser Widerhall richtig klingt, muß der Respekt vor dem Subjekt den Photographen selbst mit einbeziehen: »Fotografieren setzt unbedingten Respekt vor dem Objekt und vor sich selbst voraus.«[51] Diese Vorstellung hat zwei Seiten: Man darf weder verzerren noch sich

selbst etwas vorlügen. Beide Seiten sind miteinander verbunden: »Denn Motive gibt es überall, sowohl in allem, was sich in der Welt ereignet, als auch in unserer noch so persönlichen Sphäre; man braucht nur dem, was passiert, mit Scharfsinn zu begegnen und den eigenen Gefühlen gegenüber ehrlich zu sein. Es geht letztendlich darum, gegenüber dem, was man wahrnimmt, eine Position einzunehmen.«[52]

Jede Photographie ist selbst ein Scharnier zwischen zwei Welten, einer inneren und einer äußeren Welt. Dank dessen, was er sein »drittes Auge« nennt, findet sich der Photograph Cartier-Bresson als Schnittstelle zwischen seiner eigenen Sensibilität und den die visuelle Erregung auslösenden Ereignissen wieder. Der Respekt vor dem anderen wie vor sich selbst verweist nicht nur auf christliche Werte, sondern auch auf die chinesische Kultur: »Dieses Hochgefühl der Gegenseitigkeit, bestehend aus Skrupeln gegenüber dem Du wie dem Ich, weist einen doppelten Aspekt auf: den Respekt vor anderen *(king)* und den Respekt vor sich selbst *(kong)*«, schreibt Marcel Granet.[53]

Respekt ist die dialektische Form der Anteilnahme des Photographen am visuellen Ereignis: Einerseits ist der Photograph in menschliche Zusammenhänge eingebunden, die ihn ansonsten nicht berührten, und andererseits ist er wie abwesend, da er nicht in das Ereignis eingreifen kann, ohne es zu zerstören. Und weil Photographie eine Neugier (in ihrer ursprünglichen Bedeutung von Sorge) befriedigt, setzt sie eine in sich widersprüchliche Haltung der Extrovertiertheit und der Konzentration auf sich selbst voraus, so daß das Bild mit Lichtgeschwindigkeit die außerordentlich komplexe Beziehung zwischen dem Ich und dem visuellen Ereignis übersetzt.

Respekt ist ein nach hinten gerichteter Blick, aus der Distanz heraus, aber nicht distanziert. »Es gibt durchdringende Blicke. Ich habe Freunde, die einen sehr scharfen und zugleich sehr weichen Blick haben. Nein, man darf nicht sentimental sein, wenn man entschlossen sein muß, und nicht hart sein, wenn man menschlich sein muß; leben heutzutage ist alles andere als einfach.«[54] Verantwortlich für das aufgenommene Bild ist nicht so sehr der Photograph als vielmehr sein Blick. »Sehen ist äußerst anspruchsvoll: es bedeutet zu verschmelzen, zu befragen, anzuschauen, und nicht eben mal zu identifizieren.«

Diese Einstellung bringt ästhetische Entscheidungen mit sich: Als Ethnologe kann der Betrachter es nicht vermeiden, das Beobachtete mehr oder weniger zu verändern: »Jedes Bemühen um Verständnis zerstört den Gegenstand, mit dem wir uns befassen«, schreibt Claude Lévi-Strauss.[55] Photographen sehen sich, schematisch betrachtet, vor eine Alternative gestellt: Sie können entweder die Male des Eingriffs des Operateurs beim Einfangen des Bildes hyperbolisch betonen und unterstreichen, oder sie legen eine äußerst gewissenhafte Diskretion an den Tag. William Klein beispielsweise wandelt die Eingriffe, die durch seine Anwesenheit unausbleiblich erfolgen, in Stil um. Er optiert für eine manchmal heftige Konfrontation mit dem Subjekt, das er mit Weitwinkel und aus großer Nähe photographiert, und bewältigt auf seine Weise die unumgängliche, der Tätigkeit des Photographierens zugrunde liegende Aggressivität. Sein Verhältnis zum Subjekt birgt keinerlei gefühlsmäßige Verwicklung, sondern hat etwas mit Einmischung zu tun, in der Absicht, zu provozieren und herauszulocken.

73. Place Saint-Sulpice, Paris, 1932

Henri Cartier-Bresson entscheidet sich für die andere Möglichkeit, wobei sein Streben nach Diskretion fast an Anonymitätswahn grenzt. »In Japan bereute ich es fast, keine Schlitzaugen zu haben und nicht unbemerkt davonzukommen. Übrigens hieß ich für die dortigen Zeitungen Hank Carter. Eines Tages, ich war in Amerika, in Cape Cod, und hatte gerade eine Ausstellung im Museum of Modern Art hinter mich gebracht, regnete es. Ich stand unter einem Vordach, neben mir ein paar Typen, junge Leute, und plötzlich sprang ich mit meiner Leica in der Hand los und hörte einen von ihnen sagen: ›Sieh mal an! Hier hält sich einer für Cartier-Bresson persönlich!‹ Ich habe gelacht. Manchmal werde ich gefragt, ob ich ihn kenne, und dann antworte ich: ›Oh! Ich könnte Ihnen nur das Allerschlechteste über ihn erzählen, vor allem kommen Sie ihm ja nicht zu nahe, er ist unausstehlich!‹ Nein, man muß grau sein wie eine Maus.«[56]

Die Diskretion des Jägers, der sein Wild nicht aufregen will, ist überaus verständlich. Bei ihm geht sie allerdings so weit, daß er von sich fordert, sich selbst zu vergessen. »Man muß unerkannt bleiben; man muß sich konzentrieren, damit das, was man tun wird, mit um so größerer Kraft zustande kommt! Man muß sich selbst vergessen.«[57] Diese Formulierung hört sich wie ein Leitmotiv an. Als ob es darum ginge, einen Zustand des Ichs wiederzufinden, das von allen unmittelbaren Interessen bereinigt wurde und nur noch aus Intuition und Sensibilität besteht.

Wieder einmal wird man an Proust erinnert, für den Schöpfung sich nur unter der Bedingung ereignen kann, daß das oberflächliche Ich eingeklammert wird, sich ausradiert, um einem anderen Ich den Vorzug zu geben, einem desinteressierten, einem originären Ich, dem die Imperative gesellschaftlichen Lebens Schweigen auferlegen, das aber jene innere Notwendigkeit darstellt, der das Werk gehorcht.[58] Der Photograph gibt sich dem, was er sieht, nicht nur ganz hin. Er macht eine Art Verwandlung durch, aufgrund derer er nicht mehr seinen ureigenen Interessen entsprechend wahrnimmt. Das Vergessen seiner selbst ist nicht mit Selbstverneinung gleichzusetzen, es ist eine konzertierte, erarbeitete Verhaltensweise, und der Imperativ »man muß sich selbst vergessen« berührt das Innenleben des Photographen ebenso stark wie sein äußeres Verhalten: extrovertiert, aber respektvoll; introvertiert, aber zum Sprung bereit.

Die zwei Seiten der Medaille, wie man sie in der Metapher vom Schuß wiederfindet, sind zum einen das Maß an Aggressivität, das die Tatsache, einen Apparat auf etwas zu richten, in sich birgt, zum anderen der extreme Grad an verhaltener Konzentration, den es zu erreichen gilt, da das Ziel des Jägers darin besteht, seine Gesten mit dem von ihm anvisierten Motiv in Einklang zu bringen. Wenn der Augenblick zu schießen gekommen ist, löst sich der Schuß von alleine, als ob der Auslöser einer für die Bewegung des Ganzen eigentümlichen Notwendigkeit gehorcht hätte. Der Photograph nimmt nicht am Ereignis selbst teil, sondern am Rhythmus der visuellen Ereignisse, inmitten derer er anwesend ist. So beispielsweise beim Bild mit den vier Hunden, das 1932 vor der Kirche von Saint-Sulpice in Paris aufgenommen wurde und in dem die Bewegung der Tiere eine drehen- Abb. 73

74. In einem Zug, Rumänien, 1975

de Komposition bewirkt, und zwar dadurch, daß die beiden vorderen Hunde in humoristischer Weise mit voyeuristischen und verklemmten Gaffern gleichgesetzt werden, die nach Anregung suchen. »Fotografieren, das heißt den Atem anhalten, wenn sich im Angesicht der flüchtigen Wirklichkeit alle unsere Fähigkeiten vereinigen. Dann bereitet das Einfangen des Bildes physische und geistige Freude.«[59]

Den Atem anhalten ist hier nicht im gemeinen Sinne zu verstehen (ein ängstliches und aufmerksames Warten, ein auf der Hut sein), sondern als Bedingung für die – physische, organische – Beteiligung des Photographen am Geschenis. Die Beherrschung der Atmung spielt eine außerordentlich wichtige Rolle. Sie verbindet geistige Fähigkeiten mit körperlicher Verfügbarkeit und das photographierende Subjekt mit der Wirklichkeit, die es umgibt, oder genauer gesagt, an der es teilhat. Die Originalität seiner Photographien steckt in dem, was sie von dieser fast biologischen, organischen Symbiose zwischen den körperlich-plastischen Rhythmen der wahrgenommenen Welt und den Rhythmen des Photographen bewahren.

Folglich ist das Praktizieren vom »Schuß ins Lebendige« der Versuch, ein Verhältnis beherrschter Verschmelzung zwischen der Bewegung eines Objekts und der Dauer herzustellen, eine Gleichung, die prinzipiell sehr schwer zu realisieren ist. Das ist, wie wenn man eine Wette darüber abschließt, daß es möglich ist, etwas in den Griff zu bekommen, das sich per definitionem jener Ordnung entzieht, die das Bewußtsein herzustellen versucht, nämlich die Veränderungen selbst.

Während der Maler seine Vision in aller Ruhe organisiert (er hat das Recht zu retuschieren), wird der Photograph durch die Eile getrieben und setzt alles auf die einmalige Betätigung des Auslösers. Weder berührt noch retuschiert er seinen Stoff: Seine Mühe wäre auch umsonst gewesen, da sein Stoff die Dauer ist.

Der Photograph muß sich selbst in das Spiel der Veränderungen einbringen. Es könnte sein, daß die Zeit, der Vektor jener ununterbrochenen Veränderungen, denen unsere optische Wahrnehmung unterliegt, imstande ist, eine Ordnung, eine Komposition zu erzeugen, während sie, zumindest in unserer Kultur, die Verkörperung dessen darstellt, wodurch alles sich auflöst und zerfällt. Zeit ist für uns gleich Arbeit im Negativen. Henri Cartier-Bresson hingegen macht sie zu einem dynamischen Prinzip, das Ordnung ebenso wie Unordnung schafft und für den Photographen die Verpflichtung mit sich bringt, daß er den tatsächlich entscheidenden Augenblick zu ergreifen weiß, in dem die Ordnung vorherrscht. Zeit ist weder positiv noch negativ – noch neutral, denn woher sonst käme die Spannung?

75. Rideauville, 1980

Zeit ist ein System, in dem Ordnung und Chaos, Spannung und Entspannung usw. sich wechselseitig bekämpfen und ergänzen, indem sie ebenso zerbrechliche Momente von Gleichgewicht wie von Ungleichgewicht produziert. Ein großes Spiel, das einzugehen und bei dem sich zu vergessen der Geist größtes Vergnügen empfindet, da diese Wechselhaftigkeit auch seine eigene Funktionsweise widerspiegelt.

Der Jäger-Photograph hat seinen Platz sehr wohl innerhalb einer Problematik des Respekts vor dem Leben in all seinen Dimensionen. Denn im Gegensatz zum echten Jäger setzt er sich zum Ziel, nicht die Beute, sondern etwas (ein Bild) aus dem Leben davonzutragen, und darin liegt die ganze Schwierigkeit begraben. Um das zu erreichen, muß man, so sagt uns Cartier-Bresson, lebhaft sein, natürlich nicht nur schnell, sondern vor allem lebendig, eingetaucht in den Strom der Dauer, der jedem Geschehnis eigen ist, um dessen Rhythmus wiederherstellen zu können. Letzten Endes ist der Photograph auf intime Weise in die vitalen Zusammenhänge einer Szene verwickelt, die in ihm selbst widerhallen und die er unbedingt respektieren muß, ohne das Geringste daran zu verändern. Weil dieses Verhältnis von Verschmelzung nur im Augenblick des Schusses existiert, kommt ihm eine weitaus größere Bedeutung zu als dem Bild (dem Ergebnis): »Ich liebe

es, Photos zu machen«, wiederholt er, »ist es einmal gemacht, ist es für mich mit dem Vergnügen aus und zu Ende ... Doch die Kontaktabzüge zu sehen, und danach ...«[60]

Danach kehrt man zum Leben zurück. Hinter diesen Worten liegt eine Weisheit verborgen. Der Kontaktabzug ist der Zeuge, das Aufnahmegerät, die schwarze Box, die von Augenblick zu Augenblick aufzeichnet, wie der Photograph sich vom Leben entfernt oder sich, im Gegenteil, seiner Bewegung, seiner Komplexität anschließt. Oder der auch aufzeichnet, wie das Leben sich manchmal weigert, zum Bild zu werden, das sich auflöst, ohne Gestalt angenommen zu haben. »Der Kontaktabzug? Ausgesprochen interessant! Er gleicht einem Seismographen oder einem Elektrokardiogramm ... Doch es ist eine sehr persönliche Sache, denn in dieser Phase steckt *das* Photo, nämlich der ausgewählte Augenblick ... Und manchmal, wenn irgend jemand einen angeschaut hat, wenn sich das Ereignis entwirrt hat, bröckelt alles auseinander. Dann gibt es kein Photo mehr, dann geht man zur nächsten Sache über ...«[61]

Eine Photographie ist kein Bild der Vergangenheit. Ihre formale Perfektion zielt nicht darauf ab, sie der Zeit entkommen zu lassen, der sie unterworfen ist, sondern stellt ein Prinzip geistiger Erkenntnis angesichts des Werdens dar.

Jenseits des Surrealismus

Welch einen schönen Dialog zwischen Klavier und Geige hörte Swann zu Beginn des letzten Stücks! Das Weglassen der menschlichen Worte ließ die Phantasie mitnichten, wie man hätte glauben können, unbeschränkt herrschen, sondern hatte sie ausgeschaltet; niemals noch war die gesprochene Rede so unbeugsam durch Notwendigkeit bestimmt, kannte sie in solchem Maße die Eindeutigkeit der Fragen, die Evidenz der Antworten darauf.

MARCEL PROUST, *Eine Liebe Swanns*

Der Einfluß des Surrealismus auf Henri Cartier-Bresson ist unstrittig, da er ihn selbst bestätigt, sogar für sich beansprucht: »Der Surrealismus hat mich zutiefst beeindruckt, und ich habe mein ganzes Leben versucht, ihn nicht zu verraten.«[1] Dem Begriff des Surrealismus eignet jedoch genügend Komplexität, so daß es sich lohnen wird, sich über den eigentlichen Gegenstand dieser deklarierten Treue zu befragen. Liegt es in der Ästhetik, in seiner politischen Botschaft oder in seiner Ethik, daß er ihm solche Achtung entgegenbringt? Die Frage gestaltet sich um so verquickter, als er gleich zu Anfang mit wesentlichen Elementen bricht, die für die surrealistische Photographie seit Beginn der dreißiger Jahre kennzeichnend sind. Was keinen Hinderungsgrund dafür darstellt, daß sein Werk trotzdem als vom Surrealismus inspiriert wahrgenommen beziehungsweise rezipiert wird, so daß er sich gezwungen sieht, sich nach dem Zweiten Weltkrieg von diesem Ruf zu distanzieren. In einem an John Szarkowski, dem damaligen Konservator der Abteilung für Photographie am Museum of Modern Art in New York, adressierten Brief von 1947 setzt er sich damit auseinander: »Robert Capa war es, der mir anläßlich meiner Ausstellung im Museum of Modern Art 1946 sagte, daß ich mich vor jeder Etikette in acht nehmen sollte, und der mich bei dieser Gelegenheit warnte: ›Wenn die Etikette des Surrealismus an dir kleben bleibt‹ (schließlich war es ja wirklich der Surrealis-mus als Lebenskonzept, der vielleicht den größten Einfluß auf mich ausgeübt hat – obwohl das nicht unbedingt für die surrealistische Malerei zutrifft), ›wird man dir vielleicht einmal, per Zufall, eine Ausstellung widmen, und dann wird deine Arbeit preziös und manieristisch werden. Mach mit dem weiter, was du machen willst, aber verwende dafür die Bezeichnung des Photojournalismus, der dich unmittelbar mit allem assoziiert, was in der Welt passiert.‹«[2]

Das war nicht das erste Mißverständnis, zu dem sein Werk Anlaß gab. Die Rolle, die er dem Photoapparat zuschrieb – die Verlängerung seines Auges zu sein –, stand so sehr im Gegensatz zu den bei den meisten anderen Photographen vorherrschenden Tendenzen, daß dies zu erstaunlichen Verunsicherungen führte. Beaumont Newhall schreibt: »Lange Zeit war man der Ansicht, daß Cartier-Bresson als Photograph alles Technische verschmähte und nur auf gut Glück arbeitete. Aber das ist noch nicht alles: man ging sogar so weit zu behaupten, daß seine Kunst ein Werk des poetischen Zufalls war. Man erzählte sich, daß er sich mit der Kamera im Anschlag auf den Straßen der Welt herumtummelte und daß er das photographierte, was ihm das Abenteuer gewissermaßen zufällig einbrachte. Sein Werk wurde für eine absolut bewußte Auflehnung gegen die untadelige Technik und die Virtuosität der Päpste der Photographie der damaligen Zeit gehalten.«[3] Das Zeugnis Julien Levys ist eben-

76. Siena, 1933

77. Hyères, 1932

falls sehr erhellend. Als er 1932 die Werke Cartier-Bressons erstmals in New York ausstellte, entschied er sich für die Bezeichnung *anti-graphic photography*, eine Einschätzung, die im nachhinein merkwürdig erscheint und mit der Sichtweise des Betrachters von heute nur noch wenig zu tun hat, den ja gerade die ausdrückliche Betonung der Linien, die Kraft und Bestimmtheit der graphischen Komposition verblüffen.

Abb. 77 1932 in Hyères: Eine Treppe und ihr Geländer aus Metall zeichnen eine Spirale, deren Krümmung vom Bürgersteig am Fuß der Treppe wiederaufgegriffen wird; ein Radfahrer, er ist unscharf, fährt die Straße entlang. Oder jene Stadtlandschaften, in denen er mit den klaren Linien spielt, die die Schatten werfen, um die Wahrnehmung von Volumen zu rekonstru-

Abb. 76 ieren. So geschehen in Siena: Auf einem öffentlichen Platz breiten sich großflächige Schatten unsichtbarer Gebäude aus und bringen damit die Struktur der Pflasterung und des Asphalts zur Geltung, während ein überdachter Markt oben im Bild mit seinem in verschiedene Falten unterteilten Dach die Einprägsamkeit der exakten geometrischen Anordnung noch verstärkt, der zwei Gestalten auf der Linken einen um so stärkeren Rhythmus verleihen, als ihre Position, mag sie beim Anblick der Gesamtkomposition noch so perfekt sein, von der Willkür des Augenblicks abhängt. Immer noch im

Abb. 78 Jahr 1933, ein Straßencafé in Florenz: Die Tische, die wie Dominosteine aussehen, vollführen ein Spiel mit der Perspek-

tive, ohne daß dabei das Bild in einen geometrischen Formalismus verfällt; die Form der Räder zweier Fahrräder stehen im Widerspruch zur Form der rechteckigen Bodenplatten. Und dann noch dieses aus derselben Periode stammende, in Arsila (Spanisch-Marokko) aufgenommene Bild: Zwei Jungen Abb. 79 spielen am Strand, wobei der eine gerade ausholt, um einen Gegenstand (einen Ball?) zu schießen, während im Hintergrund eine andere Person, sicherlich ein Mädchen, sie beobachtet. Die Gestalten selbst sind überbelichtet, schwer erkennbare Silhouetten. Doch ausgehend von diesem feinen anekdotenhaften Hintergrund, dessen er sich bedient wie der Musiker eines Basso continuo, komponiert er einen abstrakten Raum aus Tauen und Ankern, die auf einer in allen Richtungen von Spuren überzogenen Sandfläche ruhen, einen durch unzählige Linien zerkratzten, gleichsam tätowierten Raum. Diese Art nervöse, stark kontrastierende, man könnte fast sagen hypergraphische Komposition, die seine ersten Photographien kennzeichnet, sollte sich sehr viel später wiederholen – allerdings in einer weitaus weniger aggressiven Tonart –, als er wieder an die Zeichnung anknüpft.

Julien Levy unterstrich einmal diese Kontinuität zwischen seinen ersten Photographien und den Zeichnungen, die er Ende der siebziger Jahre veröffentlichte: »Er sagt mir, daß er sich gerne vorstellt, seine Kamera sei ein Gewehr. Als junger Mann hat er beides getan: malen und jagen, und so kam es –

78. Florenz, 1933

als Fügung einer großen, dem Zen nahestehenden Intuition –, daß sein Fasan seinem Schuß begegnete. Aber jetzt geht er ganz nah an diese toten Vögel heran – und er fragt: ›Was ist nun ihre Existenz?‹ [...] Seitdem hat er die Wirklichkeit mit Photographien angehalten, die zu den erstaunlichsten gehören, die jemals gemacht wurden. Heute hingegen hinterfragt Henri den abgestürzten Vogel. War er gerade noch lebendig und wird er es wieder sein?«[4]

Was spricht dagegen, das Etikett vom surrealistischen Werk (selbst wenn man es willkürlich auf seine ersten Photographien, bis 1935, beschränkt) als das Ergebnis einer Lesart zu betrachten, die in ihrer Beschränktheit der Bezeichnung *anti-graphic photography* in nichts nachsteht? Ebenso wie es zutrifft, daß er im gleichen Maße, wie er den Linien, Proportionen, dem »Graphischen« größte Aufmerksamkeit schenkte, nie einem reinen orthodoxen Surrealismus anhing.[5]

Gewiß tauchen im Laufe seines Schaffens immer wieder Kompositionen auf, die an einen Einfluß durch Atget denken lassen: Schaufenster, in denen sich Puppen oder menschliche Gestalten in solchen Kombinationen widerspiegeln, daß die Atmosphäre dadurch einen leicht irrealen Anstrich erhält. So Abb. 80 verhält es sich beispielsweise in einem 1951 in Rom aufgenommenen Bild: Ein schon teilweise kahlköpfiger Friseur steht hinter der Eingangstür zu seinem Laden; das Photo einer Frau und eine weibliche Büste scheinen ihm einen iro-

nischen Blick zuzuwerfen, während er mit der linken Hand über den bereits kahlen Teil seines Kopfes fährt. Sicherlich eine diskrete Anspielung auf die von Aragon in *Der Pariser Bauer* beschriebenen jungen Friseure.

Was aber übernimmt er wirklich vom Surrealismus? Er sagt es selbst: ein Lebenskonzept. Obwohl er sich immer ganz radikal von den seitens der Maler und Photographen dieser Bewegung initiierten visuellen und plastischen Absichten abgrenzen sollte, sofern sie ihm als etwas erschienen, das von einer Abstraktion »nach der Natur«, wie er sie anstrebt, weit entfernt war.

In einem sehr ausführlichen Werk bringt Peter Galassi die These vor, daß es in den ersten Photographien Henri Cartier-Bressons eine surrealistische Phase gegeben habe.[6] Einige dieser Bilder lassen an Montagen oder Collagen denken: In Livorno (Italien, 1932) wird der Kopf eines Zeitung lesenden Abb. 82 Mannes durch den riesigen Knoten eines schweren Vorhanges vor einer Tür verdeckt. Aufgrund des extremen Kontrastes zwischen der Harmlosigkeit der Szene an sich und der bizarren Verblüffung der daraus resultierenden Darstellung, geht mit dem Eindruck der Collage, in der Tat eine Maskierung, ein Gefühl absoluter Seltsamkeit einher, das den Betrachter zwingt, sich zu fragen, wie groß das Maß an Realität sein kann, das er ihm beimessen darf. Damit haftet ihm eine »beunruhigende Sonderbarkeit« an, die das Reale manchmal

79. Arsila, 1933

aufweist, wenn es sich ins »Surreale« flüchtet. Und in diesem Sinne kann er das Erbe Bretons für sich beanspruchen: »Man muß sich den Blick waschen, versuchen, sich selbst die Augen zu öffnen und in den Genuß der Würze dessen, was uns tagtäglich umgibt, zu kommen. Es ist unbedingt notwendig, sich die Frische der Eindrücke, die Fähigkeit, jederzeit überrascht zu sein, bewahren zu können ... Ob auf arabisch, chinesisch oder Suaheli geschrieben, ergibt *Trink Coca-Cola* wirklich ein hübsches graphisches Zeichen. Doch das oberste Prinzip, die Grundeinstellung muß sein, den Blick von seiner Kopflastigkeit, von seinem Intellekt zu befreien und die automatische Photographie wie das automatische Schreiben von Breton zu praktizieren.«[7]

Doch die Idee des automatischen Schreibens interpretiert er auf seine ganz eigene Weise. Er macht keine Technik und noch weniger eine Methode daraus. Seine Photographien, die dem Geist des Surrealismus am nächsten kommen, bewahren davon nur den spielerischen oder provozierenden Charakter. Sie tauchen punktuell in seinem Werk auf, bestimmen es aber nicht. Die Photographie des Denkmals zu Ehren des General-gouverneurs von Indochina, aufgenommen 1932 in Marti-gues (auf dem die Statue eines Kindes durch die Anwesenheit eines Pferdekopfes im Hintergrund mit einem Penis versehen wird), und das im selben Jahr in Italien aufgenommene Por-trait von André Pieyre de Mandiargues (posierend vor einer

Abb. 81

Abb. 83

Reklametafel, die einen Käse anpreist, über dem drei feiste Gourmetgesichter mit Plattnase hängen) sind nichts anderes als Narreteien. Zu jener Zeit hat er eine Schwäche für diese Art frecher Scherze, burlesker Possen, Verspottungen der aka-demischen Künste, Persiflagen anstelle der Denkmäler der öffentlichen Kunst – eine Erbschaft von Courteline, Jarry und Dada.

Einige Photographien hingegen entspringen viel unmit-telbarer einer surrealistischen Ästhetik, schwanken zwischen Morbidem und Ikonoklastischem: Tierische Überreste, die über einen Bürgersteig geschleift werden, erinnern an eine Serie, die Eli Lotar mit *Abattoirs*[8] (Schlachthaus; 1929) beti-telte. Die Büste eines berühmten Mannes, die wie ein banales Paket auf einer Umzugspalette festgeschnürt ist (*Paris, 1932*), erinnert an die Photographie von Man Ray mit dem Titel Das Rätsel Isidore Ducasse[9] (1920). Das ist kein Zufall: Henri Cartier-Bresson, der die besagten Bilder kannte, hat sie parodiert. Wie dem auch sei, das reicht nicht, um daraus gleich eine Phase zu machen, geschweige denn darin eine erste Machart zu sehen. Diese in der Publikation von Peter Galassi enthüllten Aufnahmen wurden bisher in keiner der immerhin zahlreichen Monographien veröffentlicht, die Car-tier-Bresson gewidmet sind, was man als Zeichen dafür inter-pretieren kann, daß ihnen in Anbetracht seines Werkes als solchem nur am Rande eine Bedeutung zugestanden wird.

Abb. 84

Abb. 85

80. Rom, 1951

81. Martigues, 1932

Werk Henri Cartier-Bressons nicht isoliert auf. Gewiß sind die Provokation und die Faszination für das Phantastische ein fester Bestandteil der surrealistischen Tradition, insofern damit eine absolute Freiheit eingefordert wird, wie dies die Figur der Nadja illustriert. Das Phantastische ist aber gleichermaßen eine Folge naturalistischer Vorgehensweise, in der Tradition Maupassants, der schrieb: »Die geringste Sache enthält etwas Unbekanntes. Finden wir es. Bleiben wir, um ein flammendes Feuer und einen Baum in der Ebene zu beschreiben, so lange vor diesem Feuer und diesem Baum, bis sie, für uns, keinem anderen Baum und keinem anderen Feuer gleichen.«[12] André Pieyre de Mandiargues irrte deshalb nicht, als er schrieb: »Das Bild, oder richtiger, die Aufnahme, die diesen umfangreichen Band mit *Photoportraits* von Henri Cartier-Bresson einleitet, ist weit mehr als nur ungewöhnlich; obwohl ich nur weiß, wann und wo es aufgenommen wurde – 1967 Abb. 88 in Israel –, fühle ich mich von etwas angezogen, das ich nicht näher beschreiben kann, das mich aber auf charakteristische Weise fesselt. Ich spüre dieses undefinierbar ›Phantastische‹, nach dem ich mein ganzes Leben lang gestrebt, das ich aber nur selten erreicht habe.«[13]

Surrealistische Spuren finden sich auch noch in späteren Photographien, beispielsweise in jenem erstaunlichen Bild Abb. 86 zweier Gestalten an einem Strand in Sardinien (1963): Im Vordergrund sieht man eine Frau ganz in Schwarz, die bis zur Taille im Sand vergraben ist und unter ihrem Kopftuch ein mönchisch-finsteres Profil zeigt; im Hintergrund erscheint eine ebenfalls halb mit Sand bedeckte Gestalt unter einem Regenschirm. Ein Bild, wie es aus den geheimen Filmarchiven eines Dalí oder Buñuel stammen könnte … Spontan fühlt man sich an die mystische Madeleine Renaud erinnert, die erschien, um die Rolle von Winnie in *Glückliche Tage* von Samuel Beckett zu spielen … Oder auch an eine Illustration der berühmten Parabel von Lautréamont, wie sie André Breton in *Die kommunizierenden Röhren* zitiert: »Schön [...] wie die zufällige Begegnung einer Nähmaschine und eines Regenschirms auf einem Seziertisch.« Aber wir haben es hier offen- Abb. 87 sichtlich mit Anspielungen zu tun wie bei *Der Anstreicher,* 1985, der an Motive denken läßt, die Gustave Caillebotte oder auch Man Ray beschäftigten, der unter anderem eine Frau an ihrem Fenster hinter den Maschen eines Vorhangs photographierte.[10]

Diese Zitate, die in einen Bereich fallen, den Gérard Genette die »spielerische Nachahmung«[11] nennt, tauchen im

82. Livorno, 1932

83. André Pieyre de Mandiargues, Italien, 1932

Seine anarchistische Ethik hat Cartier-Bresson im wesentlichen von Breton übernommen. »Ich befand mich in einem Zustand vollkommener *Offenheit,* und ich schöpfte wirklich ein zähes Vergnügen daraus, doch es war ein Vergnügen. Offenheit: kein Dilettantismus! Die Dinge und die Welt waren extrem wichtig für mich. Die Surrealisten mochten dilettantisch erscheinen, sie waren es aber nicht; es waren revoltierende Menschen.«[14] Diese originäre Verbindung zum Surrealismus ist natürlich nicht uninteressant. Sie reicht jedoch nicht, um aus seinem Werk oder aus einem Teil daraus das Werk eines surrealistischen Photographen zu machen. »Das Konzept des Surrealismus von Breton gefiel mir, die Rolle des Hervorquellens und der Intuition, und vor allem die Einstellung zur Revolte.«[15] Beaumont Newhall unterstreicht im übrigen, daß seine Bilder als die eines Mannes im Aufruhr wahrgenommen wurden. Mit dem einzigen Unterschied, daß sein Aufbegehren nicht die technische Perfektion zum Gegenstand hatte, wie sie die amerikanischen Photographen von *Camera Work* anpriesen, sondern im Gegenteil eine gewisse Ordnung der Dinge und der Welt.

Die Schönheit

Am Ende des ersten Kapitels von *L'Amour fou* faßt André Breton die Begriffe genauer, anhand derer die neue Ästhetik gedacht wird, die er mit einem von Grund auf instabilen Zustand vergleicht, in dem antinomische, unvereinbare Eigenschaften konzentriert vorkommen. »Die konvulsivische Schönheit wird erotisch-verhüllt, berstend-starr, magisch und umstandsbedingt sein, oder sie wird nicht sein.«[16] Die Realität interessiert Breton nur insofern, als es möglich ist zu sehen, wie sie sich von Zeit zu Zeit in ein System von Zeichen verwandelt, hinter denen sich ein versteckter Sinn erahnen läßt. Es liegt etwas Prophetisches darin. Für Cartier-Bresson ist Schönheit eine harmonische Konstruktion, nicht »konvulsivisch«. Er erwartet vom Leben, daß es einem Momente von Gnade und Ausgeglichenheit verleiht.

Die vorrangige Stellung, die er dem Leben zuerkennt, übersteigt bei weitem das, was das eigentliche Konzept der Hinterlassenschaft Bretons und der Surrealisten zu verdanken hat, für die das Leben noch erfunden werden mußte oder nur

84. Paris, 1932

85. *Man Ray*, Das Geheimnis des Isidore Ducasse, *1920*

86. Sardinien, 1963

in einer sublimierten Form eines traumhaften Zustands gelebt werden konnte: »Absolut unfähig«, schreibt letzterer, »meinen Teil zu dem Schicksal beizutragen, das für mich vorgesehen ist, und in meinem reinsten Gewissen durch die Verweigerung von Gerechtigkeit erschüttert, welche in meinen Augen die Ursünde keineswegs entschuldigt, hüte ich mich davor, meine Existenz den lächerlichen Bedingungen aller Existenz *hier unten* anzupassen.«[17] Dieser Begriff des *hier unten,* der so stark mit der westlichen Metaphysik verbunden

87. Ein Anstreicher, 1985

ist und von dem man annehmen müßte, daß Breton ihn unbedingt kritisiert, ist in den Augen Cartier-Bressons, bei dem man nicht die geringste Spur des christlichen Mythos vom Sündenfall findet, völlig sinnentleert. Das Leben ist nur jene Spannung zum Horizont des kommenden Augenblicks, und dies ins Unendliche fort. Der Augenblick der Betätigung des Auslösers könnte keine Gelegenheit zur Freude sein, wenn er nicht einer der Dauer innewohnenden sensorischen Synthese entspräche. Er vernichtet die Dauer nicht, sondern setzt sie als etwas voraus, das, einem Konzentrat seiner kreativen und emotionalen Kräfte gleich, eine »rettende plastische

Ordnung«[18] anzubieten hat. Es geht nicht darum, sich das eigene, ewige »Heil« zu sichern, sondern vielmehr darum, einige gelebte Zeitabschnitte aus der Bedeutungslosigkeit, jener verdorbenen Frucht der zerstörerischen Macht der verrinnenden Zeit, zu erretten. Deshalb drängt sich in seinen Photographien so oft das Gefühl auf, daß die Zeit intensiv am Werk ist.

Wenn die Essenz des Lebens den Wert des Geheimnisses hat, wenn ihr Sinn verschlüsselt ist, dann wird der Traum zur bevorzugten Zugangsmöglichkeit, denn er gibt sich unmittelbar als Chiffre; durch ihn wird es möglich, das Leben zu dechiffrieren. Das erste *Manifest des Surrealismus* beginnt und endet mit einer Art Warnung: »So lange wendet sich der Glaube dem Leben zu, dem Zerbrechlichsten im Leben, im *realen* Leben, versteht sich, bis dieser Glaube am Ende verlorengeht. [...] Leben und nicht mehr leben, das sind imaginäre Lösungen. Die Existenz ist anderswo.«[19] Genau dort, in diesem »anderswo«, sollte Breton den Stoff für sein Werk schöpfen. Seine Vorgehensweise ist spekulativ. Diejenige Henri Cartier-Bressons pragmatisch. Sie ist der Grund für seine Einschätzung der Malerei, die ihre Quelle im Surrealismus hat, als Literatur. Er postuliert nicht, daß das Leben Zeichen aussendet, die der Künstler dann einzufangen in der Lage sein müßte. Seine Bilder enthalten keinen versteckten Sinn. Für ihn bietet das Leben zufällige Begebenheiten an; es ist das Genießen der Gegenwart in ihrer ganzen Fülle. Die Symbolik im Bild ist nie im voraus geplant, sondern wird von der Komposition selbst ausgelöst.

So geschehen in der Photographie vom Bahnhof Saint-Lazare, die 1932 vom Pont de l'Europe aus gemacht wurde. Abb. Ein Mann, von einer am Boden in einer großen Wasserlache liegenden Leiter abspringend, macht einen Satz nach vorne. Er ist in dem Augenblick festgehalten, in dem sein Schritt am weitesten ist und sein nach vorne geschwungener Schuhabsatz fast schon mit der Wasserlache in Berührung kommt, so, als würde er darüber schweben. Die Kreise, die das Wasser um die Leiter herum zieht, antizipieren in symbolischer Weise jene, die nach seinem Aufkommen im Wasser nicht ausbleiben werden. Diese schwarze, leicht unscharfe Silhouette spiegelt sich im grauen Wasser wider, wo sie eine Art Y bildet. Alles zusammengenommen ergibt ein geometrisches Muster. Die Holzleiter ist Teil eines graphischen Motivs gebrochener Linien, das sich in der Spiegelung des schmiedeeisernen Zaunes, im Zaun selbst, in den Dächern von Saint-Lazare wiederholt, deren Schrägen wiederum mit dem durch die Beine des Mannes geformten Winkel übereinstimmen. Links unten liegen Metallringe im Wasser, der eine nach rechts, ein anderer nach links hin offen. Ihnen entspricht sehr versteckt die Spiegelung eines Schubkarrenrades. So stark der linke Bildabschnitt durch Ausgewogenheit gekennzeichnet ist, so unausgewogen, schwebend erscheint dafür der rechte. Warum setzt dieser Mann in Anzug und Hut zu diesem weiten Sprung an,

88. Israel, 1967

89. Hinter dem Bahnhof Saint-Lazare, Pont de l'Europe, Paris, 1932

der so vermessen wie jämmerlich zum Scheitern verurteilt ist? Nichts ist offensichtlicher, als daß er, so spektakulär sein Versuch auch immer sein möge, sich am Schluß doch Schuhe und Hose naß machen wird.

Nun, da wir es mit einem sowohl auf gestalterischer als auch auf semantischer Ebene kohärenten Ganzen zu tun haben, könnten wir es bei der Analyse des Bildes bewenden lassen: Ein Mann macht einen Sprung, um eine Wasserlache zu überqueren, um ihn herum eine Baustelle (mit Leiter, Schubkarre, Metallringen, einem Zaun und einem Haufen Steine oder Bruchsteine), das Ganze in einem populären Stadtviertel. Die Bahnhofsuhr setzt sich vom hellgrauen Himmel ab und symbolisiert berechnete Zeit und möglicherweise Dringlichkeit, die in dem im Sprung befindlichen Mann ihre Entsprechung hat ... Wobei die Feststellung dieser Kohärenz der Sonderbarkeit des Verhaltens dieses Mannes nicht das Geringste nehmen kann.

Eignet sich diese Szene nicht bestens dazu, in ihr das Moment des Ergreifens eines surrealistischen Augenblicks zu sehen? Zweifellos. Das hieße aber auch, eine zusätzliche Komponente der Komplexität zu vernachlässigen, auf deren Spur uns ein kleines Detail bringt, welches zugleich als gestalterisches Gegenstück fungiert: Der Zaun ist an einer Stelle mit Werbeplakaten überklebt, von denen linker Hand zwei identische übereinander hängen, auf denen in Großbuchstaben RAILOWSKY zu lesen ist (ein Zirkusname?), und rechter Hand zwei nebeneinander, wovon eines zerrissen ist. Vor einem hellen geometrisch geformten Hintergrund zeichnet sich die grazile Silhouette einer Tänzerin ab, die einen Spagat in genau der entgegengesetzten Richtung zum springenden Mann vollführt. Die Anspielung, die von dieser diskreten Silhouette in Anbetracht der üppigen Figur des Mannes, der einen ungeschickten und wenig erfolgversprechenden Sprung tut, ausgeht, muß hier nicht noch betont werden. Dadurch verschiebt sich nämlich die Richtung der Interpretation des gesamten Bildes, das nun nicht mehr nur ein surrealistisches Moment darstellt, sondern zu einer Szene aus einem imaginären Zirkus wird, die dieser armseligen Kulisse entspringt und auf unumgängliche Weise dazu verleitet, die Einzelheiten mit neuen Augen zu sehen: Die Wasserlache wird zur Arena, die liegende Leiter erinnert an die Leitern der Akrobaten und Trapezkünstler, die Metallringe lassen an die Reifen der Jongleure denken, die Stäbe des Zauns an die der Löwenkäfige, während die Dächer von Saint-Lazare das Ganze wie ein Zirkuszelt überwölben. Der Mann schließlich ist nicht mehr jenes Individuum, das es zu eilig hat oder unbedacht handelt und in flagranti möglicherweise auf seiner Flucht erwischt wurde, nein: er verharrt in einem Schwebezustand über der Wirklichkeit für die Zeit eines Augenblicks, der so ewig dauert, wie der Augenblick des Photographierens selbst kurz und von fast chirurgischer Präzision war. Es sei denn, man hat es ganz einfach nur mit einem Portrait des Photographen als

90. Newcastle, 1978

Seiltänzer zu tun, mit einem faszinierenden Schattenspiel ...

Folglich wird hier deutlich, wie wenig diese überaus diskrete Anspielung mit rhetorischen Absichten oder vorgefertigten Symbolen zu tun hat und wie sehr sie die Deutung jenes entscheidenden Augenblicks auf die Ebene des Imaginären lenkt. Aufgrund seines wundersamen Charakters (sprich ein Mann, der mitten im Flug in der Schwebe gehalten wird), eine Erregung auszulösen oder auch die Seltsamkeit eines surrealistischen Moments zu evozieren, kann das in diesem Bild verborgene Fiktionspotential es bestens mit der Kraft des Bildes – über die es obendrein noch verfügt – aufnehmen. Ohne dabei zu vergessen, daß diese Photographie für Henri Cartier-Bresson auch eine bestimmte Art darstellt, den vertrauten Ort seiner Jugend wieder zu besuchen, und auch einen Wink auf den Realismus in der Malerei enthält: 1876 hatte Gustave Caillebotte ein berühmtes Bild von ebenjener Pont de l'Europe gemalt und Monet widmete im darauffolgenden Jahr dem Bahnhof Saint-Lazare gleich sieben Gemälde.[20]

Der Zufall

In den Wolken sind die Trugbilder flüchtig. Die sie schaffenden unzähligen Zufälle sind nie etwas anderes als die langsame oder schnelle Abfolge unsteter Momente, unbeständiger Formen, die sich auflösen, sobald man sie erblickt hat. Der Blick, der sie im Flug festhält, weiß, daß sie sich ihm entziehen werden. [...] Die Überraschung kann nur in dem Moment ausbrechen und wachsen, in dem das Schauspiel überdauert, widersteht, die Wahrnehmung überlebt und sich am Ende als ein weniger Vergängliches offenbart als das ephemere Lebewesen, das es überraschte.

ROGER CAILLOIS, *L'Écriture des pierres*

Mit den vorangegangenen Untersuchungen wird die Existenz einer privilegierten Beziehung zwischen den Photographien Henri Cartier-Bressons und dem Surrealismus nicht gänzlich bestritten. In der Tat überdauert bei ihm ein Kern des Widerstands als eine zentrale Vorstellung, die sich um den Begriff des Zufalls (oder eher der Koinzidenz) gebildet hat und sich dem Surrealismus verdankt. »Man muß sensibel sein, versuchen zu erraten, intuitiv vorgehen, sich dem objektiven Zufall überlassen, von dem Breton sprach. Und der Photoapparat eignet sich auf wunderbare Weise dazu, diesen objektiven Zufall festzuhalten.«[1] Allerdings nimmt er, wie schon bei anderen übernommenen Elementen des Surrealismus, daran eine Sinnverschiebung vor.

Photographieren ist ein in höchstem Maße vom Zufall abhängiger Vorgang. Die Kontaktabzüge stecken, wie Cartier-Bresson gesteht, »voller Abfall«.[2] Selbst wenn er seine Negative inszeniert und noch so sparsam mit seinen Filmen umgeht, muß der Photograph die Bilder mehrfach wiederholen, damit ihm eines gelingt, ein Erfolg, den er erst nach der Entwicklung feststellen kann.

Es ließe sich durchaus eine Geschichte der Photographie aus dem Blickwinkel ihres Verhältnisses zum Zufall aufrollen. Der Zufall hat nämlich, da er kommerziell eingesetzt wurde, um mit ihm den Eindruck zu erwecken, daß Photographie

für jeden möglich ist *(Sie drücken auf den Auslöser, und wir machen den Rest!)*, den Stoff für die andauernde Diskussion um ihren Status geliefert: Photographie konnte wahrhaftig keinen Anspruch auf das den wahren Künsten zustehende Prestige erheben, da die großen Photographen ein wenig verschämt zugaben, daß sie sich auf sein wohlwollendes, heimliches Nachhelfen verließen: »Aber wenn sie es auch nur ungern zugeben«, schreibt Susan Sontag, »so läßt sich doch nicht leugnen, daß die meisten Fotografen – mit gutem Grund – von jeher ein fast abergläubisches Vertrauen in den glücklichen Zufall setzen.«[3]

Während der Maler die Darstellung des Zufalls selbst strukturiert, weiß der Photograph, daß er ihn in unterschiedlich starkem Maße in seine Komposition einbeziehen muß.[4]

Der ihm zugewiesene Platz stellt sowohl ein Problem als auch eine wichtige Dimension in der photographischen Ästhetik dar. Tatsächlich beschränkt der dem Zufall zugestandene Platz das Maß des kreativen Spielraums des Künstlers. Wie Jean-Marie Schaeffer schreibt, »ist der Photograph möglicherweise immer für ein mißlungenes Bild verantwortlich, allerdings nicht immer für ein gelungenes Bild«[5]. Und Henri Cartier-Bresson geht noch weiter: »Ich habe Photographien gesehen, die ein Affe mit einer Polaroidkamera gemacht hatte. Nicht schlecht, gar nicht so schlecht!«[6] Um so eher, wenn sie aus dem Leben gegriffen wurden: Die Parameter, die

91. Athen, 1953

92. Neapel, 1963

der Photograph zu beherrschen hat, sind so zahlreich, daß Rückstände unvermeidlich sind (Fehler bei der Einstellung, Anwesenheit heterogener Elemente im Sichtfeld usw.), denn jedes noch so unnütze, noch so unschickliche Detail wird mit insektenkundiger Präzision, mit »verzweifelnder Präzision«[7], wie Eugène Delacroix sagte, registriert. »Gleichzeitig mit dem Ereignis wird auch alles andere registriert: Das ist das eigentlich Unangenehme ... Es ist sehr entmutigend!«[8] beklagt auch Henri Cartier-Bresson, obwohl er den Zufall zu einer der Stützen seiner Ästhetik machte.

Einige Photographen, die von den sonderbaren Zauberkräften des Zufalls fasziniert waren, überließen ihm freie Bahn, indem sie Apparaturen einsetzten, mit denen lange Belichtungszeiten ohne jeden Eingriff des Operators, außer dem der Bedienung des Auslösers, möglich waren. Man denkt hierbei unter anderem an Francesco Maselli, der eine Photoserie unter folgenden Bedingungen realisierte: Nacht für Nacht stellte er vor dem Schlafengehen den Mechanismus seines Apparates ein, der, während er schlief, mit offener Blende sämtliche Bewegungen des Schlafenden registrierte, der von etwas heimgesucht wurde, was Freud »den kleinen Tod« nannte. Die angenommene Neutralität des Vorgangs wird jedoch durch die signifikante Intension, die sich darin manifestiert, überbewertet und sogar zunichte gemacht.[9] Diese Vorrichtung läßt sich als eine Variation zum Thema des Ver-

hältnisses von Photographie und Tod interpretieren, welches in den Bereich einer Ästhetik (und sogar einer Dramaturgie) des Abdrucks fällt, die zu den zahlreichen Ausdrucksweisen zählt, die Photographie scheinbar umfassen sollte, Henri Cartier-Bresson aber völlig fremd ist.

Im Gegensatz zur Pose ermöglicht die wiederholte Betätigung des Auslösers vorgeblich, den zufallsbedingten Anteil zu reduzieren, indem die Anzahl der Aufnahmen vervielfacht wird. Da die Betätigung des Auslösers Zufälligkeiten unterliegt, rückt die Photographie über dessen systematische Wiederholung in die Nähe anderer künstlerischer Praktiken der Gegenwart, die eine Ästhetik des reinen Zufalls und der Wiederholung beziehungsweise des Wiederholungszwangs, wie Philippe Dubois schreibt, vorantreiben.

Obwohl Henri Cartier-Bresson die Photographie nicht als ein einfacher Abdruck oder als »Hieb« vorschwebte, behauptet er nicht, jede Zufälligkeit zu eliminieren. Den Zufall walten zu lassen oder zu behaupten, ihn in dem Maße verringern zu können, wie die Zahl der »Würfel« vergrößert wird, das sind für ihn alles gleichermaßen trügerische Vorgehensweisen. Er behält sich vor, den Zufall je nach Bedarf in die Komposition einfließen zu lassen oder nicht. Die Konzentration des Jäger-Photographen läßt den zufallsbedingten Anteil zwar nicht gegen Null gehen, macht es aber möglich, die Würze des Zufalls, seinen Überraschungswert zu bewahren. Dadurch

93. Kastilien, 1963

bleibt der Photograph, ohne im wahrsten Sinne des Wortes für das erhaltene Bild verantwortlich zu sein, sehr wohl dessen Akteur (dieser Begriff ist dem des Autors vorzuziehen, mit dem auf eine Darstellung des schöpferischen Aktes verwiesen wird, bei dem jede unbeabsichtigte Komponente ausgeschlossen ist), genauso wie der Zen-Bogenschütze Objekt und Akteur des Schusses ist, ohne daß er für dessen Mißlingen oder Gelingen zur Verantwortung gezogen wird.

Dieser geschützte Zufall macht die Photographie zu einer seltenen Gelegenheit, die sich aus einer labilen, geistig konstruierten und körperlich empfundenen Beziehung zwischen einem Subjekt und der sichtbaren Welt ergibt und deren gestalterischen Wert Cartier-Bresson in seiner Bewegung festzuhalten sucht. Photographie hat für ihn nur in dem Maße einen Wert, wie sie die unablässige Bewegung des Lebendigen – das die sonderbare und kostbare Eigenschaft besitzt, manchmal mächtig geordnete und emotionsgeladene gestalterische Formen zu produzieren –, ohne es zu deformieren, im Flug aufschnappt, festhält und erstarren läßt.

Zufall und Koinzidenz

Wenn Zufall als eine Gesamtheit von Kombinationen verschiedener Möglichkeiten definiert werden kann, dann finden sich vielfältige Konzepte, die auf einzelne kulturelle Systeme verweisen. Sie alle beruhen auf der dem Menschen innerhalb der Verkettung von Phänomenen zugewiesenen Rolle und stehen in enger Verbundenheit mit einer Kosmologie, einer Reflexion über Freiheit und Verantwortung.

Für Henri Cartier-Bresson ist Photographie eine Form von Geistigem und Spenderin von Freude. Damit gibt er bereits einen Hinweis auf den Sinn, den er dem Eingriff des Zufalls verleiht. Es findet sich kein Photograph von Rang, der ihn nicht in den Worten Überraschung, Glücksfall, Entdeckung, Begegnung, Abenteuer usw. formulieren würde. Das Wichtigste hierbei ist allerdings nicht die Feststellung (in der Weise, wie sie Susan Sontag macht), daß der Zufall eine ebenso grundsätzliche wie uneingestandene Gegebenheit darstellt, sondern vielmehr, daß die Behandlung, die ihm seitens des Photographen zuteil wird, und das ästhetische Wohlgefallen, das er bereitet, umrissen werden. Wenn sein Einschreiten im Festhalten des entscheidenden Augenblicks einem starken künstlerischen Gedanken entspringt, fällt es noch schwerer anzunehmen, daß es sich beim vom Affen aufgenommenen

Polaroidbild genauso verhält; selbst wenn es gelungen sein sollte, beruht es auf etwas, was man der Genauigkeit halber umgangssprachlich mit »Schwein haben« bezeichnen müßte.

Zusammenfassend sei gesagt, daß dieser Begriff des Zufalls im Zentrum der Fragen dreier großer Zivilisationen stand. Die Griechen formulierten die Idee des kausalen Zusammenhangs. Die Araber, für die *al azar* »Würfelspiel« bedeutet, spekulierten auf seine mathematische Bedeutung und begriffen ihn sowohl als Chance (was mit der unterschwelligen Idee einherging, daß Glück haben im zufälligen Spiel das Zeichen für einen besonderen göttlichen Schutz war) als auch als Form der Spekulation über die Grenzen des Möglichen. Schließlich stellt der Buddhismus den Zufall, wie wir ihn begreifen, in Abrede und verallgemeinert ihn zugleich anhand der Vorstellungen von Vielfältigkeit, Organhaftigkeit und Umkehrbarkeit von Ursachen und Wirkungen.

Aristoteles, der die Reflexionen der Tragödiendichter erbte, bringt in seiner *Poetik* im Zusammenhang mit der Frage nach der emotionalen Macht von Theatereffekten die These von der Existenz eines mit dem Erkennen des Zufalls einhergehenden eigentümlichen Vergnügens vor. Ihm kommt es vor, als würde sich das Wundersame in manchen Fällen scheinbar aus einer undurchsichtigen Notwendigkeit her-

aus ergeben und ein besonders subtiles Vergnügen auslösen: »(... wie es bei der Mitys-Statue in Argos der Fall war, die den Mörder des Mitys tötete, indem sie auf ihn stürzte, während er sie betrachtete; solche Dinge scheinen sich ja nicht blindlings zu ereignen). Hieraus folgt, daß Fabeln von dieser Art die besseren sind.«[10] Dessenungeachtet ist für den Philosophen ein Teil des Zufalls ausschließlich mit dem Irrationalen verbunden: Es ist der Teil, der dem Schicksal und also den Göttern zufällt. Einige Jahrhunderte später sollten die arabischen Mathematiker den Begriff der Wahrscheinlichkeit erarbeiten, mit dem wieder ein rationaler Kern in jenes Feld eingeführt wurde, das der Zufall wie einen undenkbaren Rest am Rande des Kausalitätsprozesses belassen hatte. Obwohl von nun an quantifizierbar geworden, bewahrt sich der Begriff der Zufälligkeit die bereits bei Aristoteles vorhandene Ambiguität: Als Spiel ist der Zufall ein geistiges Vergnügen. Aber er ist auch ein Zeichen für die Gunst des Schicksals, das sich positiv als Chance manifestiert.

Albert Jacquart unterstreicht, daß die Entdeckung der Wahrscheinlichkeitsrechnung nicht damit gleichzusetzen ist, daß man die Gesetze des Zufalls beherrscht: Ein Wurf des Würfels macht in der Tat den Zufall nicht zunichte ... Im Gegenteil, er provoziert ihn. Zufall wird nur durch große

94. Ahmedabad, Indien, 1966

95. Palais-Royal, Paris, 1960

96. L'Isle-sur-la-Sorgue, 1991

97. L'Isle-sur-la-Sorgue, 1988

98. Ahmedabad, Indien, 1966

Zahlen wahrscheinlich. »Um genau zu sein«, schreibt er, »müßte man von den *Gesetzen zufallsbedingter Prozesse* sprechen und nicht von den *Gesetzen des Zufalls*.«[11] Für ihn leitet sich die Vorstellung, wonach es möglich ist, den dem Zufall überlassenen Spielraum allmählich zu beseitigen und die Voraussagbarkeit der Phänomene zu vergrößern, von einer metaphysischen Entscheidung her: Wie es scheint, wendet sich die moderne Wissenschaft allerdings einer Welt zu, in der nicht alles gespielt, nicht alles eine ewige Baustelle ist, sondern »ein unentschlossenes Ganzes, dessen Einzelteile unentwegt zögern und in der Lage sind, sich wie der Tänzer auf seinem Seil nach rechts und nach links zu neigen oder im Gleichgewicht zu bleiben«[12]. Anstatt die Zufallsformen (Aleatorisches, Unvorhergesehenes usw.) an den Rand der Vernunft zu plazieren, hat das fernöstliche Denken sie ins Zentrum seiner Weltanschauung gestellt.[13] So ist Zufall weniger ein Problem als ein Prinzip. Es wird nicht zwischen erscheinender Welt und geistiger Welt unterschieden beziehungsweise eine Differenzierung zwischen ihnen findet nur statt, damit ihre Resonanzen besser herausgehoben werden können: »Durch die Vorstellung der Wandlung verliert eine Bestandsaufnahme der Natur, bei der man auf eine Zusammenstellung von Tatsachenreihen bei gleichzeitiger Unterscheidung von Vorgängen und Folgen abzielte, jede Bedeutung für die Philosophie. Statt die Abfolge von Erscheinungen zu ermitteln, zeichneten

die Chinesen den Aspektwechsel auf. Scheint nach ihrer Auffassung ein Zusammenhang zwischen zwei Aspekten zu bestehen, dann nicht ein solcher wie Ursache und Wirkung; für sie *gehören* die beiden Aspekte offenbar *zusammen,* wie die rechte und die Kehrseite zusammengehören [...], wie das Echo und der Ton oder auch wie der Schatten und das Licht.«[14] Wenn das kosmologische Prinzip keine ewige und unveränderliche Entität ist, ist es unnötig, eine Regel zu erfinden, anhand derer die Veränderungen verzeichnet werden können, da sie selbst die Regel und nicht die Ausnahme bilden. Desgleichen werden die Phänomene aufgrund ihres Ausdruckswertes geschätzt.[15] Weil jenseits aller Bezugnahme auf ein Kausalitätsprinzip und weil darüber hinaus die Veränderungen allgemeiner Natur, die Gelegenheiten unendlich und die Beziehungen von Ursache und Wirkung reversibel sind, erscheint es im Zusammenhang des chinesischen Denkens nicht angebracht, von Zufall zu sprechen, wohl aber von Koinzidenz.

Eine Koinzidenz, Zeichen oder vielmehr Signal, vermeldet eine Veränderung in den Beziehungen zwischen Phänomenen. Ohne das Kausalitätsprinzip zu verneinen, klammert sie es aus und entkommt somit der Regel der Abfolge, wonach Ursache und Wirkung wechselseitig bestimmt sind und zugleich in einer ganz bestimmten Ordnung erscheinen. In einer Koinzidenz herrscht keine Vorrangordnung vor, sondern die Gleichzeitigkeit von Erscheinungen.

Die der Koinzidenz solchermaßen entgegengebrachte Aufmerksamkeit hat keine esoterische Bedeutung. Sie bedingt weder einen versteckten Sinn noch eine geheime Absicht. Die Wahrsagerei ist selbst nur ein Klassifizieren. Laut Dan Sperber verlangt diese Vorgehensweise von der Welt nicht, daß sie vollständig signifikant ist.[16] Vielmehr beschränkt sie sich darauf, angesichts komplexer Darstellungen eine Scharfsichtigkeit zu entfalten, die dazu dient, eine Meditation anzuspornen, die, ohne sich vom Konkreten zu lösen, mit den Resonanzen verknüpft ist und aus der Aufmerksamkeit eine bestimmte Art der Anteilnahme an der allgemeinen Spontaneität macht, die an sich ein Faktor der »Freude«[17] ist.

Dieser Begriff der Koinzidenz findet seine perfekte Entsprechung in der Photographie Henri Cartier-Bressons, obwohl neben ihm gleichzeitig eine ganz andere Vision von Zufall existiert: »Der Photoapparat ist das ideale Werkzeug, um den objektiven Zufall festzuhalten, wie ihn André Breton definiert. Die Sache wird einem in den Schoß gelegt, sie stürzt sich auf einen, man muß sie festgehalten haben. Man kann sie nicht retuschieren: Das ist eine Regel, die ich mir selbst auferlegt habe. Einen harmonischen Bildausschnitt zu haben, das ist eine große Freude.«[18] Gewisse Formulierungen erinnern an den Surrealismus: »Photographie ist für mich keine Arbeit, nur ein hartes Vergnügen: Nichts wollen, die Überraschung abwarten, eine lichtempfindliche Platte sein.«[19] Aber selbst wenn einem die Vorstellungen von Rezeptivität und Passivität die Vorgehensweise des surrealistischen Schriftstellers suggerieren können, der auf Empfang der ihm von seinem Unbewußten diktierten Assoziationen eingestellt ist, so sind doch der Imperativ der Präsenz in der Welt (»man muß präsent sein«) und die Harmonie (ein dem surrealistischen Universum gänzlich fremder Begriff[20]) nicht dazu angetan, als Zeichen für exemplarische Orthodoxie zu gelten. Der Sinn fürs Gleichgewicht, die Intuition für einen privilegierten Moment, für eine Verbindung von Elementen geben im Gegenteil überwiegend den Ausschlag, sei es in Cartier-Bressons Photographien oder in seinen Zeichnungen.

Was aber bedeutet »objektiver Zufall« für André Breton? Daß »*der Zufall die Gestalt* wäre, *unter welcher die äußere Notwendigkeit sich manifestiert, die im menschlichen Unterbewußtsein am Werk ist [...]*«[21]. Diese Vorstellung spielt eine Schlüsselrolle im Surrealismus; sie ist zutiefst mit der Funktion des Verlangens zur Öffnung auf eine andere Welt hin verbunden. Die Theorie des »objektiven Zufalls«, seit 1920 zwar implizit vorhanden, sollte als solche jedoch nicht vor 1937, dem Erscheinungsjahr von *L'Amour fou,* formuliert werden, also fünf Jahre nach der ersten Ausstellung von Henri Cartier-Bresson, für den die Bezugnahme auf diesen Ausdruck ganz offensichtlich eine retrospektive Interpretation seines Werkes ist.

Für die Surrealisten ist die Erfahrung des Realen gleichbedeutend mit der Erfahrung von Banalem, von Enttäuschung,

99. Genfer See, 1994

100. Les Buttes-Chaumont, *Lithographie für Der Pariser Bauer,* 1993

101. Louis Aragon, 1971

102. André Breton, 1961

von Trivialem, was Breton 1927 in einem Werk mit dem bezeichnenden Titel *Introduction au discours sur le peu de réalité* darlegt. Angesichts dieser Feststellung verlangt die poetische Haltung eine Realitätssuche innerhalb des Alltags, insbesondere indem sie ihre Aufmerksamkeit auf das Schauspiel der Straße und die Welt der gängigen und vernachlässigten Gegenstände konzentriert, kurz: auf das, was die Gesellschaft für unbedeutend erklärt hat. Die sozialen Anhaltspunkte werden umgekehrt; dies mündet in eine Überschreitung, in einen radikalen Protest. Létoile, eine der Figuren aus *Bitte (S'il vous*

103. *Brassaï,* Graffiti, »der Tod«, *1940*

plaît), einem 1920 von André Breton und Philippe Soupault geschriebenen Theaterstück, hat folgende Worte dafür: »Es kommt vor, daß ich stundenlang zwischen zwei Hausnummern oder vier Bäumen eines Grünplatzes auf und abgehe. Die Spaziergänger lächeln über meine Ungeduld, doch ich warte auf niemanden.«[22] Nichts erwarten heißt gleichzeitig alles ermöglichen.

Folglich bleibt einem nur eine Alternative: entweder in Nihilismus zu versinken oder auf den Zufall zu hoffen. Die Figur in *Bitte (S'il vous plaît)* wartet auf niemanden und hat doch eine Verabredung: mit dem Verlangen nach Zufall. Die Realität entpuppt sich als voll und schwanger von allem Mög-

lichen, wenn sie nicht mehr nur allein den Gesetzen der Imagination und des Verlangens gehorcht.

Bei Breton besitzen die »plötzlichen Annäherungen«, die »versteinernden Koinzidenzen« allerdings nicht jenen euphorischen Aspekt, der ihnen bei Aragon eigen ist. Sie verweisen hartnäckig auf das Ich, auf das existentielle Unbehagen zurück. Schließlich bittet André Breton den objektiven Zufall, ihm seine Identität zu offenbaren.[23] Abb. 102 Abb. 101

Durch diese Infragestellung weicht die Position des Schriftstellers von der Cartier-Bressons ab. In *L'Amour fou*[24] findet sich eine Photographie Cartier-Bressons, die er 1933 in Sevilla aufgenommen hatte (lediglich der rechte Bildausschnitt ist wiedergegeben, was überrascht, wenn man weiß, wieviel Wert er auf die Unversehrtheit seiner Bilder legt). Breton verwendet sie nicht als einen symbolischen Vorboten für den Bürgerkrieg, sondern so, als ginge es dabei um ein erträumtes Spanien, das seinen Wunsch – den er auch schon in dem Moment wieder fallenließ, in dem er ihm in den Sinn kam – illustrieren sollte, sich dem Kampf der Republikaner anzuschließen. »In dir liebte ich alle kleinen Kinder der spanischen Milizsoldaten (...). Möchte doch das Opfer so vieler Menschenleben eines Tages *Glückliche* aus ihnen machen! Und doch fand ich nicht den Mut, dich mit mir auszusetzen, um mitzuhelfen, daß dies sich ereigne.«[25] Während Cartier-Bresson den Augenblick zu antizipieren scheint, geht ihm Breton aus dem Weg.

Ferner geht Breton in einem Text aus dem Jahr 1957 von der »Ultra-Rezeptivität« zur »Extra-Hellsichtigkeit« über: »Zweifellos ist es richtig, daß er auf niemanden wartet, da er keine Verabredung getroffen hat, doch sich diese ultra-rezeptive Haltung zu eigen zu machen bedeutet, dem Zufall weiterhelfen zu wollen, wie soll ich sagen, sich selbst in einen Zustand zu begeben, der dem Belieben des Zufalls überlassen ist, damit irgend etwas geschieht, irgend jemand unerwartet auftaucht.«[26]

Cartier-Bresson läßt sich im wesentlichen durch die Ästhetik der Begegnung und die Poetik der Überraschung inspirieren, wie sie Aragon vor 1926 entwickelte. Keine Spur von Esoterik, kein unterstelltes Geheimnis, das es zu enträtseln gilt, kein Narzißmus: mit anderen Worten nichts vom Konzept des objektiven Zufalls, wie es Breton in den dreißiger Jahren faßte. Keine beklemmenden oder geistreichen Entschlüsselungen, denen sich Breton in *Nadja* oder *L'Amour fou* hingibt. Vielmehr Verwunderung, »wunderbarer Alltag«, wie sie zur lyrischen Freude von Louis Aragon in *Anicet* oder *Der Pariser Bauer* gehören. Abb. 3, 20, 100

Für Henri Cartier-Bresson und einige andere Photographen war der Einfluß der Surrealisten entscheidend; tatsächlich nobilitierten sie gerade die Ästhetik der Begegnung, des Banalen, der Überraschung. Die Straße wurde im 20. Jahrhundert zum poetischen Universum, so wie die Ruinen es am Ende des Jahrhunderts der Aufklärung gewesen waren oder

104. Madurai, Indien, 1947

105. Alfred Stieglitz, 1946

die Seeufer im Zusammenhang mit den Romantikern. Brassaï, Robert Doisneau, Willy Ronis, Édouard Boubat haben, zumindest in dieser Hinsicht – genauso wie Cartier-Bresson – Breton viel zu verdanken, der seit 1924 mit seinen *Verlorenen Schritten* die poetische Formel der Straße gefunden hatte, des Labyrinths, in dem sich das Banale angesichts der Verbrennung durch das Verlangen auflöst und das der Poet mit wachsamen Sinnen und großen Schritten durchmißt, um darin dem Leben nachzuspüren: »Die Straße, die ich für fähig hielt, ihre überraschenden Umwege meinem Leben zu widmen, die Straße mit ihrer Unruhe und ihren Blicken war mein wahres Element: Dort empfing ich wie nirgendwo sonst den Wind des Eventuellen.«[27] Davon übernimmt Cartier-Bresson die ultra-rezeptive Haltung, die aktive Offenheit, die das Eventuelle vorwegnimmt. »René Char war es, der im Zusammenhang mit der Poesie irgendwo schrieb, daß es diejenigen gibt, die erfinden, und diejenigen, die entdecken; das sind zwei völlig verschiedene Vorgehensweisen. Auch in der Photographie finden sich diese beiden Aspekte, um so besser. Ich interessiere mich nur für diejenigen, die entdecken; ich fühle mich mit denjenigen verbunden, die sich auf Entdeckungsreise begeben; für mich ist das mit viel mehr Risiken verbunden, als zu versuchen, Bilder zu inszenieren; und schließlich ist die Wirklichkeit so viel ergiebiger!«[28] Er verbindet mit objektivem Zufall ganz gewiß eine eigene Bedeutung.

Die wahre photographische Nachwelt jener Formel findet sich bei Leuten wie Man Ray, Raoul Ubac, Maurice Tabard, bei Photographen also, die Photographie im Studio oder in ihrem Labor praktizierten und nicht aus dem Leben griffen. Die Ästhetik des objektiven Zufalls an sich (beziehungsweise wie sie André Breton verstand) ist eine Ästhetik der Spur, der Entschleierung. Das Bild teilt ein Geheimnis mit, verweist auf ein kurz erblicktes Mysterium, weiht in ein außersinnliches Universum ein, das sich mit der wahrnehmbaren Welt überlagert. Die Großaufnahmen, die Ausschnitte, die Solarisationen eines Man Ray, die Verzerrungen eines André Kertész oder Bill Brandt, die versenkten Bilder eines Raoul Ubac, die Variationen zu einem Objekt (die Puppe) eines Hans Bellmer, die Photomontagen eines Maurice Tabard sind alles Prozesse, die die vielfältigen Formen des Gefühls von Seltsamkeit konjugieren, mit dem der surrealistische Zufall gefärbt ist. Das niemals weder neutrale noch glanzlose Spiel des Zufalls ist vor allen Dingen ein Spiel mit dem Bizarren, wie dies der berühmte Satz bezeugt, mit dem Schönheit als »die zufällige Begegnung einer Nähmaschine und eines Regenschirms auf einem Seziertisch«[29] definiert wird.

In seiner Graffiti-Serie setzt Brassaï auf die ungewisse Abb. 103 Begegnung von Kunst und Nicht-Kunst, auf die Konvergenz der Wand, die »arbeitet«, mit der Hand, die vorbeikommt und kratzt, auf die Entdeckung, planlos durch die Straßen

106. Alfred Stieglitz, Äquivalent, 1930

ziehend, jener »Konkretionen«, die auch Schreie sind: »Welche Neugier hat mich seit fünfundzwanzig Jahren getrieben und treibt mich noch heute, mich auf Entdeckungsreise in die Vororte von Paris zu begeben, um jenen anonymen, verwitterten und ephemeren Werken, die scheinbar zufällig auf den Wänden geboren werden, auf die Spur zu kommen, sie festzuhalten und zu offenbaren?«[30] Doisneau wartet auf das große Glück im aristotelischen Sinn; er erzählt, unter welchen Umständen er 1957 seine Photographie des Place Hébert machte: »Es war ein Tag, der einen nicht gerade anlächelte ... Ich war entmutigt, stellte mich mit dem Rücken zum kleinen Platz, und plötzlich gerieten sie in meinen Sucher, genau so, wie ich es mir im besten Falle gewünscht hätte! Ich glaube, daß sie mich nicht einmal sahen. Das ist ein

glückliches Bild! So ist das nun mal!«[31] Eugene Smith erfindet eine Dramaturgie des Zufalls, der schicksalhaft eintritt, ganz nach dem Vorbild der Tragödie.[32] Robert Frank sucht nach der in höchstem Grade unwahrscheinlichsten Vereinigung, eher nach unentscheidbaren als den entscheidenden Augenblicken, die jede Vorhersagbarkeit zu widerrufen, jede Einschätzung zu annullieren, jedes Kalkül zu widerlegen scheinen.[3] Cartier-Bresson hingegen wartet nicht darauf, daß die Erleuchtung eintritt, die wie bei den Surrealisten zur »Extra-Hellsichtigkeit« führt, er ruft das beherrschte Festhalten von Koinzidenzen auf den Plan.

Madurai, Indien, 1947. Im Hintergrund das Rad eines Karrens, dessen Speichen mit den hervorstehenden Rippen eines Kindes und den gespreizten Fingern der Hand seiner Abb. 104

107. Alpes-de-Haute-Provence, 1985

Mutter korrespondieren, mit denen sie es gegen ihren Körper drückt. Die Elemente stehen offensichtlich in keiner Beziehung zueinander, außer für den Betrachter, der sie auffindet. Diese Koinzidenz kann eine symbolische Bedeutung annehmen, wenn man erinnert, daß das Rad in der indischen Kultur die Zeit darstellt, das Symbol für die Ewigkeit.[34] Trotz der gestalterischen Perfektion der Aufnahme drängt sie sich einem als offensichtlich aus dem Leben gegriffen auf. Die leicht abfallende Perspektive gibt die wahrscheinliche Position des Photographen als Fußgänger wieder. Die Mutter und das Kind, das Rad bewegen sich auf den Photographen zu, an denen er zugleich vorübergeht. Diese Empfindung verleiht der Szene ihre Natürlichkeit.

Die Art des Bezugsmomentes und die Komposition strukturieren dieses Bild als eine Begegnung, eine Koinzidenz im positiven Sinne, wie ihn der Begriff im Zen-Buddhismus abdeckt und der im Chinesischen durch *wu wie* wiedergegeben ist: Abwesenheit allen Willens, Ausschließen jeder Absicht und jeder Berechnung. Dieses Bild vermittelt nichts als das Ergreifen (im Sinne von festhalten und ergriffen sein) in Verbindung mit den Koinzidenzen einer bestimmten Situation in verschiedenen Formen. Von ihm geht keinerlei Botschaft aus, weder vom photographierten Objekt (dem Blick des Kindes liegt keine Absicht zugrunde) noch von seiten des Photographen.

Eine Koinzidenz, die in höchstem Maße beherrscht ist, dennoch nichts Gezwungenes oder künstlich Hervorgerufenes an sich hat. Ohne die dem Werk innewohnende Notwendigkeit zu dispensieren, integriert das chinesische Denken das Zufällige in seine Komposition. Was Alan Watts wie folgt erklärt: »Selbst in der Malerei betrachtet man das Kunstwerk nicht nur als Naturwiedergabe, sondern als ein Stück Natur selbst. Denn die besondere Technik schließt die Kunst der Kunstlosigkeit in sich ein oder was Sabro Hasegawa den ›kontrollierten Zufall‹ nennt, so daß Gemälde auf ebenso natürliche Weise ihre Form erhalten wie die Felsen und Gräser, die auf ihnen zu sehen sind.«[35]

Wir haben es hier mit einem gänzlich anderen Denksystem zu tun als jenem, das André Breton dazu brachte, den objektiven Zufall als eine unvorhergesehene Erscheinung zu begreifen (das Unvorhergesehene ist letztendlich das Bizarre, das Rätselhafte und insbesondere das, was thematisch oder symbolisch in Beziehung zur Sexualität steht).

»Durch ein leichtes Beugen der Knie verändern wir die Perspektive, durch eine einfache Bewegung des Kopfes um einen Bruchteil eines Millimeters bringen wir bestimmte Linien wie zufällig zusammen, wobei dies nur in einer blitzschnellen Reflexhandlung getan werden kann – was uns glücklicherweise davor bewahrt, ›Kunst‹ zu machen«, schreibt Henri Cartier-Bresson.[36] Es sind die Koinzidenzen der Li-

108. Paris und der Eiffelturm, 1985

nien, die der Komposition ihre Regel übertragen, und nicht die abstrakten Regeln, die die gestalterische Organisation der photographierten Szene vorherbestimmen. »Die Bildkomposition muß uns zwar ständig beschäftigen, doch zum Zeitpunkt der Aufnahme ergibt sie sich aus der Intuition, da wir mit vergänglichen Augenblicken kämpfen, die sich durch fortlaufend verändernde Beziehungen zueinander auszeichnen. Zur Anwendung des Goldenen Schnitts hat der Photograph keinen anderen Kompaß als sein Auge. Jede geometrische Analyse, jede Rückführung auf ein Schema kann erst dann vorgenommen werden, wenn die Aufnahme gemacht, entwickelt und abgezogen wurde, wobei dies nur eine Frage der nachträglichen Überlegung sein kann.«[37]

Diese Linien fallen nicht nur in den Bereich der Geometrie des zweidimensionalen Raumes. Henri Cartier-Bresson arbeitet auf der Grundlage einer Geometrie in drei und sogar vier Dimensionen, wobei die Zeit die Linien dieser »vergänglichen Augenblicke, die sich durch fortlaufend verändernde Beziehungen zueinander auszeichnen«, entsprechend der »neuen Form der Gestaltung, die eine Funktion plötzlich auftretender Linien ist«, bestimmt. Wie in der chinesischen Konzeption der Koinzidenzen stehen Raum und Zeit in einer Wechselbeziehung, was durch den Begriff des Organischen vermittelt wird. Die Formen, zusammengesetzt aus Zeit und Raum, gehören gleichermaßen in den Bereich der Gestaltung

wie in den der Rhythmik. »Das Ereignis selbst ist es, welches in eigener Funktion den organischen Rhythmus der Formen auslöst.«[38] Die sichtbare Welt wird als ein lebender und sich bewegender Organismus vorgestellt, der seine Gesetzmäßigkeit auf den Schützen überträgt. »Komposition ist das Bündnis von etwas Gleichzeitigem, die organische Abstimmung optischer Elemente.«[39]

Es geht nicht darum, optische Tatsachen zum Ausdruck zu bringen, indem Formen – in Abhängigkeit von Regeln der Expressivität, die einer Rhetorik der Effekte entspringen und folglich künstlich sind – ausgesucht werden, die ihnen entsprechen, sondern sehr wohl darum, in koinzidenter Weise, wenn man so sagen kann, Formen und Bedeutungen dingfest zu machen, die von gleicher Substanz sind. In der Tat findet sich im chinesischen Denken wie bei Cartier-Bresson keine stichhaltige Unterscheidung zwischen dem, was in den Bereich von Inhalt und Bedeutetem einerseits und von Form und Bedeutung andererseits fällt: Die Erfahrung der Koinzidenz, des objektiven Zufalls, so wie er sie versteht, ist eine simultane Erfahrung eines Ereignisses und einer Hermeneutik, ein zugleich räumlich-plastisches und kognitives Phänomen. Das Moment der Betätigung des Auslösers ist ohne jeden Zweifel entscheidend, da das Bild aber eine Koinzidenz bedeutet, könnte der Photograph keinesfalls alleine entscheiden.

Photographie ist demzufolge tatsächlich eine *cosa mentale,* Erkenntnis und Emotion in einem. Der Blick ist der Meister, nicht der Apparat. Letzterer ist einfaches Werkzeug und »hat nur seine Arbeit zu verrichten, nämlich auf den Film die Entscheidung des Auges zu prägen«. In diesem Sinne ist die Photographie für Cartier-Bresson sehr wohl ein Abbild einer Lebensweise.

Harmonie und Zufall

Der Umgang, den ein Photograph dem Zufall angedeihen läßt, stellt eine bestimmte Form des mit der Welt eingegangenen Verhältnisses dar, ein Mittel, diese zu verstehen und sich darin zu bewegen, was natürlich mit Entscheidungen und Überlegungen aus dem metaphysischen Bereich einhergeht.

Für jemanden wie Ansel Adams muß das Bild Gegenstand eines vorausgehenden Sichtbarmachens sein, damit alle Rückstände, alle Zufallsprodukte aus ihm ausgeschlossen werden können. Seit 1941 verbringt er mehrere Jahre damit, den Naturpark Yosemite Valley zu photographieren, von dem er prächtige und zugleich bis ins kleinste Detail ausgearbeitete Bilder liefert, wie wenn er dort ein letztes Stück Paradies vorgefunden hätte und einen Grund, an Gott zu glauben, zweifellos weil es ihm an Vertrauen in den Menschen mangelte. »Ich glaube, der Mensch muß frei sein, geistig und politisch, er muß auf seine eigene Stärke bauen, er muß die ›außerordentliche Schönheit der Welt‹ bejahen und Zuversicht setzen in seine Gabe, zu sehen und seiner Vision Ausdruck zu verleihen. Und ich glaube an die Fotografie als ein Mittel, das diese Bejahung Gestalt werden läßt und zu endgültigem Glück und Vertrauen führt.«[40] Ende der vierziger Jahre realisiert er dann zahlreiche Wolken-Photographien: ein Thema, das wie kein anderes unmittelbar mit der Frage nach dem Zufall, dem Dahinschwinden, dem Unwägbaren zusammenhängt. In ihnen sucht er eine Bestätigung für ein einzigartiges göttliches Schicksal, das transzendent ist und darüber hinaus auch informell und zufallsbedingt.

Abb. 105, 106 In den zwanziger Jahren hatte Alfred Stieglitz sich mit demselben Thema auseinandergesetzt und Photographien geschaffen, in denen ein faszinierendes Spiel zwischen Endlichem und Unendlichem wiedergegeben ist und Schweigen und Harmonie zum Ausdruck gebracht werden: »Ich beabsichtigte, eine Bilderserie zu machen, die einen Ernst Bloch zu dem Ausruf veranlassen könnte: ›Das ist Musik! Wie haben Sie das bloß hingekriegt?‹ Und er würde voller Enthusiasmus auf die Geigen deuten, auf die Flöten, die Oboen und die Blasinstrumente, und sagen, daß nun nur noch eine Symphonie zu schreiben sei, die den Namen *Wolken* tragen würde. Nicht wie die von Debussy, sondern etwas Stärkeres, sehr viel Stärkeres.«[41] Stellen die Wolken von Stieglitz eine Hinterfragung unserer Fähigkeit der Erfassung des Immateriellen dar, dann sind jene von Ansel Adams ebenso zahlreiche Symbole der Seele wie (auch musikalische) Variationen über ihre verschiedenen Zustände. Ihnen entspringt eine fundamentale Harmonie.

Bei Cartier-Bresson hingegen ist Harmonie weder gegeben noch prästabiliert, sondern flüchtig, selten, punktuell. Der mit ihr einhergehende Freudenausbruch ist das Ergebnis von Disziplin und intimer Anteilnahme an der universellen Bewegung des Lebendigen, ohne die der Mensch, wie dies Meister Kenzo Awa ausdrückt, »[...] verbleibt in der heillosen Mitte zwischen Himmel und Erde«[42]. Einem entscheidenden Augenblick zu begegnen, heißt sehr wohl, die Existenz einer »rettenden plastischen Ordnung« anzuerkennen und letzten Endes von Zeit zu Zeit eine möglicherweise glücklichere Wette zu gewinnen als Pascal ...

Alberto Savinio, der Bruder von Giorgio de Chirico, sagte einmal: »[...] Zufälle sind die einzigen Dinge, aufgrund derer wir uns vorstellen können, daß vielleicht eine Ordnung im Chaos des Universums existiert.«[43] Ferdinando Scianna zitiert diesen Satz, um ihn auf Cartier-Bresson anzuwenden. Die besagte rettende plastische Ordnung fällt weder in die Zuständigkeit der Offenbarung noch in die der Erscheinung des Natur-Schönen, etwa so, als würde das Universum seine Einheit und seinen Sinn vor dem Auge des Photographen manifestieren. Bei ihm wird der Teil des Glaubens an das Leben, der im entscheidenden Augenblick vorhanden ist, von einem Pessimismus aufgewogen, der ihm verbietet, die Handlung des Photographierens unter das Vorzeichen irgendeiner ontologischen Offenbarung zu setzen. Sobald ein »in flagranti ertapptes Geschehen« im Kasten ist, zählt nur noch das darauffolgende Bild. Die Ordnung der Welt wird nie endgültig bewiesen oder erprobt. Koinzidenzen sind kein zunichte gemachter Zufall, sondern einer, der in die eigene Falle gegangen ist. Alles muß immer neu begonnen werden. Genau darin liegt die Vergänglichkeit der Photographie: unablässiges Gespanntsein auf den kommenden Augenblick, der, ohne irgend etwas zu versprechen, manchmal alles geben kann. So hat der entscheidende Augenblick, der immer wieder neu begonnen wird, den Wert eines Gegengiftes gegen ein Gefühl der Nostalgie, zu dem die Photographie ja ganz selbstverständlich neigt.

Cartier-Bresson hat einige Wolken-Photographien realisiert. Die erste wurde 1934 im Karibischen Meer, von Bord Abb. 109 des Frachtschiffs, das ihn nach Mexiko bringen sollte, kurz vor einem tropischen Gewitter aufgenommen. Unten im Bild die dunkle und leicht konvexe Spur des Meeres, das prächtige volutenförmige Wolken überragen, die ein Wirbelwind peinigt. Der Kampf, den sich Sonnenstrahlen und Schatten lie-

109. Gewitterwolken über dem Karibischen Meer, 1934

fern, erinnert weniger an den guten Geist der Elektrizität als an den Bann elektromagnetischer Felder.

Abb. 108   Zwei andere gehen auf das Jahr 1985 zurück. Paris ist nur dank der Silhouette des Dôme des Invalides und des Eiffelturms erkennbar, dessen Spitze in die nebelige Masse stößt. Zwischen den beiden Wahrzeichen der Stadt zeichnet sich die unregelmäßige Spur einer horizontal verlaufenden schwarzen Rauchfahne ab, die aus einem zwischen modernen Wohnblocks aufragenden Schornstein quillt. Ein diskreter heller Tupfer oben links im Bild bringt die Komposition ins Gleichgewicht; ohne dieses Element würde das Bild möglicherweise kippen aufgrund der riesigen schwarzen Masse dicker Wolken, die die Hauptstadt zu erdrücken scheinen – als lauerte ein düsteres Schicksal auf sie, das die Strahlen kaum zu kompensieren vermögen, die immerhin das Wahrzeichen der Lichterstadt mit ihrem Nimbus umgeben.

Abb. 107   Im letzten dieser Bilder, das er im Département Alpes-de-Haute-Provence aufgenommen ·hat, brechen die Strahlen einer tiefliegenden Sonne hinter einer einzelnen Wolke hervor, die sich als eine Art tiefschwarzer Tintenklecks abzeichnet, den eine lange Schleppe, einem Kometenschweif ähnlich, verlängert und dem außerdem die Sonne einen silbrigen ausgefransten Rand webt. Wie im vorangegangenen Bild wird auch hier die Bewegung des Windes sichtbar, der das Wolkenfeld horizontal nach links hin verdichtet, in Gegenrichtung zum Blickverlauf also, der somit durchkreuzt wird.

In diesen Verfinsterungs-Photos – mit all den leicht bedrohlichen Konnotationen, die diese Art Phänomen auslöst – kommt trotz ihrer symbolischen Aufladung weder ein desillusionierter Blick noch irgendeine mystische Sehnsucht zum Ausdruck. Cartier-Bresson hält die Wolken nicht für sich allein fest, zieht sich nicht von der Welt zurück.

Diese Bilder vibrieren von einer unstillbaren Leidenschaft für das Reale, die eine zweifache Distanzierung dämpft, einerseits gegenüber einem Jahrhundert, das sich verfinstert hat, und andererseits die eines Blicks, der zwischen Himmel und Erde gelegen ist. Es scheint sich anzubieten, hieraus Rückschlüsse auf seine Haltung zur modernen Welt abzuleiten. Doch diese Photographien lassen uns außerdem noch jenen Klang der Zeit vernehmen, den Roland Barthes so liebte, weil er nicht traurig ist.[44] Diese Bilder lehren uns ebenso über Physik wie über Menschlichkeit. Sie schwingen in derselben Tonlage wie Albert Einsteins Worte, wenn er sagt: »Ich empfinde ein derartiges Gefühl der Verbundenheit mit allem Lebendigen, daß es mir nicht so wichtig ist zu wissen, wann das Individuum beginnt und wann es aufhört.«[45]

Portrait: Zweite Skizze

Das »Menschenleben«, wie du sagst, ist Unruhe, Angst, ein ständiger Kampf mit dem Ziel, Dinge festzuhalten, die doch so schwankend und flüchtig sind wie eine Welle. Mein armer lieber Kleiner, man muß ständig auf der Hut sein, muß darum kämpfen, wenn man sich die Zuneigung der Lebewesen erhalten will, Sympathie und Liebe muß man hegen, indem man den Gefühlen derer, die einen lieben, ständig neue Nahrung gibt. Warum sollten sie einen denn auch lieben, wenn man ihnen nicht eine Quelle der Freude ist?
ALEXANDRA DAVID-NÉEL, *Wanderer mit dem Wind*

Abb. 110

Nach seinem Aufenthalt in Mexiko verbringt Henri Cartier-Bresson ein Jahr in New York, wo er insbesondere in den Straßen von Harlem photographiert und seine Kenntnisse des filmischen Handwerks unter der Leitung von Paul Strand zu erweitern sucht. 1936 kehrt er nach Frankreich zurück. Nachdem seine Bestrebungen scheitern, zunächst mit Georg W. Pabst und später mit Luis Buñuel zusammenzuarbeiten, wird er schließlich von Jean Renoir engagiert. Während der Dreharbeiten zu *Eine Landpartie* betraut ihn der Regisseur, der sehr wohl um die antiklerikale Einstellung seines jungen Assistenten weiß, mit einem »Anti-Job«: der Rolle eines jungen Seminaristen in Soutane und mit schwarzem Hut inmitten einer Gruppe von Priestern (unter ihnen Georges Bataille).

»Ich war sein zweiter Assistent, während Becker im einen und Zvoboda im anderen seiner Filme die ersten Assistenten waren. Mit ihm zusammen machte ich *Die Spielregel, Eine Landpartie* und *Das Leben gehört uns,* der im Auftrag der Partei gedreht wurde. Was mir an Renoirs Arbeit gefiel, war das Schwierige an ihr. Manchmal war er deprimiert, wenn die Sache nicht so recht gelingen wollte, lief sie aber gut, war es wunderbar; am liebsten jedoch arbeitete ich mit ihm Dialoge aus, im Ringen um die richtigen Worte. Doch das war leider nicht die ganze Arbeit, denn ein Assistent muß alles tun können: er muß im richtigen Moment vorschlagen, eine Partie

Tischtennis zu spielen oder ein Glas Beaujolais trinken zu gehen. Es war eine ständige psychologische Annäherung ... [...] Ich mochte ihn sehr. Er schickte mir einen sehr schönen Brief, als ich zu zeichnen anfing! Immer wieder diese Koinzidenzen in meinem Leben ... Das hinterläßt in einem so etwas wie Freude und gleichzeitig versetzt es einem einen Schlag in die Magengrube. Eines Tages ordnete ich Briefe von Freunden, echte Briefe, und darunter fand sich der, den mir Jean geschickt hatte. Sie lagen in einem Umschlag, den ich zerriß. Und am nächsten Tag erfuhr ich, daß er just an jenem Tag gestorben war.«[1]

Die Freundschaft der beiden Männer sollte lange währen und tiefgehend sein. Beiden sind ihre festen politischen Überzeugungen gemeinsam, die sie niemals von ihrer Kunst trennen. Ihre Werke liebäugeln zwar mit der Propaganda, sie ziehen es jedoch vor, die Regungen der Geschichte zu begleiten beziehungsweise ihnen zuvorzukommen, ohne jemals das Geistige des Menschen zu vernachlässigen. Später wird sich auch Renoir für die indische Welt interessieren und 1951 in Bengalen jene herrliche Hymne auf den Pantheismus, *Der Strom,* drehen. Cartier-Bresson seinerseits sollte ihm 1966 seine Ehre erweisen, als er an die Ufer der Marne zurückkehrt und sich an den Dreharbeiten zu Jacques Rivettes Film *Renoir, le patron* in der Rolle des »Photographen, der sich hinter seiner Leica versteckt«, beteiligte.

110. Jean Renoir, 1960

111. An der Marne, 1938

Während der Dreharbeiten gelingen ihm einige seiner lyrischsten Bilder. Indessen strahlen die Ufer der Marne der dreißiger Jahre noch die Stimmung der impressionistischen Maler aus und sind durchtränkt von Maupassants Erinnerungen an die Kahnfahrer. Sie stellen allerdings kein Refugium außerhalb der Zeit dar. Man begegnet hier der sozialen Geschichte der Gegenwart: Die Generation derer, die erstmals in den Genuß des bezahlten Urlaubs gekommen war, spielt darin ihr eigenes *Frühstück im Freien.*

Abb. 111   *An der Marne, 1938.* Die spitz zulaufende Silhouette eines Bootes sticht gegen die Rundungen der am Ufer sitzenden Personen ab; die starken Schwarzweiß-Kontraste und der Winkel, der sich aus dem Gefälle der Böschung und der Wasseroberfläche ergibt, geben einem das Gefühl, als würden die beiden Flächen zusammenklappen. Wie in anderen Photographien der Ufer der Marne oder der Seine wird der pittoreske Blick, sobald er hervorgerufen wurde, gleich wieder durch die Prägnanz der formalen Perfektion verdrängt und vereitelt. Die anekdotische Tragweite dieser Bilder opponiert gegen die Kraft beziehungsweise Komplexität ihres geometrischen Gerüsts, und diese kontrollierte Spannung verleitet dazu, sie sowohl wegen ihres dokumentarischen Werts als auch wie vergängliche Gemälde zu lesen. Hier schenkt sich ein fülliger Mann, den man von hinten sieht, ein Glas Wein für ein

unkompliziertes Festmahl ein; dort verfängt sich der Wind in einem an zwei Stangen festgemachten Tuch, das trotz der gemeinsamen Anstrengungen eines Mannes und einer Frau und zum größten Vergnügen einer anderen, begeistert lachenden Frau wegfliegt (*Die Seine, 1955*); und in einem anderen   Abb. 112 hat sich ein Pärchen im Schutz eines Busches ausgestreckt und blickt auf zwei im Fluß badende Frauen, die Wassernymphen gleich einem Gemälde der Renaissance entstiegen zu sein scheinen. Diese Bilder könnten einem Film von Renoir entnommen sein, aber ebensogut jene seltsame Mischung aus

112. Die Seine, 1955

113. Joinville-le-Pont, 1938

Unbeschwertheit und Ernst, Gravität und Jubel illustrieren, wie sie der Zeit der *Front populaire* eigen war und sich auch in einem weiteren Bild, in Gestalt einer Braut auf einer Schaukel in Joinville-le-Pont (1938) wiederfindet.

Abb. 113

Die Cartier-Bressons Photographien innewohnende enge Verknüpfung von sozialer und historischer Dimension mit kompositorischen Werten tritt nicht erst Ende der dreißiger Jahre zutage und hat schon gar nichts mit seiner Karriere im Zeichen Magnums zu tun. Sie ist von Beginn an in seinen Photos präsent, bestätigt sich und wird immer systematischer, je mehr er sich dem Journalismus zuwendet.

1937, im Jahr seiner Vermählung mit einer javanischen Tänzerin und Dichterin, beginnt die Zusammenarbeit mit der von Louis Aragon begründeten Zeitung *Ce Soir,* wo er Capa und »Chim« Seymour wiedertrifft. Letzteren kannte er bereits vor seiner Reise nach Mexiko. Nun fehlt nur noch Rodger, um das Quartett zu vervollständigen, das Magnum gründen sollte.

Zwar übernimmt Alliance Photo, eine noch recht unprofessionell arbeitende Agentur, von Zeit zu Zeit den Vertrieb ihrer Aufnahmen, für eine Absicherung ihrer Selbständigkeit reicht das allerdings noch nicht aus. Nicht ohne triftigen Grund sagte Picasso zu Brassaï: »Ein Künstler braucht den Erfolg. Nicht allein, um davon leben zu können, sondern vor allem, um sein Werk realisieren zu können. [...] Unter dem Schutz meines Erfolgs war es mir möglich, zu tun, was ich wollte, alles zu tun, was ich wollte.«[2] Nach dem Krieg sollten diese Probleme, zumindest teilweise, durch den organisierten Photojournalismus behoben werden. Die durch die Gründung von Magnum 1947 bedingte kollektive Dynamik wird für Cartier-Bresson die Möglichkeit mit sich bringen, das mit anderen Photographen geteilte Konzept von Photographie bestmöglich zu bewahren und zu gewährleisten, daß der Photojournalismus, eine bis dahin noch unzureichend definierte kommerzielle Tätigkeit, auf die Grundlage eines Regelwerks gestellt wurde, mit dem die Rechte an den Werken einerseits und die persönlichen künstlerischen Anforderungen andererseits geschützt wurden.

Mit Beginn des Krieges in den Filmdienst der Armee eingezogen, gerät er 1940, gleichzeitig mit dem Kameramann Alain Douarinou, der in derselben Kompanie war, in Kriegsgefangenschaft. »Erst im Schwarzwald, später in Baden-Württemberg, an der Grenze zu Bayern. Ich verrichtete handwerkliche Tätigkeiten in dreißig verschiedenen Kommandos, ich habe in Steinbrüchen und Gipsgruben gearbeitet, Heu eingebracht, die Schwellen von Bahngleisen mit Kies aufgefüllt, war in einer Bohrmaschinen-Fabrik, war Tellerwäscher in einer Hotelküche, ich, der surrealistisch veranlagte Sprößling, der ich damals war, Sie wissen schon! ... Ich habe darum den größten Respekt vor Fremdarbeitern, weil wir damals für die Deutschen billige Arbeitskräfte waren.«[3] Er bricht dreimal aus. »Ich habe immer das Bedürfnis, die Flucht zu ergreifen.

Im übrigen habe ich zusammen mit dem amerikanischen Nachrichtendienst und dem Ministerium für Kriegsgefangene einen Film über die Rückkehr gedreht. Das Ende des Films ist erschütternd: Es wird einfach nur ihre Ankunft in Orsay und am Gare du Nord gezeigt. Es ist ein Dokumentarfilm.«[4]

Nach seiner Entlassung 1943 begibt Henri Cartier-Bresson sich sofort in die unbesetzte Zone nach Südfrankreich, zu Matisse nach Vence und zu Bonnard in die Gemeinde von Cannet. Im Sommer 1944 ist er in Paris, um die Befreiung zu photographieren, später in New York, wo er 1946 an seiner »posthumen« Ausstellung teilnimmt.

Abb. 114

Mit der Gründung von Magnum wird Photographie für ihn zu einem Mittel, den Fortgang der Geschichte unter der Bezeichnung Photojournalismus zu begleiten. Von 1947 bis 1950 bereist er Indien, Burma, Pakistan, China und Indonesien. »Als wir in New York wohnten, hatten wir uns mit meiner ersten Frau für die Unabhängigkeit Indonesiens eingesetzt. Später, kurz nachdem wir, das heißt Capa, Chim, George Rodger und ich, Magnum gegründet hatten, bin ich sofort in den Fernen Osten aufgebrochen. Ich wohnte mit der indonesischen Delegation zusammen. Es war wunderbar, ein Außenseiter zu sein, das Spiel nicht mitzuspielen [...].«[5] Er schlüpft nicht mit Leib und Seele in die Haut des Photojournalisten: »1946 wurde ich Berufsphotograph. Davor habe ich zwar photographiert, aber ich wußte noch nicht, was ich werden sollte, ich dachte immer noch daran, Maler zu werden. Professionell arbeiten heißt für mich ganz einfach, daß man, wenn man einen Auftrag bekommt, ihn rechtzeitig abliefert und versuchen sollte, ihn zum eigenen Vergnügen auszuführen.«[6] Eine sehr freie Definition von Professionalismus.

Von nun an treibt ihn seine Entwicklung dem Fernen Osten zu. Jenem Osten, in dem der Wind der Geschichte der Nachkriegszeit weht, von Indien in der Phase der Entkolonialisierung nach China, wo der Sieg der Armee Maos die Hoffnung auf die Geburt einer neuen Gesellschaft weckt, die dieses Land nach jahrzehntelanger fremder Besatzung mit sich selbst versöhnt. Außerdem bietet der Ferne Osten mit seinen von mächtigen und jahrtausendealten Institutionen übermittelten reichhaltigen und feinsinnigen Philosophien eine Alternative zu den westlichen Wertvorstellungen. So wenig er es in Afrika tat, nimmt Henri Cartier-Bresson Asien unter einem exotischen Blickwinkel wahr. Dort lernt er eine Menschlichkeit kennen, die spürbar unter die Haut geht. Er ist allerdings nicht der erste, der die Zuordnung der Begriffe barbarisch und zivilisiert umkehrt und bereit ist, sich von Völkern, die der westliche Imperialismus unterworfen hatte, in Sachen Menschlichkeit belehren zu lassen. Henri Michaux hatte seine Reise nach Asien 1931 als Offenbarung erlebt und berichtet davon in eigenen Worten wie folgt: »Als ich Indien sah und als ich China sah, schien mir zum ersten Mal, daß es

114. Pierre Bonnard, Le Cannet, 1944

115. New York, 1974

Völkern auf dieser Erde zustand, wirklich zu sein.«[7] Paul Claudel wiederum würdigte in einer 1926 vor Studenten der Universität von Nikko gehaltenen Rede die Einstellung der Japaner zur Natur, die in diametralem Gegensatz zur westlichen Einstellung stehe: »Das Übernatürliche ist in Japan folglich nichts anderes als die Natur, Übernatur im wahrsten Sinne, jener übergeordnete authentische Raum, in dem die nackte Tatsache in den Bereich der Bedeutung übertragen wird. Er widerspricht ihren Gesetzen nicht, sondern unterstreicht ihre Rätselhaftigkeit. [...] Dieses Gefühl frommer Ehrfurcht, dieses in gerührtes Wohlwollen eingebettete Gefühl, eins zu sein mit der ganzen Natur, macht die geheime Tugend eurer Kunst aus.«[8]

In diesem fernöstlichen, sensiblen und spirituellen Humanismus findet Henri Cartier-Bresson die Stimmung vor, in der er sich entfalten kann.

Der libertäre Künstler

Ein Portrait von Henri Cartier-Bresson als Künstler zu zeichnen, fällt nicht leicht, da für ihn die Kunst kein Ziel, sondern ein Weg ist, Photographieren (Zeichnen) eine durchgängige Tätigkeit darstellt und *zu-sehen-wissen* Bestandteil von *zu-leben-wissen* ist.

Photographie ist für ihn weder eine Berufung noch gar ein Wert an sich. »Es hat Jahre gegeben, in denen ich kein einziges Photo gemacht habe. Ich bin mir noch nicht einmal sicher, ob ich Photograph bin.«[9] Gerne versieht er den Titel seines im Original bei Delpire erschienenen Bildbandes *Henri Cartier-Bresson photographe [Die Photographien]* – die Essenz seines Œuvre – mit einem Fragezeichen. Allerdings tut er das weder aus Koketterie noch aus Herablassung. Hierin offenbart sich vielmehr der Widerspruch einer Persönlichkeit, die sich innerhalb ihres Werks authentisch entfaltet, sich jedoch

116. Hof des Sultans von Solo, 1949

nicht mit ihm identifiziert, da sie ihm immer einen Schritt voraus ist oder neben ihm steht.

Er gehört einer Generation an, die sich beständig geweigert hat, das Spiel der institutionellen Heiligsprechung des Künstlers und seiner Werke mitzumachen, und die gleichzeitig dem Kunstwerk eine grundlegende soziale Funktion zuwies, nämlich die überkommenen Vorstellungen zunichte zu machen, die kollektiven Repräsentationen und Denkmodelle umzustürzen, um einem befreiten Menschen den Weg zu ebnen. Von dieser Dynamik, zu der die Dadaisten den Auftakt gaben, bewahrt er sich ein instinktives Mißtrauen gegenüber dem Berühmtsein: »Im Augenblick zeichne ich; man kann nicht tausend Dinge auf einmal machen, man kann nicht überall mitmischen – und zugleich muß man sich in Frage stellen. Sonst stirbt der berühmte Photograph, wissen Sie, er stirbt an seiner Berühmtheit. Vor einigen Tagen sagte mir Doisneau anläßlich der Eröffnung zu meiner Ausstellung: ›Sei vorsichtig, laß dir das alles bloß nicht zu Kopf steigen!‹«[10] Dieser Dialog mag naiv klingen, dennoch verweist er über eine echte Bescheidenheit hinaus auf das Fortdauern einer libertären Denkweise, die sich störrisch aller öffentlichen Anerkennung widersetzt.

Dieses Ideal wirkt sogar im Geiste nach, den Cartier-Bres-son der Agentur Magnum einhauchen sollte. Ferdinando Scianna, der einer anderen Generation angehört, amüsiert sich über diese Widersprüche – »Magnum, das ist eine Art Struktur, die sich im Ungleichgewicht bewegt. Wissen Sie, dem haftet so etwas wie eine kolchosenhafte Utopie und ein gewisser anarchistischer Abenteuergeist von Bourgeois an, die mit den kulturellen Weltanschauungen ihrer eigenen Klasse auf Kriegsfuß stehen. Und das geht von Cartier-Bresson aus!«[11] – und nimmt diejenigen von Henri Cartier-Bresson selbst eher scherzhaft zur Kenntnis, der eine Agentur für Photographen zum Schutz ihrer Urheberrechte gründet und damit selbst eine Institution schafft, es aber trotzdem ablehnt, daß sie unter der Fuchtel einer unbestrittenen Autorität funktioniert.

Für jeden, dessen Ziel darin besteht, mit sich selbst im Einklang zu leben, käme die Behauptung, Kunst zu machen, der Tatsache gleich, sich einem System von Klassifizierungen unterzuordnen, das ihm fremd ist. Kunst ist lediglich der Begriff, mit dem sich die Gesellschaft dessen bemächtigt, was sie als Werke bezeichnet, indem sie die Klischees übermittelt, die den Künstler in seine eigene Vision einzusperren drohen.

In diesem Spiel wird Kunst zu einer Börse der (falschen) Werte, wo alle Tricks erlaubt sind, um den eigenen Kurs in die Höhe zu treiben, konzertiert etwas Originelles zutage zu

117. Roméo Martinez und seine Frau, 1982

fördern. Es ist die Herrschaft des »Ich selbst«, der Selbstbe-stätigung, die Originalität mimt, sich als Entdeckung ausgibt und an die Stelle der Authentizität setzt. Dem lähmenden Ruhm zieht Cartier-Bresson die graue Anonymität vor, durch die er er selbst bleiben kann. »Mir graut vor diesem *ich selbst* ... Degas war es, glaube ich, der sagte: ›Es ist sehr gut, berühmt zu sein, allerdings nur unter der Bedingung, unbe-kannt zu bleiben!‹«[12] Vor dem Hintergrund dieser zugleich demütigen und fordernden Geisteshaltung läßt sich auf geeignete Weise erklären, warum Cartier-Bresson der Fang-frage nach dem Verhältnis von Kunst und Photographie jede Stichhaltigkeit aberkennt. Wenn Photographie eine Lebens-weise darstellt, kann sie nicht gleichzeitig ein Mittel sein, sich innerhalb des institutionellen Rahmens einen Platz zu erobern. Er beklagt den Konzeptualismus, der selbst einem Publikum, das keine Anstrengungen scheut, unzugänglich bleibt. »Für mich sind ein Photo und eine Zeichnung ein und dasselbe, keines hat Vorrang vor dem anderen. Es gibt Leute, die haben ein Auge für die Malerei, das ist der Unterschied. Brassaï zeichnete und schrieb ... Izis war ein sehr guter Maler, [Werner Bischof] ist ein bemerkenswert guter Zeichner ... Ich trenne das eine nicht vom anderen, außer in Hinsicht auf das Werkzeug.«[13]

Den Beruf des Reporters (der als Randerscheinung der Kunst behandelt wird) zu verteidigen hat für ihn absolute Priorität: »Ich habe den Vorsitz dieser Dachorganisation [die französische Dachorganisation der Vereine schöpferischer Photographen] aus einer Notwendigkeit heraus und aus Soli-darität angenommen. Ich will nicht nur Ehrenvorsitzender oder Strohmann sein, denn ich habe lebhaftes Interesse an den Arbeitsbedingungen und -möglichkeiten meiner Kolle-gen. [...] Diese Rolle anzunehmen bedeutete für mich in gewisser Weise, zu Unrecht Erworbenes wieder zurückzuge-ben«[14] – und bedeutet letzten Endes, im Unterschied zu jenen, die ihre Produktion lieber ausschließlich in den künst-lerischen Bereich eingegliedert sehen, daß er sich von seiner eigenen Anerkennung der Institutionen reinwäscht.

Die unbestrittene Kohärenz seiner Haltung hat Henri Cartier-Bresson nicht davor bewahrt, sich in einer alles an-dere als einfachen Situation wiederzufinden. Obwohl er zu den Mitbegründern einer äußerst bemerkenswerten Ästhetik gehört – und in der Tat *nolens volens* eine »Meister«-Figur ver-körpert –, lehnt er jede Rolle mit Bezug zur Öffentlichkeit, jedes Mitwirken an der Herausbildung dessen ab, was Bour-dieu als eigentliche *illusio* der Photographie bezeichnet, näm-lich die Fähigkeit, einen Umsturz herbeizuführen, indem der

118. Musée d'art moderne, Paris, 1969

Glaube an die übergeordnete Realität einer Erzeugung von Imagination geschürt und diese in einer Weise zum Fetisch erhoben wird, daß sie am Ende einen Wert für sich darstellt.[15] Er verfügt nicht über die »Gerissenheit« eines Marcel Duchamp (der Terminus stammt von Bourdieu), der sich mehr anhand der Werke, die er nie selbst schuf, als Maler produzierte, denn anhand jener, die er selbst realisierte.[16] Er verbietet sich, ein Klassiker zu sein. »Ich wollte nie ein Aushängeschild oder eine Vaterfigur sein«[17], lautet seine Antwort – sie könnte nicht klarer sein – im Zusammenhang einer heftigen Polemik, die sich infolge eines in *Le Monde* veröffentlichten Interviews, in dem er die Regeln der heutigen Photographie in Frage stellte, entzündete: »All diese gestellten, inszenierten Bilder, denen jeder Sinn für die Form, die Dialektik abgeht, diese Hinterlassenschaften der Werbung und der Mode [...], ihre Urheber, ungeachtet ihrer Begabung oder ihres Charmes, interessieren mich von einer soziologischen und politischen Überlegung her, weil sie das Ergebnis und die Verwirrung einer Welt mit ihren Neurosen darstellen. Leider revolutionieren sie nichts, sie sind in diese Ausverkauf-Gesellschaft integriert. Sie gleichen dieser Welt ohne Geschlecht, ohne Sinnlichkeit, ohne Liebe.«[18]

Die Anerkennung des künstlerischen Status der Photographie ist unerheblich für ihn, und er kreuzt den Degen mit jenen, die dieser Frage anscheinend absoluten Vorrang geben. Das erklärt die Heftigkeit der Reaktionen, die kaum einen Monat später von einigen Photographen, wiederum in *Le Monde*, unter dem Sammeltitel »Faut-il brûler Henri Cartier-Bresson?«[19] [Sollte H. C.-B. verbrannt werden?] veröffentlicht werden. Zur Beruhigung der Gemüter interveniert Robert Doisneau, dem die Anerkennung seines eigenen Werks nicht fremd ist, auf seine spielerische Weise mit dem Vorschlag, seine Statue in die Luft zu sprengen, um den Menschen und seine Widersprüche besser sehen zu können. Aber vielleicht sollte man in dieser Auseinandersetzung dem Zeichner Folon das letzte Wort gestatten: »*Jedem seine Wahrheit* ist zu *Jedem seine Phantasmen* geworden. Denn eine kranke Epoche bringt eine kranke Kunst hervor. Der Klassiker, der er geworden ist, kann dies nicht akzeptieren. Das ist alles, was er uns sagt. Ein Leuchtturm im Nebel.«[20]

Henri Cartier-Bresson hat sich nicht darum bemüht, ein Werk »nach allen Regeln der Kunst«, das heißt mit einem Willen zur Originalität, zu konstruieren. Das notiert Pierre de Fenoyl wie folgt: »Es existiert eine sehr schöne Formulie-

Abb. 119

rung, die als Antwort auf die Fragen im Zusammenhang mit seinem Werk dienen kann: ›Man fragt den Vater einer hübschen Tochter nie, wie er sie gemacht hat! ...‹ Auf diese Weise bittet er um ein wenig Aufschub, und er hat recht. Jedenfalls ist charakteristisch für diese nicht vorhandene Systematik, aus der schließlich ein Gesamtwerk entsteht, daß sie die Situation der Nachkriegsphotographie trefflich repräsentiert. [...] Der Begriff der photographischen Identität und das eigentlich Künstlerische an ihr kamen zu spät auf, als daß diese Generation sie hätte verinnerlichen können.«[21]

Die Bemerkung von Pierre de Fenoyl ist durchaus nachvollziehbar, bringt aber eine historische Lesart mit sich, die von hinten aufgezäumt ist. Wenn heutzutage Photograph sein bedeutet, eine bestimmte Vorgehensweise bewußt voranzutreiben und ihr innerhalb eines (einigermaßen genau) abgesteckten Bereichs einen Platz zuzuweisen, was könnte Photo-

119. Marcel Duchamp und Man Ray, 1968

graphen dazu verleiten, sich einer derartigen Verpflichtung zu beugen? Nichts. In den dreißiger Jahren repräsentierte Photographie in der Tat jenen Freiraum, innerhalb dessen Henri Cartier-Bresson nicht gezwungen war, sich gegenüber seinen Vorgängern abzugrenzen. Zudem hat er weder irgendein künstlerisches Projekt geplant noch sich in die Geschichte der Photographie einschreiben wollen.

Und außerdem, welche Gültigkeit hat dieser Begriff des künstlerischen Projekts überhaupt? Jean-Marie Schaeffer bemerkt, er setze voraus, daß ein Werk auf seine Selbstlegitimierung reduziert werden könne und vom Avantgardismus insofern nicht zu trennen sei, als es einem Modell folgt, das die moderne Malerei dazu gebracht hat, auf meisterliche Weise ihre Selbstauflösung in Szene zu setzen.[22]

Die Frage nach Henri Cartier-Bressons eigenem künstlerischen Projekt zu stellen, käme demzufolge einem Ausweichmanöver gleich. Es hieße, sein Werk von einem (definierten) Status der Photographie aus zu befragen, innerhalb dessen die Kritik ihre institutionellen Regeln denjenigen der Malerei anzugleichen sucht, insbesondere anhand des Begriffs Avantgarde, obwohl gerade diese Darstellung der Geschichte der Malerei selbst noch jung und nicht unbedingt zuverlässig ist.

Der Weltmann

Seine Haltung gründet sich auf eine andere Logik. Sie ist von der seit dem 17. Jahrhundert in Frankreich gültigen Vorstellung des allseitig gebildeten Weltmanns und Künstlers beziehungsweise von dem in China entwickelten Gedanken inspiriert, wonach die höchsten geistigen Anforderungen und die Bestätigung von Amateurhaftigkeit miteinander vereinigt werden. Wie Simon Leys unterstreicht: »Die Praxis der Künste bildet die konkrete Umsetzung jener Berufung zur Universalität, jener höchsten Mission der Harmonie, für die die chinesische Weisheit den klugen Weltmann bestimmt: Für ihn geht es darum, die Einheit der Dinge freizulegen und wiederzufinden, die Welt in Ordnung zu bringen, sich mit der Dynamik der Schöpfung in Einklang zu bringen. [...] In Sachen Poesie, Malerei und Kalligraphie ist einer in dem Maße auf natürliche Weise kompetent, wie er ein kluger Weltmann ist, und diese Kompetenz läßt sich nicht erreichen, *es sei denn,* man wäre ein kluger Weltmann. Diese Tätigkeiten können folglich per definitionem nur von Nicht-Professionellen ausgeübt werden: Sind wir im Beruf des Lebens nicht alle Amateure?«[23]

Die chinesische Kunst begreift den Eingriff des Schöpfers – der sich von dem, was er reproduziert, mehr durchdringen lassen muß, als daß er es verwandelt – als distanziertes Verhältnis. Wir alle kennen den berühmten Apolog, wonach Wen Tong, der mit äußerster Perfektion Bambus malte, es nicht mehr nötig hatte, ihn anzuschauen, da er selbst zum Bambus geworden war ... Schöpferisch sein heißt, den Dingen keine Metamorphose aufzuzwingen, sondern ihnen die Freiheit zu lassen, sich mittels des Künstlers in Bildern zu vollenden.

Der Apparat für die photographische Aufnahme erzwingt ebenfalls ein distanziertes Verhältnis zur Wirklichkeit, eine Nicht-Einmischung. Die Beziehung zwischen Photograph

120. Jardin des Plantes, Paris, 1978

und Sichtbarem läuft auf eine Umkehrung der Begriffe von *Agens* und *Patiens* hinaus: Die Wirklichkeit selbst ist das Moment ihrer eigenen Metamorphose in ein Bild; der Photograph hat dem Anschein nach nichts getan, außer diesem Vorgang durch seine Selbstauslöschung stattzugeben. Somit fördert er das Zustandekommen eines Phänomens der Assimilation der eigenen Sensibilität (die nicht imstande wäre,

irgend etwas dauerhaft festzuhalten) mit der Sensibilität des Films (die nicht imstande wäre, irgend etwas wirklich zu empfinden, dafür aber die Fähigkeit besitzt, festzuhalten). Die Rolle, die die Wirklichkeit im Prozeß ihrer eigenen Verwandlung in ein Bild aktiv spielt oder zu spielen scheint, ist eine ursprüngliche Eigenschaft der Photographie, von derselben Substanz wie der Prozeß: William Henry Fox Talbot rief

121. Jardin des Plantes, Paris, 1975

122. Mein Bett, 1965

123. Louis-René des Forêts, 1995

in *The Pencil of Nature* aus, sein Haus sei das erste Gebäude gewesen, das sein eigenes Portrait realisiert habe[24] ... Auf paradoxe Weise verweist die Photographie mehr auf die chinesische Ästhetik als auf die Ästhetik jener Kultur, in der ihre Technik erfunden wurde.

Henri Cartier-Bresson ist einer der ersten Photographen (neben Atget sicherlich, allerdings in einem anderen Kontext), der den Stellenwert der Selbstauslöschung berücksichtigte und ihm sogar eine eigene Ästhetik zusprach. Damit wurde das Argument, das ihnen die Maler seit der Mitte des 19. Jahrhunderts entgegenhielten, nämlich Aufnahmetechniker zu sein und keine Künstler, die sich mit ihrer Vision durchsetzen, endgültig umgedreht und zugunsten der Photographen umgedeutet. Es implizierte einen Bruch mit der seit der Antike im Abendland vorherrschenden Konzeption, wonach das Talent des Schöpfers abhängig ist von seiner Fähigkeit, die Grenze zwischen Realem und Imaginärem zu verwischen. Simon Leys schreibt: »Während der abendländische Künstler bemüht war, die Sinne des Betrachters zu täuschen, indem er ihm Fiktives darbot, das so raffiniert war, wie er selbst Talent besaß, wurde für den chinesischen Maler das Gelingen nicht anhand seiner Fähigkeit, hinters Licht zu führen und die Wirklichkeit zu verfälschen, sondern anhand seiner Fähigkeit gemessen, Wirklichkeit herbeizuzitieren. Das

Merkmal für die höchste Qualität von Malerei war nicht die Illusion, sondern die Wirksamkeit; auf dieser Qualitätsebene kann Malerei durchaus Einfluß auf das Reale nehmen, kann auf sie einwirken: Eines der Pferde aus dem kaiserlichen Stall, dessen Portrait anzufertigen Han Gan beauftragt worden war, fing an zu hinken, weil der Künstler vergessen hatte, einen Huf zu malen.«[25]

Von der Fabel jenes zerstreuten Malers einmal abgesehen – die in den Bereich der wundersamen mythologischen Erzählungen gehört –, möchten wir festhalten, daß das Bild in einem Verhältnis zum Realen steht, das sich nicht durch Konfusion, sondern durch Interaktion auszeichnet und das der chinesische Maler eher provoziert denn evoziert. Er transponiert, ohne irgend etwas zu verändern, »die unmittelbare und intuitive Erfahrung einer Wirklichkeit, die keine diskursive Annäherung je erreichen könnte«[26]. Darin liegt der Grund, weshalb die Tätigkeit des Malens oder Kalligraphierens, in dem Sinne wie Cartier-Bresson von der »Tätigkeit des Photographierens« spricht, an sich eine essentielle Erfahrung ist, deren Ergebnis als relativ unwesentlich erscheint verglichen mit dem, was sie überhaupt ermöglichte. »Mehr noch als das vollendete Werk zählt die Vorgehensweise des Geistes, die seiner Ausführung vorausgeht und sie bestimmt. Das Werk ist für die geistige Erfahrung des Künstlers, was die vom

124. Louis-René des Forêts, 1995

125. Saint-Guénolé, 1970

Seismographen aufgezeichnete Graphik für das Erdbeben ist«, schreibt Simon Leys.[27] Er zitiert die Geschichte des Dichters Tao Yüanming, der die Gewohnheit hatte, überallhin eine Zither mitzunehmen, an der die Saiten fehlten, und darauf stumme Melodien zu spielen: »Ich begnüge mich mit dem Reiz, der im Herzen der Zither ruht; was nutzt es mir, mich mit dem Klang der Saiten abzuquälen?«[28] Und Henri Cartier-Bresson: »Cecil Beaton lud mich zu sich ein. [...] Mitten im Gespräch sagte er plötzlich geradeheraus: ›Erlauben Sie mir, daß ich ein Portrait von Ihnen mache!‹ Ich lehnte ab und schlug ihm meinerseits vor, daß er sich von mir photographieren lassen sollte. ›Nein doch!‹ antwortete er. ›Es gibt überhaupt keinen Grund, Ihnen das zu gewähren, was Sie mir verweigern. Eine Hand wäscht die andere!‹ ›Dann eben nicht‹, sagte ich ihm, ›aber gestatten Sie mir, Ihnen zu sagen, daß ich Ihnen gegenüber sowieso im Vorteil bin: Ich habe sie noch präsent, vor Augen und im Kopf, die Momente, in denen ich einige Photos von ihnen hätte machen können. Wenn wir es nicht nötig haben würden, miteinander zu kommunizieren, würde es sich nicht lohnen, einen Film in den Apparat einzulegen ...‹«[29]

Deshalb grenzt die Tätigkeit des Photographierens als geistige Erfahrung noch nicht an Formalismus: »Letztens bemerkte ich, daß ich ein Photo von Robert Doisneau gemacht hatte, aber völlig vergessen hatte, einen Film einzu-

legen. Er sagte mir: ›Du mußt aufpassen, sonst bist du bald ein konzeptueller Photograph!‹«[30]

Ein Werk verdient nur insofern Beachtung, als die geistige Erfahrung, aus der es hervorgegangen ist, in ihm eingeschrieben bleibt durch irgendeine Spur, die seine Intensität und Authentizität bezeugt. Es wird das Ziel angestrebt, die vitale Energie wiederzugeben, der es seine Existenz verdankt und zu deren Spiegel es wird.[31] In diesem Sinne ist das Werk (der Poesie oder der Malerei) ein Konzentrat der Energie (nämlich das *chi*, ein in der chinesischen Philosophie verwendetes Wort, das sich am besten mit »Odem« oder »Energie« übersetzen läßt), das all seine Bestandteile erregt, sie artikuliert, ihnen einen Rhythmus, einen Impuls, eine besondere Spannung verleiht. Die chinesische Ästhetik betrachtet es folglich als ein Energiefeld, in dem die Gegensätze von Schwarz und Weiß, Leere und Fülle, Zufälligem und Beherrschtem verstärkt und reguliert werden.

Das Konzept vom klugen Weltmann und Künstler ist das genaue Gegenteil der romantischen Vorstellung, die im Künstler den Leidenden sieht, der aus den Tiefen seiner gepeinigten Persönlichkeit heraus ein absolut originäres Werk hervorbringt. Man denke demgegenüber an Malherbe: für ihn ist der Dichter ein Handwerker von Versen, der sich der Bearbeitung der Form widmet, die möglichst rein und streng sein sollte, allerdings ohne sich irgendwelchen Illusionen über

126. Die Tuilerien, Paris, März 1974

die Macht der Kunst hinzugeben. Francis Ponge entwirft ein Portrait von ihm, das sich durchaus auf Henri Cartier-Bresson übertragen ließe: »Von der Basse-Normandie in einer äußerst energiegeladenen Epoche dieser Provinz hervorgebracht, besitzt Malherbe sicherlich einen ausgesprochen versierten Sinn für Tradition, aber auch und vor allem einen sehr positiven Sinn für die ›Moderne‹. [...] Er will von allen Menschen seiner Zeit verstanden werden. Er hat Sinn für das Lächerliche. Er stellt sich kein abstraktes Problem. Er ist sehr positiv eingestellt. Er weiß, daß die Wissenschaften im allgemeinen und die Poesie im besonderen *absolut* wenig Wert besitzen. Doch immerhin irgendeinen, und diesen wird er maximal ausschöpfen. Aus der Poesie macht er ein Vehikel, eine Uhr (eine Turmuhr), eine Maschine, ein Werkzeug, eine Waffe, eine Bleibe, eine Wohnung, ein Kleidungsstück, *die modern sind, ohne zu sehr von der Mode abzuhängen;* handhabbar, bewohnbar oder tragbar, *ohne sich der Lächerlichkeit preiszugeben.* Er ist ein großer Geist, weil sein Geist frei ist von Illusionen. Darin, daß Malherbe die Literatur verachtete und ihr gleichzeitig Regeln zuwies, wie sie strenger nicht sein konnten, ist er uns sehr nahe.«[32] Francis Ponge war kein Lobredner. Er sieht in Malherbe jemanden, der Poesie möglich macht, ohne gleich in puncto Macht der Kunst in Affektiertheit und Illusionen zu verfallen. »Er entschlackt die Poesie.«[33] Francis Ponge gehört derselben Generation an wie Henri Car-

tier-Bresson, und der aristokratische Skeptizismus, den er bei Malherbe wiederfindet, nimmt für ihn den Wert eines Gegengifts an. Malherbe, der weder ein Klassiker noch ein Moderner ist, jenseits aller vereinfachenden Klassifikationen steht, der Begründer einer neuen Sprache, ist derjenige, der »die Lyra spannt«: »Um seinem Werk entsprechen – und mit Würde von ihm sprechen – zu können, müßte man bis an jene Stelle seiner Lyra zurückgehen, an der er sie gespannt hat. Doch nach ihm hat sie niemand berührt, ohne sie zu verstimmen (außer vielleicht Lautréamont mit der Absicht, ihre Saiten zu zerreißen).«[34]

Henri Cartier-Bresson gehört zu jenen, die die Lyra der Photographie gespannt haben. Dieser Einstellung des Künstlers mit der Vitalität eines Malherbe ist seine »Geringschätzung« der Kunst zu verdanken, auf die er zwar seine Regeln überträgt, die er aber als kluger Weltmann praktiziert. Man denke dabei auch an Jean Renoir, der behauptete, nicht zu wissen, ob er ein Filmemacher sei oder nicht, und der ergänzte, daß sein Vater sich selbst als einen Handwerker in Sachen Malerei definierte. »Ich weiß nicht, ob Photographie eine Kunst ist oder nicht. Ich weiß, daß sie ein Mittel ist, zu verstehen. Photographie ist ein Geistiges.«[35] Indem er bestätigt, daß sie nicht mehr – aber auch nicht weniger – ist als das, weigert er sich, sie in den Kreislauf publizistischer Information oder in das Ghetto der Kunst einzusperren.

Die
Photoreportage

»Es blieb nur noch übrig, das psychologische Element in eine geeignete Form zu bringen. Ich griff auf Xenophon zurück und entnahm ihm, um eine zutreffende Bezeichnung zu gewinnen, das Wort ›Diathetik‹, eine von Kyros vor dem eigentlichen Zuschlagen geübte Kunst.
Von ihr war unsere ›Propaganda‹ ein entstellter und wenig würdiger Nachfahre. Sie war das Pathos oder sogar auch das Ethos im Kriege.«
T. E. LAWRENCE, *Die sieben Säulen der Weisheit*

Als Henri Cartier-Bresson das Vorwort zu seinem Buch *Images à la sauvette* schreibt, ist er gerade aus Asien zurückgekehrt und ganz von den Lebens- und Denkweisen durchdrungen, die, wie er dort erkannte, seine Persönlichkeit und seine Weltauffassung wiederzugeben am ehesten geeignet sind. In diesem Text präsentiert er keine Philosophie der Photographie, auch übernimmt er nicht ohne einiges Zögern die Aufgabe, die Photographie zu erläutern: Abb. 127 »Tériade machte das Buch in Zusammenarbeit mit Dick Simon. [...] Man hat mich bedrängt, diesen Text zu schreiben. Simon fragte mich: ›Wie machen Sie Ihre Bilder?‹ Ich geriet in Verlegenheit ... Und ich sagte: ›Ich weiß nicht, es ist nicht wichtig.‹ Tériade, guter Grieche und die Ruhe selbst, nahm mich auf die Seite: ›Warum machst du das seit zwanzig Jahren? Komm schon, bring es zu Papier!‹ Ich habe diesen Text ganz schnell verfaßt, in fünf oder sechs Tagen. Ich hatte alles schon von Anfang an im Kopf. Und ich habe meine Meinung nicht geändert. Alles, was mich an Photographie interessiert, habe ich in *L'Instant décisif [Der entscheidende Augenblick]* niedergeschrieben. [...] Dick Simon war es, dem der Titel des Buches einfiel, *The Decisive Moment,* als ich das Zitat aus dem Buch des Kardinals von Retz herausschrieb, um es einfach als Motto voranzustellen.«[1] Henri Cartier-Bresson ist nicht der geborene Theoretiker. Sein Zögern hat nichts mit Verleumdung zu tun, sondern kann als ein Hinweis dafür

127. Tériade, 1982 *(Bleistift, 31,5 x 23,5)*

128. Henri Matisse, Villa le Rêve, Vence, 1944

129. Épesses, 1981

dienen, wie sehr dieser Text alles andere als eine (erneute) Bekehrung zum Photojournalismus markiert. Auch wenn er betont, daß man ihn bedrängt hat, diesen Text zu schreiben, und daß Dick Simon den Buchtitel fand (aber nicht das Zitat), gibt er zu, daß dieser wichtigste Text eine getreue Wiedergabe seines Konzepts von Photographie darstellt, das ihm seit den dreißiger Jahren vorschwebte und das sich seitdem

130. Chambord, 1952

nicht verändert hat. Daher eine gewisse Verärgerung in Anbetracht der Tatsache, daß *Der entscheidende Augenblick* als Verteidigung und Darstellung der Reportage, als ein Manifest zugunsten des Photojournalismus verstanden wurde. Sieht man ihn sich indes einmal genauer an, läßt er sich weder als Bekenntnis noch als Methode, weder als Testament noch als Programm interpretieren. In ihm werden durchaus einige Aspekte der Photographie entfaltet, doch im wesentlichen stellt er sich als eine Bilanz zwanzigjähriger Tätigkeit dar – ein wirklich schwieriges und irritierendes Unterfangen für einen Mann, der keinerlei Sinn für Selbstbeobachtung oder für Vergangenheit hat –, die mit einer präzisen Analyse der wirtschaftlichen Bedingungen ihrer Verbreitung durch die Presse sowie mit Überlegungen zur parallelen Entwicklung von Malerei und Photographie einhergeht. Mal ist der angeschlagene Ton entschieden und enthusiastisch, wenn es beispielsweise um Komposition und um die Rolle der Geometrie geht, mal ist er amüsiert, wenn die naiven Haltungen angesprochen werden, die einen gewissen Kult der Photographie umkreisen. »Die Handhabung des Apparats, die Einstellung der Blende, der Belichtungszeiten usw. sollten so automatisch vonstatten gehen wie das Schalten der Gänge beim Auto. Es

131. Berliner Mauer, 1962

132. Einäscherung von Gandhi, Delhi, 1948

ist völlig unangebracht, viele Worte über all diese Vorgänge zu verlieren, und seien sie noch so kompliziert, da sie mit militärischer Präzision in den Gebrauchsanweisungen geschildert werden, die jeder Hersteller zusammen mit der Kamera und der Tasche aus Kuhleder mitliefert. Es ist notwendig, zumindest in den Erörterungen über dieses Stadium hinauszugelangen. Das gleiche gilt auch für die Anfertigung von hübschen Abzügen.«[2] Die Gabe zur Mystifizierung, über die jeder Verfasser von Manifesten unbedingt verfügen muß, gehört nicht zu seinen Talenten.

Zunächst einmal beginnt er, in groben Zügen und auf wenigen Zeilen, mit der Beschreibung seines persönlichen Werdegangs, wobei gleich der erste Satz tonangebend ist und in einem den Schlüssel zu ihm liefert: »Ich habe mich immer leidenschaftlich für Malerei interessiert.« Diese einleitende Erklärung ist nicht mehr und nicht weniger provozierend oder paradox wie die von Proust, der seinen Roman mit den Litaneien seines Einschlafens beginnt. Diese Leidenschaft ist weder Ausrede noch Rechtfertigung, sondern Evidenz. So erscheint der Einband des besagten Buches wie das Echo dieser einleitenden Erklärung und als Bestätigung der stillen Ehrerbietung gegenüber der Malerei, während gleichzeitig die Autonomie der Photographie dadurch bekräftigt wird, daß

Abb. 128   die Formel seiner Alchimie, von der Hand eines Matisse ein-

gerahmt und geschrieben, sich nicht so sehr als Titel denn als Widmung präsentiert: *Der entscheidende Augenblick.*

Cartier-Bresson beschreibt sich mit Humor wie eine Gestalt, den ein heidnischer Gott gewaltsam mit einem Schicksal bedacht hat, das ihn zwingt, sich einem zyklopenhaften und monomanischen Schlafwandler gleich zu verhalten: »Den ganzen Tag streifte ich durch die Straßen, war in höchster Erregung und zum Sprung bereit, entschlossen, Photos zu machen, die aus dem Leben gegriffen wären, auf frischer Tat ertappt.«[3] Die Tätigkeit eines Besessenen also, der kein anderes Ziel hat, als »in einem einzigen Bild das Wesentliche einer plötzlich auftretenden Szene festzuhalten«. Und zum Abschluß dieser knappen Autobiographie der lakonische Satz: »Ich bin immer ein Amateur, doch mehr noch ein Dilettant.« Die offensichtliche Sorge, dem Leser den Beruf des Photojournalisten nahezubringen, macht im wesentlichen den Rest des Textes aus, da er in sechs aufeinanderfolgenden Kapiteln die Reportage, das Motiv, die Komposition, die Farbe, die Technik und die Kunden Revue passieren läßt.

Henri Cartier-Bresson gibt sich ohne Umschweife und ohne jede Manieriertheit preis. Er zelebriert die Vermählung der Reportage mit der Malerei, der er von ganzem Herzen seine Reverenz erweist. Die Reportage, deren Disziplin er sich gebeugt hat, ohne ihr gänzlich anzuhängen, die Hülle, die zur

133. Srinagar, Kaschmir/Indien, 1948

134. Gare d'Orsay, Paris, Februar 1974

Wahrung seiner Autonomie am geeignetsten erscheint, stellt das Handwerk dar, das sicherlich mit Zwängen verbunden ist, aber dank der bei Magnum versammelten Persönlichkeiten ersten Ranges auch ein künstlerisches und menschliches Abenteuer symbolisiert.

Auf solche Weise begriffen, scheint sich die Photographie auf Schleichwegen davonzumachen, ein bißchen so, wie er sich selbst allzu gut auszulöschen und in Vergessenheit zu bringen weiß. Allerdings wird diese Wirkung nicht durch schriftstellerische Koketterie hervorgerufen, sondern durch die Strategie eines Künstlers, die es wieder ins Bewußtsein zu rücken gilt. Der Schleier ist keine Maske: Cartier-Bresson versteckt sich nicht und kommt nicht maskiert daher. Doch dieser Schleier, mit dem er die Photographie verhüllt, läßt sich, wenn man es so sagen darf, sowohl auf der rechten wie auf der linken Seite tragen ...

Weil man hier mit dem Kern seiner schöpferischen Formel in Berührung kommt – der Verknüpfung der scheinbar widersprüchlichen Zwänge der Reportage und der Gesetze der Malerei –, war es für ihn notwendig, einen unbedingten Doppelsinn beizubehalten, um die Antriebskraft dieses Widerspruchs am Leben zu halten, auch wenn er sich durchaus bewußt war, als Photograph seiner Berufung zum Maler eine besondere Art der Fortsetzung zu verleihen: »Eine Pho-

tographie ist für mich eine simultane Erkenntnis, im Bruchteil einer Sekunde, der Bedeutung einer Tatsache einerseits und der strengen Organisation der visuell wahrgenommenen Formen, die diese Tatsache ausdrücken, andererseits. Und diese Organisation, diese Straffheit entgehen einem immer, wenn man nicht weiß, was ein Gemälde ist, wenn man nicht begreift, daß die Komposition, das Gleichgewicht der Ebenen und Werte die einzigen Mittel sind, anhand derer man dem, was da unablässig vor den eigenen Augen entsteht und wieder auseinanderfällt, einen Sinn verleihen kann.«[4]

Kurz und schmerzlos räumt er die akademischen Streitigkeiten um Vormachtstellung und Hierarchie aus dem Weg. Er hat keinen Ehrgeiz, die Photographie zu definieren, weder im Ganzen noch in ihren verschiedenen Ausdrucksformen: »Ich habe mich hier ein wenig über einen bestimmten Aspekt der Photographie [die Reportage] ausgelassen, doch es gibt noch so viele andere, angefangen von den Photos in Werbekatalogen bis hin zu jenen rührenden Bildern, die in Brieftaschen vergilben. Ich habe hier nicht versucht, eine Definition der Photographie im allgemeinen zu liefern.«[5] Dennoch vermögen die Schranken, in die er seine Ausführungen verweist, keineswegs deren Tragweite einzuschränken, da die anderen Aspekte, auf die er anspielt, sich ganz offensichtlich von seinem eigenen Gebrauch – als Träger von Affekten, egal ob

135. Yves Bonnefoy, 1979

öffentlich oder privat, reklamehaft oder sentimental – abheben. Letztendlich ein massiver Gebrauch, der allerdings mehr in die Interessensphäre einer soziologischen Annäherung von Photographie fällt und dem entspricht, was Bourdieu als »durchschnittliche Kunst«[6] bezeichnete.

Dieses Vorwort ist eher ein Text über den Blick als über die Photographie selbst. Letztere hat nur den Wert des Blicks, den sie auf die Wirklichkeit zu werfen erlaubt. Ein Blick, der sich von dem der Malerei und der Zeichnung unterscheidet, aber untrennbar mit ihnen verbunden ist, obwohl die simultane Verwendung dieser Werkzeuge nicht vorstellbar ist, so wie es selbst für einen beidhändig geschickten Menschen nicht möglich ist, sich mit seinen beiden Händen gleichermaßen sorgfältig auf eine Arbeit zu konzentrieren.

Er macht in der Tat einen Unterschied zwischen den Gebrauchsformen des photographischen Prozesses und seiner publizistischen und künstlerischen Verwendung. Er fügt hinzu und verleiht dabei seiner Aussage eine persönlichere, fast lyrische Note, daß die Tat der Photographie nicht darin

besteht, dem Publikum Illustrationen von Tagesgeschehnissen zu präsentieren, sondern in der Vermittlung jenes besonderen Gefühls, das die Begegnung zwischen der Innenwelt des Photographen und der ihn umgebenden Außenwelt hervorbringt. »Indem wir leben, entdecken wir uns selbst und gleichzeitig die Welt, die uns umgibt, die uns prägt, auf die wir aber auch unsererseits einwirken können. Es gilt, ein Gleichgewicht zwischen diesen beiden Welten, dem Innen und dem Außen, zu schaffen, die aus einem immerwährenden Dialog heraus ein einziges Ganzes bilden. Diese Welt müssen wir mitzuteilen versuchen.«[7]

Dieses zweifache Bemühen erklärt, warum es gleichzeitig mit einer Forderung nach plastischer Perfektion verknüpft wird: »Meiner Meinung nach ist der Inhalt unlösbar mit der Form verbunden. Unter Form verstehe ich eine strenge plastische Organisation, durch die allein unsere Vorstellungen und Empfindungen konkret und mitteilbar gemacht werden. In der Photographie kann diese visuelle Organisation nur das Ergebnis eines spontanen Gefühls für die plastischen Rhyth-

136. Berliner Mauer, 1962

men sein.«[8] Ungeachtet der Tatsache, daß Henri Cartier-Bresson in diesem Text einen eng umgrenzten und persönlichen Standpunkt vorbringt, definiert er eine Formel der Photographie unter zwei Gesichtspunkten.

Zum einen stellt er eine Spannung zwischen Malerei und Reportage fest; die getreue Wiedergabe der Tatsachen und die plastische Organisation müssen von gleichem substantiellem Wert sein. »Das Motiv besteht nicht aus einer Ansammlung von Tatsachen, da Tatsachen für sich genommen oft recht uninteressant sind. Wichtig ist, unter ihnen auszuwählen, das wahre Ereignis gemessen am zutiefst Wirklichen zu ergreifen. Das kleinste Ding kann in der Photographie ein großes Motiv abgeben, das kleine menschliche Detail zum Leitmotiv werden. Wir sehen und zeigen die Welt, die uns umgibt, als eine

Art Zeugnis, aber das Ereignis selbst ist es, welches in eigener Funktion den organischen Rhythmus der Formen auslöst.«[9] Darüber hinaus verknüpft er dieses Konzept mit der Suche nach persönlicher Weisheit, nach einem *modus vivendi* zwischen einer Innenwelt und einer Außenwelt. Photographie vermittelt im Grunde sehr wohl die Spur dieses Zusammenwachsens.

Dieser 1952, das heißt zwanzig Jahre nach Henri Cartier-Bressons Entdeckung der Leica und zwanzig Jahre vor seiner Vernachlässigung der Reportage und des photographischen Instruments zugunsten der Zeichnung, verfaßte Text tritt auf halbem Wege zwischen zwei großen Wendepunkten seines Lebens in Erscheinung. Hieße es nicht, diesen Text überzustrapazieren, wenn man aus ihm die fast endgültige Summe

137. Berliner Mauer, 1962

aller künstlerischen Erfahrung schöpfte, von der er im Grunde nur ein einzelnes Glied darstellt? Sollte man ihn als eine einzelne Etappe auf dem Weg seiner vielfältigen Überlegungen zur Photographie interpretieren? Das ließe allerdings die Vermutung entstehen, daß der eine oder andere, vorhergegangene oder künftige Aspekt seines Werks entweder durchaus zu vernachlässigen wäre oder im Widerspruch zu den im Text entwickelten Vorstellungen stünde. Oder kann man ihn als Schlüsseltext betrachten, zugleich als Synthese der ersten zwanzig Jahre seines Schaffens und als Auftakt zu seiner künftigen Entwicklung einschließlich der Entscheidung zugunsten der Zeichnung? Das scheint die wahrscheinlichste Hypothese, zumindest für Henri Cartier-Bresson selbst.

Das mediatisierte Bild

Die Ausarbeitung dieses Textes fällt zeitlich mit den Anfängen der Magnum-Epoche zusammen, dementsprechend räumt er den verschiedenen Aspekten des Reporterberufs darin einen wichtigen Platz ein. Henri Cartier-Bresson betont, daß er gelernt hat, ein Geschehnis mit wenigen Photos zu erzählen, wiederzugeben: »Auf den Gedanken, Photoreportagen zu machen, das heißt, eine Geschichte mittels mehrerer Bilder zu erzählen, war ich damals nicht gekommen. Erst später, als ich mir Arbeiten meiner Kollegen und illustrierte Zeitschriften anschaute und anfing, selbst für sie zu arbeiten, lernte ich allmählich, wie man eine Reportage macht.«[10] Er unterstreicht auch, wie sehr die Probleme, denen er als Reporter begegnet, zugleich das Los all jener sind, die einem Beruf nachgehen, der sich durch ein extrem ausgeprägtes Abhängigkeitsverhältnis gegenüber den Kommunikationsmitteln auszeichnet: »Der Photoapparat ermöglicht es, eine Art visuelle Chronik zu erstellen. Wir Photoreporter sind Leute, die eine schnellebige, von Geschäftigkeit überwältigte und zur Kakophonie neigende Welt mit Informationen versorgen. Die Abkürzung des Denkens, die die photographische Sprache ist, besitzt eine große Macht, indes wir unser Urteil über das fällen, was wir sehen; das bringt eine große Verantwortung mit sich. Zwischen dem Publikum und uns steht die Druckindustrie als Vehikel zur Verbreitung unseres Denkens; wir sind Handwerker, die illustrierte Zeitschriften mit Rohmaterial beliefern.«[11] Kurz gesagt, er sieht ein, daß er im Hinblick auf die Verbreitung seiner Bilder keinen Kompromiß eingegangen ist, sondern sich vielmehr mit dem die höchste Verbreitung garantierenden Medium seiner Zeit, nämlich mit dem Zeitschriftenmarkt, arrangiert hat.

So stellen sich dem Photographen Probleme, deren er

138. Lourdes, 1958

nicht gänzlich Herr wird: »Während man gerade an einer Reportage arbeitet, kann man nicht an deren künftiges Layout denken. Die große Kunst des Layouters besteht darin, aus der bunten Palette von Bildern dasjenige auszuwählen, das eine ganze oder eine Doppelseite verdient, und daß er das kleine Dokument, das als Verbindungsglied in der Geschichte fungiert, richtig einzufügen versteht. Es passiert oft, daß er ein Photo auf den ihm am wichtigsten erscheinenden Ausschnitt zusammenschneiden muß, da es ihm vor allem um die Einheit der Seite geht, so daß die vom Photographen entworfene Komposition oft zerstört wird ... Letztendlich aber muß man dem Layouter für eine gute Präsentation dankbar sein, bei der die Bilddokumente mit einem richtig bemessenen freien Rand versehen sind und wo jede Seite mit ihrer eigenen Architektur und ihrem Rhythmus die Geschichte so wiedergibt, wie man sie sich ausgedacht hat. Der letzte angstvolle Moment schließlich blüht dem Photographen dann, wenn er die Zeitschrift durchblättert und seine Reportage entdeckt ...«[12] Die Auslassungspunkte verraten einiges über die Enttäuschungen und gar Momente erlittenen Verrats. Dennoch akzeptiert er sie mit einem gewissen Fatalismus: »Läßt man einen Stein in einen Brunnen fallen, weiß man vorher nicht, wie sich sein Echo anhören wird; bringt man eine Photographie in Umlauf, hat man keinen Zugriff mehr auf sie.«[13]

Warum entrinnt dem Photographen der Sinn der Bilder? Zunächst einmal aufgrund einer möglichen Unterschlagung oder gar Böswilligkeit: »In einer Reportage sollten die Bildunterschriften die Bilder in einen verbalen Kontext stellen oder sich auf das beschränken, was mit der Kamera nicht zusammengehalten werden kann. Unglücklicherweise aber unterlaufen den Redaktionen manchmal Fehler, die mitunter schwerwiegend sind und für die der Leser den Photographen oft als einzigen verantwortlich macht ...«[14]

Der Hauptgrund für diese Enteignung, für diese Art semantischen Aderlaß stammt von den Bildunterschriften her, die die Interpretation des Bildes lenken.[15] Aber darüber hinaus fangen sie erst dann an zu greifen, wenn sie in einem engen Verhältnis untereinander stehen, einer Kontinuität folgen, einer Diachronie wie bei einer literarischen Erzählung: »Der Redakteur muß aus den rund dreißig Photos, aus denen im Normalfall eine Reportage besteht, seine Auswahl treffen (und es ist ungefähr so, als müsse er einen Text in Stücke schneiden, um daraus Zitate zu machen). Wie für eine Nachricht gelten auch für die Reportage gewisse formale Regeln, und die vom Redakteur getroffene Auswahl wird auf zwei, drei oder vier Seiten verteilt, je nachdem, wie groß sein Interesse für das Thema ist und wie es sich mit der allgemeinen Papierversorgung verhält.«[16] Demzufolge werden – ohne

139. Lothringen, 1959

dabei die mit der Vermittlung der Botschaft eng verbundenen Risiken mit einzubeziehen (insbesondere aus wirtschaftlichen Gründen) – die Bilder des Photographen zwei verschiedenen Eingriffen unterworfen, die sie in ihrem Wesen zutiefst verändern: einmal durch die Bildunterschriften und Kommentare, die sie auf ihre informative Funktion reduzieren, zum anderen durch die serielle Verarbeitung, die eine Umsetzung in eine Erzählung impliziert, und zwar einem weiteren erzählerischen oder, genauer gesagt, einem literarischen Vorbild entsprechend: der Novelle, die auf wahren Begebenheiten beruht oder zumindest als ein für wahr befundenes Zeugnis angenommen wird. »Woraus besteht eine Photoreportage? Manchmal kann ein einziges Photo, das formal stringent und reichhaltig genug ist und dessen Inhalt ausreichend Resonanz erfährt, sich selbst genügen. Aber der Fall ist selten gegeben. Die einzelnen Bestandteile eines Themas, die den Funken überspringen lassen, sind häufig weit verstreut. Man hat nicht das Recht, sie gewaltsam zusammenzubringen, sie so in Szene zu setzen wäre Betrug. Daher die Nützlichkeit von Reportagen: Die auf mehreren Photos verteilten, einander ergänzenden Elemente werden auf einer Bildseite wieder vereint.«[17] Die Reportage, eine zugleich literarische wie photographische Gattung, funktioniert dank einer Doppelbewegung der Straffung und Dehnung von Zeit. Straffung deswegen, weil die

unzähligen Bestandteile eines Ereignisses zu einem einzigen Klischee beziehungsweise Bild zusammengefaßt und -gerafft sind. Dehnung andererseits, weil das Auge des Betrachters, das von einem Bild zum nächsten wandert, eine für das Narrative geradezu charakteristische Kontinuität und Dauer wiederherstellt, die der erlebten Dauer des Reporters vor Ort entsprechen.

Eine Photographie in ein Kontinuum einfließen zu lassen oder sie isoliert zu präsentieren, bedeutet, sie einer doppelten zeitlichen Behandlung zu unterziehen, indem zwischen der dem Bild immanenten Zeit und der seriellen Zeit eine Spannung erzeugt wird. Henri Cartier-Bresson legt eine extreme Sensibilität für diese Variationen der Dauer an den Tag, die die Interpretation des Bildes je nach seinem Kontext, ob es für sich allein steht oder neben andere Bilder gestellt ist, beeinflussen. Photojournalismus wird für ihn nicht bedeuten, daß er den Umgang mit dieser narrativen Dimension den Zeitschriften überläßt. Er wird im Gegenteil versuchen, die ganze Verantwortung zu übernehmen, entweder dank der Kontrollmacht der Agentur Magnum auf dem Vertriebssektor oder indem er Schriftsteller damit betraut, für den redaktionellen Part in seinen Reportagen und, besser noch in seinen Büchern, zu sorgen, auf deren Bildauswahl und Präsentation er wiederum Einfluß nehmen kann.[18]

140. Aligur, nahe Urfa, Türkei, 1965

Seinen Bildband über Bali wird ein Text von Antonin Artaud begleiten; Jean-Paul Sartre liefert das Vorwort zu *D'une Chine à l'autre [China gestern und heute]*, Étiemble zu *L'Homme et la Machine*, François Nourissier zu *Vive la France [Frankreich]*; Alain Robbe-Grillet schreibt einen Text zu einer Photoreportage über die Türkei; André Pieyre de Mandiargues sollte seine *Photoportraits* einleiten, Yves Bonnefoy die bei Robert Delpire erschienene Ausgabe *Henri Cartier-Bresson Photographe [Die Photographien]*; Vera Feyder verfaßt ein Vorwort zu *Paris à vue d'œil [À propos de Paris]*, Arthur Miller einen Text für eine Ausstellung seiner Amerika-Bilder in der Galerie der FNAC.

Insofern erhebt er die Autonomie des Bildes nicht zu einer prinzipiellen Frage. Letztendlich entspricht doch die Zeit der Erzählung bei einem Schriftsteller der erlebten Zeit, oder etwa nicht? Ist das Kino nicht zur Kunst geworden, indem es ein Bündnis mit der romanhaften Erzählung einging? Setzt die Film-Reportage nicht auch jene Doppelbewegung von Straffung und Dehnung voraus?

Nach dem Krieg sollte Henri Cartier-Bresson zu einer Synthese zwischen seiner photographischen Praxis und derjenigen des Dokumentarfilms gelangen: »Ich befand mich damals an einem Wendepunkt. Ich wußte nicht, was ich als nächstes tun sollte. Die wenigen Dokumentarfilme, die ich

realisierte, hatten mich interessiert. Ein Dokumentarfilm ist eine Photoreportage mit einem Apparat, der sich bewegt. Die Montage erlaubt Kontinuität, das muß man so akzeptieren. Beim Photo hingegen hat verlorene Kontinuität für mich nie ein Problem dargestellt. Bei der Photoreportage bin ich vielmehr auf der Suche nach dem Einzelphoto, das heißt: nach dem Kondensationsphoto. Ich habe gelernt, daß man das Werkzeug wechseln kann, vom Photoapparat zur Filmkamera. Malerei, Zeichnung und Photographie belassen den Betrachter in der Zeit der Kontemplation. Die filmische Montage hingegen drängt dem Zuschauer ihren Rhythmus auf, wie beim Tanz.«[19] Der Filmemacher und der Photograph unterscheiden sich in ihrem Verhältnis zur Zeit: Während der Filmemacher den Gang des Ereignisses von seinem Eintritt bis zu seiner Auflösung nachvollziehen kann, muß sich der Photograph auf das Ereignis als Ganzes in einem Bruchteil einer Sekunde konzentrieren. Es ist ganz offensichtlich, daß dieser Widerspruch für Cartier-Bresson kein Dilemma, sondern einen fruchtbaren Gegensatz darstellte.

Die Erfahrung mit dem Dokumentarfilm hat es ihm zweifellos erlaubt, jenen Übergang von der Einzelphotographie zum seriellen Bild ohne Bruch zu vollziehen. Mit ihr geht kein Dementi einher. Im Gegenteil zeugt diese Erfahrung von einer kontinuierlichen Vertiefung der zentralen

141. Bei Trivandrum, Kerala, 1966

Frage nach dem Verhältnis zwischen photographischem Bild und Zeit.

Auch die Gründung von Magnum stellt keinerlei Bruch in der Entwicklung des Werkes von Cartier-Bresson dar. Der Einfluß der Surrealisten gehört jetzt genauso (und nicht im Übermaß) zu seinen Errungenschaften wie sein Interesse für das, was sich als »heiße« Anthropologie vom Gang der Geschichte bezeichnen ließe und durch die Film- oder Photoreportage auf unterschiedliche Weise realisiert werden kann. Der Photojournalismus ist wie ein Geländer zum Festhalten, und die Agentur Magnum erlaubt ihm, sich freiberuflich zu betätigen: Kurz nach der Gründung von Magnum verbringt er drei Jahre im Fernen Osten und kann nach seiner Rückkehr in Frankreich weiter so frei arbeiten wie bisher.

Photojournalismus und Schockphoto

Das Vorwort zu *Images à la sauvette* ist weder das Leitmotiv einer Schule noch das Aushängeschild einer Bewegung. Die kritische Einstellung übertrifft bei weitem das Apologetische. Es handelt sich eher um ein Traktat über die Kunst, die eigene Seele nicht dem Teufel zu verkaufen. Denn Henri Cartier-Bresson ist sich durchaus bewußt, daß er mit seiner Option für den Photojournalismus, um sich vom Etikett des »kleinen surrealistischen Photographen« zu lösen, riskiert, mit einem anderen ausstaffiert zu werden und in ein nicht minder gefahrvolles System als das der Kunst hineinzugeraten.

In einem in sämtlichen Punkten beachtenswerten Essay stellt Jean-Marie Schaeffer fest, daß viele der Photographien, die wir wegen ihres dokumentarischen Wertes schätzen, Träger von beständigen Bedeutungen und leicht zu erfassen sind, unter anderem deshalb, weil sie eine eindeutige, für den Adressaten unmittelbar erkennbare und leicht in gesprochene Rede zu fassende Botschaft übermitteln. Sie können sich dem nur in dem Maße beugen, wie sie sich in bereits bestehende Kommunikationsschemata einfügen, die massenweise aus der Rhetorik hervorgegangen sind, welche ihrerseits ideologische und repräsentative Modelle voraussetzt.[20]

Schon 1955 betonte Roland Barthes anläßlich einer von *Paris Match* in der Galerie d'Orsay organisierten Ausstellung zum Thema Schockphotos, wie wenig diese Bilder wirklich schockieren, da sie zu eindeutig von der Intention, bedeutend sein zu müssen, überfrachtet waren: »Andere Photographen [...] haben sich zum Beispiel bemüht, mit großem technischem Geschick den ausgefallensten Augenblick einer Bewe-

gung, ihre äußerste Grenze zu erfassen, den Flug eines Fußballers, den Sprung eines Sportlers, das Sicherheben von Gegenständen in einem Spukhaus. Aber auch da bleibt das Schauspiel [...] allzu sehr konstruiert. Der eingefangene Augenblick erscheint beliebig, seine Wiedergabe allzu absichtlich, hervorgegangen aus dem Willen zu einer Sprache, die sich nur als störend erweist. Die gelungenen Bilder bleiben ohne Wirkung auf uns. [...] Die vollkommene Lesbarkeit der Szene, die Tatsache, daß es *in Form gebracht* ist, dispensiert uns davon, das Bild in seiner Ungewöhnlichkeit aufzunehmen. Die auf den reinen Zustand einer Sprache reduzierte Photographie desorganisiert uns nicht.«[21] Im selben Artikel führt Roland Barthes folgende zwei Beispiele an: eine Gefangenenkolonne, die eine Schafherde kreuzt, und ein Soldat,

142. *Agustín Victor Casasola*, Erschießung von Fortino Sámano, 1917

der eine Leiche anschaut. In beiden Fällen handelt es sich um visuelle Nicht-Ereignisse, da das Bild auf rhetorische Figuren (Parallelismus, Oxymoron) zurückgreift, deren Ausdrucksprinzip schlicht und einfach dem denkbar plattesten Diskurs über den Krieg entnommen ist.

Die Lesbarkeit des Bildes, durch den Strom kollektiver Repräsentationen unmittelbar verdaut, verliert vollständig ihren Protest- und Skandalcharakter und ihre Fähigkeit, die Topoi umzukrempeln, deren Umsetzung sie sich vorgenommen hatte. So schockierend es auch von seinem Inhalt oder seiner Intention her sein mag, das Zeugnis-Bild ist zu Gleichgültigkeit und Vergessen verurteilt, denn, so Jean-Marie Schaeffer: »Wenn ein Bild in einem Kommunikationskanal der Medien zirkuliert, ist die übermittelte Botschaft die des Medienkanals und nicht die des Bildes.«[22]

Möglicherweise hat Henri Cartier-Bresson, historisch

gesehen, dazu beigetragen, diesem Konzept der Zeugnis-beziehungsweise Schock-Photographie eine Rechtfertigung und eine theoretische Grundlage zu liefern, die, laut Roland Barthes, mit einem »seltenen Augenblick, der in seinem extremen Punkt festgehalten wird«, zu tun hat. Schreibt er nicht, daß sie eine »Abkürzung des Denkens«[23] ermöglicht? Als Cartier-Bresson das photographische Bild scheinbar unter das Zeichen des Willens zur Mitteilung stellte, schien er es letzten Endes für die Übermittlung einer Botschaft zu bestimmen, deren Originalität aus nichts anderem hervorgegangen wäre als aus der Paarung mit einer rhetorischen Figur: der Apex oder die Klimax.

Zudem war der Begriff des entscheidenden Augenblicks Gegenstand verschieden getönter Interpretationen (und Nachahmungen), wofür die weiter oben von Barthes kommentierten Bilder ein vortreffliches Beispiel abgeben. So notiert Jean-Marie Schaeffer: »Die Thematisierung des Bildes als Wahl des entscheidenden Augenblicks spielt eine zentrale Rolle in der Rechtfertigung des Photojournalismus als autonomer Tätigkeit, die nicht der verbalen Botschaft gehorcht: Der entscheidende Augenblick ist in der Tat jener Augenblick, der normalerweise die Indizien sowohl für seinen Ursprung als auch für sein Resultat in der Weise in sich vereinen muß, daß er keinerlei narrativer Transzendenz bedarf, sondern selbst die Gesamtheit des Geschehens, dem er entnommen ist, enthüllt.«[24]

Ein 1962 in Berlin aufgenommenes Bild könnte diese rein rhetorische Konzeption von Photographie illustrieren. Zwei Männer kreuzen den Weg an einer Straßenecke, ein Einbeiniger in Zivil, der sich auf seine Krücken stützt, und ein anderer in Uniform, mit einer Mütze auf dem Kopf und einem Gewehr auf dem Rücken. Die gut sichtbare Berliner Mauer im Hintergrund sowie ein Wachhäuschen auf der rechten Seite betonen noch den Grenzzusammenhang. Die Form der Waffe, die der zweite Mann trägt, wird zur Metapher des fehlenden Beins des ersten Mannes. Und doch ist dieses Bild viel mehr als eine Metapher. Das Gewehr symbolisiert den Krieg, den offensichtlichen Grund für das körperliche Versehrtsein. Es findet eine ungeheure Verlagerung statt (was der eine zuviel hat, ist die Ursache für das, was der andere zuwenig hat), die einen wahren Verfremdungseffekt in Brecht'scher Manier auslöst.

Das photojournalistische Bild ist niemals abhängiger von narrativen und verbalen Schemata, als wenn es vorgibt, diese

zu ersetzen und ihre Werte zu übernehmen. Dann nimmt der entscheidende Augenblick die Bedeutung eines aus einer Abfolge frei gewählten Moments an. Er erfolgt aufgrund einer Berechnung der Wirkungen, und sobald seine Wirksamkeit in bezug auf die Normen rhetorischer Wirksamkeit festgestellt wurde, dient er der Rechtfertigung des Informations- und Ausdruckswertes des Photojournalismus. In diesem Fall wird der entscheidende Augenblick verstanden als etwas, das in den Rahmen einer Theorie der guten Wahl gehört.

Demgegenüber ist der entscheidende Augenblick eines Cartier-Bresson ursprünglich nicht das Resultat freier Entscheidung, ebensowenig ist er von irgendeinem Ausdruckswillen durchdrungen oder Träger einer Botschaft. Stellt man die Formulierung des Kardinals von Retz wieder zurück in

143. Zapatisten, Mexiko, 1964

ihren Kontext (»In dieser Welt gibt es nichts, das keinen entscheidenden Augenblick besäße«), dann wird man feststellen, daß sie eingebettet ist in eine Reflexion über die Beziehungen von Subjekt und Geschichte, über die Art und Weise, wie ein Individuum mit der Bewegung von Geschichte selbst verschmilzt.[25] Diese Maxime ist im übrigen nicht ganz frei von einer gewissen Desillusionierung seitens ihres Verfassers, da sein Versuch, die Führung der Fronde zu übernehmen, mit einem Mißerfolg endete. Seine Memoiren stellen sich somit als eine der ersten modernen Geschichtstheorien dar. Die Behauptung, Geschichte gehorche einer ihr eigenen zeitlichen Logik und Opportunismus allein reiche nicht aus, seinen Platz in ihr zu sichern, hat nichts mit Fatalismus zu tun, sondern mit einer bestimmten Art der Bestandsaufnahme.

Aus diesem Blickwinkel betrachtet, funktioniert der Begriff des entscheidenden Augenblicks in völlig anderer

Weise als eine Theorie der guten Wahl und des günstigen Augenblicks. Das Prinzip des In-flagranti-Bildes ist das genaue Gegenteil des publizistischen Opportunismus: Es charakterisiert einen Zustand überwältigender und vergänglicher Harmonie, die vom Lebendigen hervorgebracht und vom Photographen mit Respekt, Leichtigkeit und ohne zu lange dabei zu verweilen eingefangen wird.

Zur Klassifizierung von Bildern des Typs oder der Gattung, von denen hier im Zusammenhang mit Henri Cartier-Bresson die Rede war, wird dieses Konzept allerdings meist nur in abgeschwächter Form berücksichtigt. Das läßt sich feststellen, wenn man beispielsweise die wenigen Zeilen liest, die ihm in einem – im übrigen sehr interessanten – Werk mit dem Titel *Histoire de la photographie* gewidmet sind: »Er zieht seit zwanzig Jahren in der Welt umher und gilt als der größte Reporter seiner Zeit. Er ist daran interessiert, Momente intensiver Wirklichkeit festzuhalten und Formen zum Zusammenhalten zu bringen.«[26] Zu behaupten, die Komposition bestünde darin, »Formen zum Zusammenhalten zu bringen«, entspricht wahrlich einer Kurzdefinition ... Verdient die für Cartier-Bresson so herausragende Funktion der Geometrie im entscheidenden Augenblick nicht mehr Beachtung, als hinter einer so nonchalanten Formulierung zu vermuten ist, bei der einem eher ein Herumbasteln als die Komposition in den Sinn kommt? Und der entscheidende Augenblick selbst, der ohne jede weitere Erläuterung zu einem intensiven Moment gemacht wird ...

Es ist leicht zu verstehen, warum man dieses Konzept so stark verallgemeinerte, bis es schließlich zu einer Art kanonischer Formel und einem Dietrich des Photojournalismus wurde: Es funktioniert wie ein Puzzle, das nach den Regeln ideologischer Konvenienz, aus Ereignissen und den entsprechenden Formen zusammengesetzt wird; es appelliert an ein bestens assimiliertes semantisches Ordnungssystem, an bereits bekannte Sprachfiguren des Unbewußten – etwa die Disposition, die Metapher, der Parallelismus, die Gradation, die Klimax – und, allgemeiner formuliert, an sämtliche Vorgänge, die darauf ausgerichtet sind, die vom Trinom der Überredungsrhetorik aufgestellten programmatischen Ziele zu erfüllen: gefallen, überzeugen und berühren. Ab sofort läßt sich das Photoreportage-Bild weitaus leichter interpretieren, denn es gehorcht von vornherein den Normen von Verarbeitung und Lesbarkeit der diskursiven Rhetorik.

Dadurch daß seine Theorie des entscheidenden Augenblicks auf große Resonanz stieß, wurde Henri Cartier-Bresson unfreiwillig zum künstlerischen Bürgen jener platten und rein rhetorischen Vorstellung, die weiter oben mit »Momente intensiver Wirklichkeit« umschrieben wurde und die Photographie auf die Übertragung einer ikonischen Botschaft reduzierte, sie dazu verdammte, ausschließlich als ein Vehikel der Vermittlung von Ideologie zu dienen. Cartier-Bresson hat sich mit Händen und Füßen dagegen gewehrt, allerdings auf

Umwegen, indem er sich zum Beispiel gegen die Existenz von Schulen der Photographie empörte: »Es wird viel zu viel geredet, es wird viel zuviel auf der Grundlage diskursiven Denkens *gedacht* [...]. Schon Oscar Wilde hat das gesagt. Es gibt keine Schule der Sensibilität, so etwas existiert nicht, ist unvorstellbar. Man braucht ein gewisses intellektuelles Rüstzeug, ich werde hier nicht von Kultur reden, sondern davon, den Geist zu bereichern und zu leben.«[27]

Das erscheint durchaus schlüssig, da für ihn das Bild eine Weise zu leben und zu denken darstellt. Durch seine Forderung nach Anerkennung der kognitiven Autonomie und der Eigentümlichkeit des Bildes bewahrt er seinem eigenen Werk gegenüber einen großen Interpretationsspielraum, der sich aus der Spannung zwischen zwei logischen Systemen ergibt: Während sich die erste Logik auf den Begriff des Zeugnisses beschränkt, drängt die andere mehr in Richtung der Erfahrung, der Begegnung, sprich einer besonderen Form der Erleuchtung ohne Transzendenz, die etwas wiedergibt, das im Japanischen, wie wir später noch sehen werden, mit *Satori* bezeichnet wird. Mit der Durchsetzung der Vorstellung von Photographie als »einer anderen Art nachzudenken« verfolgt Henri Cartier-Bresson die Absicht, ihre Interpretation aus der allgegenwärtigen sprachlichen Zwangsjacke zu befreien. Auf solche Weise werden die Reibungspunkte zwischen traditioneller Ästhetik und Photographie beibehalten und ihr rebellisches Potential gegenüber unseren hermeneutischen Vorgehensweisen und unserem Verlangen nach Sinn gleichermaßen gewahrt.

»Natürlich beschränkt sich ein gelungenes photographisches Werk«, schreibt Jean-Marie Schaeffer, »nicht notwendigerweise darauf, uns etwas zum Sehen zu geben. Oft gibt es uns auch zu denken. Dennoch scheint uns dies nicht zufriedenzustellen: Wir wollen außerdem, daß es für uns denkt, wir akzeptieren es nur als selbstgenügsame, mit ihrem eigenen offiziellen Kommentar versehene semantische Zelle. Wenn es uns einfach nur zu denken gibt, haben wir das Gefühl, daß es zuviel von uns verlangt und uns gleichzeitig zuwenig gibt. Das Werk muß ein interpretationsfähiges Bilderrätsel sein, sonst bezeichnen wir es als trivial. Nichts anderes zu sein als ein Bild (und ganz besonders ein aufgezeichnetes, ein mechanisches Bild), erscheint uns in höchstem Grade oberflächlich, da die Tiefe, wie man so sagt, das eigentliche Charakteristikum von Sinn ist. Darum wird man nicht erstaunt sein, zu entdecken, daß die Einweihung der Photographie in die Geheimnisse der Kunst die gut geölten Räderwerke ästhetischen Denkens zum Quietschen gebracht hat.«[28]

Über die Tatsache hinaus, daß die Photographie eine irreversible und heilsame Unordnung in die Geschichte der figurativen Künste brachte, meinen wir mit Jean-Marie Schaeffer, daß sie uns, da die Reibungspunkte zwischen ihr und unseren ästhetischen Bezugspunkten weiterbestehen, einlädt, uns darüber zu befragen, wie wir ihre Bilder zum *Sprechen* bringen.

144. Vicksburg, Tennessee, 1946

145. Versammlung in Paris, 1954

Engagement und Anteilnahme

Daß sich Henri Cartier-Bresson entschied, aus dem Photo-graphieren einen Beruf zu machen, geschah zunächst einmal deshalb, weil er der Falle des Manierismus entkommen woll-te, auf die er, wie ihm Capa zu bedenken gab, mit seinem Dilettantismus durchaus hätte zusteuern können. Außerdem wurde er sich nach dem Krieg der Verantwortungen bewußt, die die Geschichte dem Photographen auferlegt. Bilder aus der Welt zu liefern kann weder eine private Tätigkeit noch die Beschäftigung eines Pensionärs, noch völlig losgelöst von wirtschaftlichen und politischen Zusammenhängen sein.

Genaugenommen hatte er daran wirklich nie gezweifelt. Seine Arbeit mit Paul Strand, seine Kenntnisse amerikani-scher Photographie, wie sie sich nach der Krise von 1929 mit Photographen wie Walker Evans, Dorothea Lange, Russel Lee und Arthur Rothstein entwickelt hatte, und schließlich seine Zusammenarbeit mit Renoir hatten ihn davon überzeugt. Seine – wenn auch aufgrund großer Temperamentunterschie-de manchmal konfliktbeladene – Freundschaft mit Robert Capa sollte ihn in dieser ganz persönlichen Gewißheit nur noch mehr bestärken; er liebte an ihm den Abenteurer, der

im Gegensatz zum zynischen Kardinal von Retz eine Ethik besaß. Die Photoreportage bot logischerweise die beste Mög-lichkeit, endgültig mit dem fertig zu werden, was noch an »Bürgersöhnchen«-Attitüde in ihm war; sie konnte auch die photographische Tätigkeit in der Bewegung der ablaufenden Geschichte verankern, wenn er akzeptierte, die Entscheidun-gen zu tragen, die die Geschichte denen auferlegt, die sie beobachten und Zeugnis von ihr ablegen.

Neben Martin Munkasci, Walker Evans und André Ker-tész, einigen der wenigen Photographen, auf die sich Henri Cartier-Bresson gerne beruft, muß noch Agustín Victor Casa-sola genannt werden, auf den eine 1917 in Mexiko während der Erschießung von Fortino Sámano gemachte Aufnahme Abb. 142 zurückgeht. Der Mitkämpfer von Emiliano Zapata steht mit dem Rücken zur Wand, trägt unter seiner dunklen Jacke ein weißes Hemd und wiegt sich in den Hüften wie ein Dandy, die Hände in den Taschen. In seinem Mundwinkel klemmt eine Zigarre, auf der er herumkaut, und er zeigt gegenüber dem Exekutionskommando, das er verspottet, lachend die Zähne. Photographen von solchem Kaliber sind nicht nur anwesend, um das Geschehnis zur Kenntnis zu nehmen, son-dern um dessen Umwege aufzuzeigen, indem sie Geschichte im Augenblick ihres Stockens denunzieren oder aber betonen, daß sie nicht immer das letzte Wort hat. Mit solchen Zapati-sten oder auch mit den am Fuße der Berliner Mauer spielen- Abb. 143

146. Samarkand, Usbekistan, 1972

Abb. 137 den Kindern (1962) wird die rätselhafte Notwendigkeit von Geschichte beschrieben und beschworen.

Was aber ist diese Verantwortung? Sie hat sich seit der Zeit seiner ersten Photographien nicht geändert. »Um der Welt Bedeutung zu verleihen, muß man sich in den Ausschnitt, den der Sucher begrenzt, einbezogen fühlen.«[29] Das ist eine Tatsache, keine Entscheidung. Man kann sie verleugnen oder an ihr scheitern, aber ihr nicht aus dem Weg gehen. »Wir wollen nicht nur Betrachter sein, das wäre eine ziemlich üble Rolle. Wir sind auch Akteure, denn schließlich sind wir auch in diese Welt und in dieses Leben, wie dies in allen großen Epochen der Fall ist, verwickelt!«[30] Der Photograph ist ein engagierter Betrachter, ein Zeuge von Szenen, die Emotionen auslösen können, die sich auf Sympathie im ursprünglichen Sinne des Wortes gründen. Das ist die Art emotionaler oder ideeller Anteilnahme am Geschehen, wie sie in einer langen, sogenannt humanistischen photographischen Tradition vorherrschend ist.

Es ist offensichtlich, daß bei Cartier-Bresson eine sehr starke Verbindung zwischen Photographie und Politik besteht, die durchaus an André Bretons Idee erinnert, Rimbaud und Marx miteinander zu verbünden: »Die Welt verändern, sagte Marx; das Leben ändern, sagte Rimbaud: Diese beiden Losungen ergeben für uns nur eine einzige!«[31] Worauf Henri Cartier-Bresson wie ein Echo antwortet: »Das Photo ist eine kleine Waffe, um die Welt zu verändern.«[32] Auch unter diesem Gesichtspunkt sind seine Vorstellungen von den Beziehungen zwischen Ethik und Politik im Surrealismus verwurzelt, wobei sie diesen weder ausmalen noch verwirklichen. Von den wichtigsten Vorgängen des 20. Jahrhunderts ganz persönlich betroffen, war er einer ihrer Akteure. Dennoch versuchte er nicht, sich die Robe des Künstlers umzuhängen, und hinterläßt ein Werk, das zutiefst in die Geistes-, Kunst-, Sozial- und politische Geschichte eingebunden ist. Genau auf diesem und keinem anderen Gebiet (nicht zu verwechseln mit dem Bereich der Aktualität) kultiviert er eine originäre Vision.

Seine Photographien, auch die noch so romantischen, sind gleichermaßen Zeugnisse und emotionale Schocks. Seine Filme, die er zwischen 1935 und 1969 drehte, ebenso. In *Southern Exposures* spricht er folgende Worte aus dem Off: »Ich heiße Henri Cartier-Bresson. Ich bin Franzose und ich mache Photos. Letzten Sommer bin ich in den Süden der USA gereist, nach Mississippi. Ich habe mich dorthin begeben, um das Leben zu sehen. Ich wollte keine Reportage machen, sondern in das lebendige Herz der Menschen eindringen. Aber das Leben, das ich dort vorfand, war derart prall, auch wenn es nur aus Kleinigkeiten bestand, daß ich nichts anderes tun mußte, als meine Kamera auf das zu richten, was mich am meisten berührte.«[33] Es folgen einige Ein-

153

stellungen mit einer alten weißen Plantagenbesitzerin; die Rede des schwarzen Bürgermeisters eines kleinen Städtchens, der den Bürgern seiner Kommune mitteilt, daß für Schwarze und Weiße die Zeit gekommen sei, miteinander zu reden; ein Gespräch in einem Wohnzimmer zwischen betuchten Weißen, die sich für die Abschaffung jeder Rassendiskriminierung aussprechen; dann noch eine Massenveranstaltung für die Bekehrung zum Christentum, die sowohl etwas von einer schwarzen Messe wie von einer Werbekampagne hat, bei der man zu sehen bekommt, wie der Prediger lauthals zum besten gibt, daß Gott kommen wird, um zu strafen, wie

147. Robert Doisneau, Clochard, 1932-1933

er seine Schäflein in Trance bringt und zum Schluß die Einnahmen der Kollekte unter seinem Zelt zusammenzählt. »Dieser Film war für mich eine Verpflichtung diesen Leuten gegenüber, und ich versuchte, ihre Beweggründe, ihre Hoffnungen zu begreifen.«[34] Sein Anliegen ist es, soviel er kann zu einer Veränderung der Gegebenheiten beizutragen, indem er den Vibrationen des Lebens und allem, womit es schwanger geht, nachspürt. Er beobachtet die festgefahrene und angespannte Situation dieser Südstaatengesellschaft mit Leidenschaft, um in ihr die verwirrenden Gefühle angesichts eines heraufkommenden Neuen und auch die Mühe auszumachen, mit der sich dieses Neue vom Alten befreit.

Der Text ist transparent: Er ist nicht ausgezogen, um die Erscheinungsformen des Alltags zur Kenntnis zu nehmen, sondern um dem Leben bei seiner Arbeit als Geburtshelfer von Bewußtsein, als Schöpfer von Situationen zuzusehen, und das in einem ganz präzisen sozialen, historischen und kulturellen Kontext. Während die politische Philosophie von André Breton mit der traditionellen marxistischen Eschatologie übereinstimmt, denkt man bei Cartier-Bresson eher an das Interesse, das Ernst Bloch dem Fortbestehen archaischer Formen in der Geschichtswerdung und dem Erscheinen des Nie-Dagewesenen entgegenbrachte und das er als die Dialektik vom Gegenwärtigen und Nicht-Gegenwärtigen bezeichnete.[35] Cartier-Bresson macht seine Photos in Gesellschaften, in denen sich alt und neu gegenseitig durchdringen, sich mit Gewalt bekämpfen. Wie ein Geologe interessiert er sich nur insofern dafür, die plötzlichen Erschütterungen der äußeren Kruste der Ereignisse festzuhalten, als er damit die unterschwellige Bewegung der geschichtlichen Ablagerungen besser ausmachen kann.

Verläßt sich André Breton auf die vom Unbewußten hervorgebrachten Anstöße zur Umwälzung unserer kollektiven Repräsentationen, vertraut Cartier-Bresson auf den Wert der Photographie als Zeugnis. Er schreibt ihre Wirksamkeit weniger dem ereignisbedingten Schock als vielmehr der Dauer zu.[36]

Daß der Photoreporter Anteil nehmen muß, ist zwar eine löbliche, doch nutzlose Forderung, da er sich als Betrachter in eine Außenseiterposition begibt, in einer Rückzugsposition befindet. Er entzieht sich dem Ablauf des Ereignisses (manchmal bis zum Grad der nicht auszuhaltenden Verneinung aller Menschlichkeit), um die wesentlichen Informationselemente, die mit einer ihrer eigenen Logik folgenden Aktualität in Verbindung stehen, besser unterscheiden und aussondern zu können. Für Cartier-Bresson jedoch geht es dabei um eine konkrete Erfahrung, die die ästhetische Qualität des Bildes bestimmt: »Wenn es keine Emotion gibt, wenn es keinen Schock gibt, wenn man nicht auf Sensibilität reagiert, ist es nutzlos ...«[37] Die Dialektik zwischen Neugier und Respekt bildet die Grundlage der Ethik des Photojournalismus. Sie umfaßt weitaus komplexere Fragen als die der Objektivität und bedingt eine Doppelbewegung, durch die der Photograph sich einbringt und seine Distanzen hält, sich angesichts der Wirklichkeit engagiert und sich auslöscht. In dieser Weise präsentieren sich die Bilder einer Versammlung in Paris Abb. 145 (1954) und von Bergarbeitern in der Lorraine (1959). Abb. 139

Trotz der Anzeichen von Mißbilligung, Vorwurf, Entrüstung und Revolte, die seinen Blick, den er auf den Zustand der gegenwärtigen Welt richtet, häufig kennzeichnen, nimmt er doch nicht in derselben Weise an der allgemeinen Situation teil wie die meisten humanistischen Photographen, nämlich auf der Ebene eines Gemeinschaftsgefühls mit dem photographierten Subjekt. Auch wenn Henri Cartier-Bresson oftmals

148. La Villette, Paris, 1932

149. Le Vert Galant, Paris, 1954

mit politischen Realitäten oder Ereignissen von Bedeutung in Berührung kam, Werke militanten oder strikt sozialen Charakters hat er niemals realisiert. Unseres Wissens läßt sich nur ein einziges Beispiel für konkretes Engagement ausmachen, und zwar in seiner Teilnahme an einer Kampagne von *Amnesty International* zum Thema Kindheit im Jahr 1991, in deren Zusammenhang einige seiner Photographien, auf denen Kinder zu sehen sind, verwendet wurden. Die Anteilnahme Henri Cartier-Bressons ist weniger durch die westliche Vorstellung von Nächstenliebe als durch die eigentlich buddhistische Vorstellung von Mitgefühl (ein Verschmelzen auf Distanz, könnte man sagen, kühle Sympathie, elliptische Anteilnahme) geprägt.[38] Mit dieser Form von Empathie ohne Anhänglichkeit sind seine eigene Selbstverwirklichung und

die Erfahrung der Zugehörigkeit zur Welt unzertrennlich verbunden. Wenn das fehlt, macht sich der Photograph zum reinen Träger von Botschaften, zum Zuträger von Informationen, zum Lieferanten von Illustrationen: »Der Ausschnitt, den der Sucher begrenzt«[39] gibt nicht ausschließlich eine menschliche Situation mit ihrer Emotionsbeladenheit wieder, sondern enthält auch eine Gesamtheit von Linien, Proportionen und Werten, deren Nichtbeachtung die Photographie daran hindert, zu einer authentischen Erfahrung der unbeständigen Ordnung der Welt zu werden; sie vermittelt dann keine anderen Emotionen als die in ihren guten Absichten verborgenen.

In der Kunst bewegt die bloße Absicht, Gefühle auszulösen, nur wenig. Bedeuten zu wollen, eine Botschaft vermit-

150. Rue Mouffetard, Paris, 1954

teln zu wollen, das allein reicht schon aus, um Platitüden hervorzubringen. Cartier-Bresson gibt zu, daß es ihm nicht
immer gelungen ist, der Mühelosigkeit zu widerstehen, die
darin besteht zu glauben, man hätte eine Photographie
gemacht, obwohl man nur ein Dokument realisiert, nur eine
Illustration oder einen Beweis geliefert hat: »Die Presse hat
uns gleichzeitig befreit und zu Gefangenen gemacht. Man ist
nie so schlecht, wie wenn man zu dokumentieren versucht,
und auch ich bin in diesen Graben gefallen.«[40]

Henri Cartier-Bresson war nie »engagiert«, trotz der Tatsache, daß er sich oft gerade dort wiederfand, wo ein Teil
unserer Geschichte entschieden wurde, und obwohl er seit
Ende der vierziger Jahre auch die Notwendigkeit eines Kampfes zugunsten der erst später so genannten dritten Welt

vorausahnte (insbesondere die Photographien, die er in Indonesien zur Zeit des Ausbruchs der Kriege in Korea und
Indochina realisierte, heben den außerordentlich hohen Zi-
vilisationsstand der Völker Südasiens hervor). Aus derselben
Einstellung heraus stellte Renoir Propheten und Märtyrer
auf eine Stufe, so sehr widerten ihn Botschaften an. Engagement macht teilweise blind. Die Anteilnahme erfordert eine
geduldige Arbeit der Assimilation vielfältiger und polyseman-
tischer Realitäten.

Das geht nicht auf gut Glück, das läßt sich auch nicht
improvisieren oder verordnen: »Das Photo ist für mich ein
Mittel, meine Intuition in einer Welt auszuüben, die ich gut
kenne. Bei einem Stierkampf hinke ich immer den spanischen Photographen hinterher!«[41] Anteil zu nehmen bedeutet

nicht, Partei zu ergreifen, sondern derart enge Beziehungen zum anderen zu knüpfen, daß das ihm Widerfahrende auch den Photographen berührt, und zwar mit der ganzen Wucht eines authentischen Gefühls. Das erfordert viel Zeit und Geduld: »Dieses kurze Blinzeln [nämlich die Photographie] hat seinen Wert in der Frische des Eindrucks, aber schließt es eine durchdachte Erfahrung aus? Ist es möglich, diese Frische wiederzufinden, wenn man schon lange im selben Land lebt? Egal, ob man auf der Durchreise oder fest an einen Ort gebunden ist, um ein Land oder eine Situation zum Ausdruck bringen zu können, muß man irgendwo enge Arbeitsbeziehungen geknüpft haben, durch eine Gemeinschaft von Menschen gestützt werden; zu leben beansprucht Zeit, Wurzeln bilden sich nur langsam heran. So kann der Augenblick das Ergebnis einer in langer Zeit erworbenen Kenntnis oder einer Überraschung sein.«[42] In seinen Photographien kommt eine Erfahrung zum Ausdruck, die vom noch so winzigen Augenblick (die Überraschung) bis zu weiten Horizonten (die in langer Zeit erworbene Kenntnis) reicht.

Kein Engagement also, außer vielleicht in dem Sinne, wie es Michel Leiris vorschwebte, als vollkommene Anteilnahme am Werk selbst (und nicht an den Gedanken, die ein Werk transportiert): »Es handelte sich dabei weniger um das, was man gewöhnlich ›engagierte Literatur‹ nennt, als um eine Literatur, in der ich mich selbst ganz und gar zu engagieren versuchte.«[43]

Nicht das Pittoreske: Historizität

Die Henri Cartier-Bresson eigenen entscheidenden Augenblicke wollen weder dokumentieren noch die gängigen Erwartungen an das Pittoreske erfüllen. Letzteres setzt eine Art vorab getroffener Übereinkunft hinsichtlich des Stellenwerts einer Abbildung voraus, die des Interesses für würdig, oder genauer, die für würdig befunden wird, gemalt oder ausgemalt zu werden. In dieser nicht schriftlich festgehaltenen Übereinkunft vermischen sich äußere Darstellungsmotive (eine Berglandschaft, ein Fluß, ein Sonnenuntergang usw.) und archetypische Erzählweisen mit Gestalten aus einer Art figurativer beziehungsweise narrativer Erbmasse (der Schäfer, der Bettler, der Fischer, der Dichter usw.). Die pittoreske Anschauung erfaßt eine Situation oder eine Landschaft und betrachtet sie im Hinblick auf ihre bedeutungsvolle Zeitlosigkeit, ihren Stimmungswert und ihre Suggestivkraft. Sie verleitet zu nostalgischer Erinnerung an eine Zeit, in der alles charakteristisch war und folglich seinen festen Platz, seinen Sinn hatte. Sie strebt nach dem Detail, das den Schlüssel zu einer

Situation liefert und deren Charme ausmacht (mit dem Risiko, in Klischees abzugleiten). Sie postuliert eine Ur-Harmonie zwischen dem Blick des Künstlers und dem kollektiven Blick und versucht sie wiederherzustellen, indem sie dafür sorgt, daß es kein figuratives Motiv gibt, das nicht seinen festen Platz im kollektiven Imaginären in Form einer Anekdote oder einer Miniaturerzählung einnimmt. Jean-François Chevrier hat gezeigt, wie Atget, Doisneau und Izis den Typus des Pariser Clochards formten, indem sie auf Murillo (*Der Betteljunge* im Louvre) und Velázquez (*Äsop* im Prado) zurückgriffen, die wiederum ihre Anregungen aus der antiken Tradition des bettelnden Philosophen schöpften. Selbst Manet wird davon inspiriert, als er 1865 zwei Philosophen und 1869 einen Bettler malte. Dieses Kulturerbe ermöglichte es, daß Robert Doisneau eine seiner Photographien von 1932 Abb. 147

151. Dessau, 1945

mit folgender Legende versehen konnte: »Ein regenerierender Schlaf in natürlicher Umgebung.«[44] Der Humor von Doisneau hat nichts Bitteres an sich, ganz im Gegenteil. Der Clochard – der sicherlich mehr Zeit zum Nachdenken hat als andere, und der Alkohol, der der Phantasie noch nie so recht geschadet hat – gibt zu Reflexionen Anlaß und sondert manchmal erstaunliche Wahrheiten ab. So jedenfalls die landläufigen Klischees zum pittoresken Clochard. Robert Doisneau gelingt es auf Schleichwegen und mit viel Geduld, dem Publikum sein eigenes Imaginäres aufzudrängen und dafür zu sorgen, daß das kollektive Gedächtnis es als historische Wahrheit verinnerlicht: Im übrigen auf die Hinterlassenschaft von Poulbot aufbauend, macht er aus den Kindern, die auf Händen laufen, ihr Einmaleins aufsagen oder auf undefinierbarem Gelände herumtollen zeitlose typische Figuren des Pariser Imaginären.[45]

Henri Cartier-Bresson behandelt die Anekdote nicht in diesem Sinne. Seine Clochards verweisen auf keine poetische Abb. 148

152. Demonstration an der Place de la République, Paris, 1958

Abb. 150

Welt, ihr Elend ist ohne Weisheit, ihre Not ohne Glanz und ohne jedwede mögliche Sublimierung.[46] Sein Junge aus Paris, Rue Mouffetard, der voller Stolz zwei Flaschen Wein trägt, könnte einem der Photos von Doisneau entwichen sein, bleibt aber aufgrund der schrägen Komposition, der Draufsicht und des rechten Beines, das aus dem Rahmen heraustritt, eine flüchtige Begegnung, ein zufälliges und ausgespähtes Bild. Dennoch improvisiert der Junge eine Pose, als ob er durchblicken lassen wollte, daß er durchaus eine prahlerische Verkörperung der mit dem Symbol Rotweinflasche assoziierten Verhaltensweise darstellt, sich gleichzeitig aber gehörig darüber lustig macht.[47] Denn Überraschung ist keine Verwunderung, bei der man wie vom Blitz getroffen wird oder

153. *Robert Capa,* Tod eines Milizionärs, Spanien, *1936*

durch die man wie angewurzelt stehenbleibt; sie bedingt heimliches Einverständnis.

Sosehr Robert Doisneau sich bemüht, sich aus seinen Bildern auszuradieren, damit sie noch objektiver wirken (um ihnen den Status wahrer Geschichten zu verleihen und den Mythos heimisch zu machen), sosehr tritt Henri Cartier-Bresson in den Augenblick des Einfangens ein, den er im Moment seines Erscheinens selbst festhält. Er bezieht seine Personen nicht auf eine prästabilierte Typologie, sondern auf die komplexen Beziehungen zwischen ihrer irreduziblen Eigentümlichkeit und ihrer Zugehörigkeit zu einer größeren Gemeinschaft: »Eine der bewegenden Eigenschaften des Porträits besteht auch darin, daß sich die Ähnlichkeit zwischen den Menschen, ihre Kontinuität durch alles, was ihr Milieu ausmacht, hindurch wiederfinden läßt; und sei es nur, daß jemand im Familienalbum den Onkel mit seinem kleinen

Neffen verwechselt. Wenn aber dem Photographen das Abbild einer sowohl äußeren als auch inneren Welt gelingt, dann liegt das daran, daß die Leute inmitten ihrer Szene stehen, wie man beim Theater so schön sagt. Es gilt, die Stimmungslage zu respektieren, die Verhältnisse, die dieses Milieu beschreiben, einzubeziehen, und vor allem Künstliches, das die Wahrheit des Menschen tötet, zu vermeiden, dann aber auch, daß die Kamera und derjenige, der sie bedient, in Vergessenheit geraten.«[48] Auffallend ist hierbei, mit wieviel Nachdruck er die Notwendigkeit unterstreicht, daß die Menschen mit ihrem Milieu und der Geschichte (in ihrer zweifachen Dimension, als persönliche und kollektive Geschichte) in Verbindung gebracht werden, was eine Sorge um die menschliche Wahrheit offenbart. Auffallend ebenfalls die Ablehnung alles Künstlichen (das die Ästhetik des Pittoresken im Gegenteil erst zu etwas Köstlichem macht), von Klischees, die dem Leben und dem Unvorhersehbaren ihre ureigene Frische nehmen ... Bei ihm wird die Versuchung durch das Pittoreske von seiner Forderung nach Authentizität konterkariert: einerseits die Authentizität der von ihm photographierten Situation mit der Bedeutung, die sie in den Augen der darin abgebildeten Personen hat, und andererseits die Authentizität seiner eigenen Sensibilität, die nach einer Begegnung des Gefühls mit einem plastischen, durch formale, rigoros angeordnete Koinzidenzen provozierten Schock verlangt.

Die Photos von Doisneau besitzen die Authentizität seines eigenen Mythos. Für sein Projekt zur Konservierung der Gestalten eines im Verschwinden begriffenen Paris sucht er nach individuellen Typen, die soziale Rollen verkörpern, mit all den Gesten, den Verhaltensweisen und Beziehungen, die diese mit sich bringen. Er ähnelt ein bißchen einem Schnitzer von Krippenfiguren, der das Leben eines bestimmten Paris formt, und seine Personen sind Teil seiner Träume, die er bereitwillig mit anderen teilt. Sosehr Robert Doisneau seine eigene Geschichte in den aus seinem Kindheitsblick heraus rekonstruierten Bildern wiederzufinden sucht, sosehr begleitet Henri Cartier-Bresson das Werden, das in dem Augenblick, in dem es sich entscheidet, noch keinem Raster zuzuordnen ist, nichts Bekanntem angepaßt werden kann.

Nach Art derjenigen, die man die großen Zeugen nennt, wie André Malraux zur Zeit des spanischen Bürgerkriegs und später in seinen *Antimémoires,* verbindet Henri Cartier-Bresson zwei Ebenen der Anteilnahme miteinander, was seinen

I. Die Kirche von Guermantes, 1924

II. Lyon, 1943

III. Tisch, 1943

IV. Zwei Akte, 1989

V. Die Tuilerien, 1983

VI. Bern, 1989

VII. Rotes Stilleben, 1981

VIII. Cannes, Juli 1967

IX. Rom, 1980

X. A. S., Februar 1984

Photographien eine weitaus komplexere Historizität verleiht. Die eine Ebene ist individuell und trägt die Spur eines intimen Gefühls für das Ereignis in sich, die andere bedingt eine kollektive Dimension und bezeugt die so eigentümliche Dichte der Momente, die wie aus dem Leben gegriffene Geschichte sind. Als würden noch tiefere Akkorde zusätzlich hinzugefügt, eine Reihe tiefer Noten, die die höhere Melodie, wie sie dem punktuellen Ereignis eigen ist, verdichten und stützen.

Abb. 151

Man denke beispielsweise an jenes 1945 in Dessau aufgenommene Bild, unter das er folgende Legende setzt: »In einem Konzentrationslager wird eine Informantin der Gestapo von einer Frau wiedererkannt, die von ihr denunziert worden war.« Trotz der Nüchternheit dieses Satzes (er will offensichtlich das Bild für sich selbst sprechen lassen) deutet seine grammatikalische Form zur Genüge an, daß wir es hier mit einem Bericht zu tun haben; darin kommen zuallererst Personen vor: die Informantin, die Gefangene, Zeugen, ein Mann, der an einem Tisch sitzt, auf dem zwei Ausweise liegen. Die Zeitenfolge verleiht dem Ganzen eine ausreichende Struktur, um zugleich die lineare Abfolge in der Zeit und eine Verkettung der Ereignisse durch Ursache und Wirkung zu skizzieren (die vorhergegangene Denunzierung erklärt die Wut der Frau, als sie auf die Informantin der Gestapo stößt, und die Gewalt ihres Ausdrucks).

Die Anordnung der Personen und der gewählte Augenblick lassen an eine Anklageszene vor einem Gericht denken. Doch auch das Verlangen nach Gerechtigkeit ist dargestellt – eine komplexe Mischung aus Gewalt (wie sie die Gesichtszüge der kurz zuvor befreiten Frau widerspiegeln) und Ohnmacht (mit ihrem rechten Arm packt sie die Informantin, die Haltung des linken Armes läßt vermuten, daß sie sie gleich ohrfeigen wird, doch die rächende Hand wird symbolisch durch den Körper des »Richters« verdeckt, auf den sie das Urteil zu übertragen scheint). Damit geht ein vages Gefühl von Absurdität einher (wozu ist die Rache gut? wozu in gewissem Sinn, angesichts der Verlegenheit der Informantin, die nunmehr Gefangene ist, ein Opfer auch sie ...? wie reagiert man angesichts des unbegreiflichen Ausmaßes der Verbrechen?).

Diese Photographie läßt sich gemäß einer zweifachen Historizität lesen. Die eine fällt in den Bereich der Bezugnahme, der Bezeigung. Sie verweist auf eine Szene, die wie jedes andere historische Ereignis auch in Raum und Zeit zugeordnet werden kann (was Henri Cartier-Bresson nüchtern erfüllt: *Dessau, 1945*). Wir haben es hier mit Chronik zu tun (der Bericht des Chronisten impliziert die Behauptung: »Ich war da«, während der Historiker seinen Bericht in *absentia* konstruiert): Da sie eine gesehene Sache ist, kann man um so weniger an dem von ihr erbrachten Beweis zweifeln, als die Photographie selbst ihrem Wesen nach ein visueller Abdruck ist.[49]

154. Blick von Notre-Dame auf Paris, 1955

155. Die Kirche Saint-Roch, 1991

156. Picknick in Georgien, 1972

Die zweite Historizität fällt in den Bereich des Symboli-schen: Sie verweist auf sämtliche Szenen dieser Art, die vorge-fallen sind, ohne daß davon irgendwelche Spuren zurückge-blieben wären. Henri Cartier-Bresson übernimmt die Verant-wortung nur für den Bericht der ersten Historizität (»In einem Konzentrationslager, eine Informantin ...«) und läßt den Zugang zur anderen offen, die in den Bereich des kollek-tiven Gedächtnisses fällt, und nur in diesen.[50] Ihr obliegt es

157. Mexiko, 1964

zu sagen, ob diese Photographie einen emblematischen Wert besitzt oder nicht, zu sagen, ob sie in gewisser Weise *Die Befreiung der Konzentrationslager* ist oder nicht; ein bißchen so, wie einige der Photographien von Robert Capa zu *Der Spanische Bürgerkrieg, Die Landung der Alliierten in der Nor-mandie* oder *Die Säuberung* wurden.[51] Bei Capas Photos rührt ihre symbolische Tragweite von ihrer unglaublichen Nähe zum Ereignis (sagte er nicht einmal: »Wenn dein Photo nicht gut ist, dann liegt es daran, daß du nicht nah genug dran warst«?), bei Henri Cartier-Bressons Photos wiederum von ihrer Fähigkeit, eine distanzierte Synthese zu vollziehen, die das Ereignis zerlegt.

Diese Dessau-Photographie gehört gleichermaßen in die Gattung publizistischer Chronik, der Reportage und des Tagebuchs: Wie kann man diese sonderbare Vertrautheit, die den Photographen mit den Zeugen verbindet, unter die er sich mischt, nicht verspüren? Und doch ergreift er nicht Par-tei: Die Brutalität des Ereignisses verschwindet hinter der unglaublichen Vielfalt der Gesichter. Dieser entscheidende Augenblick ist wirklich weit davon entfernt, ein Schockphoto zu sein. Das Bild ist um so interessanter, als es in der Zeit auf-genommen wurde, in der er die Kameraleute des »Signal Corps US« während der Dreharbeiten zum Dokumentarfilm *Le Retour* leitete. Während die gefilmte Szene sich als ein

Abb. 153

158. Trafalgar Square am Tag der Krönung von George VI., 1937

159. Mine in Mexiko, 1934

Zeugnis darbietet, erhebt sich das Photo über diese symbolische Dimension.

Seine Photographien sind wie die Seiten einer Zeitung, deren Eigenart es ist, daß sie in dem Augenblick, in dem sich das Ereignis zuträgt, verfaßt wird und auf diese Weise individuelle und kollektive Geschichte untrennbar miteinander verbindet. Er ist ein paradoxer Memoirenschreiber, dessen Memoiren sein ganzes Leben lang das nächstfolgende Photo waren. Seine Photographien verpflichten ein Schicksal, das sich nicht außerhalb des kollektiven Geschicks vorstellen läßt, und führen manchmal mit Hilfe des Betrachters so weit, daß sich der Sinn einer städtischen Landschaft, die zugleich eine Einheit von Geschichtsablagerungen darstellt, erträumen läßt, wie dies bei einem Bild der Fall ist, das er 1955 hoch

Abb. 154 oben von Notre-Dame aus aufnahm. Seine Zeichnungen des
Abb. 155 Gare d'Orsay oder der Kirche Saint-Roch in Paris gleichen ebenfalls einer Meditation über das Werden.

Flexibilität, nicht Dogma

Anläßlich einer Radiosendung, die seiner Ausstellung im Grand Palais 1970 gewidmet war, definiert Henri Cartier-Bresson den Photojournalismus ganz nüchtern als »ein Mittel des Bezeugens«, zeigt sich äußerst irritiert darüber, daß man über sein Werk sprechen will, und nutzt die Gelegenheit, einen Appell an die Öffentlichkeit zu richten, damit sie sich für die Rettung von vier Journalisten engagiert, die in Kambodscha vermißt wurden, unter ihnen auch Gilles Caron.[52] Doch diese Solidarität sollte nie bis zum Verbandsdenken führen.

Sein Verhältnis zum Photojournalismus hat etwas von einem Versteckspiel, mit dem er tunlichst zu vermeiden sucht, zum Opfer seines frühen Erfolgs zu werden. »Ich bin so wenig Journalist ... Ich habe zum Beispiel Varese sehr gut gekannt, aber nie daran gedacht, ein Photo von ihm zu machen. Dasselbe gilt für Nurejew, als er in London ankam, oder für Satyajit Ray: Meine Bewunderung brauchte diese Gedächtnisstütze nicht ... Wird das optische Verlangen nicht stimuliert, dann steigt der Apparat nicht bis zu meinem Auge. Ich habe eine Menge Leute gekannt, aber mir ist nie der Gedanke gekommen, sie für mich posieren zu lassen.«[53] Diese Tätigkeit stand unter einem enormen Druck: »Das Negativ mußte um elf Uhr beim Entwickler sein ... Man erfuhr um neun, wo man hinzugehen hatte. Nun, das ist sehr gut für die eigene Disziplin ...«[54]

Der Photojournalismus bot ihm die Möglichkeit, seine Neugier auf die Welt zu befriedigen: »Mit Bob und Chim

160. Barrio Chino, Barcelona, 1933

161. Boston, 1947

redeten wir nie über Photos. Wir waren präsent, wir fühlten den Puls. Ich bin kein Journalist, ich habe mich des Photojournalismus bedient.«[55] Die Reportage kann eine Gelegenheit darstellen, höchst überwältigenden Momenten zu begegnen, Lebendigkeit zu kultivieren und den Sinn für Schlagfertigkeit zu schärfen. Als Henri Cartier-Bresson die Photographie unter eigener Ägide praktizierte, akzeptierte er das Risiko, mißverstanden zu werden. Der journalistische Begriff des Ereignisses und der photographische Begriff des visuellen Ereignisses können sich kreuzen, sind aber nicht deckungsgleich. Ihn interessiert der zweite Begriff, ohne deswegen den ersten vernachlässigen zu wollen, da er den Photographen als jemanden sieht, dem auch die Rolle des Bezeugens und die Funktion der Kenntnisnahme zukommt. Für ihn ging es darum, eine Haltung des Wachseins, der Offenheit gegenüber jeder Bekundung von Leben zu praktizieren, das er als einen Organismus vorstellt, dessen Pulsieren er einfängt und dessen unaufhörliches Lebendigwerden er aufmerksam beobachtet. Abb. 162 So vereiteln im Bild eines Picknicks *(Georgien, 1972)* die Blicke dreier Personen, die auf etwas außerhalb des Bildausschnitts Befindliches gerichtet sind, dem Betrachter den Einblick in ein mögliches Ereignis; das ganze Interesse des Photographen ist hingegen auf die Tiefe des Ackers gerichtet, wo, von vorne nach hinten betrachtet, der Vorderteil eines Autos,

die offene Fahrertür, eine Kirche und ein Hintergrund aus Bergen angeordnet sind. So zeigt auch ein anderes, 1964 in Abb. 157 Mexiko aufgenommenes Bild eine Dreschszene, bei der eine Schaufelladung Körner in die Luft geworfen wird und über den Köpfen einer Gruppe von vier Bauern in einem Schwebezustand und leeren Augenblick hängenbleibt. Dieser kreisförmigen Komposition geben die Kuhhörner im Vordergrund einen Schwung und liefern eine motivische Doppelung, da ihre Form an die gebogenen Gabeln erinnert, wie sie diese Bauern verwenden.

Eine der Photographien seiner Reportage, die er in Begleitung von Paul Nizan 1937 in London anläßlich der Krönung Abb. 158 von George VI. machte, zeigt einen schlafenden Mann auf einem Haufen alter Zeitungen. Darüber recken Zuschauer in Sonntagskleidung ihre Hälse in verschiedene Richtungen, ohne daß man den Grund dafür erfährt, was diese buntscheckige Menschenmenge dort zusammengeführt hat, noch was es mit dem Schicksal des schlafenden Mannes eigentlich auf sich hat – dieser Verkörperung einer Nachricht aus der Rubrik Vermischtes, einer Matratze aus Zeitungsblättern entsprungen, auf denen höchstwahrscheinlich unendlich viele andere solcher vermischten Meldungen wiedergegeben sind (darunter vielleicht die Krönung ...?).

So etwas kommt wahrlich einer Selbstverspottung der

Reportage oder auch einer willentlichen Positionierung außerhalb der Ereignisgeschichte gleich.

Selbst wenn der Titel seines wichtigsten Textes in der Folge vielfach als Gattungsbezeichnung für einen bestimmten Typ von Photographie oder eine bestimmte Tradition der Photographie aufgegriffen wurde, gibt es doch kein Cartier-Bresson'sches System. »Die Reportage ist folglich ein gemeinsam von Kopf, Auge und Herz vollzogener Prozeß zu dem Zweck, ein Problem zum Ausdruck zu bringen, ein Ereignis oder bestimmte Eindrücke festzuhalten. Ein Ereignis ist etwas so Reichhaltiges; man umkreist es, während es sich entwickelt, kreist es ein – auf der Suche nach einer passenden Lösung. Manchmal findet man sie in wenigen Sekunden, es kann aber auch Stunden und Tage dauern. Eine Standardlösung gibt es nicht, kein Patentrezept. Man muß sich bereithalten, wie beim Tennis. [...] Es gibt kein System, außer daß man sich in Vergessenheit bringen muß.«[56]

Der entscheidende Augenblick bezeugt die Anpassung einer individuellen Kultur und eines ebenso individuellen Temperaments an ein Instrument, das untrennbar mit der Lebenskunst verbunden ist; allerdings beabsichtigt Henri Cartier-Bresson weder, die Photographie in die Reportage einzusperren, noch sie zum Schlüssel zu seinem Werk zu machen.

Er folgt keiner methodischen Vorgehensweise, anders als Photographen wie Dieter Appelt, die peinlich genau die einzelnen Etappen des »außergewöhnlichen Panoptikums von Ausdrucksweisen, das die Erkundung des Gesichts und des Todes photographisch entfalten«[57], nachvollzieht. Das Eintreten des entscheidenden Augenblicks ist vielmehr das Ergebnis einer auf eine menschliche Erfahrung angewandten Disziplin, die per definitionem weder Regeln noch einem System folgt, sondern einer gleichermaßen inneren wie äußeren Notwendigkeit.

Henri Cartier-Bresson schließt die Nahtstelle zwischen der Photographie, wie er sie in seinen Anfängen praktizierte – nämlich ohne sich um etwas anderes zu kümmern als um das

163. The Bowery, New York, 1947

162. New York, 1945

Festhalten von Augenblicken, in denen sich die Macht der Ereignisse und die plastischen Kräfte miteinander vereinen –, und jener Photographie, die geleitet wird von der Sorge um einen dokumentarischen Wert, den es zu erreichen gilt und auf den er sich mit dem Photojournalismus einläßt. Eine Entwicklung, die sich nicht ohne Brüche vollzieht, aber die Fortentwicklung seiner kreativen Formel in eine Richtung bedeutet, die im Keim bereits vorhanden war.

Das Unsystematische an seiner Reflexion über die Photographie ist das Ergebnis einer freien Entscheidung, nämlich ein Werk aufzubauen, das in Tuchfühlung mit dem Leben steht, ein offenes Werk. Das hat nichts mit Chaotik zu tun, sondern mit Flexibilität. Mit ihr kann er reibungslos von einem persönlicheren (oder, um einen Terminus von Stendhal zu verwenden, egoistischeren) Modus der Öffnung zum Leben zur Reportage übergehen, in der es um Sorgen allgemeinerer Natur geht. Oder, wie der erste Satz seines Vorworts in *À propos de L'U.R.S.S.* [Sowjetunion, Photographische Notizen von Henri Cartier-Bresson] lautet: »Ich bin weder Journalist noch Volkswirtschaftler, noch ein Photograph von Denkmälern und Sehenswürdigkeiten. Was ich zu sein versuche: ein aufmerksamer Beobachter des menschlichen Lebens.«[58]

164. Prizren, Jugoslawien, 1965

Die Einheit des Blicks

Die Kontinuität seines Denkens widerlegt die These, wonach es im Werk und im Leben Henri Cartier-Bressons zwei verschiedene und ungleiche Etappen beziehungsweise Perioden gegeben habe, die eine vor und die andere nach dem Zweiten Weltkrieg. Diese Behauptung wurde von Pierre de Fenoyl vertreten, der Cartier-Bressons Gesamtwerk gut kannte, da er mit der Klassifizierung und Organisation der Archive von Magnum betraut war: »Es läßt sich ein erster, sehr, sehr schöner und starker, umwerfender Wurf ausmachen. [...] Bei H. C.-B. gibt es vor allem diese eine Photoserie von 1933, die absolut wundervoll ist, irreal, surrealistisch, sehr schön. Es ist wahr, daß seine Produktion in der darauffolgenden Zeit zurückging. Die Geburt eines neuen Blicks, der sich immer mehr stilisierte, sich selbst betrachtete, fand statt. H. C.-B. hat seinen Stil nie in Frage gestellt, wie dies die Maler getan haben. Es gibt nur zwei Perioden bei H. C.-B.: vor und nach Magnum. Man kann sagen, daß es nach seiner afrikanischen Reise, von 1935 bis 1940, bis zum Moment seiner Gefangennahme, ein Loch gibt. Abgesehen von den Aufnahmen von

politischen Demonstrationen, die er mehr aus Freundschaft für einige der in diesen Bewegungen engagierten Personen denn als Photograph verfolgte und die die Grundlage eines publizistischen Werks bilden, kann hier schon nicht mehr von der überschäumenden Produktivität der Jahre 32, 33 und 34 die Rede sein.«[59]

Für Pierre de Fenoyl gibt es zwei Werke: Das erste, zwischen 1932 und 1934 entstanden, wurde ihm unmittelbar

165. Sarajewo, 1965

166. Valencia, 1933

durch den Zeitgeist eingegeben und erstrahlt im Glanz des Surrealismus, während sich das zweite im wesentlichen durch die Bildung eines »publizistischen Werkes« auszeichnet, dessen »starke« Zeit mit der Gründung von Magnum einhergeht (während »schwache« Zeiten durch Bilder gekennzeichnet sind, die, wenn nicht aus Gefälligkeit, so zumindest aus Freundschaft realisiert wurden). Für diese Einschätzung spricht, daß sie eine einfache Einteilung in Perioden und eine binäre Lesart seines Gesamtwerks präsentiert: eine inspirierte, der künstlerischen Photographie geweihte Periode einerseits und eine dem Beruf des Photographen, dem Pressebild gewidmete Periode andererseits, die unter dem Zeichen eines gewissen Heimwehs nach der Malerei steht, einer Nostalgie, der er letzten Endes doch zum Recht verhilft, da er sich schließlich der Zeichnung zuwendet.

Eine verlockende, doch angreifbare These. Pierre de Fenoyl unterscheidet einen ersten Wurf, der eine dithyrambische Würdigung erfährt, während das folgende Werk nur noch unnötige Wiederholung ist, Repliken einer Sehweise, die, kaum geboren, schon erstarrt, sich selbst anschaut und es unterläßt, den Stil in Frage zu stellen. Dies ist ein Geschmacksurteil, keine Analyse. Folgt man nämlich getreu den Spuren Henri Cartier-Bressons, läßt sich eigentlich doch nur ein Werk ausmachen. Seine Nachkriegsbilder sollen

angeblich einer Kategorie angehören, die »publizistisches Werk« getauft wird und aufgrund ihrer Bestimmung lediglich einem von den Umständen abhängigen Urteil unterliegt. Sie wäre dann, was der Journalismus für die Literatur ist ...

Im Grunde stützt sich diese These auf ein Apriori, wonach es in der Photographie rein künstlerische Gattungen gibt und daneben andere, die weniger künstlerisch sind, darunter auch die Reportage. Das wird a posteriori dadurch verschleiert, daß das Wort Reportage durch die Umschreibung »publizistisches Werk« ersetzt wird. Warum erfolgt eine derart negative Beurteilung der Reportage? Aus zweierlei Gründen. In der Reportage wird eine Photographie als Illustration eingefügt und damit auf ihren referentiellen Wert reduziert. Andererseits wird der Photograph durch die Forderung nach Aktualität und das mit ihr verbundene Auftragssystem in eine Situation der Abhängigkeit versetzt: Er hat keinerlei Einfluß mehr, weder auf das semantisch-ästhetische Schicksal der Photographie (da sie nur noch eine Illustration ist) noch auf das Motiv, das ihm durch die denkbar willkürlichste, unpersönlichste und unvorhersehbarste Instanz schlechthin – die Aktualität mit ihren Wechselfällen – aufgezwungen wird. In der dialogischen Beziehung, die der Begriff Photojournalismus nahelegt, nimmt der Journalismus überhand und vereinnahmt die Photographie.

167. Epirus, 1961

Laut Pierre de Fenoyl steht die Reportage dem kreativen Schaffen insofern im Weg, als der Adressat des Werks nicht das Werk als solches anvisiert (da er darin nur das sieht, worauf es verweist). Er schreibt: »Die Tatsache, daß er sein Werk durch ein söldnerhaftes Auftragssystem hat aufbauen lassen, ist im Zusammenhang mit einem großen Künstler eine verwirrende Angelegenheit.«[60] Das photographische Werk ist kein eigenes, persönliches Werk mehr, sondern wird, mit all den Mißverständnissen, die damit einhergehen können, als Bestandteil des Informationskreislaufs interpretiert. Was zu der Frage berechtigt, ob es sich wirklich noch um ein Werk handeln kann. Pierre de Fenoyl führt weiter aus: »Nach dem Krieg machte es ihm offenbar Spaß, einer Gruppe anzugehören und zusammen mit Capa und Seymour Magnum aufzubauen. Das ist wahr. Aber ein wenig mehr Distanz hätte nicht schaden können, denn er schloß sich damit einer, wie uns heutzutage scheint, sehr zwiespältigen Bewegung an, nämlich der Presse. Über die Vermittlung von *Life* und die durch den Marshallplan gewährten Zuschüsse erhielt Magnum damals viele Aufträge und konnte sich etablieren. Die gesamte französische Industrie arbeitete ja dank und vermittels der Aufträge durch den Marshallplan. So kam es, daß er wichtige Reportagen realisierte und *Life* seine letzten

großen Themen anvertraut hat. H. C.-B., darin ganz ein Kind seiner Zeit, hat sich durch das Phänomen der Presse vereinnahmen lassen, und vierzehn Jahre nach seinen ersten Aufnahmen, als er Magnum gründet, verschwindet das eigene traumhafte und persönliche Photo aus seinem Universum. Er bringt alles mit, um ein professioneller Photograph zu werden, allerdings wird dieser Wandel eine Zeitlang durch die kulturellen Themen gedämpft, die er bearbeiten mußte, wie beispielsweise das Photographieren von Künstlern (Matisse, Bonnard ...). Das Photo spielte lediglich eine Übergangsrolle in seiner Beziehung zur und seinem Interesse an der Kunst, ihr Gegenstand war es nicht.«[61]

Ein unfairer Prozeß, der hier gegen Henri Cartier-Bresson eröffnet wird. Schließlich war er es, der durch die Gründung von Magnum erstmals die Voraussetzung dafür schuf, daß Photoreporter das Schicksal ihrer Negative und Photographien, die sie Presseorganen zur Verfügung stellten, weitgehend selbst bestimmen konnten. Ab sofort war die Presse gezwungen, die Bilder mit Legenden zu versehen, für die sich die Photographen entschieden hatten, statt auf die mehr oder weniger fruchtbaren Eingebungen irgendeines Redakteurs zurückzugreifen. Aufgrund der Neuverteilung der Gewinne bot die Kooperative außerdem die Möglichkeit, nicht mehr

168. Montreal, Kanada, 1964

nur von einem exklusiven Auftraggeber abhängig zu sein, wodurch den Photographen ein größerer Freiraum gewährt wurde.

Auch der Gedanke von zwei unterschiedlichen Werken muß verworfen werden. Als Grund läßt sich die Einschätzung von Henri Cartier-Bresson selbst anführen, der schlagkräftig und kategorisch äußert: »Alles war schon von Anfang an in meinem Kopf, und ich habe meinen Standpunkt seitdem

169. Granada, 1933

nicht geändert!«[62] Nach aufmerksamer Betrachtung seines Werks muß man ihm recht geben.

Die Reportage ist keine Gattung, der er sich urplötzlich nach dem Zweiten Weltkrieg verschrieben hätte. Schon sehr früh bevölkern sich seine Bilder mit Gestalten, die einem im Verlauf seines Werks immer wieder begegnen: die Kinder, die mit ihren Spielen oder Träumereien den Raum beleben und mit Energie aufladen, die oft erschöpften und verängstigten Menschen, die auf der Straße sitzen oder liegen oder sich in Erwartung irgendeines lächerlichen oder tragischen Ereignisses in Massen zusammendrängen. Aufnahmen, die man zu Recht als Reportagebilder bezeichnen könnte, sind unter seinen ersten Photographien aus den Jahren 1931 bis 1934 mindestens genauso zahlreich vertreten wie Bilder, die mehr oder weniger deutlich der surrealistischen Ästhetik nahestehen, denn das Traumhafte, das sie in sich bergen, ist niemals Ergebnis einer rein ästhetischen Erfahrung, sondern hat immer die nackte und grausame Realität im Visier.

So frappieren die Übereinstimmungen unendlich mehr als die Unterschiede, wie beispielsweise zwischen einer 1932 in Marseille aufgenommenen Photographie, auf der zwei Männer ausgestreckt auf einem Rasen zu sehen sind, und einer 1947 in Boston entstandenen, die demselben Leitmotiv Abb. 161

170. Acapulco, Mexiko, 1964

folgt, allerdings in umgekehrter Komposition. Barcelona
Abb. 160 1933: Ein Mann ist neben einer Steige Obst eingeschlum-
mert; auf der Mauer hinter ihm die Kreidezeichnung eines
Abb. 162 Kopfes mit aufgerissenem Auge. Dazu New York 1945: zwei
Männer, von denen einer schläft, den Kopf in seine Arme ver-
Abb. 163 graben. Von Mexiko 1934 bis New York 1947 immer wieder
Menschen, die willenlos oder betrunken oder einfach verzweifelt auf den Straßen der Städte liegen, meist von oben
aufgenommen, so daß die Pflasterung oder der Asphalt einen
derartigen Raum im Bild einnehmen, daß sie das Scheitern
und gleichzeitig die einzige Perspektive dieser Menschen zu
symbolisieren scheinen.[63]

Oder noch einmal die Kinder – man könnte meinen, es
seien immer dieselben, die ihm auf allen Breitengraden unter
Abb. 164, 165 die Augen kommen –, eingefangen in den Netzen aus Licht
und Schatten, die die Architektur der Straßen rasiermesser-
scharf konturieren und noch den chaotischsten Stadtlandschaften Leben einhauchen. Andere, von einer Art Rausch
erfaßt, scheinen nur noch ihrem eigenen Innenleben zu
gehorchen: So erscheint ein Junge mit nach oben gewandtem
Abb. 166 Gesicht, aber geschlossenen Augen (Valencia, 1933) wie ein
Tänzer vor einer Wand, deren Anstrich an die hastig vorberei-
Abb. 167 tete Grundierung einer Leinwand erinnert. Epirus, Griechen-

land: Ein Junge läuft allein auf einer Bergstraße auf den Händen, als hätten die Mythen, die in dieser Hügellandschaft –
die der Ferne mit ihren bewaldeten Hängen ihren Rhythmus
verleiht – immer noch im Umlauf sind, sich seiner bemächtigt (1961).

Dann tauchen immer wieder Straßenszenen auf, in deren
Komposition Zeichnungen, Graffiti oder Wandmalereien
eine Rolle spielen und wo Gestalten aufkreuzen, die entweder
ein dramatisches Motiv abgeben oder einen mehr oder minder humoristischen sozialen oder kulturellen Verweis beinhalten, wobei dem weniger eine Technik der Collage zugrunde
liegt als eine Art Pars-pro-toto-Vorgehensweise. Sie lassen sich
in Granada wiederfinden (zwei junge Zigeuner, 1933), in Abb. 169
Montreal (drei Kinder, 1964), in Acapulco 1964 (ein rennen- Abb. 168, 170
des Kind, festgehalten zwischen einer Tür und einem Hofein-
gang; rechts an der Wand ein Schwertfisch) und auch in
Ahmedabad (1966), wo ein kleines Mädchen an einer Wand- Abb. 171
malerei vorbeigeht, die die Götter des indischen Pantheons
und insbesondere den von vier Löwen gezogenen Wagen des
Shiwa zeigt (erkennbar am Dreizack, am Zepter und am
Vajra, einer Art Diamant, die er an einer seiner rechten
Hände trägt), während sich zu Füßen dieser prachtvollen
Illustration die menschliche Not in aller Ruhe ausbreitet.

171. Ahmedabad, Indien, 1966

Alle diese Photographien belegen ganz offensichtlich die tiefgehende Einheit des Werks von Cartier-Bresson. Seine Reportagebilder hören nie auf, Übertragungen einer persönlichen Erfahrung zu sein, auch wenn allmählich eine andere Dimension zutage tritt: Die Erfahrung der Geschichtswerdung wird zwar in eine weniger »traumhafte« Stimmung eingebettet, deshalb schlägt sich Henri Cartier-Bresson von nun an aber keineswegs völlig auf die Seite der Reportage und der vermeintlichen photojournalistischen Objektivität.

Die bis ins Unendliche reichende Annäherung an den entscheidenden Augenblick setzt voraus, die Ausdrucksweisen des kollektiven Lebens zum Thema seines persönlichen Lebens zu machen und die oberflächliche Unterscheidung zwischen egotistischer und soziohistorischer Herangehensweise an menschliche Tatsachen abzuschaffen. Deshalb sind die Erschütterungen der Geschichte, von denen der Photoreporter Zeugnis ablegt, nicht so weit (wie man annehmen könnte) von jenen sonderbaren Begegnungen entfernt, die Henri Cartier-Bresson, der »abtrünnige« Sohn aus guter Familie, beispielsweise in den heißen Vierteln Spaniens oder Mexikos gerne festhielt und von denen er so kraftvolle Aufnahmen zurückbrachte. Tagebuch oder Reportage? Persönliche Erfahrung oder Eintauchen in eine gesellschaftliche

Realität, die wichtig genug ist, in einer Zeitschrift wiedergegeben zu werden? Hat es nach wie vor etwas mit persönlicher Erfahrung oder Reportage zu tun, wenn er Gandhi kurze Zeit vor dessen Ermordung photographiert? Ist seine dreijährige Anwesenheit in Indien kurz nach der Gründung von Magnum ein Zufall, hat sie mit den notwendigen Bedingungen eines Auftrags zu tun, oder gehorcht sie vielleicht einem anderen Gesetz als dem, mit dem ein Reporter verpflichtet wurde, sich in ein Land zu begeben, in dem die Gewaltlosigkeit und die Entkolonisierung erfunden wurden, zwei Schlüsselkonzepte des ausgehenden 20. Jahrhunderts?

Wer nach der Kontinuität des Blicks von Henri Cartier-Bresson und der Einheit seines Werks fragt, kann keinen Moment lang annehmen, daß er sich ausschließlich aus Informationsgründen und wegen Magnum über mehrere Jahre hinweg in Asien aufhält und darin nicht die notwendige Entwicklung eines geistigen Abenteuers sieht, dessen gedanklicher Anknüpfungspunkt die asiatische Welt ist.

Natürlich lassen sich die Bilder der Einäscherung Gandhis, die Massenszenen anläßlich der Trauerfeierlichkeiten unter photojournalistischem Blickwinkel betrachten. Sieben Photographien aus dieser Reportage wurden im Band *Henri Cartier-Bresson. En Inde* veröffentlicht. Eine von ihnen zeigt

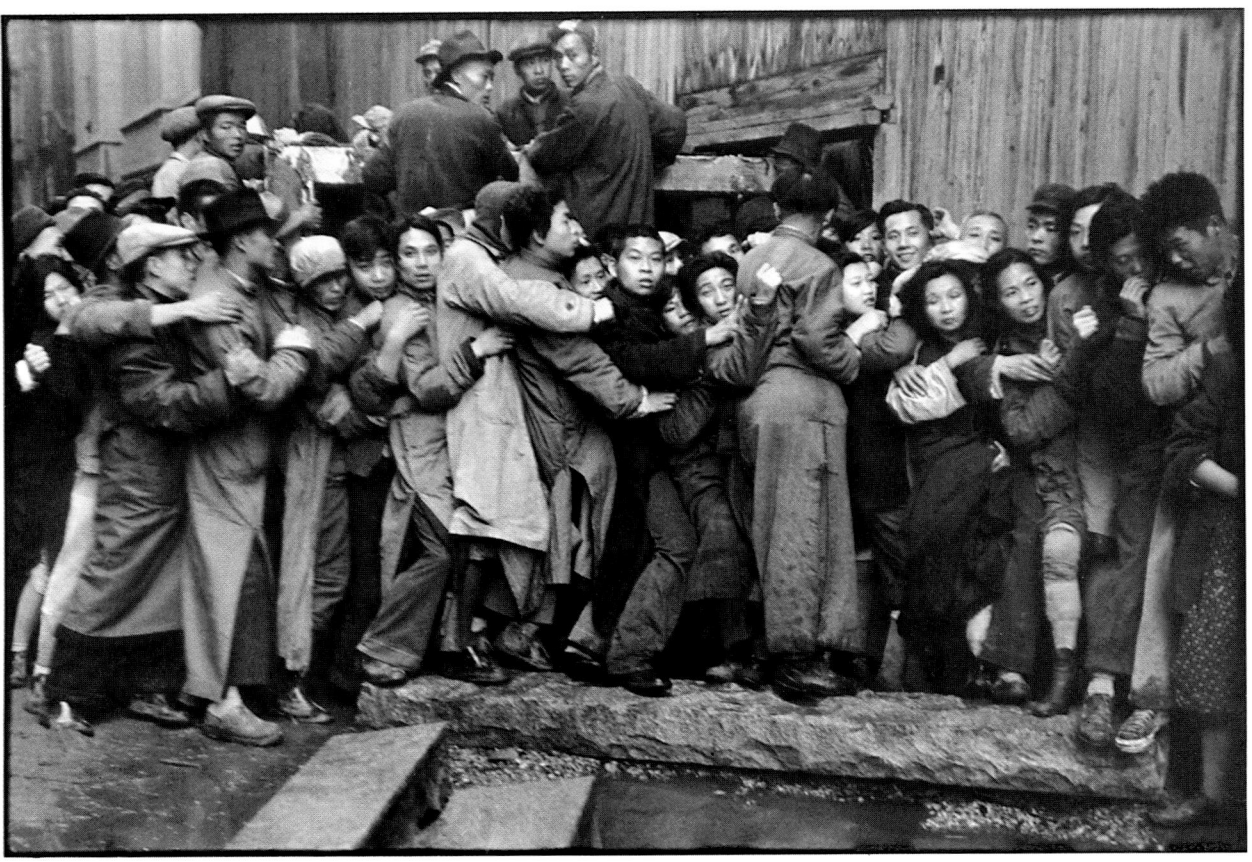

172. Shanghai, 1949

173. Begräbnis von Sri Ramana Maharishi, Südindien, 1948

174. Einäscherung von Gandhi, Delhi, 1948

175. Madrid, 1933

Abb. 174 eine kleine Menschentraube, die sich auf einem schiefen, kahlen Baum postiert hat, der eine endlose, dichte Menschenmenge überragt. In besagter Ausgabe liest sie sich wie ein Teil eines Berichtes über die Bestattung von Gandhi. In der bei Delpire erschienenen Anthologie hingegen liest sich exakt dieselbe Photographie, hier umrahmt von den Aufnah-

Abb. 172 men eines Aufruhrs während der letzten Tage der Kuomin-

Abb. 145 tang *(Shanghai, 1949)* und einer Versammlung in Paris 1954, eher als eine Variation zum Thema Masse, mit dem er sich vor allem im Fernen Osten immer wieder auseinandersetzte.

Die Interpretation eines Bildes hängt folglich eng mit seiner Präsentation und seinem Verbreitungsmedium zusammen. Sein informativer Gebrauch beeinträchtigt allerdings in keiner Weise seine Autonomie: Wodurch sollte die Aufnahme der indischen Menschenmasse, die wie ein Fluß einen Baumstumpf in seinen tiefen Gewässern mitführt, weniger traum-

Abb. 166 haft sein als die eines Kindes in Valencia (1933), das sich mit seiner Hand gegen eine Mauer stützt, auf der sich im oberen Teil eine Form abzeichnet, die seiner Silhouette ähnelt?

Als Paradebeispiele für die Einheit und zugleich die Entwicklung von Henri Cartier-Bressons Werk können zwei Photographien gelten, auf denen jeweils ein Vater mit seinem

Abb. 175 Sohn abgebildet sind. *Madrid, 1933:* Gegen eine Mauer

gelehnt, hält ein junger, ängstlich dreinschauender Mann mit angespannten Gesichtszügen und einem fast wilden Blick ein Kind in seinen Armen, als ob es sein einziges Hab und Gut und seine einzige Hoffnung wäre. Ein zugleich furchterregender und berührender Anblick.

Wie sollte man diese Szene nicht mit einer 1980 in Indien Abb. 176 aufgenommenen Photographie in Verbindung bringen, auf der an einem Strand ein kleiner, nackter Junge seinen Kopf in den väterlichen Schurz vergräbt, sein Körper zwischen den Beinen des Vaters, die er umschlingt, während dieser Fischernetze trägt? Auch dies ein berührendes Bild, dessen Symbolik bei soviel Transparenz irreführend ist und das ebenfalls von der Liebe zwischen Vater und Sohn handelt, von der Arbeit des Vaters (das Madrid-Photo evozierte eher Arbeitslosigkeit, doch handelt es sich sehr wohl um dasselbe thematische Paradigma), vom Kontrast zwischen der Fülle an väterlicher Liebe und seiner materiellen Not (wobei die indische Armut – zumindest zu diesem Fall – dank eines Gleichgewichts von Mensch und Natur, durch die Nacktheit symbolisiert, sublimiert wird).

Über den offensichtlichen Unterschied in der Tongebung dieser beiden Bilder hinaus, das eine verzweifelt, das andere glücklich, erzählen sie uns doch dieselbe Geschichte. Und

176. Ein Fischer und sein Sohn, Puri, Orissa, 1980

wenn es tatsächlich eine Entwicklung vom einen zum anderen gibt, dann geht sie in Richtung eines Zugewinns einer gewissen Ausgeglichenheit, einer Harmonie. Es wird einen nicht sonderlich verwundern, festzustellen, daß dieser Wandel des Blicks eine geistige Wanderung widerspiegelt, deren Weg durch die indische Welt und über Ratna, seine erste Ehefrau, führte.

Zur Reportagephotographie scheint sich sein Werk also ebensowenig zu entwickeln, wie es sich von der Malerei entfernt. Daß nicht jede seiner Reportagen vom heiligen Feuer der Entdeckung glüht und einige offensichtlich mehr der Freundschaft zu verdanken sind, als daß sie ein Beitrag im Interesse der Kunst wären (aber ist das wirklich ein so seltenes Phänomen?), rechtfertigt nicht unbedingt die Behauptung, daß ein »söldnerhaftes« Auftragssystem für die Verwässerung der Inspiration verantwortlich ist. Im Namen welcher Ideologie sollten die Hilfsprogramme des Marshallplans kompromittierender sein als andere (die der Farm Security Administration beispielsweise, die Walker Evans tatsächlich als bedrückend empfand)? Ist es wirklich so neu, daß Künstler für Institutionen arbeiten, die möglicherweise eine »message« mit Hilfe ihrer Werke transportieren, ohne damit den Wert oder die Tragweite des Werkes zu beeinträchtigen?

Die Kunst der Renaissance wurde nicht anders gemacht.[64] Dies vergessen zu wollen bedeutet, eine romantische Vorstellung vom Künstler zu untermauern, die weder allgemein-

177. Paul Valéry, 1946

gültig ist, noch irgend etwas mit dem Selbstverständnis Cartier-Bressons zu tun hat. Die Photographen, die von Zeit zu Zeit für den Marshallplan arbeiteten, trugen zur Aufstockung des Budgets von Magnum bei und ermöglichten eine Freiheit, von der andere ihrerseits profitierten.

Auch wenn die Gattung der Reportage sehr wohl eine Konstante in seinem Werk darstellt, und das seit seinen Anfängen, so hat die Malerei doch nicht aufgehört, Informationen zu liefern und immer wieder strukturierend einzugreifen, sei es mit der Forderung nach formaler Strenge, die sie auferlegt, oder bei der ständigen praktischen Umsetzung einer gemeinsamen Gattung von Malerei und Photographie: dem Portrait.

Das Portrait

Der entscheidende Augenblick legt eine Reflexion über jene Bereiche nahe, die die Malerei an die Photographie abgetreten hat, nämlich die Historienmalerei (das Äquivalent zur Reportage) und das Portrait. »Es gibt ein ganzes Terrain, das

nicht mehr von der Malerei bearbeitet wird. Manche behaupten, schuld daran sei die Entdeckung der Photographie; wie auch immer, Tatsache ist, daß die Photographie einen Teilbereich in Form der Illustration übernommen hat. Aber ist es nicht so, daß die Entdeckung der Photographie ein Grund für die Maler war, eines ihrer großen Themen – das Portrait – aufzugeben? Vor Gehrock, Schirmmütze und Pferd schreckt selbst der akademischste unter ihnen zurück; die Kehle würde ihm zugeschnürt von all den Meissonier'schen Gamaschenknöpfen. Aber was sollte uns – die wir vielleicht etwas weitaus Flüchtigeres wollen als die Maler – daran stören? Wir finden das eher amüsant, denn mit unserer Kamera akzeptieren wir das Leben mit seiner ganzen Realität.«[65] Hier amüsiert sich Henri Cartier-Bresson über all jene, die sich für Abweichler halten, wenn sie Portraitaufnahmen machen, und stellt fest, daß die bis vor hundert Jahren edelste Gattung der Malerei, die Historienmalerei, von den Malern verachtet wird, seit die Photographie alle sozialen und ästhetischen Funktionen dieses Bildtyps erfüllt. Er wirft einen belustigten Blick auf die Vergänglichkeit der Moden, den Walzer der Akademismen – und macht sich ein Vergnügen daraus, die Nachfolge anzutreten: Wenn die Maler nicht mehr nach der Natur arbeiten wollen, tut es eben der Photograph und schöpft daraus seine

178. Albert Camus, 1944

Existenzberechtigung. Für Henri Cartier-Bresson scheint das Portrait eine Gattung gewesen zu sein, auf die er immer wieder zurückkam, eine ständige Auseinandersetzung; es ist jedoch unmöglich, ihm eine bestimmte Periode zuzuweisen, es eindeutig von der Reportage abzugrenzen oder gar eine Verbindung zwischen seiner Tätigkeit als Portraitist und irgendeiner persönlichen Zelebrierung der Kunst, irgendeinem Prominentenkult herzustellen. Kurze Zeit vor seiner großen Reportage über die Befreiung von Paris 1944 realisiert er eine Serie von Künstlerportraits (Matisse, Bonnard, Braque, Camus, dann Valéry im Jahr 1946 ...), die ihre Existenz nicht irgendeiner nostalgischen Anwandlung verdanken; der Kunst selbst wird sich Cartier-Bresson von nun an nur noch über diesen spöttisch-fetischistischen Umweg nähern. Daneben dürfen das Portrait von Madame Lanvin oder jenes strahlende Portrait von Irène und Frédéric Joliot-Curie nicht unerwähnt bleiben, die kaum eine Beziehung zur Welt der Kunst unterhielten. Ansonsten hatte er ab 1932 auch Pierre Colle und Christian Bérard in ihren Betten photographiert, 1934 Antonio Salazar in Mexiko. Diese allmählich zusammenkommende Portraitsammlung verband ohne Unterschied Künstler, egal ob berühmt oder nicht, mit unbekannten oder anonymen Personen in einer Weise, wie sie in

Abb. 178, 177

Abb. 179

Abb. 261

Photoportraits wiederaufgenommen wurde, einem Werk, in dem die berühmten Gestalten der Spanien- und Mexiko-Serie von 1933/34 wieder auftauchen und in der Retrospektive wie Portraits von Unbekannten vorgestellt werden.[66]

Die von Henri Cartier-Bresson photographierten Personen sind nicht Teil eines »kulturbeflissenen Motivs« – sofern es sich dabei um eine Kategorie handelt, die eine Beurteilung nach der Identität des Dargestellten und seiner Berühmtheit, die wiederum vom Auftraggeber eingeschätzt wird, voraussetzt –, was für die bunte Zusammenstellung der Ausgabe der *Photoportraits* sowieso nicht von Bedeutung ist.

Der Bekanntheitsgrad war zweitrangig, als er Truman Capote 1947 photographierte, mit dem er in New Orleans im Auftrag von *Harper's Bazaar* zusammenarbeitete. Das gleiche gilt auch neben vielen anderen für Aufnahmen von Carson McCullers und Claude Roy in Manhattan im Jahr 1946.[67]

Seit den dreißiger Jahren konstituierte sich allmählich, was später die Gestalt und die Beschaffenheit eines Portrait-Œuvres annehmen sollte, mit all seinen unterschiedlichen Menschen, alles zufällige Begegnungen, faszinierend und vergänglich zugleich. Ein verängstigter Mann in Warschau (1931), eine eingemummelte Lady auf einer Bank im Hyde

Abb. 180

Abb. 181

Abb. 182

179. Jeanne Lanvin, 1945

Abb. 183

Park (1938), ein Mann, der in einem Terrassencafé in der Avenue du Maine in Paris sitzt (1932).

Von diesen Unbekannten sind seitdem einige berühmt geworden, wie Saul Steinberg, der damals ein obskurer Zeichner war. Viele sind auch Freunde von Cartier-Bresson, wie beispielsweise André Pieyre de Mandiargues und Léonor Fini, seine Reisegefährten in Triest (1933), und später Mandiargues und Bona.[68] Oder auch Alberto Giacometti (den er seit 1938 photographierte, damals sitzend in seinem Atelier, in der Nähe eines Stuhls mit beschädigtem Strohsitz), von dem er wunderbare Aufnahmen seines Alltags in Paris oder bei seinen Eltern in Stampa in Graubünden 1961 machte.[69] Wel-

Abb. 184

chen Sinn mag im übrigen der Begriff des »kulturbeflissenen

Motivs« wohl für einen Mann machen, der im Alter von weniger als zwanzig Jahren bereits mit René Crevel, Max Jacob, Louis Aragon und Max Ernst befreundet war?[70]

Die Unterscheidung zwischen künstlerischer Photographie, Portrait- und Reportagephotographie besitzt nur im Rahmen einer Problematik der Gattungen Gültigkeit und ist nur dann analysierbar, wenn eine Gattung, wie Robert Scholes schreibt, die Einrichtung einer Schöpfungsmatrix, eines »Erwartungshorizonts« für den Künstler und eines »Lesepakts« für den Adressaten des Werks repräsentiert.[71]

Peter Galassi, der die ersten Photographien von Henri Cartier-Bresson besonders herausstellt, unternimmt jedoch keine strenge Unterscheidung zwischen seiner Jugendperiode

180. Truman Capote, 1947

181. Carson McCullers, 1947

182. Hyde Park, London, 1938

183. Avenue du Maine, Paris, 1932

184. Alberto Giacometti, Stampa, 1961

185. Metzger auf dem Markt von Saint-Honoré, Paris, 1968

186. Quai de Javel, Paris, 1932

und dem darauffolgenden Werk und schreibt eher differenzierend: »Verglichen mit der sibyllinischen Kraft der ersten Werke, läßt sich die größere Lesbarkeit der späteren Bilder, angefangen bei *An den Ufern der Marne,* viel leichter mit der Ästhetik des Photojournalismus verbinden.«[72] Seiner Meinung nach beginnt also 1938 (das Jahr der Aufnahme des besagten Photos) sein »Spätwerk«. Auch wenn es etwas Amüsantes hat festzustellen, daß Cartier-Bresson zu dieser Zeit gerade mal dreißig war, was recht früh anmutet, um ein Spätwerk zu beginnen, entspricht es im großen und ganzen mehr der Realität seines Werks, wenn man unterstreicht, daß und wie schnell es sich für eine Analyse der soziohistorischen Verhaltensweisen öffnet. Peter Galassi fügt im übrigen hinzu, daß der Begriff des Spätwerks »die Komplexität und die Fülle eines Werks verdeckt, das noch darauf wartet, untersucht zu werden«.[73] Stimmt es überhaupt, daß seine Photographien jüngeren Datums, die, nur weil sie nicht mehr so überraschend sind wie in den dreißiger Jahren, deshalb weniger originell, weniger kraftvoll, weniger sinnlich sind? Das ist nicht gewiß. Zeigt das Werk selbst Ermüdungserscheinungen, oder fehlt dem Blick, der darauf geworfen wird, die nötige Frische und der Scharfsinn, es richtig zu sehen?

Die Veröffentlichung seiner Photographien war Gegenstand verschiedenster Klassifizierungen, sei es nach Themen, Ländern, Gattungen oder kreativen Formeln. Eines der Interessen, das der bei Delpire erschienenen Anthologie zugrunde liegt, bestand darin, eine systematische Vermischung der verschiedenen Perioden vorzunehmen, die die Lesbarkeit des Ganzen nicht beeinträchtigt und der Phantasie die Freiheit läßt, ein eigenes Interpretationsnetz zu entwerfen, eine Vielzahl von Assoziationen und formalen Verweisen zu entdecken beziehungsweise zu erfinden, die nur aufgrund der inneren Homogenität des Werks existieren. Dasselbe läßt sich im Hinblick auf die 1994 erschienene Publikation von *Paris à vue d'œil* feststellen: Durch die Hauptstadt, die sich mausert wie ein Tier, wandert derselbe Blick mit amüsiertem und erbarmungslosem Scharfsinn. Mit der Zeit verändert sich seine Vorgehensweise, wird einfacher in der Annäherung an das Motiv und komplexer in der Analyse.

Auf diese Weise werden im Paris-Buch das Bild der Metzger auf dem Markt von Saint-Honoré aus dem Jahr 1968 und Abb. 185 die Aufnahme vom Quai de Javel aus dem Jahr 1932 zur Abb. 186 Betrachtung freigegeben. Während das letztgenannte wie ein Gruppenportrait wirkt, auf dem seltsam aufgemachte, staub-

187. Harry Brauner, 1978

188. Ezra Pound, 1970

bedeckte Gestalten (mindestens zwei von ihnen scheinen Latino-Amerikaner zu sein, was selten ist im damaligen Paris) vor einem Hintergrund aus Jutetaschen stehen, der wie eine realistische und zugleich abstrakte Kulisse anmutet, kommt es im ersten Bild, das vergleichbare thematische und formale Elemente aufweist, zur Dekonstruktion einer Bewegung in verschiedenen Phasen, an der fünf Männer in weißen Kitteln, die ein großes Stück Fleisch ausladen, beteiligt sind.

Der Dokumentarwert dieser Bilder sowie die Strenge ihrer Komposition sind haargenau die gleichen. Im Metzger-Bild wird dank des subtilen Spiels mit den Blicken und vor allem aufgrund der Anordnung der Hände die Plastizität einer Gesamtbewegung und die für eine derart koordinierte Handlung erforderliche Fertigkeit festgehalten – so bescheiden sie auch immer sei –, deren verschiedene Phasen in einen einzigen Augenblick zusammengefaßt sind. Das Bild gewinnt an Tiefe und Komplexität hinzu, was es an Mysteriösem verliert.

Doch um was handelt es sich dabei eigentlich, um Dokumente einer Reportage oder um Portraits? Eine kreative Formel, die seiner Praxis der Reportage entsprungen wäre, hat er nicht in die Gattung des Portraits eingeführt. Eher umgekehrt. Die Portraits des Henri Cartier-Bresson entreißen dem dahineilenden Leben einer Persönlichkeit einen authentischen Moment, und jede Situation ist immer wieder neu und unvorhersehbar, abhängig von den jeweiligen individuellen Ausprägungen und Umständen.

Abb. 188

Ezra Pound, der kein einziges Wort spricht, ist ganz Innenleben: »Ich habe eineinhalb Stunden vor ihm gekniet, ohne mit ihm zu sprechen; ich habe vielleicht zehnmal auf den Auslöser gedrückt. Er rieb sich die Hände, zwinkerte mit den Augen ... Wir verspürten nicht die geringste Verlegenheit.«[74] Dagegen veranlaßt ihn die Affektiertheit einer Schriftstellerin, von der er nach der Befreiung 1944 ein Portrait gemacht hatte und die ihn einige Jahre später um ein weiteres bittet, zu dem entnervten Stoßseufzer: »Wieviel Zeit wird das kosten? Etwas länger als ein Zahnarztbesuch und etwas kürzer als eine Sitzung beim Psychoanalytiker [...].«[75] Dieses eine Mal war der Stoß des Fechters eine Verbalpirouette.

In jedem dieser Fälle war es ausschlaggebend, daß ein spezifisches Verhältnis zwischen der Persönlichkeit, einem plastischen Gefüge und einem zeitlichen Substrat hergestellt wurde, auf dessen Grundlage der entscheidende Augenblick erst zustande kommen kann. Man kann sogar sagen, daß die Position des Portraitphotographen die Anforderungen der Reportage noch übersteigt. Mehr denn je ist er dann der Seiltänzer, der Taschendieb. Mehr denn je ist die Portraitphotographie ein direktes Frage-und-Antwort-Spiel im Angesicht der Wirklichkeit. »Manchmal ist es fast peinlich, denn durch den Sucher sieht man die Leute sozusagen entblößt. Ein Portrait muß wie eine Frage sein, die man stellt, und dann kommt die Antwort in dem Moment, in dem man auf den Auslöser drückt. Das ist sehr schwierig, denn ein Gesichtsausdruck ist etwas so Flüchtiges [...]. Es darf nicht nur eine Geste, eine Mimik, etwas Vorübergehendes sein. Es muß sich etwas aus der Tiefe widerspiegeln.«[76]

Und auch für das Portrait muß diese Regel gelten: sich selbst vergessen und in Vergessenheit bringen. Die mit der Überraschung einhergehende Emotion ist auch da eine Garantie für Wahrheit: »In der Überraschung ist der erste Eindruck, den man von einem Gesicht bekommt, im allgemeinen ziemlich richtig. Und meiner Ansicht nach fällt es schwerer, diese Prägnanz zu wahren, wenn man sein Gegenüber sehr gut kennt, aber das würde ich nicht zur Regel machen wollen. Der Photograph muß versuchen, in Vergessenheit zu geraten, muß erahnen, was sich auf flüchtige Weise offenbart, den Moment für sich nutzen, in dem die Person in ihrer eigenen Umgebung sich selbst gegenübersteht, und den Apparat behutsam zwischen Hemd und Haut schieben. Niemals sage ich dem Menschen vor mir, was er zu tun oder zu lassen hat. Ich bin es, der seinen Standort wechseln muß, und oft würde ich am liebsten sagen: ›Ich bin nicht da. Seien Sie Sie selbst!‹« Worauf François Mauriac ihm antwortete: »Sie sind aber kompliziert!«[77]

Die Äußerung: »den Apparat behutsam zwischen Hemd und Haut schieben« ist die Formel, hier auf das Portrait angewandt, mit der sich das Verhältnis von Photograph und Realität am treffendsten definieren ließe: Es geht darum, den Apparat in den Zwischenraum zu schieben, in dem sich das Leben als solches offenbart. Henri Cartier-Bresson verwendet für die Portraits dasselbe 50-mm-Objektiv wie bei seinen Reportagen, weil es durch seine größere Nähe zur normalen Wahrnehmung die Möglichkeit bietet, die richtige Distanz zwischen zwei Personen herzustellen und einen Augenblick der Menschlichkeit zutage kommen zu lassen. »Das ist mein Leben: eine gewisse Distanz zu den Leuten. Der Weitwinkel brüllt, und das 90-mm-Objektiv erinnert mich an Hörrohre, wie sie die alten Damen früher benutzten. Kein einziges Photo wird neu eingestellt. Ich freue mich einfach, wenn das Wild zur rechten Zeit kommt. Ich habe mir nie selbst ein bestimmtes Pensum abverlangt und gesagt: Jetzt mache ich Portraits. Doch seit ich fünfzehn bin, kreisen meine Gedanken um die Malerei, und ich habe viele Schriftsteller kennengelernt. Auch von *Harper's Bazaar* und *Vogue* kamen Aufträge. Ich habe um Zeit gebeten, damit ich vor der Begegnung lesen konnte, das Werk verinnerlichen konnte. Und dann muß man die Farbe der Wand annehmen, damit sind wir bei Zen und dem Bogenschießen: Um zur lichtempfindlichen Platte werden zu können, darf man das eigene Ich nicht zur Geltung kommen lassen. Ein Schnitzer ist schnell passiert: Man berührt die Hörner der Schnecke, und schon verkriecht sie sich in ihr Haus. Ich bin neugierig auf die Menschen, aber ich fälle nie ein Werturteil über die, die ich photographiert habe, und ich verherrliche sie nicht, ich ziehe keinerlei

189. Ubud, Bali, 1949

190. Pierre Josse, 1979

Schlußfolgerung. Ich mag den Zynismus gewisser Portraitisten nicht, er fällt auf sie zurück wie Spucke, die man vertikal in die Höhe schleudert. Man kann auch kein Portrait von einem hübschen Gesicht machen, das wäre nicht viel mehr als die Haut eines Kinderpopos. Michaux sagte einmal so etwas wie: Die Brüste der balinesischen Frauen sind sehr schön, aber sie erzählen weniger als ein Blick. Alles kann man wegschminken, außer der Augenfarbe ... Mein Portrait von Doisneau ist sicherlich nur ein *snapshot* ohne plastische

Tiefe, doch mich interessiert die Menschlichkeit, sie ist das Mark.«[78]

Bei Reportage und Portrait hat man es so sehr mit ein und derselben Vorgehensweise zu tun, daß diese Ähnlichkeit die Unterscheidung zwischen beiden Gattungen fast verwischt; die Realisierung des Werks orientiert sich am selben kreativen Schema, und die Rezeption der Photographie sieht sich auf denselben Erwartungshorizont hin geleitet. Reportage und Portrait klären sich wechselseitig auf: Henri Cartier-Bresson

191. New York, 1959

»psychologisiert« die soziale und historische Wirklichkeit, um in ihr den Augenblick aufzudecken, in dem sich eine Emotion zeigt. Und er »macht diejenigen zu Ereignissen«, die er portraitiert, indem er der Ruhe nachspürt, in der sein Gegenüber absichtslos, ganz für sich die größtmögliche Bereitschaft hat, sich mit Leib und Seele hinzugeben.

Photographie kann dann diese Sprache des Werdens sein, von der Vladimir Jankélévitch im Zusammenhang mit Musik spricht, wie in dem 1959 an Bord eines Schiffes aufgenommenen Bild, auf dem ein Mann mit offenem Mund die Skyline von New York anstaunt, die sich im Fenster spiegelt: In diesem einen Augenblick konzentrieren sich die Träume etlicher Einwanderergenerationen, wie sie Elia Kazan in seinem Roman *Amerika, Amerika* erzählt. Sein ganzes Werk hindurch lauscht Henri Cartier-Bresson auf die Musik des Werdens, doch fügt er im Laufe der Zeit Instrumente hinzu und bereichert unaufhörlich die Grundmelodie mit seiner Polyphonie.

Abb. 191

Der Zen-Bogenschütze

Alle Kräfte sind gespannt. Das Wort dürfte ihm nicht mißfallen. [...] was überraschend wirken mag, ist, daß die Bilder, zum Preis von tausend Qualen entworfen, in ihrem unfehlbaren Ausschnitt soviel Gleichgewicht und Frieden aufweisen. All jene, die dieses Phänomen zu erklären versuchten, haben sich schleunigst in den Schatten der gelehrten Worte und der gewagten Vergleiche verkrochen. Ein einziger Vergleich scheint mir richtig zu sein, der mit dem Bogenschießen.
Henri Cartier-Bresson, das ist Cupido mit seinem Pfeil. Anmut und Konzentration.
ROBERT DOISNEAU, *À l'imparfait de l'objectif*

So wenig der Photojournalismus die Vollendung seines Werks bedeutete, so wenig erschöpfend war *Der entscheidende Augenblick,* wie dicht und wichtig dieser Text auch sein mag, für Henri Cartier-Bressons Reflexionen über die Photographie. Seit Mitte der sechziger Jahre schwört er nur noch auf ein Büchlein von Eugen Herrigel über das Zen-Bogenschießen, das er für die vollkommene Definition photographischer Kunst hält. Die Assoziation von Schuß und Photographie hatte das Gefühl des (banalen) Offensichtlichen für sich. Die Assoziation von Bogenschießen und Photographie hingegen rief Ratlosigkeit hervor. Man war Cartier-Bressons Respektlosigkeit gewohnt. Man wußte, daß er ganz nach der Art Stendhals gerne humoristisch gefärbte Leitsprüche einsetzte: Er bediente sich bei Tolstoi, Rousseau, Saint-Simon, Montesquieu und entnahm ihnen Maximen, die dieses oder jenes Problem hinsichtlich der Photographie oder des Lebens – was auf dasselbe hinausläuft – umschrieben, als wollte er seine eigenen Gedanken banalisieren, indem er sie hinter Zitaten von unbestrittener Autorität verbarg, und zugleich verlauten lassen, daß jede Erklärung im Grunde immer unnütz ist. Mit der ritterlichen Kunst des Bogenschießens aber überschreitet er frohen Mutes eine gewaltige

kulturelle Kluft. Dennoch finden sich, lange bevor er überhaupt Kenntnis von Herrigels Buch hatte, in *Der entscheidende Augenblick* andeutungsweise die ersten Grundzüge einer von den östlichen Philosophien inspirierten Konzeption photographischer Tätigkeit. Er hat das Gefühl, eine echte theoretische Enthüllung gemacht zu haben: Im Rahmen der Zen-Philosophie hat er die Möglichkeit, eine Synthese zu finden, welche die überkommenen konzeptuellen Schemata des Surrealismus nur unvollkommen wiederzugeben vermochten.

Das Zen stellt eine Bereicherung und erneute Erweiterung der Interpretation seiner Tätigkeit als Photograph dar, wie er sie bereits anhand des Surrealismus vorgenommen hatte, und bietet ihm die Möglichkeit, all das, was letzterer ihm an Denkmöglichkeiten vorenthielt, zu formulieren (das Gleichgewicht zwischen Subjekt und Welt, den Respekt für das Leben, die Askese des Willens, Harmonie, Freude). Vom einen zum anderen zieht sich der rote Faden einer Kontinuität.

Nichts an dieser Entwicklung, das sei der Genauigkeit halber gesagt, ähnelt von nah oder fern einer Konvertierung im religiösen Sinn des Wortes. Als stilisierte Disziplin, die auf die Erfüllung seiner selbst durch demütige Beschäftigungen

192. Koen Yamagushi, Kyoto, 1965

hinausläuft, ist Zen »das tägliche Bewußtsein«, wie Baso Matsu es ausdrückt.[1] Wollte man eine Metapher aus dem Bereich des Sports verwenden, ließe sich vielmehr von einem »Staffelwechsel« sprechen. Zwischen der Epoche, in der er sich laut Capa in einer Weise präsentierte, daß man ihn für einen surrealistischen Photographen halten konnte – es war die Zeit, in der er den Text *Der entscheidende Augenblick* schrieb –, und der Epoche, da er im Zen die endgültige Formel für seine künstlerischen Auffassungen erkannte, vollzieht sich ein langsamer und allmählicher Reifeprozeß, durch den sich wie ein roter Faden, um einen Ausdruck von Goethe zu verwenden,[2] eine gewisse Form von Animismus zieht.

Schon die Art und Weise, wie Cartier-Bresson mit diesem Abb. 193 Buch in Berührung kommt, ist nicht uninteressant. »Braque hatte mir *Zen in der Kunst des Bogenschießens* von Herrigel Abb. 194 geschenkt, auf das ihn zuvor Jean Paulhan aufmerksam gemacht hatte.«[3] Die erste französische Ausgabe erschien 1953, also kurz bevor er *Den entscheidenden Augenblick* verfaßte.[4] Der Weg, den dieses Buch nimmt, verläuft parallel zum intellektuellen und künstlerischen Leben des Jahrhunderts. Es ist weder bloße Begleiterscheinung irgendeiner mystisch angehauchten Krise und folgt noch weniger irgend-

einer Mode. Im übrigen hat Braque diesem Werk eine Bedeutung beigemessen, die weit über eine reine Lektüre-Empfehlung, wie man sie einem Freund gibt, hinausging, da er 1960 eine illustrierte Ausgabe herausbrachte, der er am Schluß eigene Aphorismen über Kunst und Schöpfung beifügte.[5]

Cartier-Bresson hält dieses Büchlein für den die Ästhetik der Photographie begründenden kanonischen Text. Zum einen, weil er weder ein Traktat über die Kunst noch ein gelehrter Kommentar ist, sondern gelebte Erfahrung wiedergibt (diese Dimension ist von fundamentaler Bedeutung) und ohne jedes Dogma sämtliche Aspekte menschlichen Lebens ins Spiel bringt. Er ist gleichermaßen die Aufzeichnung eines technischen Lernprozesses, eine Infragestellung seiner selbst, die Suche nach innerer Vervollkommnung, Initiation in die Schönheit und Eroberung der Harmonie mit der Welt und erfaßt somit die geistigen, materiellen und künstlerischen Dimensionen, die in seiner eigenen Erfahrung als Photograph schon immer eine Einheit gebildet haben.

Aber was genau an diesem Werk macht es möglich, eine photographische Ästhetik zu definieren oder eine Kunst zu begreifen, selbst wenn sie ritterlich ist?

Ohne Zweifel geht es im einen wie im anderen Fall

193. Georges Braque, 1947

darum, anzuvisieren und dann einen Vorgang auszulösen, dessen Resultat darin besteht, die Bewegung dort zum Erstarren zu bringen, jäh anzuhalten, wo das Auge unfähig ist, sie zu erfassen – so gesehen die Verwirklichung der antiken Obsession des Zenon von Elea, für die Paul Valéry eine Formel gefunden hatte: »Achill unbeweglich mit großen Schritten!« Reicht das, um zu vergessen, daß der Photograph ein Bild produziert, während der Bogenschütze nichts hervorbringt, was mit mindestens einer der Qualitäten (Zeugnis, Emotion, Symbol usw.) zu tun hat, die jede auch noch so unbedeutende Photographie besitzt? Was macht der Schütze, sollte er ein Meister seines Fachs sein, anderes, als die reine und einfache Selbstbeherrschung auszuüben, ohne eine sichtbare Spur oder ein Werk zu hinterlassen, das ihn überdauert? Gewiß geht mit seinen Gesten eine ästhetische Komponente einher, und er kann ein gewisses Vergnügen dabei empfinden, zu sehen, wie der Pfeil die Mitte einer Zielscheibe trifft. Doch den Kriterien zur Definition von Kunst als Produktion eines Gegenstands oder einer Darstellung, in denen wir unsere Sensibilitäten wiedererkennen, ist damit keineswegs Genüge getan. Darüber hinaus ist auch die Photographie, außer in der Phantasie, kein echtes Schießen, da niemand wirklich *getroffen* wird (außer vielleicht der Betrachter). Doch die Problem-

stellung in solchen Begriffen zu formulieren, nimmt einem ganz offensichtlich jede Chance, ihre Lösung in irgendeiner Weise voranzutreiben.

Die Frage sollte nicht lauten, ob Bogenschießen eine Kunst sei – und auch nicht, ob Photographie wirklich Schießen sei –, sondern was es uns über die Photographie lehren kann, da das eine wie das andere ein Instrument ist, im Augenblick selbst und aus der Distanz heraus auf die Realität einzuwirken. Andererseits ist das Bogenschießen integraler Bestandteil von Praktiken, zu denen auch die Malerei, die Poesie und die Kalligraphie gehören, also Künste im Sinne unserer Definition. Warum wird Bogenschießen auf dieselbe Stufe mit diesen Praktiken gestellt? Welche Art von Beziehung zwischen dem Schöpfer und seinem Werk setzt diese Ausdrucksform, die unsere Kultur nicht derselben Kategorie zuordnen würde, voraus?

Im Blickwinkel der westlichen Auffassung von Bild und Schöpfung befindet sich die Photographie an der Bruchstelle zwischen beiden. Da unsere Kultur lange Zeit Zweifel über ihren künstlerischen Status hegte, könnte es dann nicht zu ihrem eigenen Vorteil sein, wenn sie in die Nähe einer anderen Kunstauffassung gerückt würde, einer Vorgehensweise, die über den Umweg der Selbstauslöschung darauf abzielt,

194. Jean Paulhan, 1941

daß die unserem Universum eigenen Gesetze ohne den vorherrschenden Ausdruck des Künstleregos sich selbst zum Ausdruck bringen? Kurz, was gewinnt man an Verständnis der Photographie hinzu, wenn man von ihr nicht mehr verlangt, daß sie sich der westlichen Tradition der Künste einzureihen habe, und sie daraufhin befragt, was sie mit der Auffassung des Zen über die Kunst gemeinsam haben könnte?

Das Erwachen

Wenden wir uns nun dem Buch zu.[6] Das Bogenschießen, geistige Übung, eine Kunst, in Harmonie mit dem Kosmos zu leben, und Zeremonie zugleich, versinnbildlicht die Überwindung des Dualismus von Mittel und Ziel, von Subjekt und Objekt. In diesem kurzen Bericht steht folglich zur Disposition: die Formulierung einer neuen Philosophie des Subjekts und seiner Handlungen und infolgedessen eine andere Auffassung von Schöpfung und künstlerischem Vergnügen.

Um mit einem Bogen schießen zu können, muß man erst lernen, ihn zu spannen. Worum sich Herrigel auf den Rat des Meisters Kenzo Awa hin in einer ersten Zeit bemüht. Das Spannen des Bogens erweist sich als eine Prüfung. Der Schütze spannt die Sehne nicht nach westlicher Manier von vorne nach hinten, sondern er entfaltet, er öffnet den Bogen in einer doppelten Bewegung: einer seitlichen (er bewegt Seil und Holz gleichzeitig voneinander weg) und einer senkrechten (von oben nach unten, so daß sein Körper im Innern des derart entfalteten Bogens Platz nimmt). Die Öffnung der Arme und die Fixierung des Schützen im Zentrum des Bogens symbolisieren den Übergang zu einem anderen Bewußtseinszustand und verweisen auf eine Philosophie des Handelns, in der sich der Schütze in ein einheitliches Ganzes, bestehend aus Bogen, Zielscheibe und Pfeil, einfügen muß. Bogen und Schütze bilden jetzt eine Entität: Der Körper ist die Achse, und die Arme, auf beiden Seiten durch das Holz und die Sehne verlängert, evozieren im Profil eine langgezogene Form, die das *All-Eine* symbolisiert.

Die Geste selbst impliziert eine Kosmologie: Der Bogenschütze im Zustand der Spannung repräsentiert oder *ist* vielmehr das *All-Eine,* das heißt, er setzt die Einheit des Menschen mit der Welt aufs Spiel – oder möglicherweise einer

195. Udaipur, 1966

Gefahr aus. »Des Himmels SINN, wie gleicht er dem Bogen-spanner! / Das Hohe drückt er nieder, / das Tiefe erhöht er.«[7] Der Bogen verschwindet, und der Mensch löscht sich in einer neuen Entität aus, bestehend aus einer prekären Mischung aus Gleichgewicht und Ungleichgewicht, Spannung und Wendigkeit. In einer solchen Stellung spielt sich alles andere als eine Geschicklichkeitsübung ab. Indem der Schütze den Schuß vollbringt, »zielt er auch auf sich selbst«.

Die Sorge um Ergonomie ist nicht vorrangig: Die rituelle Geste, so wie sie verlangt wird, stellt den Bogenschützen-Lehrling vor ein Problem des körperlichen Widerstands – zumindest empfindet er es so –, so daß er seine ganze Energie zum Spannen des Bogens aufwendet und dazu gebracht wird, den Schuß nur unter dem Zwang der Erschöpfung loszulas-sen. Diese Situation ist um so schmerzhafter, als er, je mehr Muskelkraft er einsetzt, desto weniger die vom Meister gefor-derte Entspannung erreicht. Dieser schaltet sich dann ein, um den Neuling auf den Weg der »kunstlosen Kunst« zurückzu-rufen, indem er ihm bedeutet, daß der Schuß keine Sache der Mechanik sei. Das Wesentliche an seiner Arbeit müsse darin bestehen, den Bogen »im Geiste« ohne jede Mühe zu span-nen: »Es liegt daran, daß Sie nicht den Regeln entsprechend atmen!« wirft Meister Kenzo Awa ein. Es folgen die Ratschlä-ge für eine Atmung in vier Phasen: heftiges Einatmen über

den Bauch, kurzes Ausatmen, Anhalten des Atems, schließ-lich ein langsames und gleichmäßiges Ausatmen, bis über-haupt keine Luft mehr in der Lunge ist.

Da sich der Geist auf die Atmung konzentriert, verändert sich die Natur des Vorgangs selbst, und die zum Spannen des Bogens erforderliche Kraft kommt zur Entfaltung, ohne eine Muskelanspannung oder das Gefühl der Anstrengung zur Folge zu haben. Doch wie verwandelt diese Atemregel den Vorgang in eine »geistige Angelegenheit«? Die Gleichmäßig-keit des Rhythmus ermöglicht in erster Linie, den Weg für eine größere mentale Bereitschaft freizumachen: Der Schütze wird von den Anstrengungen, die er unternimmt, nicht völlig absorbiert, sondern bleibt offen dafür, das Loslassen des Schusses, oder jedes andere Ereignis, zu erwarten, ohne dem geringsten Druck ausgesetzt zu sein (der Müdigkeit beispiels-weise, der er in dem Augenblick ausgesetzt war, in dem er am Ende seiner Kräfte den Pfeil löste), und umgekehrt, ohne irgendeine Absicht zu bekunden (diesen Aspekt werden wir noch ausführen).

Die vorgeschriebene Atmung hat das Ziel, eine doppelte Einheit wiederherzustellen: die Einheit des Schützen mit den von ihm ausgeführten Handgriffen und mit dem von ihm anvisierten Ziel. Obwohl sie ein geistiges Prinzip ist, stellt sie sich als Kunstgriff dar. Denn sobald das Bewußtsein sich von der Atmung abwendet, um sich auf die Dekomposition der auszuführenden Gesten zu konzentrieren – in diesem Fall entsteht wieder eine Dualität zwischen dem Subjekt und der Handlung, die es zu vollziehen hat –, verschwindet alle Wendigkeit. Das Ziel ist nicht, eine perfekte Abfolge von Bewegungen zu erhalten (womit sich der Turner fleißig beschäftigt), sondern im Gegenteil, die Zäsur zwischen dem Bewußtsein des Schützen und seiner Handlung zu beseitigen, indem er seine ganze Aufmerksamkeit auf den Atmungsakt überträgt. Das Gravitationszentrum des Subjekts verlagert sich in die Atmung selbst: »Ich lernte, mich so unbekümmert in die Atmung zu verlieren, daß ich zuweilen das Gefühl hatte, nicht selbst zu atmen, sondern, so seltsam dies auch klingen mag, geatmet zu werden.«[8] In dem Maße, wie sein Ich sich von nun an um die Atmung strukturiert, kann eine neue Einheit zwischen dem Subjekt und der Welt begründet werden, die einer völlig anderen Logik gehorcht als der im Westen vorherrschenden. Die so verstandene, von einer scheinbaren Passivität geprägte Handlung gehorcht dem von Laotse formulierten Prinzip: »Das wirkliche Leben gleicht dem Wasser, das sich allem anpaßt, weil es alles hinnimmt.«

Die Atemtechnik ist nur eine bestimmte Art, das eigene Innenleben auf die Gesetze des als Atem *(chi)* aufgefaßten Universums einzustellen, das als Kreislauf, Bewegung und Rhythmus begriffene, das Leben ordnende Prinzip.[9] Denn wie soll man, ganz allgemein, handeln können und erst recht Schöpferisches ins Werk setzen, wenn man gegen die Naturgesetze verstößt? Insofern macht der Schütze dank der so geregelten Atmung nichts anderes, als die Grundgesetze der Natur zu befolgen und mit ihnen zu verschmelzen. Dann erst kann er behaupten, sie nach eigener Auffassung auszurichten und – überdies ohne Ermüdung, ohne Verausgabung – in ihnen zu ruhen.

Das Schießen verlangt keine Gewandtheit oder Kunstfertigkeit, da sein Resultat nicht berücksichtigt wird und es keinesfalls um eine Steigerung der Präzision geht (die Zielscheibe, die in einer solchen Entfernung angebracht ist, daß sie unter keinen Umständen zu verfehlen ist, wird willentlich ignoriert, als ob sie lediglich die Funktion hätte, den Flug des Pfeils aufzuhalten). Das Wesentliche der Arbeit, zu der der Schütze aufgefordert ist, konzentriert sich nicht auf das Äußere (die Zielscheibe), sondern auf das Innere des Subjekts.

Diese erste Initiationsphase hat die Funktion, den Neuling spüren zu lassen, daß es keine Unterbrechung zwischen dem anvisierten Ziel, der Absicht, es zu erreichen, und dem verwendeten Mittel gibt. Es ist folglich unnütz, im Rückgriff auf Qualitäten, die dem bewußten Ich entspringen, auf Fortschritte zu hoffen. Dies liefe der Suche nach jenem Zustand der Verschmelzung beziehungsweise Symbiose mit dem *All-Einen* zuwider, die der Schütze unternimmt.

Als ein Modus der Geistigkeit, die nicht unterscheidet zwischen einem Hier und einem Jenseits, als geistige Materie

gebietet das Zen, das Mentale mit der alltäglichen Wirklichkeit in Übereinstimmung zu bringen. Es ist weder eine Mystik des über sich selbst Hinauswachsens noch der Sublimierung: »Wer auf den Zehen steht, / steht nicht fest. / Wer mit gespreizten Beinen geht, / kommt nicht voran«, stellt Laotse lakonisch fest.[10] Es geht vielmehr darum, einen Zustand der Einfachheit, des Friedens zurückzugewinnen, der frei ist von den Kunstgriffen und Spitzfindigkeiten, mit denen unsere Intelligenz die Wirklichkeit durchsetzt. Dem Zen liegt aber auch nicht die Absicht zugrunde, den Menschen auf einen rein organischen Zustand zurückzustutzen oder ihn zur Passivität zu verleiten. Es ist weder ein Anti-Intellektualismus noch eine Mystik des Irrationalen.[11] Es läßt unseren Emotionen freien Spielraum. Auf diese Weise erlangt man eine Art der Wahrnehmung, die sich auf jene Spontaneität gründet, die die chinesische Philosophie als *wu wei* bezeichnet und die sich mit »Nichtwollen« übersetzen ließe.

Diese freie Funktionsweise der Sinne, die jede zielgerichtete Aufmerksamkeit ausschaltet, verstärkt ihre Wirkkraft in dem Maße, in dem das Bewußtsein nicht mehr dazu angehalten ist, in Ausschnitten wahrzunehmen, eine Arbeit des Aussuchens zu leisten, die es innerhalb des Realen unablässig vollzieht. Das Resultat ist sehr wohl eine Erweiterung der Sensibilität, eine maximale Offenheit gegenüber der Außenwelt, mit der die Innenwelt nur noch eine Einheit bildet. Tatsächlich sind wir hier nicht so weit entfernt vom Surrealismus, wie man annehmen könnte, zumindest nicht von einem Surrealismus, wie Aragon ihn in seinem Buch *Der Pariser Bauer* auffaßte, als er sich in Begleitung von André Breton und Marcel Noll auf die Buttes-Chaumont begab, um den Park ohne jede Absicht zu erkunden, »mit dem Gefühl von Eroberern und geradezu berauscht von unserer geistigen Verfügbarkeit«.[12]

Das Ich

Im Denken des Zen wird das bewußte Ich nicht seiner unbewußten Kehrseite gegenübergestellt, vielmehr werden zwei Ich-Zustände unterschieden, die im Verhältnis Teil und Ganzes zueinander stehen. Demgegenüber gliedert die seit dem Freud'schen Topos entworfene Konzeption das Ich in ein System, in dem Bewußtes und Unbewußtes untrennbar sind und gleichzeitig im Hinblick auf ein Einschluß-/Ausschluß-Verhältnis formuliert werden, wobei das Unbewußte die verborgene Persönlichkeit des Individuums repräsentiert und teilweise sein Verhalten überdeterminiert.

Wir sehen uns folglich zwei verschiedenen Topoi gegenüber, die nicht aufeinander übertragbar sind. Das Nicht-Bewußtsein erhält eine positive Bedeutung und entspricht

dem totalen Ich (offen, ziellos, leer, wobei die beiden letzten Termini ihrerseits eine positive Konnotation haben), während seine Antithese ein Teil-Zustand des Ich ist (der in Anspruch genommene, auf ein Ziel gerichtete Geist, der ein Interesse an irgendeinem vorab vorgestellten Ergebnis hat), den die chinesische Sprache mit dem Wort *hsin* bezeichnet und für den es in unserer Sprache kein echtes Äquivalent gibt. Es kann manchmal zwar mit den Worten »Geist« und »Herz« in einem übersetzt werden, allerdings sind die Konnotationen des ersten Begriffs zu intellektuell und die des zweiten zu sentimental. »Die ursprüngliche Form des Schriftzeichens *S* scheint das Bild des Herzens wiederzugeben, vielleicht auch der Lunge oder Leber, und wenn ein Chinese von dem *hsin* spricht, wird er oftmals auf die Mitte seiner Brust, etwas unterhalb des Herzens weisen.«[13] Diese Lokalisierung zeigt, daß der *hsin* sich im selben Abstand zu den geistigen Fähigkeiten und den Sinnesorganen befindet, im geometrischen Zentrum des Subjekts, in der Lungengegend, dort, wo die Atmungsfunktion gewährleistet wird, die wir weiter oben als die Lebensfunktion schlechthin bezeichneten.

Dieses Ich ist, wenn man so will, unbewußt in dem Maße, wie es nur anständig funktioniert, wenn es vom Willen nicht gelenkt und betreut wird. Doch es umfaßt nicht die Geschichte des Individuums, seine Neurosen und Wahnvorstellungen, sondern ist vielmehr die Abwesenheit von Selbstbewußtwerdung, die Auslöschung des Ego: »daß der ›wahre Geist *[hsin]* der Nicht-Geist *[wu-hsin]* ist‹.«[14] Als eine Art echte Geistesgegenwart stellt das Ich den spontan, natürlich und global funktionierenden Geist dar, der sich auf nichts Spezielles anwenden läßt und kein konkretes Ziel verfolgt, so daß er mit seinem Tun in völliger Übereinstimmung steht. Der sich solchermaßen konzentrierende Mensch kennt keine dem Zustand des gemeinen Bewußtseins ausschließlich eigenen Unterscheidungen mehr. Somit steht ihm die Gesamtheit aller geistigen Repräsentationen, ob bewußt oder nicht, zur Verfügung. Seine Erinnerungen – die Bilder, die seine Psyche bevölkern usw. – kommen seinen Wahrnehmungen nicht mehr in die Quere; er steht über ihnen, ohne daß sie ihn beeinflussen oder bestimmen.

Bogenschießen ist eine Initiation, ein Fortschreiten, ein *Weg*, der die Aneignung von Selbstbeherrschung und die intime Teilnahme am Tao, an der universellen Ordnung ermöglicht (wobei Tao im Chinesischen auch »Weg« bedeutet; insofern muß man sich vorstellen, daß es keinen Begriff vom höchsten Ziel gibt und daß der Weg in gewissem Sinne selbst das Ziel ist).

Daß der Bogenschütze leer werden muß, liegt auch daran, daß die Leere der chinesischen Kosmologie und Ästhetik als Tätigkeitsprinzip zugrunde liegt.[15] Der Bogenschütze, der sich im übrigen nicht von der Welt zurückzieht, schafft eine Situation der größtmöglichen Wirksamkeit der Einflußnahme auf die Welt. »Anders als man gemeinhin annehmen könnte,

ist nach chinesischer Auffassung die Leere nicht ein Unbestimmtes oder gar Nichtseiendes, sondern ein außerordentlich dynamisches und tätiges Element. Sie ist mit der Vorstellung der lebenswichtigen Atmung und dem Wechselprinzip des Yin und Yang verbunden und bildet den Ort schlechthin, an dem sich die Veränderungen abspielen.«[16] Während das westliche Denken die Antinomie zwischen Handeln und Meditieren festschreibt, vereint das chinesische Denken beides miteinander; es trennt wirkliches Handeln nicht von seiner Wirksamkeit. Es unterscheidet im Grunde zwei Handlungsweisen: Die eine ist unkoordiniert und unwirksam, die andere koordiniert und wirksam – Handeln *und* Meditieren, gegründet auf jenen Zustand der Leere, den die Konzentration auf die Atemübung schonen soll. Sie sind gerade dadurch wirksam, daß sie mit dem Tao eine Einheit bilden: »Das Tao wird als das der universellen Spontaneität innewohnende Prinzip vorgestellt. Außerdem macht es sich zuerst als eine Art vollkommene Gleichgültigkeit und Undifferenziertheit bemerkbar. Es ist leer *(hiu)*, leer von Vorformungen und auch Vorurteilen; es steht der Eigeninitiative in keiner Weise im Weg. Als globales Prinzip aller Koexistenz bildet es ein *neutrales Milieu*, das eben dadurch dem unbestimmten Hin und Her spontaner Interaktionen förderlich ist.«[17]

Somit wäre die erste Initiationsphase abgeschlossen. Nun geht es darum, das Zentrum der Zielscheibe zu berühren. Die chinesische Literatur ist reich an Lehrfabeln über den Sinn, mit dem die Handlung bedacht werden sollte. So zum Beispiel die Geschichte des alten, buckligen Mannes, »der Zikaden fing, wie wenn er Blumen pflücken würde«. Sein Geheimnis? So lange Jahre üben, bis sich die Zikaden auf seinem Körper niederlassen, der unbeweglich wie ein Baumstamm ist: »Von so vielen Dingen auf der Welt kenne ich nur noch die Flügel der Zikaden; ich bewege mich nicht mehr: Wie könnte ich sie nicht einfangen?«[18] Auf dieselbe Weise, wie der buckelige Alte die Zikaden zu sich kommen läßt, als sei es das Natürlichste auf der Welt, muß auch der Bogenschütze den Pfeil völlig frei loslassen. »Vom Gewehrschießen her wußte ich, wieviel es ausmacht, durch Zucken von der Visierlinie auch nur im mindesten abzukommen«, schreibt Herrigel.[19] Doch dieses Problem ist nur scheinbar mechanischer Natur, und auch hier dürfte seine Lösung nicht auf dieser Ebene zu finden sein. Nach zahlreichen Versuchen drängt sich das Offensichtliche auf: Es fällt schwer, die Finger zu lockern, ohne sich dabei anzustrengen oder zu zucken, und die Entspannung flexibel zu kompensieren. Die Lösung, die Meister Kenzo Awa vorschlägt, gleicht einer Formel: schießen, ohne irgendeine Absicht zu verfolgen.[20] Um wirklich effektiv sein zu können, muß eine Handlung auf einem Zustand geistiger Leere beruhen, die ihre vollkommene Übereinstimmung mit der Weltordnung gewährleistet.[21] Einen Pfeil abzuschießen bedeutet in gewisser Weise die Gewalt, eine unnatürliche Handlung in diese Einheit einzubringen,

197. Sumatra, 1949
Vorangegangene Doppelseite: 196. Tempel, Fatehpur Sikri, Indien, 1966

und wenn man will, daß der Pfeil ohne Zucken losgeht, bleibt einem nichts anderes übrig, als den Pfeil sich selbst abschießen zu lassen ...

Zur Erläuterung dieser unvorstellbaren These führt Meister Kenzo Awa das Beispiel der Handlungsweise von Kleinkindern an: »»Sie müssen«, erwiderte der Meister, ›die gespannte Bogensehne etwa so halten wie ein kleines Kind den dargebotenen Finger. Es hält ihn so fest umschlossen, daß man sich über die Kraft der winzigen Faust immer wieder wundert. Und wenn es den Finger losläßt, geschieht es ohne den leisesten Ruck. Wissen Sie, weshalb? Weil das Kind nicht denkt – etwa so: Jetzt lasse ich den Finger los, um dies andere Ding da zu ergreifen. Völlig unüberlegt und unabsichtlich vielmehr wendet es sich vom einen zum anderen, und man müßte sagen, daß es mit den Dingen spiele, wenn nicht ebenso zuträfe, daß die Dinge mit dem Kinde spielen.‹«[22]

Wie kann man nur behaupten, daß das Loslassen des Pfeils das Resultat einer intensiven und zugleich nicht willentlichen Konzentration sein muß, ohne dabei das Prinzip vom Ausschluß der Gegensätze mit Füßen zu treten?[23] An dieser Stelle der Erzählung prallen zwei kulturelle Welten aufeinander. Als Eugen Herrigel seinen japanischen Meister fragt: »Muß ich mich absichtlich von jeder Absicht freimachen?« gibt dieser offen zu, daß noch kein Schüler ihm eine

solche Frage gestellt hat. Wir gelangen an folgendes Paradox: Das Loslassen ist ein Kinderspiel, weil keine Absicht dahintersteckt, weil es ohne Nachdenken geschieht, ohne Reflexion; es scheint aber, da es ohne eine enorme Konzentrationsarbeit nicht erreicht werden kann, mit einem beachtlichen Schicksal beladen – eine Sache von Leben und Tod.[24]

Die Erfahrung trägt die Beweislast, und Eugen Herrigel, für den die Vorstellung einer völlig beherrschten, obwohl unbeabsichtigten Handlung einen unlösbaren begrifflichen Widerspruch darstellt, bleibt nichts anderes, als lediglich auf sie zu verweisen. Es kommt ihm dann so vor, »als ob sich ihm die einzelnen Glieder des Leistungsvorgangs wie durch höhere Fügung in die Hände spielten; er erführe [...], wie rauschartig sich der Schwung eines Geschehens dem, der selbst nur ein Schwingen ist, mitzuteilen vermag ...«[25] Demzufolge wird die Handlung nicht durch das Subjekt ausgelöst, sondern von ihm begleitet.

»Soeben hat ›Es‹ geschossen«, ruft Meister Kenzo Awa aus, als es Herrigel nach über drei Jahren der Bemühungen endlich gelingt, einen Pfeil nach allen Regeln der Kunst abzuschießen. Worauf sich der Meister vor dem völlig verdatterten Schüler verneigt: »Ich habe mich [...] nicht vor Ihnen verbeugt, denn Sie sind ganz unschuldig an diesem Schuß. Sie verweilten diesmal völlig selbstvergessen und absichtslos in

198. Das Golconde-Fort, Hyderabad, 1948

höchster Spannung; da fiel der Schuß von Ihnen ab wie eine reife Frucht. Nun üben Sie weiter, wie wenn nichts geschehen wäre!«[26] Die Metapher von der reifen Frucht, die sich vom Baum löst, folgt einem ähnlichen Gedankengang wie jene von der Hand des Kindes, die sich eines Gegenstands bemächtigt und ohne jede Absicht, ganz selbstverständlich, wie aus einem Einverständnis heraus, wieder fallen läßt.[27] Die Existenz einer tiefgreifenden Ordnung offenbart sich als unantastbare Notwendigkeit, als Übereinstimmung von innerer und äußerer Welt: Sowohl im Augenblick, in dem sich die Frucht vom Baum löst, als auch im Augenblick des Schusses ereignet sich eine Krisis, reißt ein Faden, wobei allein die Dialektik von Ordnung und Chaos diesen kritischen Moment erzwingt und ihn solchermaßen lenkt, daß die Loslösung der Frucht oder des Pfeils eine Ordnung in dem Augenblick wiederherstellt und beständig macht, in dem sie diese zu erschüttern scheint. Dieser kritische Moment ist auch Erfüllung, allerdings nur unter der Voraussetzung, daß er einer inneren Logik, die mit der des Baumes und der Frucht übereinstimmt, gehorcht, und nicht einer durch einen äußeren Willen aufgedrängten. Folglich löst wirklich »irgend etwas« die Frucht vom Baum und schießt »irgend etwas« den Pfeil in dem Augenblick, in dem er losschnellt.

Der Bogenschütze und der Photograph

Inwiefern aber gehen die Prolegomena des Zen die Photographie und insbesondere Henri Cartier-Bresson an?

Sowohl der Bogenschütze als auch der Photograph gehen Tätigkeiten nach, die trotz einer gewissen komplizierten Handhabung keine besondere Gewandtheit oder Kunstfertigkeit voraussetzen. Zweifellos werden ihre Instrumente immer perfekter, im Hinblick auf ihre Verwendung und Funktionsweise jedoch sind sie recht kümmerlich ausgestattet.

Henri Cartier-Bresson hält die Leica für eine Skizze des Prinzips, auf dem die Photographie basiert: »Die technologischen Fortschritte zählen niemals soviel wie der Blick. Meine ersten Photos habe ich mit einer Leica gemacht, an der man das Objektiv nicht wechseln konnte. Sie hatte noch nicht einmal einen Entfernungsmesser.«[28] Als rudimentär und elementar könnte man die quasi moralischen Eigenschaften des Photoapparats bezeichnen. Er symbolisiert, wenn nicht den Menschen selbst, so doch zumindest eine seiner wichtigsten

199. Flüchtlingslager von Kurukshetra, Punjab, 1947

Fähigkeiten, nämlich zu sehen; gemeint ist allerdings etwas ganz anderes als die rein physiologische Leistung: Sehen als aktiver Vorgang der Hervorbringung von Sichtbarem, der in der Dauer durchgeführt wird und das Subjekt verpflichtet.

Als echtes Wahrnehmungsorgan im Augenblick selbst wird der Photoapparat in der Tat zum »Herr[n] über den Augenblick, der visuell hinterfragt und zugleich entscheidet«.[29] Der Blick ist dann Intelligenz in einem zweifachen Sinne: als Einvernehmen und als Verständnis. So wie der Bogen lediglich zur Vollendung einer körperlichen Fähigkeit führt – der Handgriff, der auf diese Weise die Ferne erreicht und aufhebt –, so verleiht ihrerseits die Leica einer anderen Fähigkeit die Macht, den Ablauf des Sichtbaren zu gliedern und darüber hinaus den Blick für die Zeit zu sensibilisieren. Photographie und Bogenschießen vereinigen das Vergnügen, die Distanz herauszufordern, ohne sich zu bewegen, mit dem Vergnügen, dem Ablauf der Zeit, scheinbar ohne auf sie einzuwirken, eine Form zu verleihen, die ihr mehr als alles andere fehlt.

Bogenschießen und Photographie verbinden eine in den Raum eingreifende Handlung mit einer Erfahrung der Zeit und können deshalb beide als geistige Erfahrungen erlebt werden. Daß Henri Cartier-Bresson die technische Weiter-

entwicklung der Photographie scheinbar völlig ignoriert, hat mit seinem Begriff von Photographie, ihrer ursprünglichen, quasi mit in die Wiege gelegten Bedeutung zu tun, die verlangt, daß man sich den photographischen Prozeß als das Verhältnis von Belichtungsdauer (er zieht den Ausdruck »Dauer des Ergreifens« vor) und potentiell in Bewegung befindlichem Raum vorzustellen habe. Genauso stellt sich der geistige Prozeß dar, den der Bogenschütze auf seine Weise vollzieht, ein Meister der Entfernung, wenn er lernt, den Augenblick und durch diesen die Zeit zu beherrschen.

Die mutmaßliche Komplexität des Schusses spielt für den Neuling die Rolle eines Köders. Das gilt ebenso für die Photographie, für die laut Cartier-Bresson die technische Entwicklung eine Nebensache ist. Der Schuß ereignet sich nur dann in angemessener Weise, wenn er »im Geiste« vollzogen wird. Der eigentliche Auslöser des Bildes ist nicht der Knopfdruck, und noch lange bevor die Photographie ein mechanischer, chemischer oder physikalischer Prozeß sein kann, ist sie eine geistige Tat. Einen Schuß oder eine Photographie unter dem Aspekt technischer Notwendigkeiten zu sehen ist der Prüfstein des Mißerfolgs. »Das Photo ist ein geistiges Moment, *cosa mentale!*, und eine körperliche Freude.«[30] Der Bogen wie die Kamera stellen eine symbolische Konfigura-

200. Theben, Ägypten, 1950

tion dar, die Aufschluß darüber gibt, was beim Schießen wirklich aufs Spiel gesetzt wird: Der Schütze sieht sich mit dem Risiko konfrontiert, die Kontinuität zwischen der Welt und sich selbst zu zerstören, und für den Schuß steht die Bewährung und anschließende Wiederherstellung dieser Einheit auf dem Spiel.

Um eine Symbiose mit dem Lebendigen herstellen zu können, stützt sich der Photograph ebenfalls auf die Beherrschung seiner Atmung. Durch sie kann er einen Zustand innerer Leere herbeiführen, der frei ist von Hindernissen und ohne Verlust von Bewußtsein, so daß die Wahl des entscheidenden Augenblicks von der Außenwelt, so wie seine Sensibilität sie wahrnimmt, herrührt und nicht von irgendeinem anderen Faktor: einer ungerechtfertigten Reflexhandlung, einer Reaktion aus Ungeduld, einer absichtlichen Entscheidung usw. Eine gelungene beziehungsweise nach den Regeln der »kunstlosen Kunst« realisierte Photographie ist das Ergebnis einer Symbiose zwischen einem visuellen Ereignis und einer Sensibilität. Eine Sensibilität wohlbemerkt, und nicht jener Ausdruck von Intelligenz, der ein Kalkül seitens des Photographen bedingt und folglich seine Absicht, das Bild seinem Wunsch unterzuordnen und ihm aufzuzwingen, der

Logik eines gewollten, nicht eines entscheidenden Augenblicks zu gehorchen. »Es verhält sich wie mit der Poesie: Man darf nicht überlegen. Die restliche Zeit muß man überlegen, ja, aber da, da muß man springen.«[31] Die Vorgehensweise des Photographen wie des Zen-Bogenschützen verlangt, sich von vornherein der bewußten Fähigkeiten und intellektuellen Schemata zu enthalten, die die Wahrnehmung im voraus festlegen. Nur dann ist die Photographie ein geistiges Moment, wenn sie nicht im Vorfeld berechnet wurde. »Oberstes Prinzip, die fundamentale Einstellung ist es, den Blick zu ent-geistigen, ihn zu ent-intellektualisieren.«[32]

Das Problem bleibt immer das gleiche, egal ob es darum geht, Ereignisse zu photographieren oder Portraits anzufertigen: »Was könnte flüchtiger sein als ein Gesichtsausdruck? Der erste Eindruck, den man von einem Gesicht hat, ist oft der richtige. Und in dem Maße, in dem er sich bereichert, weil wir immer wieder mit diesem Menschen zusammentreffen, wird es auch schwieriger – je intimer wir diesen Menschen kennen –, seine innere Beschaffenheit zum Ausdruck zu bringen.«[33]

Kraft einer selbstauferlegten Disziplin nimmt diese Spontaneität sowohl einen ethischen wie ästhetischen Wert an. Sie

204

201. Ahmedabad, Indien, 1980

hat nichts mit Naivität zu tun. Zu sehen wissen, sich einen Blick schmieden, resultiert aus einer langen Arbeit an sich selbst: »Es ist so schwierig, hinzusehen. Man ist es gewohnt, zu denken, man überlegt die ganze Zeit, mehr schlecht als recht, aber man bringt den Leuten nicht das Sehen bei ... Hinsehen lernen nimmt extrem viel Zeit in Anspruch.«[34]

Wie läßt sich aber Spontaneität mit Konzentration verbinden? Konzentration ist nicht notwendigerweise ein Synonym für Bewußtsein und Reflexion. Alle Begriffe, die Henri Cartier-Bresson verwendet, um sie zu beschreiben, machen sie zu einer beständigen intellektuellen Disziplin – Disziplin ja, aber sicher nicht zu einer Zwanghaftigkeit. Offen sein heißt, den eigenen Fähigkeiten freie Hand zu lassen: »In dem Augenblick, in dem man photographiert, ist alles im Spiel, die Erfahrung, die Sensibilität usw.«[35] Konzentration, Flexibilität und Selbstvergessenheit gehören absolut zusammen. »Photographie muß eine lichtempfindliche Platte sein: Man hat ein Konzept, doch der Respekt für das, was passiert, ist unabdingbar.«[36]

Sich vergessen, vergessen werden: die zwei Seiten ein und derselben Anforderung. »Es ist ein Beruf, bei dem man anonym bleiben muß. Das ist wie bei einem Chirurgen, der

gerade mitten in der Arbeit ist, und jemand sagt ihm: ›Lassen Sie mich aus Ihrer Hand lesen ...‹ Nein! Man muß unbemerkt bleiben, man muß sich vergessen, damit das, was man tun wird, stärker herauskommt.«[37] Das ist keine an den Beruf des Reporters gebundene Regel, sondern ein ästhetischer Imperativ, der vom Photographen fordert, ganz und gar auf seiten des Lebendigen zu sein, das nur lebendig ist, weil er frei von Hintergedanken ist, reines »Da-Sein«. Vergessen werden und sich vergessen beschreibt die geistige Verfügung über alle schöpferische Tätigkeit. »Matisse schrieb nicht anders über das Zeichnen: eine Disziplin anwenden, sich Strenge verordnen und sich völlig vergessen. Und in der Photographie muß die Einstellung dieselbe sein: sich entziehen, nicht versuchen, irgend etwas zu beweisen. Meine Vorstellung von Freiheit entspricht dem: ein Rahmen, in dem sämtliche Variationen erlaubt sind. Das ist die Grundlage des Zen-Buddhismus, das Offensichtliche: Man kommt mit großer Kraft daher und schafft es, sich selbst zu vergessen.«[38]

Die Ästhetik des Zen beruht auf dem Prinzip der Fortführung aller schöpferischen Tätigkeit der Welt in der Person des Künstlers, der sich so zum Mittler dieser spontanen Schöpfung macht. Um das zu erreichen, muß er sich mit ihr

202. Martine und ihr Spiegelbild, 1978

vereinigen. »Die Welt erobern und behandeln wollen, / ich habe erlebt, daß das mißlingt. / Die Welt ist ein geistiges Ding, / das man nicht behandeln darf. / Wer sie behandelt, verdirbt sie, / wer sie festhalten will, verliert sie«, sagt Laotse.[39] Daher die Aufwertung des Instinktes, eines fast tierischen Verhaltens: »Womit ich am besten zu Rande kam, war der ›photographische Essay‹ über eine Stadt oder eine Region, wenn nichts Besonderes geschah. Dann fühlte ich mich

203. Mélanie vor dem Fernseher, 1982

ruhig, ich konnte lautlos vorbeigehen, unbemerkt bleiben und herumschnüffeln, und plötzlich, hopp! Aufspießen!«[40] Der Spürsinn – eine mehr instinktive als reflektierte Eigenschaft – stellt eine Art Intelligenz der Sinne dar, die verschwommen die geistigen und sensorischen Fähigkeiten auf derselben Ebene verknüpft. Was Henri Cartier-Bresson seit 1952 zu folgender Formel zusammenfaßt: »Die Reportage ist folglich ein gemeinsam von Kopf, Auge und Herz vollzogener Prozeß zu dem Zweck, ein Problem zum Ausdruck zu bringen, ein Ereignis oder bestimmte Eindrücke festzuhalten.«[41]

Setzt man diese Worte in Beziehung zur allgemein anerkannten Symbolik, ließen sie sich wie folgt begreifen: Der Kopf verweist metonymisch auf das Hirn, auf den Geist, das Auge auf das Sehen, das Herz auf die Sensibilität. Somit hätten wir eine Triade, in der die ideologische Formel der humanistischen Reportage, das heißt einer auf den Willen zur Bekundung ausgerichteten Photographie, zusammengefaßt ist.

Auf den ersten Blick können einige Aspekte im Werk Henri Cartier-Bressons eine solche Interpretation durchaus untermauern: Wie er selbst sagt, kann man sich den Einflüssen seiner Zeit nicht entziehen, und zwischen 1930 und 1950 wurden die Regeln für einen Zugang zur Realität festgelegt, der die soziale Dimension unter keinen Umständen vernachlässigen konnte (in der Photographie ebenso wie im Film oder in der Literatur).[42] Die Triade Kopf-Auge-Herz faßt eine Poetik in sich zusammen, die im übrigen einige Jahre später durch eine leichte Veränderung der Formel bestätigt wird, die nun heißt: »Kopf, Auge und Herz müssen dabei [beim Photographieren] auf eine Linie gebracht werden.«[43] Jetzt, 1979, ist der Verweis auf das Bogenschießen ganz eindeutig.

»Über Photographie gibt es nichts zu sagen, man muß hinsehen.«[44] Indem er die These einer kognitiven Autonomie der Photographie vertritt, lehnt er sich gegen die Tendenz auf, sie mit verbaler Intelligenz zu verwechseln (als wäre letztere nicht ein Mittel unter anderen, die Welt zu zerschneiden und ihr einen Sinn zu geben) und also in ihrer Eigenart zu ignorieren. Letzten Endes läuft sein Standpunkt auf die Forderung nach Respekt vor der visuellen Kultur hinaus, darauf, sie eben nicht der verständigen Sprache oder der theoretischen Rede einzuverleiben, sondern als ein Instrument authentischen Verständnisses anzuerkennen: »Die Malerei ist ein Mittel der Erkenntnis, die Poesie ist ein Mittel der Erkenntnis, die Photographie ist ein Mittel der Erkenntnis, es gibt nicht nur die Wissenschaft.«[45] Unsere kulturelle Tradition ist sehr zögerlich, wenn es darum geht, den Bildern volle Freiheit zu gewähren, sie nicht in Worte und Diskurse einzuschließen, die ihre Mehrdeutigkeit zerstören. Alles geschieht so, als würde sie unbewußt die Bilder und überhaupt die gesamte visuelle Produktion mit ihren Vorstellungen einrahmen wollen, Bild und Konzept angleichen, die reine oder bereinigte visuelle Sensibilität und Intuition – die Henri Cartier-Bresson in äußerstem Maße für sich in Anspruch nimmt – im Zaum halten oder dämpfen, indem ihnen eine verbale Rechtfertigung abgenötigt wird, die außer acht läßt, daß das Bild in der Tat »eine andere Art nachzudenken«[46] darstellt. Alles Vorurteile, die auch Aragon energisch zurückgewiesen hat: »In den verschiedenen Stadien seiner Entwicklung erscheint das Bild also dem Geist mit allen Garantien, die dieser von seinen Erkenntnisweisen fordert. Das Bild ist das Gesetz im Bereich der Abstraktion, die Tatsache im Bereich des Geschehens, die Erkenntnis im Konkreten. Mit letzterem Ausdruck urteilt man darüber, und so kann man in aller Kürze erklären, daß das Bild der Weg zu jeglicher Erkenntnis ist. Dann ist man berechtigt, das Bild als Resultante der ganzen Bewegung des Geistes zu betrachten, alles, was nicht Bild ist, beiseite zu lassen, sich – auf Kosten jeder anderen Tätigkeit – nur der poetischen Tätigkeit hinzugeben.«[47] So wie die Photographie eine Art zu leben ist, ist das Bild eine Art zu denken und kann nicht auf die linguistischen Vorgänge reduziert werden, ohne es zu verfälschen und seine Kraft abzuschwächen. »Ich weiß nicht, ob Photographie eine Kunst ist oder nicht. Ich weiß, daß sie ein Mittel ist, zu verstehen. Photographie ist ein Geistiges ...«[48] Sie ist ein Mittel, im Einvernehmen mit der Welt und in Harmonie mit sich selbst zu leben. Eine Harmonie, der nichts Mystisches anhaftet; sie entspricht keiner gleichgültigen Loslösung von der Welt, sondern ihrer Stilisierung.

204. Mélanie und die Katze von Folon, 1978

205. Martine mit einer Tasse Tee, 1975

206. Texas, 1961

207. Foire du Trône, Paris, 1952

Schießen heißt getroffen werden

Für Henri Cartier-Bresson schießt auch »irgend etwas« im entscheidenden Augenblick. Eine Photographie wird nicht aufgenommen oder entrissen; sie wird gepflückt, sie bietet sich dar: »Es ist das Photo, das einen aufnimmt; man selbst darf keine Photos aufnehmen.«[49]

Sowohl im Zen-Bogenschießen als auch in der Photographie geht es um eine entscheidende Frage; es wäre unangemessen, sie in die Worte »Wer schießt?« zu fassen, sie sollte vielmehr lauten: Wie kommt ein Subjekt, das sich einem körperlichen und mechanischen Prozeß unterzieht, zu der Behauptung, etwas anderes als eine körperliche und mechanische Tat zu vollbringen? Wie kann ferner der Schütze Subjekt in einer Handlung geistiger Natur als auch einer künstlerischen Schöpfung sein?

Weder der kartesianische Begriff des Subjekts noch das Gegensatzpaar aktiv/passiv sind in diesem Kontext sachdienlich. Alles geschieht, als führe der Schütze eine Logik fort, die außerhalb seiner selbst ihre Quelle hat. »Wenn alles davon abhängt, daß man sich völlig selbstvergessen und absichtslos dem Geschehen einfüge, muß sich sein äußerer Vollzug wie von selbst abspielen, keiner lenkenden und kontrollierenden Überlegung bedürftig.«[50] Was nicht bedeutet, daß das Geschehen oder die Handlung sich ohne Eingriff durch den Menschen ereignet, sondern daß die globale Verkettung der ausgeführten Gesten einem von außen kommenden Blick übergangslos erscheint und sich auf eine Weise vollzieht, wie sie normalerweise der Natur eigen ist: »... die rechte geistige Verfassung des Künstlers [ist] dann erreicht, wenn die Vorbereitung und das Schaffen, das Handwerkliche und das Künstlerische, das Materielle und das Geistige, das Zuständliche und das Gegenständliche fugenlos ineinander übergehen.«[51]

Weit davon entfernt, den Eingriff des Subjekts in die schöpferische Handlung zu leugnen, formuliert das Denken des Zen die absolute Notwendigkeit für das Subjekt, sich dem Lauf der Dinge in der Sorge um Wirksamkeit und Vortrefflichkeit der Erfüllung einzufügen. Die Empfindung von Schönheit und Perfektion hat ihren Ursprung nur in der Einheit, in einer Teilnahme am *All-Einen*.

Somit werden das Subjekt und die Außenwelt, wird der Mensch mit sich selbst versöhnt. Im übrigen pflegen die Meister der ritterlichen Kunst des Bogenschießens zu sagen, daß der Schütze auf sich zielt, wenn er einen Pfeil abschießt. In dem Moment, in dem er eine Handlung in Übereinstimmung mit dem Geiste vollzieht, in dem das Universum und die Gesamtheit der sich darin abspielenden Wandlungen angeordnet sind, dem Tao, wird er zum Werk seiner selbst.[52] So lauten die in der chinesischen Ästhetik entfalteten Schlüsse. Bis zur äußersten Konsequenz hat sie sie entwickelt: Der

Abb. 208

Mensch, dem es gelingen sollte, mit dem Gefüge des *All-Einen* zu verschmelzen, könnte völlig tatenlos sein, ohne dennoch aufzuhören, ein perfekter Künstler zu sein. »In ihr [der Meisterschaft] treffen sich Künstlerschaft und Menschsein im umfänglichen Sinne des Wortes als in einem Höheren. [...] Der Meister sucht nicht mehr, sondern findet.«[53]

Das Werk impliziert, daß die Arbeit ohne Leiden und flüssig ausgeführt wurde; undenkbar, daß sie auch nur der geringsten Korrektur unterzogen wird.[54] Die Natur kommt nicht mehr auf das zurück, was sie getan hat. Ebensowenig der echte Künstler. Herrigel liefert dafür ein Beispiel. »Ein Tuschemaler nimmt vor seinen Schülern Platz. Er prüft die Pinsel und legt sie bedächtig bereit, reibt sorgsam Tusche, rückt die lange schmale Papierbahn, die vor ihm auf der Matte liegt, zurecht, um dann endlich, nach längerem Verweilen in tiefer Konzentration, in der er wie unberührbar erscheint, aus raschen, unbedingt treffsicheren Strichen ein Bild entstehen zu lassen, das keiner Korrektur mehr fähig und bedürftig, den Schülern als Vorlage dient.«[55] Es wäre falsch, hier die Anwesenheit irgendeiner Inspiration anzunehmen. Im chinesischen ästhetischen Denken kann das Werk, die Frucht der eisernen Disziplin, nicht anders zustande kommen als in einem einzigen Wurf, an einem Stück. Dagegen ist für die westliche Ästhetik die Photographie in einer gefährlichen Schieflage, da das Werk, schematisch ausgedrückt, entweder die Frucht einer auf den Beruf zugeschnittenen Arbeit oder von der Inspiration bestimmt wird.

Daß die Photographie ein mechanischer Vorgang ist, hat ihr denkbar schlechte Karten mit auf den Weg gegeben: Zum einen soll sie irgendeine von höherer Stelle eingegebene Inspiration verkörpern, zum anderen die Kräfte der Imagination personifizieren.[56] Ihr bleibt nichts anderes übrig, als sich den Tugenden mühevoller Arbeit zu verschreiben: Aber wie ist das möglich, da die Hand, das Symbol der Arbeit an sich, nicht in ihre Entstehung eingreift, und darüber hinaus ihre Genese eine augenblickliche ist, nicht korrigierbar außer durch spätere, zusätzliche Bearbeitungen?[57] In der Ästhetik des Zen dagegen sind die Eigenschaft der Augenblicklichkeit der Schöpfung und deren logische Folge, nämlich die Unmöglichkeit, auch nur die kleinste Korrektur anzubringen – was weit davon entfernt ist, als Zeichen der Unvollkommenheit zu gelten –, die Prinzipien einer beherrschten, glücklichen, mühelosen und schließlich vollkommenen Schöpfung selbst.

Denn alles hängt zusammen: Von der westlichen Ästhetik gleichermaßen hochgeschätzt, tragen Arbeit und Inspiration, wenngleich auf unterschiedliche Weise, zur Überbewertung der Rolle des Schöpfers bei (manchmal führt dies bis zum Geniekult und offenbart sich meist in einer Hypertrophie des Ich, was, wie wir bereits gesehen haben, die Geduld von Henri Cartier-Bresson aufs äußerste auf die Probe stellte); hingegen wird aus der Perspektive der Ästhetik des Zen die künstlerische Schöpfung als etwas Augenblickliches und nicht

208. Japan, 1966

Korrigierbares vorgestellt, da das Subjekt über seinen Zustand der Selbstauslöschung und Verschmelzung innerhalb eines Gesamtvorgangs definiert wird, mit dem er sich vereinigt.

Bleibt zu klären, wem die Urheberschaft des Werkes zuzuschreiben ist, da es weder auf den Menschen zurückgeht – der nicht allein schaffen kann (und noch weniger gegen den Strom der natürlichen Ordnung) – noch auf die Natur, die zwar manchmal, per Zufall, Schönes hervorzubringen vermag – wobei allerdings richtig ist, daß solche glücklichen Zufälle nur in den Augen von wahren Kennern einen höheren Wert haben –, aber ohne die Mithilfe des Menschen nicht auf die Entstehung eines Werkes hinausläuft. Daher müssen wir wieder zum Text von Eugen Herrigel zurückkehren, um den roten Faden der Initiation zum Schuß wiederzufinden. Selbst wenn sein erster korrekter Schuß nicht mit absoluter Beherrschung gelang, weist er dennoch die wesentlichen Merkmale eines Meisterschusses auf. Der Bogenschütze lernt allmählich, nachdem er es zum ersten Mal verspürt hat, ein intensives Vergnügen in dem Augenblick zu empfinden, in dem er den Schuß in voller Übereinstimmung mit dem aller Absicht entbundenen Geist löst: eine Empfindung der Freude, die im Japanischen *satori* heißt.[58]

Oftmals mit »Erwachen« übersetzt, ist das *satori* nicht mit den Empfindungen der großen Mystiker in ihren Momenten der Trance vergleichbar. Dieses Erwachen, das einen Zustand der Entspannung, der Freude und der Leere in sich vereint, evoziert Empfindungen, wie sie auf einen Orgasmus folgen, eher eine Form der Fülle ohne Ziel als eine mystische Ekstase. Dieser Vergleich kommt Henri Cartier-Bresson über die Lippen: »Ein Geschehnis steigt auf, steigt weiter auf, und in einem bestimmten Moment ist plötzlich die ganze geometrische Ordnung da. Das ist wie ein Orgasmus! Wir kämpfen mit der Zeit, ein bißchen so wie ein Orchesterdirigent.«[59] Die körperliche und geistige Einheit des Ich, die Einheit des Ich mit der Welt werden in der Erfahrung des *satori* zu authentischem Erleben.

Der vollkommene Schuß läßt sich noch anhand anderer Kriterien erkennen, insbesondere der »Tanz des Schusses«, eine Art Ritual, eine bestimmte Weise, die Beziehung zur Welt feierlich zu begehen, sie heiligzusprechen. Den Schuß zu tanzen macht ihn wirksamer, fügt ihn harmonisch ein, da eine Kontinuität zwischen der Welt und dem Schützen hergestellt wird. Bogenschießen ist nur scheinbar ein räumliches Problem. Die ganze Kunst liegt eben darin, aus einer Frage des Raumes eine Sache der Zeit zu machen, denn der Erfolg des Schusses hängt gleichermaßen vom Augenblick des Loslassens wie von der Bogenspannung und vom Anvisieren als solchem ab. Indem er die Gesten des Schützen ritualisiert,

209. Sackgasse im kubanischen Viertel, New York, 1935

210. New Yorker Subway, 1959

211. Lissabon, 1954

fügt der Tanz sie in die Bewegung und die Dauer ein, die eigentliche Zielscheibe des Schützen. Und genau so beschreibt Henri Cartier-Bresson die Tätigkeit des Photographierens: »Es war ein Tanz, und gleichzeitig war es ein Kampf mit der Zeit ...«[60]

Mit anderen Worten bedeutet die Selbstauslöschung des Subjekts nicht seine Negation. Das Denken des Zen entfaltet ein Prinzip der Entsprechung des befreiten Subjekts, Herr seiner selbst, und der natürlichen biologischen Rhythmen, die ihm ähneln. Die Verbindung zwischen dem schöpferischen Subjekt und der Außenwelt ist eine auf Gegenseitigkeit beruhende Beziehung, so daß der individuelle und spezifische Charakter des schöpferischen Aktes vollkommen respektiert

wird.[61] Der Sinologe Paul Demiéville berichtet, daß Lin-tsi (gestorben um 867), einer der Begründer des Chan (der chinesischen Version des Zen), seinen Schülern für gewöhnlich Rätsel unterbreitete, von denen eines bis heute berühmt geblieben ist und traditionell mit »die vier Alternativen des Lin-tsi« bezeichnet wird. Ausgehend von zwei Begriffen, auf denen das Handeln beruht, Subjekt und Außenwelt, ergeben sich vier verschiedene Möglichkeiten:

– Das Subjekt wird ausgelöscht, aber nicht das Objekt: Das ist der realistische oder pragmatische Standpunkt; übrig bleiben einzig die Welt und ihre Phänomene, an denen der Mensch letztendlich nur aus der Entfernung teilhat. Das Ich ist dann irreal, unbeständig, hin und her gerissen;

212. Tennessee, 1946

– Das Objekt wird ausgelöscht, aber nicht das Subjekt: Das ist der idealistische Standpunkt, bei dem nur das Denken übrigbleibt. Seelenruhe wird nur zum Preis der imaginären (illusorischen) Unterdrückung der Außenwelt erreicht;

– Subjekt und Objekt werden gleichzeitig ausgelöscht: Das bedeutet die Zerstörung des Denkens ebenso wie der Wahrnehmungen und der Bewußtseinszustände. Dieser pathologische Zustand verhindert natürlich das Denken ebenso wie das Handeln;

– Schließlich werden weder Subjekt noch Objekt ausgelöscht: Das bedeutet die Rückkehr zur Wirklichkeit, die Versöhnung zwischen Bewußtsein und Welt, die Garantie von Harmonie und Frieden, innen wie außen.[62]

Dieser letzten Möglichkeit gibt Henri Cartier-Bresson den Vorzug. Weder das Denken des Chan noch das des Zen kennt das Dilemma von Pragmatismus/Realismus, der die Zerstörung des Subjekts voraussetzt, und Idealismus, für den die äußere Welt sich der Vision des Subjekts zu beugen hat. Doch diese Auffassung ist offensichtlich von höchster Bedeutung für die Photographie, da sie die Existenz eines erfüllten und vollständigen Subjekts voraussetzt, das den Schuß einleitet, ohne dafür verantwortlich zu sein, und die effektive und letzte Ursache des photographischen Bildes ist (in dem Sinne,

daß es dessen Ursprung und Ziel ist), ohne dessen übermächtiger Schöpfer im Sinne eines Demiurgen zu sein. Die Tätigkeit des Photographen und das daraus resultierende Bild werden als interaktiv Handelnde vorgestellt, die das Subjekt und die Welt gemeinsam haben und auf eben diese Gemeinsamkeit ausgerichtet sind.

Die Leere

Wie ist das möglich? Das Substrat, auf dessen Grundlage die Verbindung zwischen Subjekt und Welt angeknüpft wird, ist nichts anderes als die Leere. Die Leere, die man über die geregelt ausgeführte Atmung in sich selbst herstellt. Und auch die Leere zwischen sich und dem Außen, da das Bewußtsein von jedem willentlichen Ziel freigemacht wurde. Schließlich die Leere als Prinzip von Erneuerung, Kreislauf, permanenter Schöpfung, die imstande ist, Gegenstand eines ästhetischen Wohlgefallens in der Sorge um das Werk zu sein, in dem sie sich in einem Atemzug, einem Rhythmus, einer Bewegung, kurz in einer Dynamik offenbart, die aus der pneumatischen

213. Vereinigte Staaten, 1969

Bereitschaft des Subjekts resultiert, das sich in völliger Übereinstimmung mit den das Universum regierenden Gesetzen
befindet. Der Begriff der Leere ist für die psychophysiologi-
sche Beschreibung des schöpferischen Aktes ebenso geläufig
wie für dessen ästhetische Beurteilung: Die Leere ist ein unsere Beziehung zur Welt steuerndes und jedes Kunstwerk
bestimmendes Element. François Cheng zeigt, daß sie in der
chinesischen Malerei die materielle und geistige Voraussetzung für eine gelungene Schöpfung, aber auch das Medium
ist, das die Existenz von Dynamik innerhalb des Werkes
bedingt, welches wiederum die Dynamik des Menschen zum
Ausdruck bringt.[63] Als geistige Einstellung, die Kreativität
erst ermöglicht, ist die Leere ebenfalls ein Kompositionsprin-
zip, das untrennbar mit der Vorstellung der alternierenden
Abfolge und des Rhythmus verbunden ist.

Yin und Yang stellen das Wechselprinzip antinomischer
und konkreter Werte dar, deren Ausdehnung in erster Linie
die Darstellung der Gesamtheit aller Gegensätze betrifft, die
das Raum-Zeit-Kontinuum bestimmen. »Die Begriffe Yin
und Yang ließen sich deshalb zur Ordnung des Kalenders
heranziehen, weil sie [...] Ausdruck einer rhythmischen Ordnung des Gesellschaftslebens sind [...].«[64] Unter dieser Bedingung ist die chinesische Malerei gleichermaßen ein völlig

beherrschtes Handeln und läßt dem Unbewußten großen
Raum – ohne daß dies einander im mindesten widerspräche.

Für Cartier-Bresson ist das Einfangen visueller Eindrücke
eine konzertierte Übung der Intuition im Angesicht einer in
Bewegung befindlichen Welt. Eine Praxis, die sich auf die
Dialektik von Konzentration und Spontaneität gründet und
ein Leben im Einvernehmen mit der Welt und ihr besseres
Verständnis zum Ziel hat, ohne dabei auf die Mittel des ana-
lytischen Geistes zurückzugreifen.[65]

Weil der Mensch an einem Makrokosmos partizipiert, ist
es ihm gegeben, seine Intuition unter der Bedingung auszuüben, daß er sämtliche Spuren reflexiven Bewußtseins und
des Willens verwischt. Das Subjekt verwandelt einen mechanischen Vorgang in einen künstlerischen Prozeß, den er völlig
beherrscht.

Henri Cartier-Bresson hat sich nie (man müßte sogar
sagen: nie und nimmer!) als Theoretiker der Photographie
betrachtet und führt in ihrem Zusammenhang nichts anderes
ins Feld als seine eigene Erfahrung und sein Interesse unter
anderem am geistigen und künstlerischen Abenteuer. Es
macht keinen Sinn, an anderer Stelle als in diesem empirischen Humanismus den Grund dafür zu suchen, daß er in
der ritterlichen Kunst des Zen-Bogenschießens Erkenntnisse

214. Linearbeschleuniger, Stanford University, Kalifornien, 1967

und eine Denkweise wiederfand, die den seinen entsprachen, und zugleich auf Probleme stieß, die denen ähnelten, auf die er immer wieder in seinem Werk zurückkam. Die Ästhetik des Zen ist für ihn weder ein modisches Konfektionsdenken noch eine Ausrede. Da sie von ähnlichen Voraussetzungen ausgeht und vergleichbare Probleme verarbeitet, gelangt sie zu spezifischen Lösungen, die aber mit denen übereinstimmen, zu denen er mittels der Photographie gekommen ist.

All diesen Gründen müßte noch ein weiterer hinzugefügt werden, der erklärt, warum die Ästhetik des Zen mit solcher Treffsicherheit eine Kunst und eine Technik zu erhellen vermag, die scheinbar so weit von fernöstlichen Kulturen entfernt sind. Wir haben uns nicht die Frage gestellt, ob es struk-

turelle Ursachen gibt, die zur Klärung des Begriffs der Leere in der Photographie beitragen könnten. Dabei gibt es im photographischen Vorgang einen Augenblick der Leere, nämlich dann, wenn der Verschluß geöffnet wird und der lichtempfindliche Film auf den Photonenfluß reagiert.

In der Photo-Literatur werden für diesen Augenblick Begriffe verwendet, die normalerweise um das Bedeutungsfeld der Katastrophe, des Kollaps, der Verwundung usw. kreisen. G. F. Carrera zum Beispiel schreibt: »Wenn die Photographie keine Mimesis, weder Analogie noch Index, noch Referenz ist, sondern einzig und allein diese augenblickliche Katastrophe, in der alles erstarrt, läßt sich von ihr als Erinnerung nur in Begriffen von morbider – natürlicher – Faszination für das Grauenvolle sprechen, die uns dazu bringt, mit Vergnügen alles das zu töten und zu kontemplieren, was wir nicht sehen mögen.«[66] Régis Durand, der Carrera zitiert, distanziert sich von dieser nihilistischen Konzeption, die er zum Teil als Modeerscheinung interpretiert, wenn er bemerkt, daß sie »wie die verschwindende, aber entscheidende Zeit (Diastole, Systole) eines Herzschlags der Photographie [ist] – wobei der andere Moment der viel geläufigere Wunsch nach Beherrschung oder Zelebrierung der Welt, der photographische Akt ist, der als ein Festhalten, als ein räuberischer Akt verstanden wird«.[67] Philippe Dubois spricht ebenfalls von »einer konstitutiven Distanz im Herzen des Apparates selbst«, von »der Notwendigkeit eines Abstands, einer Trennung, eines Schnitts«, der sich in Raum und Zeit zugleich zeigt. Eine Trennung im Raum, denn man darf nicht vergessen, daß

215. Plan de la Tour, 1974

es, wenn das photographische Bild versteinert und erstarren läßt, »nur *in der Distanz* zu dieser Verblüffung kommen kann. Notwendigerweise gibt jede Aufnahme *an ihrem Ort* lediglich eine existentielle Abwesenheit wieder«.[68] Aber auch Trennung in der Zeit, da »jedes Photo uns aus Prinzip nur Vergangenes zeigt, gleichgültig, ob länger oder kürzer zurückliegend. [...] Selbst im Fall von Polaroidbildern, bei denen die Entwicklungsdauer erheblich verkürzt wurde, bleibt diese zeitliche Abweichung bestehen, auch wenn sie auf wenige Sekunden reduziert wurde. Wie John Berger sagt: ›Zwischen dem aufgezeichneten und dem gegenwärtigen Augenblick, da wir eine Photographie betrachten, gähnt ein Abgrund‹«.[69] Henri Van Lier seinerseits unterstreicht, wie radikal dieser kurze Augenblick die Wahrnehmung erschüttert: Das photographische Bild kann keine Wahrnehmung im phänomenolo-

gischen Sinne sein, da derjenige, der es betrachtet, »einen Gegenstand vor sich hat, dessen potentielles Schauspiel keinerlei Zeitpuffer für sich verbuchen kann und der gleichzeitig ein provozierendes Beispiel für reine Gleichzeitigkeit im physikalischen Sinne ist«.[70] Auch wenn Van Lier zu einer Vermischung von photonischem und photographischem Bild anregt, bleibt letzteres doch nicht weniger astigmatisch. Räumlicher Astigmatismus einerseits aufgrund der chromatischen und geometrischen Aberrationen (sphärische Aberration, Koma, Distorsion und eben Astigmatismus, die auf die Tatsache zurückgehen, daß der das Objektiv durchquerende Lichtstrahl zwei unterschiedliche Brennpunkte besitzt; wobei das einigermaßen gelungene Bild sich auf halbem Wege zwischen diesen beiden befindet). Und zeitlicher Astigmatismus andererseits, denn, so schreibt Schaeffer: »Das Bild ist immer versetzt gegenüber dem entscheidenden Augenblick, wie er sich in der motivierenden Anschauung zu fassen gibt, denn diese kommt immer einen Sekundenbruchteil zu früh oder zu spät. Entweder sehen oder aufnehmen, man muß sich entscheiden: Wenn man eine monokulare Reflexkamera verwendet, ist der Augenblick der Aufnahme auch derjenige, in dem der Spiegel hochklappt, also der, in dem sich das Sehen verabschiedet; will man gleichzeitig mit der Aufnahme die Sicht bewahren, ist man zur räumlichen Parallaxe verdammt. Man kann also dem Astigmatismus gar nicht entkommen, genausowenig der von Ungewißheit geprägten Beziehung zwischen Sehen und Bild, das er mit sich bringt.«[71]

Wenn sie aber das Vorhandensein eines Phänomens der »Leere« bestätigt und dadurch die Gültigkeit dieser Auffassung im photographischen Vorgang bekräftigt, zerstört nicht die Feststellung der astigmatischen Eigenschaft des photographischen Bildes die Grundlage der Theorie des entscheidenden Augenblicks? Oberflächlich betrachtet kann die Antwort nur positiv ausfallen. Doch Schaeffer geht nicht soweit, denn das hieße, den Ähnlichkeitscharakter des photographischen Bildes als nicht zu berücksichtigende Größe auf die Strafbank zu setzen, was impliziert, daß es als eine Wahrnehmung begriffen wird, wenn man von der Verschiebung des Raum-Zeit-Kontinuums der Betätigung des Auslösers und des Raum-Zeit-Kontinuums der photonischen Reaktion einmal absieht.

Jean-Marie Schaeffer erinnert daran, daß der Begriff des entscheidenden Augenblicks seine Wurzeln in der Überzeugung hat, daß die Photographie das bewegte Leben reprodu-

216. Oppedette, 1977

zieren kann, indem sie zum Beispiel einen Vogel im Flug festhält und somit die zerstörerische Wirkung der fliehenden Zeit unschädlich macht. Doch wie kann man das Leben mit der Bewegung gleichsetzen, da die Photographie das Leben nur dadurch wiedergeben kann, daß sie Bewegung einfriert? Um diesen Widerspruch aufzulösen, interveniert die Auffassung vom entscheidenden Augenblick: »Der günstige Moment«, schreibt Schaeffer, »ist der stigmatische Augenblick, in dem die Totalität sich (re)präsentiert oder sich zumindest im Abdruck ankündigt, da er sie in Monaden verwandelt. Das Bild ist nicht mehr die Aufnahme der offenen Zeit, die vergeht, sondern die Repräsentation der zyklischen Zeit eines in sich selbst abgeschlossenen Organismus. Die Ewigkeit und die Permanenz, die man im Leben verzweifelt herbeizuführen versucht, glaubt man im künstlerischen Bild erlangen zu können. Als wäre Kunst kein integraler Bestandteil dieses Lebens und als teilte sie mit ihm nicht seine ehernen Gesetze. Das Leben als emblematischer Gegenstand der photographischen Repräsentation stellt das Bild in den Dienst eines zuckersüßen pantheistischen Kultes.«[72] Schaef

fers Kritik ist natürlich sehr heftig, rüttelt aber gleichermaßen am romantischen Konzept der Zeit (der entscheidende Augenblick hätte demnach die Bedeutung von ewig und von daher einen ontologischen Wert) wie am Begriff der Repräsentation, der sich von dem Paradox nährt, daß nichts wie auch immer repräsentiert werden kann, außer man zerstört den repräsentierten Gegenstand, um ihn auf andere Weise wieder aufzubauen, egal ob es sich dabei um das Leben, eine Empfindung oder ein Gefühl handelt. Sie setzt Leben mit Flüchtigkeit gleich, Zeit mit Negativität, und mutmaßt, daß das Leben nur adäquat dargestellt werden kann, wenn die Zeit im Augenblick ihrer größten Flüchtigkeit angehalten wird, sofern das möglich ist.

Diese Sichtweise läßt sich nicht auf Cartier-Bressons Werk anwenden. Wenn der entscheidende Augenblick ganz einfach ein Anhalten der Zeit im Moment ihrer größtmöglichen Flüchtigkeit bedeuten sollte, fiele einem zur Illustration zwangsläufig Harold E. Edgertons berühmte Aufnahme eines Milchtropfens ein, der auf eine heiße Herdplatte fällt und sich in eine Grafenkrone verwandelt: Hier haben wir den zur

217. Basses-Alpes, 1988

Monade verwandelten Abdruck (die Krone) zusammen mit jenem »zuckersüßen Pantheismus«, von dem Jean-Marie Schaeffer spricht.[73]

Die astigmatische Eigenschaft der Photographie beeinträchtigt ihren praktischen Umgang mit dem entscheidenden Augenblick nicht. Schaeffer bestätigt dies auf indirekte Weise in seiner Analyse einer der Photographien Cartier-Bressons, *Schleuse von Bougival, 1955:* »Seine gegenständliche Fülle läßt sich nicht von seiner fast wahrnehmbaren Dynamik trennen, und die interaktive Vielfalt der Formen und der Blicke (darunter der Blick eines Hundes, der dem Betrachter des Bildes direkt Furcht einflößt) lassen das Bild förmlich jenseits seines Rahmens erstrahlen. Hier befinden wir uns am anderen Extrem des photonischen Bildes, dort, wo der Photographie fast das Unmögliche gelingt: als synästhetische Wahrnehmung halluziniert zu werden, als klangvolles Rauschen ebenso wie als visuelles Schauspiel, weit entfernt von jeder Symbolik, von jeder ikonischen Botschaft.«[74]

Warum »halluziniert«? Sicherlich, weil sie sich als eine Art malerische Pseudo-Komposition, ein kinematographisches Pseudo-Bild, ein Pseudo-Familienphoto darbietet, also drei unterschiedliche repräsentative und hermeneutische Modelle übereinandergelagert sind, von denen keines für sich allein stichhaltig ist, ebensowenig wie es alle drei zusammen sind.

Es ist ein Familienportrait, auf dem drei Generationen zu sehen sind; der Fuß der Mutter auf der Schwelle der Wohnstätte markiert eine symbolische Trennlinie. Es ist auch ein Photogramm: Die Szene erinnert an bekannte Orte aus der kinematographischen Phantasie (*Atalante* usw.), die Personen mögen zwar statisch sein, ihre Haltungen aber beinhalten noch die vorangegangenen Bewegungen (rechts beginnt der Hund, seine Pfote zu heben, der Mann hat soeben den Kopf gedreht, mit noch leicht verdrehtem Körper setzt die Frau einen Fuß vor, die Augen des Babys sind noch ganz klein vom grellen Außenlicht). Und schließlich ist es ein Gemälde, durch jene kulturellen Verweise, die das Bild ebenfalls enthält (man denke an die Gemälde von »Maria mit dem Kinde« oder an *Die kleinen Kartenspieler* von einem der Gebrüder Le Nain, auf dem im Vordergrund eine Gestalt von hinten zu sehen ist, die Hand umgedreht auf die Hüfte gelegt), aber auch durch das subtile Spiel der Blicke – ein scheinbar in sich geschlossenes System: Die Großmutter schaut auf das Kind, das den Vater anschaut, den ebenfalls der Hund anschaut, während die Mutter den Blick wie beim Offertorium leicht senkt und weder das von ihr aufgezogene Wesen noch den Adressaten dieser heiligen Geste anschaut; ein Madonnenblick, den ein Festtagslächeln mäßigt.

Es hat sicherlich etwas damit zu tun, daß Schaeffer von

Abb. 221

218. Der Euphrat, Irak, 1965

Synästhesie, der spontanen Wahrnehmung verschiedener Bildarten, und gleichzeitig von Halluzination spricht, denn eine solche Übereinanderlagerung ist unwahrscheinlich und schlecht zu verarbeiten, rauscht nur so von phantasiebeladenen Assoziationen. Zum Überfluß ist diese Photographie, obwohl sie alles zugleich ist, weder ein Familienphoto (sie stammt nicht aus einem Privatarchiv) noch ein Photogramm (sie ist nicht Teil eines Kontinuums), noch ein Gemälde (da sie in den Bereich der Momentzeugnisse gehört). Die drei Interpretationssysteme miteinander zu addieren reicht nicht aus, sie erschöpfend zu erklären. Der Schlüssel zu diesem Bild (Roland Barthes hätte vielleicht *punctum* dazu gesagt) ist ein

Detail: der Blick des Hundes links im Bild, der auf den Photographen gerichtet ist. Wenn dieses eine Detail, das alles verändert, nicht da wäre, wäre es dem Photographen tatsächlich gelungen, »sich vergessen zu machen«, sich »zwischen Hemd und Haut« zu schieben, so daß alles sich wie in einem Gemälde oder wie im Kino abgespielt hätte, in einem hermetisch abgeschlossenen Raum. Doch der Blick des Hundes ist genau das Detail, durch das dieses Bild wie ein photonischer Abdruck von etwas »Gewesenem« funktioniert, festgehalten von einem Subjekt, das gerade anwesend genug war, um sich seiner zu bemächtigen, und gerade abwesend genug, um diese zerbrechliche Intimität zwischen den Personen nicht zu

219. Newcastle-on-Tyne, England, 1978

220. Dieppe, 1926

221. Schleuse von Bougival, 1955

222. Tralee, Irland, 1963

stören. Der Blick dieses lauernden Hundes (im Gegensatz zum anderen Hund, der seinen Herrn voller Ergebenheit anschaut) gibt der Szene ihre Dimension einer aus dem Leben gegriffenen Photographie zurück und subsumiert in diese Kategorie die anderen Repräsentationsordnungen (Familienphoto, Kino, Malerei), die sie ebenfalls herbeizitiert.

Das momentan Eingefangene geht mit einer geometrischen Konstruktion von unerhörter Komplexität einher, beruhend auf einer Reihe drei- und viereckiger Formen, deren wichtigste Funktion die Herstellung eines Gleichgewichts der Komposition ist, die aber darüber hinaus die inneren Beziehungen zwischen den verschiedenen Personen und dem Photographen strukturieren: echte Dreiecke (die zu Dreiecken angewinkelten Arme des Mannes, die der Mutter, diejenigen, die das Dach des Kahns oder die Hosenträger bilden), plastische Reime (drei runde Formen – die Mütze oben im Bild und die beiden Poller unten – sowie drei rechteckige Formen – der Türrahmen, die Kabinenfenster zu beiden Seiten des Kopfes des Mannes, das Gebäude links oben im Bild), schließlich aus imaginären Linien gebildete Dreiecke, nämlich die zwischen den Menschen, den Hunden und dem Photographen gewechselten Blicke, die einerseits die Beziehungen zwischen ihnen allen beschreiben und andererseits das

Auge des Betrachters auf eine fast unendliche Wanderung schicken, da man in einer Art Zentripetalbewegung ohne Unterlaß vom Bildinneren nach draußen und von dort auf einen blinden Punkt gelenkt wird, den Ellbogen des Mannes, der auf uns zeigt.

Dieses Bild ist weit davon entfernt, einen Moment auf eine Monade zu reduzieren, die Wahrnehmung in eine Substanz zu verwandeln. Es macht den Augenblick nicht geometrisch. Es erfindet im Gegenteil ein eigenes Tempo für ein einzigartiges Gefüge.

So erscheint die Vorstellung der geistigen Leere, eines Vakuums, wie sie die Ästhetik des Zen thematisiert, vollauf gerechtfertigt auf die Photographie übertragbar. Die geistige Leere nämlich überbrückt die Nahtstelle zwischen dem Raum-Zeit-Kontinuum des wahrgenommenen Bildes und dem des photographierten Bildes. Jener Augenblick der Leere, der genügt, um einen Abgrund zwischen dem Bild und der Wahrnehmung aufzureißen, berichtet vom astigmatischen Charakter des photographischen Bildes. Auf die Gefahr hin, daß der Sinn, der sich aus dieser Vorgehensweise ergibt, viel weniger dem Bereich der Rede zuzuordnen ist als einem »Rauschen« oder jenem »Fast-Nichts«, von dem Vladimir Jankélévitch im Zusammenhang mit der Musik spricht, die

223. Museum, Neapel, 1963

wie die Photographie (von der Cartier-Bresson in der Tat behauptet, sie sei ihre Schwester) zur »Sprache des Werdens und der Erinnerungen«[75] wird.

Darf man von diesem Fast-Nichts, das sie einem anvertraut, auf die Bedeutungslosigkeit der Photographie schließen?

Durchaus, will man mit aller Gewalt die Photographie auf die romantische Ästhetik, das vorherrschende Denken der künstlerischen Moderne, beziehen, für die sie sich allerdings in einer Schieflage befindet.[76] Doch weil wir so wenig Vertrauen haben, verweist sie die Spiegelung dieser kulturellen Deformation, aufgrund derer wir es vorziehen zu wissen, »was wir zu sagen haben«, als zu lernen, richtig zu sehen, an uns zurück.

Der Versuch, so treffend wie möglich über Photographie zu sprechen, kann folglich nicht darin enden, lediglich nach dem am besten zu ihr passenden hermeneutischen System zu suchen. Einer der fruchtbarsten Einfälle Roland Barthes' in *Die helle Kammer* war es möglicherweise, die Verwandtschaft zwischen der Photographie und dem Zen zu unterstreichen und anzumerken, daß wir Photos, die uns erschüttern, »kurz und aktiv zugleich« betrachten, »geduckt wie ein Raubtier vor dem Sprung«, und daß sie sich paradoxerweise nicht »ent-

wickeln« lassen, ihnen nicht die Möglichkeit einer rhetorischen Expansion gegeben ist, nach der Art des Haiku, welches eine »lebendige Unbeweglichkeit« hervorruft.[77]

Dieser Zustand offenbart das ganze Paradox der Photographie, jener visuellen Kunst, in der die Kontemplation des Raumes angesichts der Prägnanz der Zeit erlischt. Außerdem enttäuscht sie die rein verbale, symbolische Annäherung und spielt »ohne etwas Besonderes«, wie der Meister des Zen sagt, in diesem Dazwischen, zugleich das Fiktive eines auf die Zeit gerichteten Blicks und der rein tautologische Glaube an die Welt. Will man sie zum Sprechen bringen, sollte man – schenkt man den Worten Roland Barthes' Glauben – lernen, die Augen zu schließen, um sie in der Stille wieder aufsteigen zu lassen, wie man der Musik lauscht: »Die Photographie muß still sein (es gibt dröhnende Photos, ich mag sie nicht): Das ist keine Frage der ›Diskretion‹, sondern der Musik: Die absolute Subjektivität erreicht man nur in einem Zustand der Stille, dem Bemühen um Stille (die Augen schließen bedeutet, das Bild in der Stille zum Sprechen zu bringen). Das Photo rührt mich an, wenn ich es aus seinem üblichen Blabla entferne: ›Technik‹, ›Realität‹, ›Reportage‹, ›Kunst‹ und so weiter: nichts sagen, die Augen schließen, das Detail von allein ins affektive Bewußtsein aufsteigen lassen.«[78]

Der Geometer

Welch Poem, diese Analyse des Phi!
Paul Valéry, Brief an M. C. Ghyka

[...] im Kultus des Symmetrischen verehrt man also unbewußt die Regel und das Gleichmaß als Quelle seines bisherigen Glücks; die Freude ist eine Art Dankgebet. Erst bei einer gewissen Übersättigung dieser letzterwähnten Freude entsteht das noch feinere Gefühl, daß auch im Durchbrechen des Symmetrischen und Geregelten Genuß liegen könne [...]: wodurch es dann, als eine Art ästhetischen Rätselratens, wie eine höhere Gattung der zuerst erwähnten Kunstfreude dasteht.
FRIEDRICH NIETZSCHE, *Menschliches, Allzumenschliches*

Über seine Bilder zu sprechen, heißt außergewöhnliche Tatsachen zu Allgemeinplätzen zu machen. Die besonderen Fälle werden so zu Regeln. »Ich bin gegen Regeln, ich hasse sie«, schreibt Henri Cartier-Bresson.[1] Diese Gereiztheit mag überraschen, wenn man weiß, daß sein Werk oft als ein Vorbild für formale Virtuosität verstanden wurde, das seine Geometrie geradezu aufdrängt. Es sei die Verkörperung der typisch französischen Photographie, wie die von Le Nôtre entworfenen Gärten als eine Kunst bezeichnet werden, die sich durch Gleichgewicht und Maß hervortut, beruhend auf einer rationalen Anordnung, die die Phantasie nicht völlig ausschließt, da die Kühnheiten durch eine achtunggebietende Zurückhaltung gedämpft werden.

Was diese Forderung betrifft, macht er keine Kompromisse: »Man muß äußerst rigoros sein, denn die Photographie ist viel zu einfach.« Er schlägt sogar einen prophetischen Ton an: »Im Evangelium steht geschrieben: ›Am Anfang war das Wort.‹ Auf mich übertragen heißt das: Am Anfang war die Geometrie. Ich verbringe meine Zeit damit, in kleinen Büchern mit Reproduktionen von Gemälden, die ich immer bei mir habe, Pausen anzufertigen und die Proportionen aus-

zurechnen. Und genau das finde ich in der Realität wieder: In diesem ganzen Chaos steckt Ordnung.«[2]

Gegen den eigenen Willen hat er vermutlich die Entstehung eines neuen Formalismus provoziert – die Tat seiner Epigonen –, der (wie seine Formel des »entscheidenden Augenblicks«) Rückschlüsse auf die Beurteilung seiner eigenen Photographien mit sich brachte. Alain Bergala macht sich, obwohl er sie nicht gänzlich teilt, zum Fürsprecher der Meinung, daß Cartier-Bresson die photographische Kreativität in Frankreich durch geometrische Regeln bewegungsunfähig gemacht und in das dunkle, zweifach mit dem rhetorischen Vorhängeschloß verriegelte Verlies der soziologischen Anekdote eingekerkert hätte: »Die Bilder von Henri Cartier-Bresson seien die Quintessenz oder der Prototyp der französischen Photographie: das Gespür für den einzigartigen Augenblick, das klassische Gleichgewicht der Formen, der Sinn für Humor, der Reiz der bedeutungsvollen Anekdote usw. Das alles sind Pseudo-Qualitäten, die mir immer das Gefühl gegeben haben, daß die französische Photographie ziemlich arm ist, sich durch selbstgenügsame Dummheit und offensichtlichen Mangel an Erfindungsgabe und Risiko auszeichnet, da

224. Aquila degli Abruzzi, 1952

sie den photographischen Akt zur Anekdote, zum Pittoresken, zu rhetorischen Effekten verurteilt hat.«[3] Und er fügt
hinzu: »Faszinierend sind die Bilder, die einen Verlust der
Beherrschung, eine rätselhafte Rückkehr der Realität zum
Ausdruck bringen; dann braucht sich die Photographie nicht
mehr so sehr um die Organisation von Form und Sinn zu
kümmern, dann stellt sie die imaginäre Rolle des Subjekts im
photographischen Akt erneut in Frage. Die Bilder von Cartier-Bresson bezeugen, daß der photographische Akt sich
immer zwischen Verlust und Beherrschung abspielt. Jedes
Bild drängt sich ihm (und uns) als neu und rätselhaft auf,
wenigstens in dem Maße, wie er dem Bild seine Organisation
aufdrängt.« Bei Cartier-Bresson findet sich in der Tat ein
dynamischer Widerspruch zwischen Nichtwollen und
Beherrschung.[4] Letzterer liegt nicht das Ziel zugrunde, die
visuellen Phänomene mit Gewalt in einen vorgefertigten
Rahmen zu zwingen, sie samt und sonders Regeln zu unterwerfen, die als universell gelten. In der Rolle, die er der Geometrie zugewiesen hat, einen Formalismus zu sehen, heißt
vergessen, daß der Realität keine Ordnung aufgezwungen
werden kann, auch nicht durch Prinzipien von außen. Sich

umgekehrt darüber zu wundern, daß es in seinen Bildern formale Unvollkommenheiten gibt, wie dies Raúl Beceyro tut,[5]
bedeutet, die von ihm angestrebte plastische Perfektion an
den Regeln populärwissenschaftlicher Handbücher messen zu
wollen, die für die Komposition die Anwendung eines
bestimmten Kanons nahelegen.

In seinen Photographien entsteht Ordnung einzig auf der
Grundlage des Chaos, welches das Zustandekommen von
Augenblicken einschließt, in denen sich alles in eine Ordnung zusammenfügt. »Sie ist eine Verknüpfung von Auge,
Herz und Kopf im Augenblick selbst. Die Photographie ist
eine Art Wiedererkennen.«[6] Verknüpfung: Die Photographie
entsteht dort, wo sich der Rhythmus, den die Realität vorgibt, mit dem spontanen Erkennen einer Ordnung auf seiten
des Photographen kreuzt. Dieser plastische Rhythmus wird
nicht künstlich auf das Bild übertragen, sondern zeugt von
einem Akt des Festhaltens, von einer schlagfertigen Reaktion
angesichts des Takts der Zeit.

So in der Aufnahme einer Straße in Aquila degli Abruzzi   Abb. 224
(1952): Die architektonischen Elemente im Vordergrund bilden eine rhythmisch gestaffelte Perspektive, die an eine ty-

pisch italienische Theaterkulisse denken läßt. Eine Gestalt befindet sich in der verlängerten Achse dreier Ädikulä, genau an der Stelle, die als Bühne fungieren könnte. Trotz all der Elemente, die den Raum als das Wichtigste erscheinen lassen müßten, bestimmt ein zufälliger Faktor die Ordnung des Gesamtgefüges: die Anwesenheit der kleinen Gestalt.

Henri Cartier-Bresson greift auf Verfahren zurück, die es dank der Perspektive erlauben, eine symbolische Form der Zeit ins Werk zu setzen, dreht aber ihre Logik um: Der Zufall von etwas Anwesendem, das der Zeit unterliegt, schließt die räumliche Darstellung ab und verleiht ihr ihre Notwendigkeit.

Die Grazie

Das Leben präsentiert sich den Augen des Photographen auf scheinbar widersprüchliche Weise: Es ist Ordnung und Dauer zugleich. Es gibt bestimmte Augenblicke, in denen das Sichtbare, das sich per Zufall zu geometrischen Formen und Linien fügt, ein Gefühl des Gleichgewichts, der Harmonie auslöst. Cartier-Bresson wahrt die Verbindung von Rationalität und Schönheit. Aus dem Chaos der unzähligen unbeständigen Formen, die die Dauer mit sich bringt, entsteht spontan eine Ordnung, was eine Form des Glaubens in die Fähigkeit des Lebens, sich zu erneuern und zu gestalten, voraussetzt. Darin hat die Lyrik des Werks seinen Ursprung.

Es stecken pythagoreische Lehrsätze in diesem Postulat einer geometrischen Ordnung, die durchaus verkörpert, was zur Zeit der Renaissance als »Schönheitsideal« bezeichnet wurde. Nicht die Pythagoras-Interpretation eines Alberti ist

hier gemeint, der in der *harmonia mundi* den Beweis für die perfekte Rationalität der Welt sah, sondern die der Verfechter einer Ästhetik der »magischen Kunst«, um es mit einem Ausdruck von Robert Klein zu benennen.[7] Die Praxis von Henri Cartier-Bresson hätte sich weniger leicht mit einer ästhetischen Theorie abgefunden, in der der Künstler der Welt eine rationale Ordnung aufoktroyiert, als mit einer Theorie, wonach er, der Künstler, natürliche Prozesse lediglich auf den Weg bringt, und zwar kraft der Liebe, die er in seine Beziehung zur Welt investiert. »Das Photo ist ohne Zweifel ein Akt der Liebe, der sich bis ins Unendliche wiederholt«, verkündet er.[8]

In allen Auffassungen von »magischer Kunst« spielt die Liebe eine ganz wesentliche Rolle. Durch ihre Ursache (die Schönheit) ist sie mit der Kunst verwandt, durch ihre Wirkungen mit der Magie (Überraschung, Sympathie, Ergriffenheit, Ekstase usw.). Seine Argumente aus Platons *Gastmahl* schöpfend, sah der Neuplatonismus in der Liebe ebenfalls die Grundlage einer Dialektik von Ordnung (die glückliche Begegnung, die Harmonie) und Chaos (die Zerstreuung, die Trennung der Lebewesen).

Für Autoren wie Jean de Meung oder Marsilio Ficino bringt der Künstler die Natur auf den Weg, indem er die Prozesse fördert und den günstigsten Augenblick abzuwarten weiß, so daß die mathematische Schönheit sich wie eine Falle für die Grazie ausnimmt. »Dem mäeutischen Weisen«, schreibt Robert Klein, »der in der natürlichen Magie die Natur beherrscht, entspricht folglich der Künstler als Vogelfänger, der keine Schönheit hervorbringt, sie aber einzufangen weiß. Hier befinden wir uns im Kern der ästhetischen Debatte der Renaissance: Es geht darum zu wissen, ob die pythagoreischen Zahlen und Verhältnisse, die qualitative und quantitative Harmonie die Schönheit ausmachen oder nur eine Vorbereitung auf sie sind; ob, anders ausgedrückt, die Schönheit Regel oder Grazie ist.«[9]

Innerhalb der Debatte, auf die Robert Klein anspielt, wäre die Photographie in ihrem direkten Zugriff auf das Leben, so wie Henri Cartier-Bresson sie auffaßt, der Mäeutik und der Suche nach Grazie zuzuordnen, und der Photograph als Jäger dem Künstler als Vogelfänger, dessen Freude es ist, zu warten, daß sich die Grazie ab und zu niederläßt *(Martines Beine, 1968).* Abb. 225 In gewissem Sinn findet eine Versöhnung zwischen der aristotelischen Lehre vom Schönen und der Plotin'schen Ästhetik statt: Denn was ist ein entscheidender Augenblick im Grunde anderes als die Vereinigung der Idee von Schönheit, verstanden als eine proportionale und symmetrische Anordnung von Teilen (Aristoteles), mit der Vorstellung von Grazie, so wie Plotin sie definiert, nämlich als beseelte und überwältigende Schönheit, die vom Schillern des Einen ausstrahlt?[10]

Diese Plotin'sche Vorstellung vom nicht zusammengesetzten, absolut einfachen Schönen steht in keinem Widerspruch

225. Martines Beine, 1968

226. Charles de Gaulle, 1961

zur chinesischen Tradition der Malerei, für die die geometrischen Regeln von der strengen Beobachtung der Natur abgeleitet sind: »Mein Lehrer war mein Geist, der Lehrer meines Geistes war mein Auge, und der Lehrer meines Auges war der Berg Hua«, antwortete der Maler Wang Lü auf die Frage, wer sein Lehrmeister sei.[11] Henri Cartier-Bresson stimmt völlig mit den taoistischen Prinzipien überein, die in einem anderen Kontext das Konzept der »magischen Kunst« neu formulieren: »Es gibt nur Naturgesetze, und wie Montesquieu sagt, sind die Gesetze notwendige Verhältnisse, die sich aus der Natur der Dinge ergeben: Mit diesen Worten ist alles gesagt. Photographie ist die Konzentration des Blicks. Das Auge späht, wandert unermüdlich umher, ist auf der Lauer, stets bereit. Photographie ist eine unmittelbare Zeichnung, sie ist Frage und Antwort in einem.«[12]

Die Formel von Montesquieu ist in der Tat klar: Die Gesetze, die sich dem Künstler aufdrängen, haben nichts mit abstrakten Regeln gemein, die mechanisch auf die Komposition angewandt werden. Sie bleiben immanente Gesetze und werden von der Natur der Dinge abgeleitet, denen sich der Künstler zu beugen hat, das heißt, die er ergründen muß, um

sie wieder in Kraft zu setzen. Dies ist Respekt vor dem Motiv ebenso wie vor sich selbst. Komposition ist das Ergebnis einer Interaktion zwischen dem Photographierten und dem Photographen, eine Wechselbewegung von Frage und Antwort, ein permanentes Hin und Her: »Es geht darum, in Anbetracht einer jeden Sache zu fragen: Was ist das? Warum?«[13] Dem Photographen steht nicht zu, der Wirklichkeit seine Regel aufzuzwingen: »Nur durch äußerste Sparsamkeit erreicht man Einfachheit des Ausdrucks.«[14] Für Cartier-Bresson gründet sich die wahre Strenge auf einen Dialog zwischen dem Photographen und der dem Zufall unterworfenen Ordnung des Realen, ohne die er die Klippen des Formalismus und des absichtlichen Ausdrucks nicht umgehen könnte.

Während er nach Meinung von Bergala die Photographie in eine Sackgasse geführt hat, sah Robert Capa in seinen ästhetischen Forderungen ein Relikt der Ambitionen und Vorurteile seiner Jugendzeit, einen in Anbetracht der Situationen, denen zu begegnen ein Reporter verpflichtet ist, unbegründeten Kult des Schönen: »Capa nannte Bressons Photographie dekadent«, berichtet Ernst Haas.[15] Im Namen des Photojournalismus geißelte Bob Capa, was er als Ästhetizismus betrachtete. Im Namen einer Ästhetik des Protests kritisierte Alain Bergala, was er für Klassizismus hielt. Diese beiden aufeinander zulaufenden Feuerherde bilden die Kehrseite der dualistischen Situation von Cartier-Bressons Photographien.

Sein eigener Standpunkt resultiert aus dem Beschreiten einen dritten Wegs. Wenn für ihn im photographischen Bereich die von den Malern ausgearbeiteten Gesetze der Komposition von Belang sind, dann weil er der Meinung ist, daß der Photograph mit dem chinesischen Maler dieselbe fundamentale Intuition teilt: Die Anordnung, deren Vervollkommnung er im Bild anstrebt, ließe sich nicht erreichen, wenn der Ordnung, in die sie eingebettet ist, Gewalt angetan würde.

227. Nanking, 1949

228. Geburtstag des Maharadscha von Baroda, Indien, 1948

Einer der wesentlichen gemeinsamen Punkte zwischen Bogenschießen und Photographieren ist die fundamentale Rolle des geometrischen Geistes. Henri Cartier-Bresson beruft sich scherzhaft auf General de Gaulle, der gesagt haben soll: »Die Photographen sind wie Artilleristen: genau zielen, schnell schießen und dann nichts wie weg!«[16] Bei aller Trivialität gibt dieses Epigramm exakt die Probleme wieder, denen der Photoreporter begegnet (wobei es beim Zen-Bogenschützen weniger darum geht, richtig zu zielen als richtig zu schießen). Bleibt aber, daß der gelungene Schuß jede Halbheit ausschließt und daß niemand zur Meisterschaft gelangt, der kein Muster an Exaktheit und Präzision ist. Nur dann grenzt Präzision an Schönheit, gibt der Geist der Geometrie den Weg zum Absoluten frei. Ein perfekter Schuß vollbringt eine qualitative Erschütterung, und sein Gelingen wird zur Herausforderung des Zufalls oder zum Dementi des Chaos. Ist das Zentrum der Zielscheibe getroffen, wird die Ordnung der Welt bestätigt, als authentisch beglaubigt. Dann kann die plastische Ordnung in der Tat als Retterin empfunden werden. Die formale Perfektion, durch die sie sich im Bild offenbart, löst ein Gefühl der Ewigkeit aus, das um so ergreifender und kostbarer ist, als es anläßlich einer Gegebenheit

erscheint, die zufällig und zugleich vorübergehend ist. Nur die Photographie kann sich ihrer bemächtigen, weil sie dieser ephemeren Essenz treu bleibt; es geht nicht darum, die Zeit aufzuhalten (das Chaos zum Erstarren zu bringen heißt nicht, dem Chaos zu entkommen), noch darum, sich von ihr zu lösen, um Abstand zu gewinnen, sondern vielmehr darum, aus ihr das Positive zu ziehen. Und dieses positive Merkmal kann nicht anders als durch Zufall erscheinen oder, genauer gesagt, unvorhergesehenermaßen.

Der Photograph ordnet sich dem Spiel des Zufalls unter und kann deshalb Anspruch erheben auf die Beherrschung der plastischen Ordnung im Augenblick. Er erkennt ihn, wie er aus dem Chaos auftaucht, ohne sein Erscheinen provoziert zu haben. Die Beherrschung verschmilzt mit der Fähigkeit, an der äußersten Spitze der Gegenwart, in der absoluten Präsenz zu agieren. Der Photograph erschafft nichts, wenn man so will, doch wie in der chinesischen Malerei ist sein Werk um so vollkommener, als er den Moment festzuhalten weiß, in dem sich etwas durch ihn erschafft.

Das größte Risiko des Photojournalismus bestand für Cartier-Bresson nicht darin, dem Ästhetizismus zu verfallen, sondern nicht in der Lage zu sein, jenes Interesse, jene rechte Kenntnis, jenes heimliche Einverständnis zwischen dem Photographen und seinem Objekt zum Keimen zu bringen, die nur die Zeit und zwar unter der Bedingung ermöglicht, daß der Photograph anders lebt als unter dem Druck der Aktualität, dieser kraftlosen Form von Präsenz in seiner eigenen Geschichte.

Zusammensetzen heißt nicht, eine visuelle Tatsache auf ein vorherbestimmtes plastisches Gleichgewicht zu übertragen. Eine perfekte formale Komposition ist uninteressant, wenn sie nicht von derselben Substanz ist wie das authentische Empfinden, das sich darin neu entfaltet. Der entscheidende Augenblick ist das Erfassen einer räumlichen Anordnung, in der sich eine Neugestaltung der zeitlichen Qualitäten einer visuellen Erregung vollzieht: »Sehr subtile Dinge sind es, die gleichzeitig sehr fest sind, die entscheidend sind.«[17] Die Komposition hält zusammen durch das Aufeinandertreffen von Rhythmen, Formen, Linien und Volumen in einem Augenblick, der als solcher eingefangen ist und aus dem eine neue Emotion hervorsprudelt, die im Bildausschnitt neu geordnet, aus dem Realen geschöpft, aber schließlich von ihm losgelöst ist. »Der Ausschnitt eines Photos muß mit dem im Sucher übereinstimmen, was einem Format von 24 x 36mm entspricht und dem Goldenen Schnitt nahekommt. Durch diese Vollständigkeit wird er selbst zu jener Portion Raum, die auf die Augenblicklichkeit reduziert wurde. Etwas passiert innerhalb eines Gefüges, und das in einem ganz bestimmten Moment. Zeit und Geometrie sind zwei Koinzidenzen. Der Photograph ist da, um Zeugnis davon abzulegen. Darauf braucht man sich überhaupt nichts einzubilden.«[18]

Wie in der chinesischen Malerei muß die Photographie, laut seiner Aussage, nicht nur von der Umsetzung eines visuellen Raumes in zwei Dimensionen, sondern auch von der Umwandlung in ein konkretes und augenblickliches Raum-Zeit-Kontinuum Zeugnis ablegen. Wie auch der Zen-Bogenschütze könnte der Photograph einen Raum nicht korrekt anvisieren, wenn er die Zeit nicht in seine Ziellinie einbezieht. Was Meister Kenzo Awa wie folgt überträgt: »Sie müssen sich so verhalten, als wäre das Ziel unendlich fern.«[19] Das Unendliche ist nicht das Absolute, sondern einfach nur der Ort, die Leere, in der das Subjekt und die Veränderungen der Welt einander begegnen. Dann kann Photographie ein Geistiges sein; und um die Formulierung von Sartre zu übernehmen, die das Bewußtsein definiert: Es könnte keine Intelligenz geben, die nicht Intelligenz von etwas ist. Ohne soweit zu gehen wie die Chinesen, die behaupten, die Welt wäre in Gefahr, gäbe es die Maler nicht, die den Menschen ein Bild von der dort herrschenden und wirkenden Ordnung geben, so hat in den Augen Cartier-Bressons der Photograph doch eine außerordentliche Funktion inne, wenn er entscheidet, diesen oder jenen Augenblick festzuhalten: »Ein Photograph hat eine Verantwortung gegenüber der Welt: Diese Verantwortung ist eine Sache der Wahl. Die Wahl, die er im gegenwärtigen Augenblick trifft: Nur den Bruchteil einer Sekunde gibt es das Photo wirklich. Und dadurch stellt man alles wieder in Frage.«[20] Die Rolle des Pressephotographen ist zwar nicht unbedingt mit der des Historikers vergleichbar, dennoch hat er seinen Teil an authentischer Verantwortung gegenüber der Geschichte genauso zu tragen. Tolstoi sagt in *Krieg und Frieden:* »Ich sehe nur ein Zusammenfallen von Vorkommnissen, wie sich das bei allen Lebenserscheinungen beobachten läßt, und gewahre, daß ein noch so sorgsames Beobachten des Uhrzeigers, des Ventils und der Lokomotivenräder und der Eichenknospen mich nicht zur Erkenntnis der Ursache des Glockengeläuts, der Lokomotivenbewegung und des Frühlingswindes gelangen läßt. Will ich dazu kommen, so muß ich einen vollständig neuen Beobachtungsposten beziehen und muß die für die Bewegungen des Dampfes, der Glocke und des Windes geltenden Gesetze studieren. Ähnlich muß auch die Geschichtswissenschaft zu Werke gehen. Und Ansätze dazu liegen schon vor.«[21]

Wie der Maler ist es der Photograph sich schuldig, die Natur zu kopieren: »Degas sagte, daß man die Meister kopieren und immer wieder kopieren müsse, daß es einem nur dann, wenn man sich als guter Kopist bewiesen hat, sinnvollerweise erlaubt sein darf, ein Radieschen nach der Natur zu malen.« Und weiter: »Das Leben ähnelt einem Operationstisch: Alles ist zusammengestellt, man findet eine Komposition vor, die immer reicher ist als das Produkt der Phantasie. [...] Es ist notwendig, zu kopieren, und wir alle sind Kopisten. Doch die Natur ist es, die man kopieren muß – und man malt sich selbst [...]. Man selbst zu sein heißt für

229. Jardin des Tuileries, Paris, 1976

mich, außerhalb von sich zu sein. Wie das, was Herrigel beschreibt: Wir erreichen uns selbst, indem wir die Zielscheibe anvisieren – die Außenwelt. [...] Wer schrieb in der Renaissance: ›Keiner darf hier eintreten, der kein Geometer ist‹?«[22] Für die Maler der italienischen Renaissance war die Welt in mathematischer Sprache formuliert, und die Gesetze der Perspektive sollten ihnen die Tore zum Jenseits öffnen. Die Meister des Zen-Bogenschießens und die chinesischen oder japanischen Maler ihrerseits sind davon überzeugt, daß die Ordnung der Welt sich bisweilen in perfekten, natürlichen oder menschlichen Schöpfungen offenbart, die dem Kanon der Geometrie gehorchen. Aus diesem Grund weist das ästhetische Wohlgefallen zwei Aspekte auf: die Reminiszenz (weil es eine Dimension der Erinnerung an etwas tief in uns Vergrabenes gibt) und die Sublimierung (weil sie uns das Gefühl für das Chaos nimmt und uns eine höhere Ordnung, eine originäre Einheit spüren läßt). So stellt der Goldene Schnitt eine plastische Kompositionsregel und den arithmetischen Mittelwert des Wachstums der Pflanzen dar. Zwischen den Naturgesetzen und den Gesetzen der Kunst herrscht eine absolute Kontinuität.

Henri Cartier-Bressons stärkste Photos enthalten oft diese

230. Parade zum 10. Jahrestag der Ausrufung der Volksrepublik China, Peking, 1958

»kontrollierten Unfälle«, die auch der chinesischen Malerei teuer waren, das Auftauchen streng organisierter Formen in einem offensichtlichen Durcheinander und umgekehrt, wenn heterogene Elemente in äußerst geometrische Gefüge eingreifen.

Man kann dabei an die Bettlermenge denken, eine großformatige Aufsicht *(Baroda, Indien, 1948),* oder an jene überbelichteten Bilder beziehungsweise Gegenlichtaufnahmen, die um so besser die graphischen Elemente zur Geltung bringen: eine Parade in Peking im Jahr 1958, der Garten der Tuilerien 1976. Ein Übermaß an Ordnung wird andererseits durch ein kleines, witziges Detail regelrecht denunziert, wie zum Beispiel in der Aufnahme eines Büros in New York 1960: Eine Sekretärin, von der nur ein wohlgeformtes Bein zu sehen ist, geht auf ihren Chef zu.

Ordnung ist oft zum Ersticken, provoziert Revolten: Ein Gefangener in der Einzelzelle eines amerikanischen Mustergefängnisses streckt ein nacktes Bein und einen Arm, dessen Hand eine Faust zeigt, durch die Gitterstäbe seiner Zelle (1975). Ein Affe, an dem Experimente vorgenommen werden – mit Sicherheit für irgendeine Raumfahrtmission –, ist in eine Apparatur eingesperrt und nimmt fast die gleiche Haltung ein wie der Gefangene (1967). Das geometrische Gefüge

Abb. 230, 229

Abb. 231

Abb. 233

Abb. 232

des Augenblicks hemmt den Photographen nicht, es ist der Ort seiner Freiheit.

Die Komposition des Bildes ist immer an eine konkrete Situation gebunden: »Dieses Lernen von der Welt über die Photographie kann zu glücklichen oder zu verheerenden Ergebnissen führen, je nachdem, ob die kleine Tatsache, die man zeigt, von ihrem zeitlichen Kontext, ihrem Ort der Menschlichkeit isoliert wurde oder nicht.«[23]

Die visuellen Leitmotive, nach denen der Photograph seine Bilder komponiert, sind in seiner eigenen visuellen Kultur gespeichert: »Das Bedürfnis der Menschen nach Freude und Glück oder ihre Grausamkeit zeigen sich in den verschiedenen Facetten kleiner, unzähliger Einzelheiten. Sie überraschen durch ihre Neuartigkeit, aber auch durch ihre Vertrautheit, ganz als hätte man es mit einer Reminiszenz zu tun. Man glaubt, sie inmitten allgemeiner Eindrücke wiederzuerkennen, ein bißchen wie in einem Museum, in das man zum ersten Mal geht und in dem Bilder hängen, die man bereits aus Reproduktionen kennt. Wenn man plötzlich selbst vor diesem Bild steht, spürt man den Schock der Überraschung, die Freude, sich in einer Konfrontation ausloten zu können. Schöpfung in der Photographie ist die Sache eines kurzen Augenblicks, ein Wurf, eine prompte Antwort, näm-

231. Ein Bankangestellter und seine Sekretärin, New York, 1960

lich den Photoapparat auf die Ziellinie des Auges zu heben, das, was einen überrascht hat, mit dem kleinen Kasten zu erhaschen, im Flug einzufangen, ohne zu mogeln, ohne zu verschrecken. Man fertigt ein Gemälde an, wenn man ein Photo aufnimmt.«[24]

In die Umwege eines Satzes schiebt Henri Cartier-Bresson die Formel seines Kompositionsmodus ein. Die Existenz einer aus dem Chaos auftauchenden Ordnung festzustellen heißt, die visuellen Vorkommnisse vor dem Zerfall zu retten, den die zähe Kraft des Banalisierens und des Vergessens bewirkt, Regungen, von denen man fälschlicherweise annimmt, sie seien das Werk der Zeit, während sie nur das Ergebnis unserer Gleichgültigkeit oder unserer Unachtsamkeit sind. Um gegen das Banale anzukämpfen, hat er sich damit beschäftigt, die Zeit am Werk sichtbar zu machen, dadurch, daß er ihr auf seinem eigenen Terrain entgegenging.

Eine Photographie objektiviert nichts, beweist nichts. Oder besser: Einzig die mißlungenen Photographien sind Beweise. Beweise dafür, daß die Kräfte des Chaos und des Zerfalls über die Ordnung gesiegt haben, die der Photograph nicht einzufangen wußte oder, umgekehrt, die er sich angesichts der Realität als von Absichten beseelt vorstellte, selbst getragen vom Willen, der Realität zum Ausdruck zu verhel-

fen, sie über das zu informieren, was nicht aus ihr stammt: »Die einzige Objektivität, die es gibt – und das sind die einzigen Verantwortungen, die ich mir immer aufgebürdet habe –, ist, sich selbst und seinem Motiv gegenüber ehrlich zu sein. Die Wahrheit an sich gibt es nicht, sie zeichnet sich immer durch einen Bezug aus. Man darf nur Beziehungen herstellen. Sehr komplizierte, komplexe Beziehungen. Die Poesie ist eine Bezugnahme, und zusammen mit der Malerei und der Liebe ist sie das einzig Wichtige.«[25]

In der Behauptung, Photographie »sagt nichts aus«, steckt keineswegs die Andeutung, daß sie ohne Sinn wäre. Vladimir Jankélévitch wies mit Recht darauf hin: »Die Absicht, nichts ausdrücken zu wollen, ist die große Koketterie des 20. Jahrhunderts«, und fügte hinzu: »Worte und Zeichen lassen sich wie ein Modell zusammenfügen oder verschieben, doch der Sinn selbst kann nicht zerteilt werden, und darin ähnelt er unserer Freiheit.«[26] Die Bilder von Cartier-Bresson laden dazu ein, mit einer dualistischen Konzeption des signifikanten Prozesses zu brechen, egal ob sie sich in Begriffen der Symbolik oder als eine Verweigerung von Signifikanz ausdrückt, die oft nur eine Form negativer Theologie ist. Einmal mehr scheint es angebracht, in der chinesischen Ästhetik nach einem passenden semantischen System zu suchen, und zwar anhand

232. Berkeley, Kalifornien, 1967

dessen, was François Jullien die Fadheit nennt, die »uns nicht dazu bringt, ausgehend von einem verborgenen Mysterium nach einem anderen Sinn zu suchen, sondern uns vom unterscheidenden Charakter des Sinns, von allem besonderen und markanten Geschmack zu befreien. [...] Da gibt es kein Intelligibles, das dem Sensiblen gegenübergestellt, kein Noumenon, das den Phänomenen vorgezogen wird. Fadheit ist der Geschmack des Virtuellen, die Kraft, sich weiterzuentwickeln und sich zu verändern, und als solche ist sie unerschöpflich. Da gibt es auch keinen *Sinn,* den es zu entziffern gilt, keine *Offenbarung,* die es zu erwarten gibt – und der Kern ist keine *Wahrheit,* die dem Irrtum entgegensteht: Im Gegenteil, jede *Botschaft* überläßt ihren Platz dem Schweigen.« Und François Jullien ergänzt an anderer Stelle: »Fadheit ist jene Erfahrung des Transzendenten, die sich mit der Natur versöhnt hat – vom Glauben befreit ist.«[27]

»Das Imaginäre nach der Natur«

Wenn Henri Cartier-Bresson die Komposition als notwendiges Postulat der Dialektik von Innenwelt und Außenwelt sieht, folgt er getreu den Spuren von André Lhote: »Gauguin war der erste, der schrieb, daß Kunst eine der Natur entnommene Abstraktion sei. Man kennt den Erfolg des Wortes und auch, daß gewisse Maler, weil sie es zu voreilig in ihre Betrachtungen einbezogen, leider seine unerläßliche Ergänzung vergaßen: der Natur entnommen.«[28] Auf ihn geht auch Cartier-Bressons Formulierung »die Photographie ist ein Geistiges« zurück – Lhote schätzte sie nicht besonders, er fand sie kalt –, mit der er eine Vorstellung auf die Photographie übertrug, die Lhote zu seinem Steckenpferd gemacht hatte: das plastische Geistige. Bei Lhote umfaßt diese Bezeichnung die

Anstrengung, die Geduld, die Kenntnis, die Technik, die der Maler lernen muß. Andererseits stellt sie den Gedanken, daß es eine den plastischen Künsten eigene Art gibt, die uns umgebende Welt zu begreifen, in den Vordergrund: »Was nur Auflösung ist, solange nur der Instinkt im Spiel ist, wird Sättigung, wenn das plastische Geistige, dieser konstruktive und sensible Genius, *die durch den reinen Instinkt gelieferten Bruchstücke zu einem kohärenten Ganzen zusammenfügt.«*[29]

Henri Cartier-Bresson konstruiert ein Imaginäres nach der Natur: »Wie Giacometti will ich so genau wie möglich sein, Abstraktionen nach der Natur realisieren, in der Photographie wie in den Wissenschaften die Struktur der Welt herausfinden – die Sinnlichkeit der Form genießen. [...] In Anbetracht dessen, was man sieht, muß man versuchen, lebendig zu bleiben, sich hautnah mit der Realität auseinandersetzen, mit Gewohnheit und Routine abrechnen. Man muß trainieren, die ganze Zeit hinzusehen, in einer Art Tanz zwischen Bewußtem und Unbewußtem hin und her schaukeln, eine Zeichnung unmittelbar, automatisch und intuitiv ausführen. Das bereitet mir große Freude!«[30]

Er spricht und denkt als Maler. »Das fertige Photo ist wie eine Zeichnung: Es ist etwas zum Anschauen, man kann soviel Zeit damit verbringen, wie man will. Doch rar sind die

233. Zelle in einem Mustergefängnis, New Jersey, 1975

234. Gordes, 1983

Photos, die man länger als einige Augenblicke anschauen kann, diese Gnade widerfährt einem nur selten!«[31] Der Photoapparat erneuert die Begriffe, in denen die künstlerische Annäherung an die Wirklichkeit gedacht werden muß. Indessen das plastische Geistige als solches eins bleibt und seine Gesetze universell sind.

Cartier-Bresson führt die Reflexionen und Theorien seines Meisters zur Relativität der räumlichen Struktur des Gemäldes im Hinblick auf die unterschiedlichen Modi der Perspektive und zur Rolle der Leitmotive oder der plastischen Reime bei der Wegfindung des Auges fort.

Die rhythmische Komposition, die durch das Alternieren von Weiß und Schwarz entsteht, zeigt, wie untrennbar dieses Phänomen von der räumlichen Organisation ist. In einem Kapitel mit der Überschrift *Von den Blenden* spricht Lhote von diesem Verfahren wie von einem »wirklichen Mechanismus«, der universelle Gültigkeit besitzt und dazu beiträgt, einem das Gefühl der Tiefe zu geben: »Wenn eine helle Ebene die ihr vorgesetzte dunkle Ebene verdrängt und wenn diese ihrerseits durch die nachfolgende dunkle Ebene nach vorne gedrückt wird, dann entsteht in der Komposition von oben nach unten eine Folge von Schwingungen, ein unablässiges Hin und Her von Werten, die sich gegenseitig erst aufheben,

nachdem sie dem Betrachter das Gefühl von Tiefe verliehen haben. Das Auge wandert über das Gemälde wie über eine Abfolge von Wellen, die sich gegenseitig stützen, um ein fiktives Rennen in der dritten Dimension zu veranstalten.«[32]

Die Organisation des Bildraumes entsprechend dem Mechanismus der Abfolge von hellen und dunklen Ebenen bringt eine Neudefinition der Perspektive mit sich. Für den modernen Maler ist sie nicht mehr mit der Festlegung eines nach den euklidischen Regeln der Geometrie berechneten Fluchtpunktes verbunden. Cézanne, Renoir, Seurat waren die Genies, denen es gelungen ist, wie André Lhote schreibt, das spontane Gefühl für Tiefe wiederzufinden, mit dem vor ihnen die Naturvölker und die chinesischen Maler gearbeitet haben.

Zwei Verfahren werden besonders hervorgehoben, um zu erklären, wie sich diese Wiederentdeckung vollzog: zum einen die Blenden, die das Alternieren von Hell und Dunkel bewirken und infolge der Bewegung und des Rhythmus, die sie dem Blickverlauf eingeben, das besagte Gefühl reaktivieren; zum anderen die Übergänge, die die Aufgabe haben, das Prinzip selbst aufzulockern, so daß die Einheit der gesamten Komposition, da die Formen zugleich individualisiert und wechselseitig eingebunden werden, nicht aus der An-

235. Arena von Valencia, 1933

wendung eines abstrakten Mechanismus resultiert, sondern die Komplexität der Wahrnehmung wiederherstellt. Diese künstlerische Errungenschaft bringt Cartier-Bresson in die Photographie ein. Nicht, daß er versucht hätte, die Verfahren nachzuahmen, die die Maler in ihrer Jagd nach der dritten Dimension erfunden hatten: Das wäre um so sinnloser gewesen, als die Photographie keine Illusion von Tiefe geben muß, um sich als glaubwürdiges Schauspiel zu konstituieren. Ob die Tiefenschärfe beträchtlich oder eher schwach ist, ob das Bild scharf oder verschwommen ist, berührt in keiner Weise den Vorschuß an Dreidimensionalität, in dessen Genuß das photographische Bezugsmoment kommt. Jean-Marie Schaeffer bezeichnet dies als das Wissen der photographischen *Arche*, das den Glauben an einen originären Zustand des Bildes einschließlich der Tiefenwirkung *a priori* voraussetzt.[33]

Im Gegensatz zum Maler macht der Photograph aus einer Wahrnehmung eine Komposition, statt zu gestalten, um das Äquivalent einer Wahrnehmung zu erhalten. Er kann dabei allerdings auf Lösungen der Plastizität zurückgreifen, die von den Malern ausgearbeitet wurden; er braucht sie nur in umgekehrter Reihenfolge anzuwenden. Schon Degas und Toulouse-Lautrec hatten mit der Dekonstruktion des klassi-

schen Raums in der Malerei begonnen, indem sie auf der Grundlage von Photographien arbeiteten oder sich von der fernöstlichen Malerei inspirieren ließen.

Das System der Blenden und der Einteilung in Felder zielt gewiß auf die Entstehung der Tiefe ab, aber auch darauf, eine umgekehrte Dynamik zu erzeugen und den Blick innerhalb des zweidimensionalen Raums des Gemäldes zu führen und aufzuhalten.[34]

Henri Cartier-Bresson wird das Erbe der Malerei verwenden, um den Blick in die zweidimensionale Falle des photographischen Ausschnitts zu locken, ihm jene Widerstände zu bieten, an denen er sich aufhält. Er wird sich auch der Kontraste zwischen den unterschiedlichen Grauwerten bedienen, wie ein Maler, der warme Töne verwendet, die hervortreten, und kalte Töne, die zurückweichen. Die Aufnahme *Die Arena von Valencia, 1933* beispielsweise hat eine sehr komplexe Momentkomposition. Ein vertikales Feld links im Bild zeigt die helle und verschwommene Silhouette eines Mannes, der sich an einer dunklen Tür vorbeischiebt. An seinem Rücken scheint eine Zahl regelrecht zu kleben, eine leicht abgeschnittene 7, die auf eine Holzplatte im Vordergrund gemalt ist. Diese schwarze Zahl auf weißem Hintergrund prangt im Zentrum eines Kreises, der selbst von drei immer dunkler

Abb. 235

236. Sevilla, 1933

werdenden Streifen umringt ist; das Ganze stellt, zumindest symbolisch, eine Zielscheibe dar (tatsächlich dient sie als Kennzeichnung der verschiedenen Eingänge zur Arena). In diesem ersten Feld findet keine Trennung, sondern eine Aneinanderreihung der Ebenen statt, wodurch der Eindruck einer planen Fläche entsteht und folglich das Bild weniger in die Tiefe als lateral, wie eine Collage, gelesen wird; dabei wird die formale Kohärenz durch das Alternieren von Schwarz und Weiß und durch den plastischen Reim zwischen der geneigten Silhouette und der Zahl 7, die zu beiden Seiten des Tores wie durch ein Gelenk verbunden sind, gewährleistet.

Rechts im Bild befinden sich zwei Felder: Die rechteckige Öffnung in einem grauen Torflügel gibt proportional exakt das Format der Photographie wieder. Darin erscheint das Gesicht eines Mannes, der einen Schnurrbart, eine runde, flache Mütze auf dem Kopf und eine runde Brille auf der Nase trägt. Sein linkes Auge schaut auf die Mitte der Zielscheibe. Sein rechtes Auge verschwindet hinter der Spiegelung seines Brillenglases. Rechts unten am Tor zeichnen Querlatten eine Abfolge von Linien, die ebenfalls auf die Mitte der Zielscheibe gerichtet sind. Man bekommt wieder den Eindruck der Collage, da das (dunkle) Gesicht des Mannes, der sich hinter dem (helleren) Tor befindet, nach vorne zu ragen scheint, was

aber der wirklichen topographischen Situation zuwiderläuft. Auch hier gewinnt die laterale Lesart die Oberhand, wobei der weiße Kreis des Brillenglases dem weißen Kreis der Zielscheibe entspricht und das andere Brillenglas mit dem sichtbaren Auge den konzentrischen grauen Kreisen.

Dennoch bekommt der Betrachter sehr wohl den Eindruck von Tiefe, die allerdings nichts mit dem Nebeneinanderstellen der Ebenen oder mit der Anordnung der Linien zu tun hat. Sie ergibt sich vielmehr aus dem durch diese Szene hervorgerufenen fiktiven Element. Die plastischen wie die dramatischen Linien laufen auf die Mitte der Zielscheibe zu (die Silhouette wendet ihren Kopf in diese Richtung): Man muß richtig zielen, auf der Lauer sein, im richtigen Augenblick in die richtige Richtung schauen. Die formale Analogie zwischen der Zielscheibe und der Brille des Mannes weist durch eine Doppelung darauf hin, daß sich der dramatische Knoten der Szene um die Frage »sehen oder nicht sehen« dreht, eine Alternative, die sich in den beiden Brillengläsern des Mannes widerspiegelt. Nun ist es aber offensichtlich, daß diese Gestalt – mit großer Wahrscheinlichkeit ein Aufseher – an ihrem Ziel (der Mann, der sich hinter ihm wegschleicht) in dem Augenblick vorbeischießt, in dem sie die eigentliche Zielscheibe anzuvisieren scheint, die auf das Tor gemalt ist.

237. Ungarn, 1965

Dies um so mehr, als ihr weißes Brillenglas auf komische Weise zeigt, daß »sie sie nicht im Auge hat« oder daß »sie sie im Rücken hat«, um es einmal umgangssprachlich auszudrücken. Der Aufseher hingegen wird von jemandem gesehen, den er hätte sehen müssen; und der wiederum drückt mit einer Hand gegen eine von zwei rechteckigen Türöffnungen, die links gerade noch zu erkennen sind und derjenigen ähneln, hinter der sich der Aufseher befindet: Diese beiden dunklen Guckfenster sind im Grunde wie zwei Augen. Hier liegt also eine Komposition vor, die von ihrer Plastizität her wie eine Collage, ein Nebeneinander von Ebenen erscheint und jedem Eindruck von Tiefe zuwiderläuft, die jedoch auf der Ebene der festgehaltenen Situation und den aus ihr entstehenden Fiktionseffekten symbolisch rekonstruiert wird. Man hat es hier mit einer für Henri Cartier-Bresson geradezu typischen parodistischen Pars-pro-toto-Vorgehensweise zu tun und mit einer in flagranti ertappten Szene, die allerdings nur vom synthetischen Blickwinkel dieses Guckfenster-Rechtecks aus, das alle anderen (den Bildausschnitt) einbezieht, begriffen werden kann: dem des Photographen, der als einziger das Herz der Zielscheibe wirklich sieht und anvisiert. Schließlich läßt sich dieses Bild auch als eine Parabel der Photographie lesen; der Aufseher wie der Photograph sieht nur auf einem Auge: Im Königreich der Einäugigen sind nicht

alle gleich. Diese Momentaufnahme fördert eine Fiktion zutage, die sehr eng mit der Komposition verbunden ist. Das Bild ist weder ein Indiz noch ein Beweis; sein Wert mißt sich an dem von ihm erzeugten Imaginären. Wie Jean-Pierre Floch schreibt: »In der Arena von Valencia wird weder die Realität reproduziert noch eine Inszenierung aufgezeichnet.«[35]

So gesehen ist diese Photographie durchaus exemplarisch für das gesamte Werk von Henri Cartier-Bresson. Ihr narrativer Wert ist nicht auf ihr Denotat zurückzuführen, sondern auf ihre Komposition. Und im Gegenzug verleiht die Fiktion der zweidimensionalen plastischen Komposition eine dritte Dimension, die Zeit, in diesem Fall die Zeit einer in flagranti ertappten Tat.

Die Arbeit, die er in die Neukomposition des Raumes steckt, ist beträchtlich. Selbst bei einer Photographie wie der 1933 in Salerno entstandenen, die einem das Gefühl gibt, sie gehorche den italienischen Gesetzen der Perspektive, ist der Raum der Photographie nicht völlig homogen und gibt sich offen für Fiktives. Abb. 54

In einer 1933 in Sevilla gemachten Aufnahme widmet er sich noch ganz der Konstruktion eines komplexen Raumes, dessen angewinkelte Massen sich im Spiel der Schatten präzise ineinander verfugen.[36] Das graue Mauerstück des Hauses in der oberen Mitte des Bildes scheint sich dem Schatten, den Abb. 236

238. Kastilien, 1953

239. Ahmedabad, Indien, 1966

es wirft, und also dem Vordergrund zuzuneigen. Den Boden durchziehen in zweierlei Richtung schräg verlaufende Linien, die sich rechtwinklig kreuzen. Der graphische Charakter wird durch kreisrunde Formen betont, die die geraden Linien mit Dynamik aufladen: Ein runder Schatten überragt einen Kanaldeckel; der Kopf und der Kragen des Jungen im Schatten rechts im Bild. Das dunkle Gesicht eines anderen Kindes erscheint in der unteren linken Ecke. Lediglich die Schultern sind hell. Es ist verschwommen, wurde in der Bewegung aufgenommen, was dem Raum, der sonst zur reinen Abstraktion tendieren würde, ein geheimnisvolles Leben einhaucht. Cartier-Bresson macht aus diesem Labyrinth von Gassen ein kubistisches Gemälde, in dem allein die beiden Kinder sich scheinbar zu orientieren wissen, als wäre dieser Raum nicht nur das ihnen vertraute Spielrevier, sondern auch ihrer Phantasie entsprungen.

Abb. 238   In einer frontal aufgenommenen Landschaft *(Kastilien, 1953)*, die einen über seine ganze Fläche terrassenförmig angelegten Hügel zeigt, findet sich diese starke Spannung zwischen zwei Systemen von Linien wieder, die sich gegeneinander abgrenzen und den Ausschnitt von innen zusammenziehen, ohne daß man es deswegen mit einer allzu abstrakten oder konstruktivistischen Bildarchitektur zu tun hätte. Die

horizontal verlaufenden Linien werden durch die Wellenbewegungen des Terrains gemildert; die verstreut auftretenden Bäume bringen hier und da Rundungen ein, die links oben im Bild in einem halbkreisförmigen Bruch des Geländes ihre Fortsetzung finden. Im Vordergrund markieren zwei Olivenbaumpaare das Ende des zusammengeschnürten Linienmusters, und ihre auseinanderstrebenden Stämme bilden ein V, das die Spannung zwischen Senkrechten und Waagrechten in ein Gleichgewicht bringt. Schließlich wird der Eindruck von Tiefe durch die Abfolge verschiedener Grautöne aufgehoben und durch den Eindruck von Höhe ersetzt: Der Himmel ist ein dünner Streifen, kaum heller als einige der Parzellen der Landschaft. Der Hügel scheint sich auf den unteren Teil, insbesondere auf die helle Fläche eines großen Feldes in der Mitte zuzubewegen, das den dunklen, von ihm abstechenden Olivenbäumen als Kontrast dient.

In *Ungarn, 1965* kommt die Tiefe aufgrund der in halber   Abb. 237
Höhe vorbeiziehenden Landschaft (das Photo wurde aus einem fahrenden Zug aufgenommen, wodurch die laterale Dynamik akzentuiert wird) nicht zu ihrem Recht. Drei Weiden ergeben im Vordergrund senkrechte schwarze Balken, und ihre nackten Äste kreuzen die Striche, die die Bewegung auf die ganze Breite der eingeschneiten Hügel zeichnet, in der

240. Washington, 1958

Vertikalen. Der Eindruck von Planheit ist auch auf den Kontrast zwischen einer weißen Zone (dem Schnee) am Fuß der Weiden und dem dunkelgrauen Himmel zurückzuführen. Über die rauhen Formen und die Nacktheit der Landschaft hinaus geben die graphische Reichhaltigkeit und die Beherrschung der Nuancen den Ausschlag. Die Mannigfaltigkeit der Striche und Flecken, die das Bild beleben, evoziert das Spiel mit Tusche und Pinsel.

Abb. 239 Viele von Henri Cartier-Bressons Aufnahmen verdanken ihre Spannung zwischen dem referentiellen dreidimensionalen Raum und der plastischen Zweidimensionalität des photographischen Bildes einem erhöhten Standpunkt. So das 1966 in Ahmedabad aufgenommene Bild von Frauen, die Saris auf dem Boden ausbreiten: Hier gibt es keinen Punkt, in dem die Fluchtlinien, oder besser, die den Blickverlauf bestimmenden Linien zusammenlaufen; wir haben es vielmehr mit einer kreuzförmigen Komposition und einer lateralen Bewegung zu tun, die von einer der Frauen ausgeht, die eine lange Stoffbahn zu sich heranzieht.

Abb. 95 Der gleichen Komposition – Aufsicht und über Kreuz – begegnen wir in einer 1960 in Paris aufgenommenen Photographie vom Palais-Royal: Der obere Bildrand ist mit einem den Horizont völlig vereinnahmenden Dach ausgefüllt,

Reihen von buschigen Bäumen zeichnen schräg gegen das Gebäude verlaufende parallele Linien. Ein Mann läuft gedankenverloren unter einer lichten Stelle im Laubwerk hindurch, und sein Weg kreuzt dabei die Diagonalen der Baumreihen, während ein anderer Mann in einer Allee im Hintergrund parallel zur Baumreihe geht.

Das Prinzip einer solchen Komposition erläutert André Lhote in einem Kapitel über den Rhythmus in seinem Buch *Traités du paysage et de la figure:* »Die allgemeine, die Gegenstände zusammenfügende Figur zeigt häufig die Form eines Andreaskreuzes.«[37] Das Subtile an der Photographie des Palais-Royal liegt indessen darin, die Aufnahme so einzurichten, daß der gedachte Weg des Spaziergängers, also eine theoretische Linie, die dominanten Parallelen, die sich durch die Aneinanderreihung der Bäume ergeben, kreuzt. Diese Wirkung stellt sich nur darum ein, weil ein plastischer Reim mit dem zweiten Spaziergänger geschaffen wird, dessen Anwesenheit am richtigen Ort und in genau diesem Moment das Bild in die Zerbrechlichkeit des Augenblicks einschreibt.

Henri Cartier-Bresson verbindet mit dem Andreaskreuz etwas anderes, das sich als Komposition in Spiralform bezeichnen ließe. *Washington, 1958:* Zwei junge schwarze Abb. 240 Männer besetzen die Mitte des Bildes beidseitig eines Metall-

241. Mexiko, 1964

geländers, das eine weite, helle Wasserfläche überragt. Sie neigen sich beide in entgegengesetzten Richtungen dem Wasser zu (der eine hält ein Holzstöckchen in der Hand), so daß ihre Körper ein X bilden. Weiter hinten spiegelt sich in der Verlängerung der Mittelachse dieser Körper, die nur einer zu sein scheinen, die Fassade eines neoklassizistischen Gebäudes majestätisch im Wasser. Der Eindruck eines Tanzes, einer Drehbewegung kommt auf, obwohl sich beide offensichtlich nicht bewegen. Das Gefühl von Tiefe ist gerade deshalb so subtil, weil es nicht real ist und von den wichtigsten Linien sowie der Anordnung der Grauwerte abhängt.

Abb. 241   *Mexiko, 1964:* Im Hof eines Hauses zeigt sich die Silhouette einer Frau, halb verdeckt durch eine dicke Säule. Deren Schatten kreuzt sich mit dem des Gebälks in der Weise, daß beide Schatten die Diagonale betonen und den Zugang zu dem Bild mit einem X aufhalten: die Komposition einer Struktur aus zwei rechtwinkligen Dreiecken, deren Hypotenusen sich berühren. Links eine Wand und eine Treppe, die nach oben bis zu einem Absatz führt, wo sich auf der Wand eine weiße Fläche und ein Schatten abzeichnen, zweifellos der Schatten einer anderen Frau, die die Treppe hinuntergeht. In den beiden dreieckigen Feldern des Photos bilden die Silhouette und der Schatten, die über die Treppe miteinander ver-

bunden sind, symbolisch nur eine einzige Person beziehungsweise zwei Momente ein und derselben Gestalt. Ähnlich Watteau, der in seinem *Aufbruch von Kythera* die unterschiedlichen Gefühlszustände der Liebenden anhand verschiedener Figuren darstellt, deren Anordnung der Blick in einer Spiralbewegung nachvollzieht.

Das *Begräbnis eines Kabuki-Schauspielers, Japan, 1966:* Abb. 242 Auch da haben wir es mit einer spiralförmigen Komposition zu tun, allerdings formiert sie sich um eine Inschrift aus weißen Schriftzeichen auf schwarzem Hintergrund, die in der Mitte des Ausschnitts zu schweben scheint. Fünf schwarzgekleidete Frauen drehen sich wie in einer Prozession um diese Achse. Ihre Gesichter und ihre Hände sind die einzigen hellen Zonen dieses ansonsten, mit Ausnahme einiger dunkelgrau schimmernder Stellen, die teils von den seidenen Kleidern reflektiert werden und teils die langgezogenen Gesichtszüge betonen, ganz schwarzen Bildes. Links wischt sich eine frontal aufgenommene Frau über das Auge. Unten, rechts der Mitte vergräbt sich das Profil eines Gesichts in einem Taschentuch. Oben rechts ein Drittelprofil nach links. Im Hintergrund eine Backe und ein Hals, ganz leicht gedreht. Der Kreis schließt sich mit einem Linksprofil, zu drei Vierteln von vorne sichtbar, mit geschlossenen Augen.

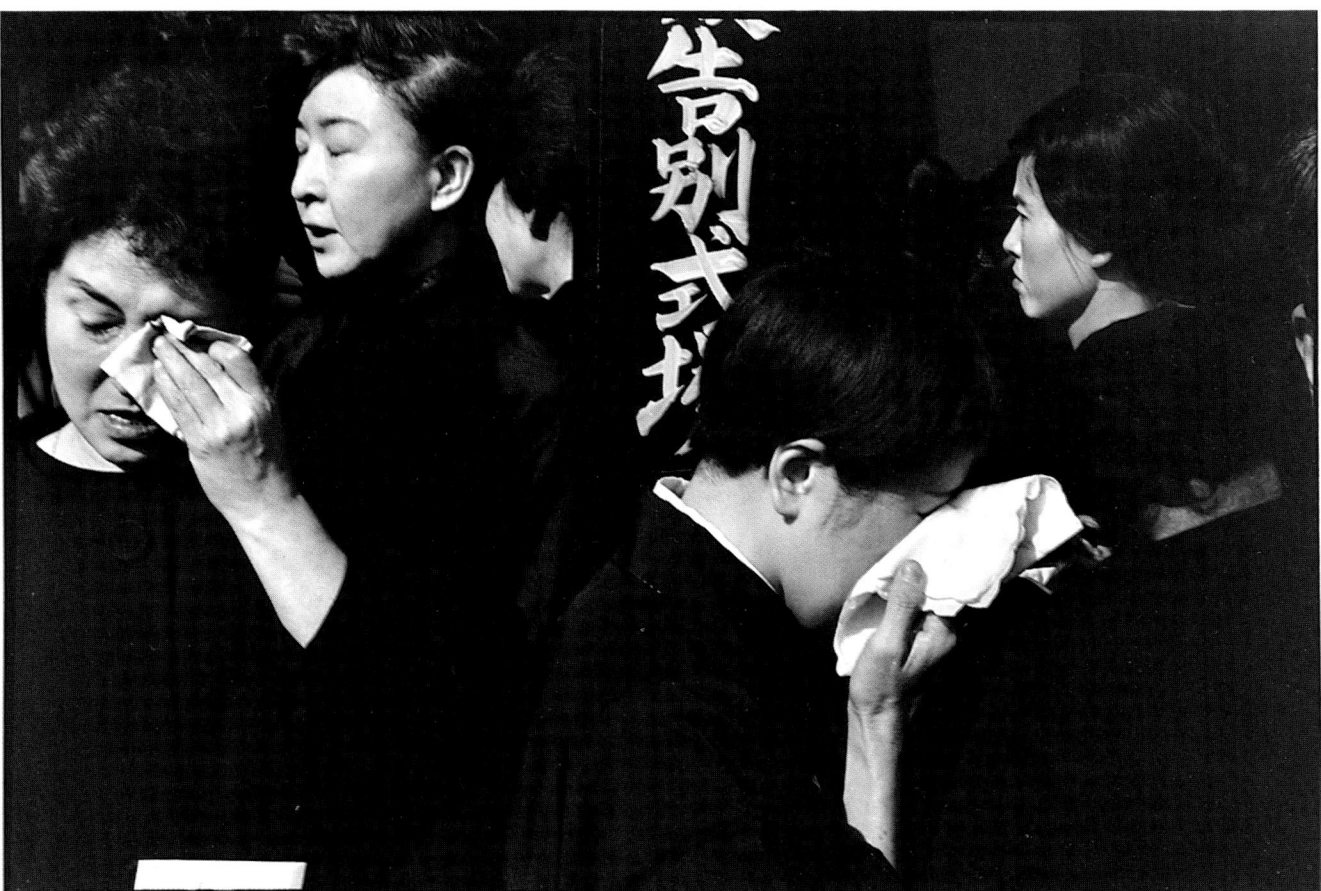

242. Begräbnis eines Kabuki-Schauspielers, Japan, 1966

Die aus dem Schatten auftauchenden Gesichter bilden eine Variation von Posen und Blickwinkeln, wie man sie von Zeichenstudien her kennt, auf denen verschiedene Profile oder Gestalten nebeneinanderstehen. Die Komplexität der Komposition macht aus diesem Bild eine fiktive Variation über den Ausdruck von Schmerz und verleiht ihm eine zeitliche Dichte, die ziemlich genau zeigt, inwiefern der entscheidende Augenblick sich nicht auf die Wiedergabe des Momentes der Betätigung des Auslösers beschränkt, sondern wie sehr er im Gegenteil imstande ist, sich, einer musikalischen Variation gleich, entsprechend der unterschiedlichen Modi emotionaler Intensität, aufzuladen, auszugestalten.[38]

Im Vorwort zu seinem Buch *Traités du paysage et de la figure* übernimmt André Lhote die Definition der plastischen Reime von Delacroix und zitiert: »Die Komposition ist eine Anordnung von Analogien.«[39] Damit ordnet er diesen Vorgang in die Reihe der Mittel ein, auf die der Maler zurückgreift: »Diese Reduktion des Kosmos auf einen schwachen, zweidimensionalen Raum wird um so wirksamer und eloquenter sein, als der Rhythmus, der die natürlichen Formen verbindet, klar und gewaltig ist, als gewisse Elemente, die der Erde, dem Himmel oder dem Meer entlehnt sind, sich durch die Magie findiger plastischer Analogien vereinen, während

die bis zum Äußersten in Einzelteile zerlegten Details ihre spezifischen Ornamente klar und deutlich den großen Grundformen einschreiben wie eine feine, die Sinne betörende Stickerei.«[40] Die »Magie der findigen Analogien« ist ein uferloses Feld, auf dem sich die Phantasie des Photographen frei ausleben kann. Ihre Auswirkungen sind vielseitig und betreffen die Komposition des Bildes ebenso wie seinen semantischen Gehalt.

Plastische Analogien könnten beispielsweise keine rhetorischen Figuren sein, da sie einen Organisationsmodus des Bildes betreffen. Wie André Lhote anhand eines Gemäldes von Seurat zeigt, ist ihre wichtigste Tugend die Diskretion: »Mag das Auge eine Empfindung wiederfinden, es flieht die Symmetrie. Keine zu dicht aufeinanderfolgenden Wiederholungen, aber auch keine zu stark vereinzelten Formen.«[41] Ebenso haben Analogien bei Cartier-Bresson allenfalls hinsichtlich ihres plastischen Sinns einen rhetorischen Effekt.

Aquila degli Abruzzi, 1952: Das Bild ist von einer höher- Abb. 244 gelegenen Stelle, von einer Treppe, aus aufgenommen. Rechts im Vordergrund fällt das Geländer zum Gehsteig hin ab und bildet eine dichte Reihe vertikaler Parallelen sowie eine Fluchtlinie, die sich aus einem imaginären Aufeinanderzulaufen der oberen und der unteren Geländerstange ergibt.

243. Die letzten Tage der Kuomintang, Peking, 1949

Diese Linie wird in gewisser Weise von einer zweiten Steintreppe aufgenommen, die sich mit einer Linksbiegung nach unten im Dunklen verliert. So besetzt ein erstes dreieckiges Feld den unteren linken Teil des Bildes. Das Feld oben rechts ist ebenfalls durch eine Absperrung begrenzt, die die Linien der Treppe weiterführt. Auf einer Kirchenfassade lassen sich Teile einer Aufschrift lesen: MATER und ORA PRO NOBIS. Das Feld links oben bildet gleichfalls ein Dreieck, ist aber von kleinerer Ausdehnung. Schwarzgekleidete Dorfbewohner und Häuser sind zu sehen. In der Ferne zeichnet sich ein bergiges Relief ab, das zwei (scheinbar widersprüchliche) Funktionen hat, nämlich einerseits den Raum auf eine Ferne hin zu öffnen und andererseits das in seine Intimität eingenistete Dorf noch besser gegen ein Eindringen von außen zu schützen. In den beiden anderen Feldern tragen zwei von vier schwarzgekleideten Frauen Bleche mit Backwerk auf dem Kopf. Die Photographie ist vom höchsten Punkt des Ortes aufgenommen: Als Stratege, der dem Zufall auflauert, stellt Henri Cartier-Bresson den Koinzidenzen eine Falle, hält Ausschau nach dem visuellen Ereignis. Schon für sich selbst genommen entwirft diese Komposition, die aus drei ineinander verschachtelten Drei-

ecken besteht, einen äußerst komplexen Raum, der seine Homogenität einem formalen Element verdankt: der Verlängerung des Treppengeländers im Vordergrund in der Absperrung rund um die Kirche. Damit nicht genug: Die kontinuierlich fortgeführte Geländerlinie wird noch von einem weiteren, diesmal gerundeten graphischen Element gekrönt, einem Metallbogen, der die Treppenstufen überragt und die drei Bildfelder durchquert, sie miteinander verbindet und den Ausschnitt von oben zusammendrückt. Indessen würde es sich lediglich um eine raffinierte Weise des Bildabschlusses handeln, wären da nicht ergänzende plastische Reime, die einen Bezug zwischen der Komposition und dem anekdotischen Inhalt herstellen und die Photographie weit über die Grenzen des Pittoresken hinaus tragen. Die Gruppen der Frauen sind so angeordnet, daß sie nicht nur ein weiteres Dreieck bilden, auch ihre schwarzen Kleider verleihen ihnen eine dreieckige Silhouette. Schließlich wird der Bogen durch zwei plastische Analogien aufgegriffen: Eine der Frauen, die ein Backblech trägt, vollführt mit dem Arm eine Bewegung, die den Bogen umkehrt, während ein kleines Mädchen vor dem Kirchenportal seine Arme um den Kopf legt und so die Krümmung des Bogens wiederholt.

244. Aquila degli Abruzzi, 1952

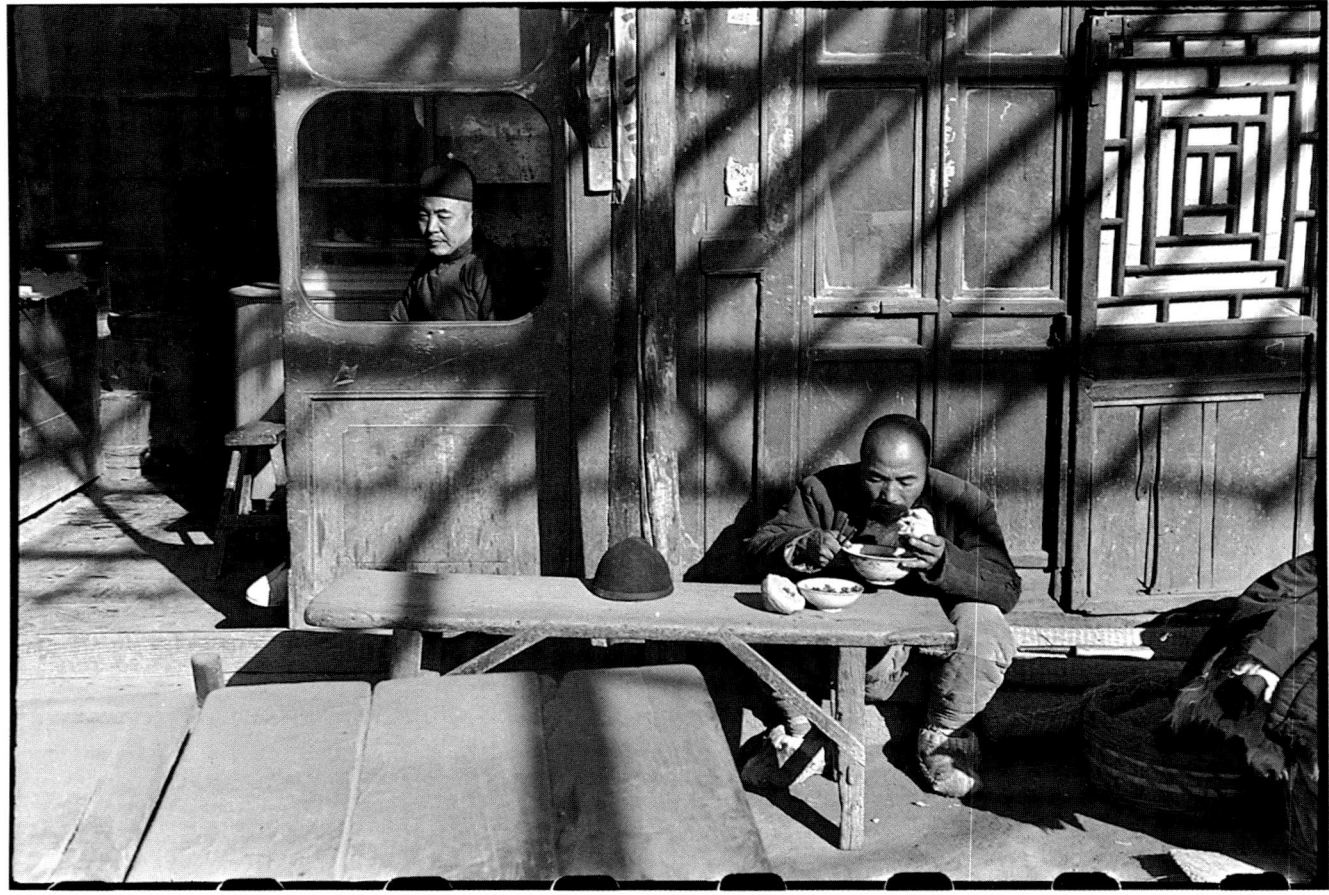

245. Peking, 1949

Die Gesamtheit von Analogien macht aus diesem Bild die Momentaufnahme eines perfekten Mikrokosmos, in dem das Räumlich-Plastische zum Symbol wird. Diese Figuren legen Verweise auf höhere Sphären nahe, auf die Mandorla oder die Konche, die häufig in den Frauendarstellungen des klassischen Mittelalters zu finden sind.

Erinnert man sich der Inschrift auf der Kirchenfassade, wird ziemlich klar, daß der Sinn dieses Bildes sich um die Mutter-Kind-Beziehung dreht. Eine Mutter, die ihre Kinder nährt, segnet und ihnen das tägliche Brot gibt. Schließlich tragen die Frauen Brot auf ihren Blechen. Und hinzu kommt, eine weitere Analogie, daß der Platz vor der Kirche wie auch die Treppe mit Steinen gepflastert sind, die den kleinen Broten in Form und Aussehen gleichen.

Der Sinn des Bildes ist keinesfalls herbeigezwungen: Er ergibt sich stringent aus der Komposition und dem Gefüge sehr diskreter, aber so einprägsamer plastischer Analogien, daß sie die Formen, auf denen die Organisation der Linien, Werte und Volumen beruht, völlig verwandeln. Starke fiktionale Wirkungen und eine Figuration der Zeit stellen sich ein, an die nicht derselbe Maßstab angelegt werden kann wie an einen bloßen Moment der Unmittelbarkeit. Diese Fiktions-Reportage ist ganz offensichtlich auch als ein Dialog mit der

Malerei angelegt: nicht in der Absicht, irgendeinen Maler oder irgendeine Stilrichtung zu parodieren, sondern weil in ihr so viele Bildtraditionen zum Tragen kommen, daß sie auf ganz natürliche Weise mit der Malerei verschmilzt. Die beiden Bögen bilden ein System proportionaler Bildeinteilung, das auf der sukzessiven Verschachtelung von Ausschnitten basiert. Jeder von ihnen beinhaltet homothetische Elemente (eine Gestalt, Kieselsteinboden, Brote, ein Tier), die die Photographie auf überwältigende Weise synthetisiert.

Ist diese Perfektion nun die Frucht eines glücklichen Zufalls oder das Ergebnis absoluter Beherrschung? Wir sehen uns mit einem Bild konfrontiert, das aus intensiver Konzentration, aus der Berücksichtigung sämtlicher Einzelheiten und sogar aus einer Wissenschaft der Komposition hervorgegangen ist. Doch als In-flagranti-Bild, ohne jede Inszenierung, verdankt es jene sonderbare, nahegehende Empfindung von Zerbrechlichkeit seiner Einschreibung in die Dauer als ein einzigartiger Moment des Gleichgewichts auf dem Hochseil des Werdens. Sein Wert ergibt sich aus einem Widerspruch: Seine räumlich-plastische Perfektion enthebt es in gewissem Sinne der Zeit, doch seine Unwahrscheinlichkeit und das spürbare Beben des beherrschten Zufalls lassen es gemeinsam zu einem ephemeren, der Zeit ausgelieferten

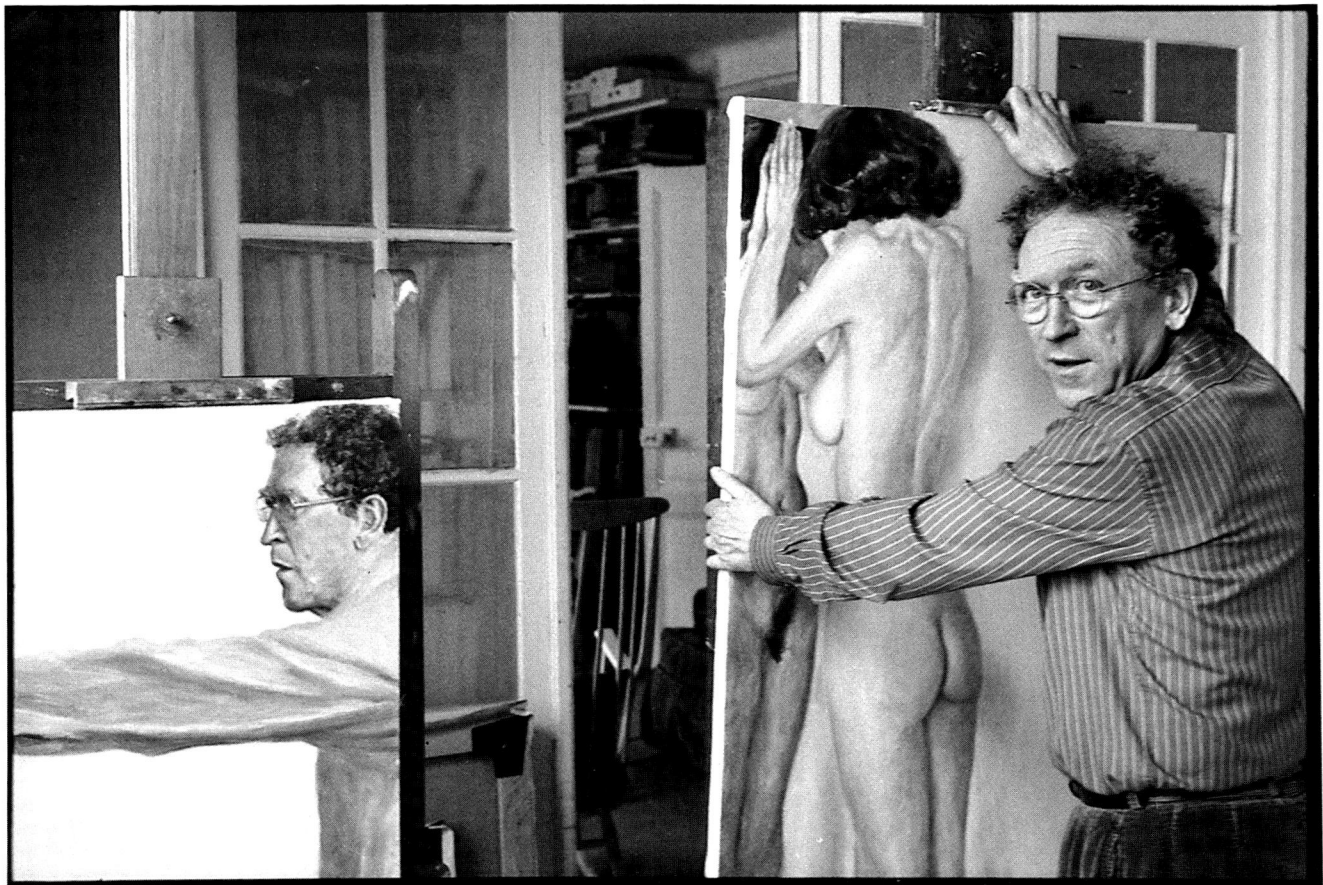

246. Avigdor Arikha, 1985

Gegenstand werden. Dieses Werk ist nicht stärker als die Zeit, es ist ihr gewissermaßen ebenbürtig.

Doch würde man dieser Photographie nicht gerecht, wenn man sie wie Ernst H. Gombrich in seiner *Geschichte der Kunst* wie ein Gemälde interpretiert: »Das führt dazu, daß wir den Eindruck bekommen, selbst im Bild zu sein, daß wir das Kommen und Gehen der Frauen, die Brote den steilen Hang hinauftragen, empfinden und von der Komposition fasziniert sind – vom Geländer und den Treppen, der Kirche und den Häusern in der Ferne –, die interessanter ist als in vielen durchdachten Gemälden.«[42] Was nicht heißt, daß sie weniger Aufmerksamkeit oder Interesse verdiente als ein Gemälde, sie vermittelt nur andere Werte und andere ästhetische Erregungen als die Malerei.

Um es mit den Worten von Eugen Herrigel zu sagen: Das Zufällige und das Grundsätzliche, die einander eben nicht ausschließen, sind beide zusammen fühlbar. Das bestätigt, daß der photographische Schuß eine Dialektik von Beherrschung und Zufall ist und nicht zur kontemplativen Flucht in die Transzendenz auffordert, sondern im Gegenteil: zum Genießen der Immanenz. Avigdor Arikhas glänzende Analyse einer 1949 in Peking aufgenommenen Photographie sei hier vollständig wiedergegeben: »In einem x-beliebigen Motiv

Abb. 246
Abb. 245

sieht er, woraus es gemacht ist, und so gesehen ist ihm kein Motiv gleichgültig. Ich habe das Bild vor mir (es erinnert in seiner Komposition an Caravaggios *Enthauptung des Johannes):* In einem perfekt rechtwinklig zugeschnittenen horizontalen Raum befinden sich zwei Männer. Der eine, regungslos, schaut in die eine Richtung, der andere, essend, schaut in seine Schüssel. Das Schwarze links und das Weiße rechts lösen die Spannung aus. Der schwarzen schattigen Ecke links entspricht die Tür rechts im Bild, in deren oberem Teil ein zweites ineinander verschlungenes Rechteck einen hypnotischen Rhythmus in Gang setzt. Links gibt eine Tür, deren Öffnung ein gekipptes Rechteck ist, den Blick auf eine schwarze Leere frei und umrahmt den regungslosen Chinesen, der sonstwohin schaut. Seiner schweigenden Regungslosigkeit entspricht der im Sitzen essende Mann. Er befindet sich exakt in der harmonischen Kreuzung des Goldenen Schnitts. Er hält eine Schüssel zwischen den Händen. Eine andere auf dem Tisch abgestellte Schüssel antwortet wie ein Echo auf die erste. Die schwarze Kalotte fungiert als ihr Kontrapunkt. Abgehackte diagonal verlaufende Schatten peitschen wie Hiebe von oben nach unten und von links nach rechts und stören die friedliche Horizontalität der Szene. Das alles grenzt an ein Wunder.«[43]

Die Spur
und die Zeit

Der Faden der Zeit ist mit Knoten bestückt.
Das Reale bebt unaufhörlich um unsere abstrakten Anhaltspunkte herum.
Die Zeit schillert in kleinen Quanten.
GASTON BACHELARD, *La Dialectique de la durée*

Sein Wissen vom Werden rührt nicht daher, daß sein Bewußtsein die Zeit übertreten, munter ihre Grenzen überschreiten könnte, sondern daß es ihm im Gegenteil gelingt, mit der Entwicklung der Phänomene vollkommen
übereinzustimmen; sein Wissen entsteht aus dem intimen Einverständnis, das sein Bewußtsein mit dem Ablauf der
Phänomene teilt. Er geht also ganz und gar mit seiner unveränderlichen Tugend – der einzigen – zu Werke, die
darin besteht, sich einfach mit der Immanenz zu vermählen.
FRANÇOIS JULLIEN, *Figures de l'immanence*

Bei Henri Cartier-Bresson sind die plastische Komposition der Photographie und die zeitliche Konfiguration
untrennbar miteinander verbunden. Wie das Bogenschießen ist auch die Photographie eine Philosophie und eine
Weisheit in bezug auf das, was sie mit der Zeit macht und was
sie über sie aussagt.

Abb. 247 Läßt das nicht ein 1948 in Kaschmir aufgenommenes
Bild diskret durchblicken? Im Vordergrund sind Frauen mit
langen Schleiern von hinten und in einer Reihe auf einer
Plattform zu sehen, die eine baumbepflanzte und von
Wasserläufen durchzogene Ebene überragt. Im Hintergrund
durchziehen Berge mit ihren Zickzack-Linien das Bild und
zeichnen eine Schattenzone, die mit der intensiv strahlenden
Helle eines Abendhimmels kontrastiert. Eine stehende Frau
vollführt mit ihren Händen eine Geste, die Handflächen gen
Himmel zeigend, und scheint jenen beiden Wolken zu hul-
digen, die sich etwas tiefer als die anderen zwischen der Tal-
ebene und dem Bergkamm verirrt haben. Eine der Welt aus
ihrer eigenen Vergänglichkeit heraus erbrachte Opfergabe.

»Der Mensch hängt leidenschaftlich, unendlich an dem,
was nur eine Sekunde währt oder nur ein Mal geschieht, als

vermöchte schon die Glut seiner mitfühlenden Liebe die
göttliche Unbeständigkeit aufzuhalten und beständig zu
machen«, schreibt Vladimir Jankélévitch.[1] Nur daß hier die
göttliche Unbeständigkeit nicht auf tragische Weise, nicht als
ein Zerreißen dargestellt, sondern akzeptiert wird, gelobt,
gepriesen.

Gewiß stimmt die Photographie in vielen Punkten mit
der Malerei überein. Auch der Musik steht sie nahe, da sie die
zeitliche Dimension in ihrer Beschaffenheit als physikalisches
Phänomen, in ihrer Wahrnehmung oder in ihrer Plastizität
nicht unberücksichtigt lassen kann. Ihr Verhältnis zur Zeit ist
struktureller Natur.

Sie basiert auf der Gleichung von Geschwindigkeit und
Licht. Licht ist die zugleich abstrakteste und sinnlichste Form
der Zeit (in einem bestimmten Moment stellen die Auswirkungen der Materie eine Erleuchtung der Gegenstände wieder her). Der Schußfaden ist die Einschreibung der linearen
Zeit, die Klarheit ein punktuelles Anhalten des Zeitflusses,
die Plastizität der Bewegung ein Verhältnis zur Unmittelbarkeit. Die Tiefe des Feldes wird immer mit zeitlichen Konnotationen assoziiert.

247. Srinagar, Kaschmir, 1948

Photogenität ist ein Vorgang der Entstehung von Formen durch Licht, welches durch die Zeit in einzelne Faktoren zerlegt wird. Schließlich bringt der außerordentliche Stellenwert des Zufalls in der Photographie diese als ein Spiel von Möglichem und Unwiederbringlichem, Wahrscheinlichem und Verstrichenem zur Geltung; Konzepte, die eine Reflexion über die Beziehung von Subjekt und Werden voraussetzen.

Zu behaupten, daß die Photographie ein heimliches Einverständnis mit der Zeit unterhält, läuft dem Gemeinsinn nicht zuwider: Man photographiert, um einen Augenblick festzuhalten, um zu zelebrieren, um sich gegen die Mißgeschicke des Gedächtnisses abzusichern, das entstellt, verfälscht, tilgt, aber auch gegen den Tod (da die Bilder von einem vergangenen Dasein zeugen). Wie Robert Doisneau sagte, ist die Photographie häufig ein Gerichtsprotokoll oder ein Totenregister.[2] Eng mit der Zeit verbunden, spielt sie zur Unzeit, gegen die Zeit könnte man sagen, auch wenn die Aufgabe der Wiederbelebung der Vergangenheit nur mittelmäßig befriedigt ist.

In der Tat hat es das Photo mehr seiner Eigenschaft, ein zweifelsfreier Abdruck zu sein, als seinen Fähigkeiten, die Ver-

gangenheit wiederherzustellen, zu verdanken, daß es mit dem Attribut »Erinnerung« qualifiziert wird. Es ruft sie herbei, löst sie über Assoziationen, Annäherungen oder metonymische Erweiterung aus. Darin liegt seine höchste Wirksamkeit; durch das Teilen der Erinnerungen erschafft es neue Geflechte, mehr als daß es die Vergangenheit wiederaufleben ließe. Doch das tut es auf die grausamste Weise, die man sich vorstellen kann: indem es unsere Ohnmacht gegenüber der vergangenen Zeit unterstreicht und letztere verrät, indem es sie zum Erstarren bringt und ihre Erscheinung nur in der bereits degenerierten Form der Pseudo-Erinnerung wiederherstellt. Hervé Guibert bemerkte ganz richtig: »Es wird gesagt, daß die Daseinsberechtigung von Familienphotos in der Wahrung der Erinnerungen liegt, dabei erschaffen sie Bilder, die sich der Erinnerung entziehen.«[3]

Schöpfte die Photographie essentiell ihre Beziehung zur Zeit aus den Erinnerungen, wäre sie eine zum Scheitern verurteilte Kunst, eine Variante unserer Endlichkeit, ein Klagelied über unser unaufhörliches Verschwinden. Dieser »Kampf mit der Zeit«, von dem Henri Cartier-Bresson spricht, wäre lediglich ein Scheingefecht, bei dem der Photograph, selbst wenn er den Auslöser bis zum Überdruß unendlich oft betätigte, von vornherein als Besiegter dastünde ...

Gedächtnis und Erinnerung

Abb. 248 Mit Nachdruck, sogar mit Schmerz hat Roland Barthes die grausame Armut der Erinnerungsphotographie betont *(Die helle Kammer* schrieb er wenige Monate nach dem Tod seiner Mutter).[4] Die Betrachtungen, denen er sich hingibt, sind auch eine Reise in die nunmehr leere Kammer.

Das Erinnerungsphoto vermag die Identität von Subjekten wiederzugeben – im Sinne der juristischen Identität –, ermöglicht aber nicht immer ein subjektives Wiedererkennen oder eine affektive Einbindung. Man kann an einem Photo um des Wesens willen hängen, an das es uns erinnert, ohne das Bild als solches zu mögen – also im Grunde der Illusion einer Erinnerung wegen. Diese kann nicht so intensiv erlebt werden wie der ursprüngliche Moment, in den sich das Gedächtnis einschreibt. Das Erinnerungsphoto hemmt den Prozeß der Herstellung von Gedächtnis und gefährdet die

248. Roland Barthes, 1963

Trauerarbeit: »Nicht nur ist das Photo seinem Wesen nach niemals Erinnerung (ihr grammatikalischer Ausdruck wäre das Perfekt, während das Tempus des Photos eher der Aorist ist), es blockiert sie vielmehr, wird sehr schnell Gegen-Erinnerung. Einmal sprachen Freunde über die Kindheitserinnerungen; sie besaßen solche; ich aber hatte gerade meine alten Photos angesehen und besaß keine mehr. Inmitten dieser Photographien konnte ich mich nicht mehr mit den Rilkeversen trösten: ›So milde wie Erinnerung / duften im Zimmer die Mimosen‹.«[5]

Durch die Beschwörung der Worte Musik und Parfüm fühlt man sich unweigerlich an Marcel Proust erinnert, der die Photographie zum Prototyp fragmentarischen, illusorischen, oberflächlichen Wissens machte. Als Bruchstückhaftes ist sie eine Pseudo-Erinnerung, während die echte Erinnerung umfassend ist und mit allem, was sie an Düften, Neigungen, synästhetischen, taktilen, klangvollen und anderen Eindrücken im Gefolge hat, ausgelebt wird. Photographie erstellt ein Inventar der Ereignisse entsprechend einem zufälligen Assoziationsnetz: »Jene Photographien eines Menschen, in Anbetracht deren man sich weniger gut an ihn erinnert, als begnügte man sich damit, an ihn zu denken«, schreibt Proust.[6] Ihre Beschwörungskraft ist umgekehrt proportional zu ihrem Genauigkeitsgrad.

Für ihn ist photographische Erinnerung das Paradigma willentlicher Gedächtniseinschreibung – eine Vorgehensweise aus dem Bereich des oberflächlichen Ich, das zerpflückt, analysiert, wieder zusammenfügt und schließlich die tiefe Wahrheit der Menschen gleichsam erschreckt, da sie uns ein Wissen und Informationen bereithält, während wir danach streben, die Komplexität einer gelebten Erfahrung wiederzufinden.[7] Solche Momentaufnahmen entfernen von dem, was sie wiederherzustellen vorgeben, und verweisen die Vergangenheit in Bereiche, die für unsere Psyche unerreichbar sind, indem sie etwas auslösen, das Roland Barthes (der den Fußstapfen der Proust'schen Analyse getreu folgt) die Melancholie des Erinnerungsphotos nannte.[8]

Doch ist die Photographie nicht dazu verurteilt, die Vergangenheit wiederzukäuen, sie kann weitaus komplexere Beziehungen zur Zeit unterhalten, angefangen beim Abdruck, über das Erinnerungsbild, das unmittelbar in die Vergangenheit verwiesen wird und keine besonderen Gefühlsregungen auslöst, bis hin zum Offenbarungsbild, dessen unerwartetes Erscheinen als sonderbare Erfahrung von Zeit erlebt wird und ein Gefühl der Vollendung und der Evidenz oder des *satori*[9] auslöst.

Das Erinnerungsphoto steht in einem äußerlichen Verhältnis zur Dauer: Als Fragment kann es kein Gefühl von gleichförmiger Dauer wiederherstellen. Das Offenbarungsphoto hingegen steht in einem echten Verhältnis zur Dauer, bis hin zur Verschmelzung mit ihr.[10]

Da das Photo materiell geprägt ist – die Speicherung eines

249. Marilyn Monroe in Reno, 1961

durch eine physikalisch-chemische Reaktion sichtbaren Phänomens –, ist es auch ein Indiz auf semiotischer Ebene, wobei
sein obligatorisches Verhältnis zum Prägenden es ermöglicht,
letzteres zu identifizieren (selbst wenn diese Identifikation
zufallsbedingt, ungewiß ist und sogar Manipulationen unterzogen werden kann). Als analoge Ansicht ist es schließlich
eine Ikone, die eine Aufgabe der Ähnlichkeit mit der physiologischen Sicht erfüllt.[11] Deshalb läßt sich von allen Photographien sagen, »es ist so gewesen«, auch wenn die Identifizierung des »es« bisweilen problematisch bleibt. Ihr Status als
Abdruck erklärt ihren abgeleiteten Wert als Beweis (der
anfechtbar ist und Mißverständnisse hervorruft) und als
Objektivität.

Dieser Status impliziert auch, was Jean-Marie Schaeffer
die »These von der Existenz« des Prägenden nennt, die die
Photographie von der gemalten Ikone unterscheidet.[12] Das
hindert ein Photoportrait nicht daran, daß es etwas vom
Wesen eines Menschen, von seiner Seele oder, wie Roland
Barthes es ausdrückt, vom Ausdruck (»air«) seiner Persönlichkeit einfangen kann. Anders formuliert kann eine Photographie theoretisch zur reinen Ikonenhaftigkeit neigen, allerdings ist das ein Grenzfall; von Ausnahmen abgesehen kann
sie sich nicht wie ein reines Symbol präsentieren.

Die meisten Photographien pendeln zwischen diesen beiden Polen hin und her: Indiz und Ikone.[13] Im ersten Fall handelt es sich um eine objektive Beurteilung der Zeit (das

betrifft ihre Kälte, ihre messerscharfe und unnachsichtige Seite), im anderen ist sie eine Erscheinung außerhalb jeder Chronologie (und in diesem Fall überwiegt die Ekstase oder das Gefühl der Erfüllung).[14]

Barthes spricht ziemlich viel vom deflationistischen Charakter der photographischen Ikone, die keine Chance hat, ihrem Status als Abdruck zu entkommen, was für ihn ein wenig das ewige Schuldgefühl der Photographie ist, und er erachtet diesen Status als Alternative, zu der es keinen Mittelweg gibt, da das Photo entweder auf die Nostalgie der verlorenen Vergangenheit oder auf das Lebewesen, das Heilige außerhalb der Zeit gerichtet ist. Bei Cartier-Bresson hingegen stehen Indiz und Ikone in einem positiven und konstruktiven

250. Juvisy, 1955

Verhältnis zueinander: Die Gefühle der Überraschung und der Erscheinung, die seine Photographien hervorrufen, sind undenkbar ohne die Erfahrung des Realen und die Einschreibung in die Gegenwart (eventuell in das, was als Aktualität bezeichnet wird). In einem so stark konstruierten und konzipierten Werk wie dem seinen tendieren sie generell zur Offenbarung.

Abb. 250 *Juvisy, 1955:* Diese Photographie zeigt ein Nicht-Ereignis, und folglich müßte alles auf die Auflösung ihrer Ordnung hinwirken. Trotzdem stellt sich ein Gefühl der Fülle ein; das Gegenlicht, durch das das Bild in alternierende helle und dunkle Streifen gegliedert wird, die auf den leuchtenden Fluß zuführen, schafft eine Bühne, auf der sämtliche Bewegungen der Personen sich um einen zentralen Punkt anordnen: das Ballettröckchen eines kleinen Mädchens. Aus der Leere entsteht Fülle, aus dem Unverbundenen die Illusion einer gekonnten Choreographie, die ebensosehr ein Moment des Glücks wie dessen Unaussprechlichkeit offenbart.

Indem er sein Werk wie ein »Imaginäres nach der Natur« aufbaut, wendet er sich einem privilegierten Motiv zu: der Einschreibung des Menschen in die Gegenwart, die Zeiten der historischen Wechselfälle. Wenn er anläßlich einer Reportage Aufnahmen in China vor und nach der Machtergreifung durch die Kommunisten macht und dabei das Exotische genauso vermeidet wie das Sensationelle, dann schreibt er die Bilder einer viel weiter gefaßten Kontinuität als der einzelner Ereignisse ein und informiert noch mit großer Genauigkeit über die Natur der Vorfälle.[15] Die von ihm selbst verfaßten Bildlegenden erfüllen eine Indiz-Funktion. Der ikonische Wert der Mehrzahl seiner Photographien reicht aus, um sie in einem anderen Kontext als dem der Reportage erscheinen zu lassen (Ausstellung oder Buch). Die Werte Indiz und Ikone sind dann nicht mehr voneinander zu trennen. Der erste Wert wird durch den Verweis auf eine bestimmte Zeit und einen Ort gesichert, könnte aber nicht bestehen, ohne daß der zweite erfüllt ist, der die Photographie wie ein autonomes Raum-Zeit-Kontinuum funktionieren läßt, in das sich Vergangenheit, Gegenwart und Zukunft einfügen. »Der Photograph arbeitet nicht in der Gegenwart, sondern in der vollendeten Zukunft; später entdeckt er, was er gesehen hat, wenn sich das Bild offenbart. Er wird sogar entdecken, was ihm unsichtbar geblieben war«, schreibt Jean-François Chevrier.[16]

Das in Shanghai am 1. August Abb. 251 1949 aufgenommene Bild eines Aufmarschs zur Feier des Einzugs der Volksarmee zeigt im Vordergrund einen jungen Mann, der den Stern, das Symbol des neuen China, trägt. Sein Gesichtsausdruck kann mit dem des Portraits im Hintergrund verglichen werden (Mao, aller Wahrscheinlichkeit nach), das auf einem Spruchband prangt. Zwischen den beiden Ebenen kommt es zu einer Synthese der Politik des neuen Regimes. Henri Cartier-Bresson konzentriert in diesem Bild die Elemente einer *Geschichte,* die gerade im Aufbau begriffen ist.

1972 photographiert er in Leningrad Militärs, die anläß- Abb. 252 lich des Gedenktages des Sieges über die Nationalsozialisten für die Parade in einer Reihe stehen. Im Vordergrund lugt ein Mädchen aus der Reihe hervor, mit zwei Blumen in der Hand, deren gebogene Stengel ein wenig vor die Körper der Soldaten herausragen. Stellt dieses Bild etwa die Hoffnung auf Entspannung im Zenit der Breschnew-Ära dar? (Zur selben Zeit schmückten Pazifisten in den USA die Gewehre der G.I.s mit Blumen ...)

251. Shanghai, 1. August 1949

252. Leningrad, 9. Mai 1972

Im Zusammenhang der Bilder, die als Antimythos fungieren, ließe sich eine wenig bekannte Photographie von Marilyn Monroe anführen, die 1961 in Reno (Nevada) während
der Dreharbeiten von *The Misfits* von John Huston aufgenommen wurde.[17] Der Star sitzt brav in einem Sessel,
während hinter ihr streng forschende Gesichter teilweise
durch Spielautomaten verdeckt sind. Im Vordergrund zeichnen sich die Silhouetten der auf sie gerichteten Scheinwerfer
ab. Das pathetische Bild einer zerbrechlichen und resignierten
Persönlichkeit, belagert von der öffentlichen Neugier und
gefangen in einem *star system,* das sie bald verläßt, um auf
anderem Weg Legende zu werden. Abermals wird eine durch
die Reportage gebotene Gelegenheit in etwas anderes als Journalismus verwandelt. Obwohl Cartier-Bresson die Photographie mit einem Datum versieht, realisiert er weniger ein mit
einem Ereignis verbundenes Bild als ein Situationsportrait
und beruft sich weniger auf die berühmten fünf W *(who,
what, when, where, why)* des Journalismus als auf die sorgfältig erhaschten »kleinen Details à la Stendhal«.[18]

Nicht nur, daß diese drei Bilder keinem Mythos Vorschub
leisten (dem Star-Mythos, dem Mythos des Stalinismus oder
des Maoismus), ihre Suggestivkraft geht sogar über die strikte
Aktualität hinaus und erscheint *a posteriori* stärker als im

Augenblick selbst, weil sie die Einschreibung in ein konkretes
Raum-Zeit-Kontinuum (die Indiz-Funktion) mit einer starken formalen Autonomie (der Ikonen-Funktion) vereinen.

Da die Photographie auch ein Mittel zum Verständnis der
Gegenwart ist und als solches die Zukunft antizipieren
müßte, da sie ihre Aura also nicht nur der Tatsache verdankt,
daß sie Vergangenheit bewahrt, läßt sich die Konfrontation
mit Roland Barthes' berühmter Formulierung nicht mehr
vermeiden – dem »Es-ist-so-gewesen«, das wie folgt übersetzt
werden kann: »Etwas, wovon diese Gegenwart übrigbleibt, ist
nicht mehr.« Anders gesagt, kommt es zwischen dem räumlichen und dem zeitlichen Sinn des Wortes »Gegenwart« zu
einer Konfusion. Die Photographie ist weder in der Vergangenheit, die nicht mehr ist, noch in der Gegenwart dessen,
der sie betrachtet. Sie bewegt sich zwischen den beiden, an
einem schwer faßbaren Ort, in einer Art »zeitlichem Medium«, über das sie gemeinsam mit ihrem Betrachter verfügt.

Die oft erwähnte Ausübung der Pose gibt Aufschluß über
jene Kluft zwischen der sich aufdrängenden Gegenwart und
dem ebensowenig zu unterdrückenden Gefühl, daß sich hier
eine Gegenwart von der Vergangenheit her zeigt. Die Pose ist
nicht nur das Ritual, das die ersten Modelle über sich ergehen
ließen, als die Belichtungszeiten noch sehr lang waren. Es

253. Balthus mit seiner Frau und seiner Nichte, 1990

geht dabei auch um die Zeit, die benötigt wird, damit sich etwas auf dem Film niederschlagen kann.[19]

Das Licht ist der Wirkstoff dieser Umwandlung beziehungsweise dieser Angleichung zwischen einem räumlichen und einem zeitlichen Bild. In der Photographie ist es weder ein symbolischer Gegenstand (wie für die Alchimisten) noch das materielle Substrat der Aktualisierung des Lebewesens (wie in der Tradition der Idealisten). Seine physikalischen Eigenschaften geben Rechenschaft über die phänomenologischen Besonderheiten der Photographie. Über das Licht berührt sie ihren Betrachter von einem anderen Raum-Zeit-Kontinuum aus insofern, als der Betrachter selbst ein leuchtendes Bild ist, das es nicht anders als in der Dauer geben kann. Dieser Zusammenhang ist nicht abstrakt, sondern »fleischlich«. Denn der Betrachter der Photographie wird nur deshalb von ihr erreicht, weil er selbst am Licht und an der Zeit, ihrer gemeinsamen »Haut«, teilhat.

Eine Analyse, die die Zeit in der Photographie in das Dilemma zwischen der reinen Referenz auf eine physikalische, durch den Abdruck aufgezwungene Zeit und einer unaussprechlichen metaphysischen Erfahrung einsperrt, hätte demnach aporetischen Charakter.[20] Und in ein solches Dilemma sperrt Barthes die Analyse der Zeit in der Photographie.[21]

Sobald der Beschauer des Bildes dem abschüssigen Weg Richtung Vergangenheit folgt – auf den ihn das Noema der Photographie, ihr Wert als Abdruck eines vergangenen Raum-Zeit-Kontinuums führt –, gerät er in eine Art infernalische Maschinerie, aus der seine zeitlichen Bezugspunkte zermalmt und zerschlagen wieder herauskommen: Die einzig mögliche Schlußfolgerung daraus ist, daß er selbst nicht intensiver existiert als jene, die er auf diese Weise von einem Gefühl für Gegenwart leben sieht, das so trügerisch ist wie sein eigenes. Barthes' Betrachtungen über den photographischen Abdruck neigen somit zum Schauerroman und laden ein, aus dem Tod derer, die ich betrachte, auf den baldigen Tod meiner selbst, der sie betrachtet, zu schließen.[22]

Diese Unterscheidung führt zu einem ontologischen Beweis, der fehlschlägt oder sogar negativ ausfällt. Eine einzige, illusorische Hoffnung gibt es noch: Wenn die Existenz des Ich paradoxerweise durch die Photographie geleugnet wird, haben das ungewisse Gefühl der Gegenwart im unförmigen und unendlichen Magma der Vergangenheit, die genealogische Linie, die Kontinuität der Lebewesen von Generation zu Generation, die sie zur Erscheinung bringt, eine unerwartete ontologische Konsistenz. Die Gesamtheit aller Photographien eines Individuums bietet von seiner Identität nur ein fragmentarisches und erratisches Abbild. Über die physiognomi-

254. Der Trompeter Joe und seine Frau May, 1934

schen Invarianten tritt dennoch irgend etwas, in diesem genetischen Puzzle, das die Familienphotos bieten, zutage.[23]

Gleichzeitig aber betonen Familienphotos auch das Willkürliche ihrer Verteilung und scheitern an der Aufzeichnung der wahren Umrisse der Persönlichkeiten, die per definitionem nicht auf die Summe der ererbten Charaktermerkmale reduzierbar sind.[24] Schließlich verfehlen die Charakterzüge der Erblinie aufgrund der exzessiven Verallgemeinerung auch ihre ontologische Zielscheibe: Im einen Fall befindet man sich in der zerstückelten Zeit der Unmittelbarkeit, einer falschen Gegenwart (der des photographischen Mechanis-

255. Coco Chanel, 1964

mus), im anderen Fall in der biologischen Zeit der Gattung (die ebenso unmenschlich ist wie die des ersten Falls), die uns auf den *Stammbaum* verweist, das heißt auf eine Herkunft ohne *Gedächtnis*.

Die Untersuchungen von Roland Barthes führen logischerweise zu einer tragischen Konzeption von Photographie und Zeit. Diese orientiert sich entweder an der Erscheinung des Unaussprechlichen – die *Zeit,* Ausdruck des Seins – oder am Verschwinden des Subjekts im verworrenen und perversen Spiel der Bezugnahme auf die Vergangenheit, wo alles sich verwässert.

Barthes zieht lediglich einen privaten Gebrauch der Photographie (Funktion der eigenen Idiosynkrasie) oder einfach nur einen dokumentarischen in Betracht und übergeht dabei mit Stillschweigen den möglichen Fall einer künstlerischen Vorgehensweise, die aus jener eigenartigen Beziehung, die sie zur Zeit unterhält, ihr Material schöpfen würde.

Man findet bei Henri Cartier-Bresson eher amüsierte Äußerungen über Ähnlichkeiten, die die Photographie in den Gebärden oder auf den Gesichtern von Mitgliedern ein und derselben Familie erkennen läßt – »Eine der bewegenden Eigenschaften des Portraits besteht auch darin, daß sich die Ähnlichkeit zwischen den Menschen, ihre Kontinuität durch alles hindurch, was ihr Milieu ausmacht, wiederfinden läßt«[25] –, oder auch über die Kluft zwischen einer Photographie, die eine Identifizierung ermöglicht, und einer Photographie, die offenbart: »Mir sind die kleinen Paßphotos, die nebeneinandergedrängt im Schaufenster der Paßbild-Photographen hängen, viel lieber als gewisse gestellte Portraits. Diesen Gesichtern kann man immer Fragen stellen; man entdeckt in ihnen eine dokumentarische Identität, weil die poetische Identifikation, die wir zu erhalten hofften, fehlt.«[26] Für ihn ist das Portrait ein Ratespiel, das einen eben spielerischen Bezug zur Dauer herstellt, und kein Drama, wie Baudelaire es erlebte.

In einem gegebenen Moment knüpft die Photographie die Bande zwischen dem photographierten Subjekt und dem Photographen (der große Abwesende in Barthes' Text): »Die Leute trauen der Objektivität der Kamera nicht, während der Photograph nach psychologischer Schärfe sucht; zwei Abbilder treffen sich, eine gewisse Verwandtschaft zeichnet sich zwischen allen Portraits eines Photographen ab, da dieses Verständnis der Leute mit der psychischen Struktur des Photographen selbst zusammenhängt. Harmonie stellt sich dann ein, wenn das Gleichgewicht in der Asymmetrie eines jeden Gesichts gesucht wird, wodurch Liebliches oder Groteskes vermieden ist.«[27]

Laut Maurice Merleau-Ponty ist diese Beziehung nicht nur dem Photographen eigen: »Der Maler ›bringt seinen Körper ein‹, sagt Valéry. Und in der Tat kann man sich nicht vorstellen, wie ein reiner Geist malen könnte. Indem der Maler der Welt seinen Körper leiht, verwandelt er die Welt in Malerei. Um jene Verwandlungen zu verstehen, muß man den wirkenden und gegenwärtigen Körper wiederfinden, ihn, der nicht ein Stück Raum, ein Bündel von Funktionen ist, sondern eine Wahrnehmung und Bewegung Verbindendes.«[28]

Nichts anderes sagt Henri Cartier-Bresson über die Konzentration und den Tanz des Photographen, der mit der Bewegung der Welt eine Einheit bildet. Das photographierte Subjekt akzeptiert implizit, mit dem Photographen eine Beziehung von Betrachter und Betrachtetem einzugehen.

Als Piet Mondrian den Blick auf das Objektiv von Kertész heftet, abstrahiert er, was er anschaut, wie folgt: »Hier haben

256. Colette und ihre Gesellschafterin, 1946

257. Saul Steinberg, 1946

wir das Paradox: Wie kann man einen intelligenten Ausdruck haben, ohne etwas Intelligentes zu denken, während man dieses Stück schwarzen Kunststoff ansieht? Es ist, als ob der Blick, der die Ökonomie des Sehens steuert, durch etwas von innen zurückgehalten würde.«[29] Mondrian rührt an unser Bewußtsein jenseits der Zeit, die uns von diesem Augenblick trennt. Robert Doisneau schreibt folglich: »Als die Photoapparate äußerst geschickt, äußerst gefräßig wurden, sagte man den Leuten: ›Schaut nicht hin!‹ Der Blick aber ist ausschlaggebend, er durchdringt die Epochen. Er durchdringt alles, führt seinen Weg fort und schlägt einen Nagel in das Gedächtnis ein. Der berühmte Charme der alten Photos liegt in der Tatsache, daß die Leute keine Angst vor dem Blick hatten.«[30] Diese Metapher klingt an die des Bogenschießens an, die durch das Auftreffen des Pfeils im Herzen der Zielscheibe symbolisiert wird. Wenn ein derartiger Blickwechsel zustande kommt, wie in *Der Trompeter Joe und seine Frau May* (1934), dann haben wir nicht mehr den Aspekt von Vergänglichkeit oder die angestrebte Zeitlosigkeit der Maler vor Augen, sondern eine Dialektik von beiden.

Der Blick spielt eine ausschlaggebende Rolle in den Beziehungen zur Dauer, die der Photograph weckt. Der direkte Blick in die Kamera – der im Film verboten ist, da er angeb-

lich die Fiktion tötet – ist der Photographie wesentlich. Ursprünglich sicherlich deswegen, weil sie zunächst als eine Kunst des Portraits angesehen wurde und sich die konventionellen Posen der Malerei zu eigen machte. Mit dem Aufkommen der Momentphotographie knüpften darüber hinaus all diese Blicke – der überraschte Blick, der abwesende Blick, der aufdringlichere Blick, der sich gegen den als Eindringling empfundenen Photographen wehrt, der Blick, der sich damit begnügt, ohne jede Absicht zu schauen – eine Verbindung zwischen dem Photographen und dem einen oder den vielen dargestellten Personen, wie beispielsweise im Bild des Malers Balthus mit seiner Frau und seiner Nichte.

Die Photographie von Colette und ihrer Gesellschafterin Pauline gibt sich wie ein Spiel zwischen zwei Persönlichkeiten, die sich ähneln und dennoch grundverschieden sind. Während der Blick von Colette Verlegenheit ausdrückt, die durch den Zeigefinger an ihren Lippen noch betont wird, scheint der Blick ihrer Gefährtin in den Schatten der Frau einzutauchen, der ganz offensichtlich ihre Dienste und ihre Bewunderung gelten. Ein solches Spiel ist nicht aus irgendeiner Konvention heraus entstanden, sondern führt den Betrachter in eine komplexe Dialektik der Präsenz ein, die sich außerhalb der Zeit bestätigt (die von Colette), und einer

Abb. 254

Abb. 253
Abb. 256

258. Abbé Pierre, Februar 1994

Art, dazusein (die von Pauline), die der Abwesenheit gegenüber einem Objektiv entspricht. Dieses Objektiv ist das Faustpfand für die Nachwelt, allerdings weniger für sie selbst als für die Frau, der gegenüber sie sowohl ihre Hingabe als ihre Devotion bezeigt.

Ein ähnlicher Distanzierungs- oder besser Differenzierungseffekt kommt in einer Photographie von Mademoiselle Coco Chanel (1964) zum Tragen. Links oben im Bild über ihrem Gesicht erscheint eine antike Maske. Die Verbindung zwischen dieser Maske und dem lächelnden Gesicht von Coco Chanel hat nichts Anekdotisches an sich, stellt aber eine Kontinuität zwischen zwei Welten her.

Es ist schon vorgekommen, daß Henri Cartier-Bresson zwei unterschiedliche Versionen einer Photographie veröffentlichte. Das ist der Fall bei einem Portrait von Saul Steinberg: In der bei Delpire erschienenen Ausgabe schaut der liegende Künstler ein Kätzchen an, das jedoch auf der in *Photoportraits* abgebildeten Variante verschwunden ist. Für Patrick Roegiers stellt die Katze das Symbol des Photographen mit den Samtpfoten dar.[31] Beide Versionen können sich gegenseitig erhellen: Die mit der Katze zeigt einen abgelenkten und leicht verlegenen Steinberg, auf der anderen ist die Andeutung eines kleinen Lächelns und ein komplizenhafter Blick zu

Abb. 255

Abb. 257

sehen. Dennoch gewinnen sie hinzu, wenn man sie sich getrennt voneinander anschaut. Im zweiten Bild hat sich eine Beziehung des Einverständnisses mit dem Photographen eingestellt, und nur die im Bild nicht enthaltenen Umstände (das Verschwinden der Katze) können dies erklären. Das erste Bild, ein improvisiertes Portrait des Künstlers vis à vis mit seinem Double, besitzt durch den Dialog Steinbergs mit seinem Alter-ego-Photographen eine größere Kraft. Im übrigen erachtet Cartier-Bresson dieses als das endgültige Bild.

Ein solches Beispiel für eine Doppelung bleibt jedoch die Ausnahme in seinem Werk. Dagegen treten die Fälle, in denen mehrere Blickqualitäten gleichzeitig herausgestellt werden, häufiger auf. Beispielsweise in einer 1963 in Mexiko aufgenommenen Photographie eines kleinen Mädchens, das in einem Mauerspalt kauert. Sein Gesicht im Schatten blickt lächelnd in die Kamera, vor seinen Körper hält es ein Plakat, auf dem eine junge blonde Frau abgebildet ist, die ebenfalls die Kamera zu fixieren scheint. Zwei Blicke sind übereinandergelegt: ein papierener Blick, der nichts sieht, aber dafür eine klischeehafte Schönheit bietet, und der komplizenhafte Blick des Kindes. Das Gesicht des Kindes und das Bild, das es vorzeigt, betonen den glücklichen Umstand dieses Augenblicks. Solche Blicke verweisen auf den Blick des Bogenschüt-

Abb. 259

zen-Photographen. Sie sind immer lebendig, und deswegen, um den Ausdruck von Doisneau zu verwenden, »schlagen sie einen Nagel« in das Bewußtsein des Betrachters ein, sind sie immer aktuell: ein reiner Blick, der nichts anderes tut, als das zu sein, was er ist. In diesem Sinne durchdringt er die Zeit. »Es gibt Gesichter, die leuchten: als ob sie Strahlen aussenden würden, die sich dem Film ganz und gar einprägen!« sagt Abb. 258 Henri Cartier-Bresson von seinem Portrait des Abbé Pierre von 1994.[32]

Zeit und Dauer

Für Bergson läßt sich die dem Leben des Bewußtseins eigene Zeit durch eine Abfolge von Punkten auf einer Linie ebensowenig adäquat darstellen wie die Gegenwart durch das zwischen jedem dieser Punkte eingefaßte Intervall. Dabei geht es um eine Übertragung des Gefühls von Dauer in Begriffe des Raumes, was zweifellos unumgänglich, aber inadäquat ist.

259. Mexiko, 1963

Ihm zufolge hat unser Gedächtnis nicht die Aufgabe, vergrabene Erinnerungen aus der Vergangenheit hervorzuholen, als würde es in einem Photoalbum alte Aufnahmen wiederentdecken, da »die Vergangenheit sich selbst automatisch erhält«.[33]

Unsere Gegenwart ist von unserer Fähigkeit, die Vergangenheit auszuklammern, abhängig; umgekehrt bildet die Vergangenheit eine Einheit mit der Gegenwart und stellt unablässig, mit ihr zusammen, neue Synthesen her.[34] Die Dauer ihrerseits ist etwas Heterogenes, Vielfältiges, Intensives und Qualitatives: »Wenn man sich dagegen, anstatt die Dauer analysieren zu wollen (d. h. ihre Synthese mit Begriffen bewerkstelligen zu wollen), sich in sie hineinversetzt durch eine Anstrengung der Intuition, so hat man das Gefühl einer gewissen spezifischen *Spannung,* deren Bestimmtheit bereits wie eine Auswahl zwischen einer unendlichen Zahl von möglichen Zeitfolgen erscheint.«[35]

Die aus dem Leben gegriffene Photographie ist wie die Vereinigung zweier Variablen, die der lebendigen Welt einerseits und die des sie wahrnehmenden Subjekts andererseits, allerdings nur solange dieses Subjekt Teil dessen ist, was es sieht, und auch nur solange es seinerseits ein Bild ist, wie Bergson sagt. Photographie ist nicht dazu verdammt, wie der Pfeil des Zenon von Elea ein starres Bild der Bewegung zu sein. Eine Konfiguration von Zeiträumen wird in den Raum des photographischen Ausschnitts transponiert und homogenisiert, wo sich unterschiedliche Momente der Gleichzeitigkeit anordnen. Diese werden dem betrachtenden Bewußtsein als Bilder von qualitativ komplexer Dauer zu spüren gegeben.

Wenn Zeit keine homogene Substanz ist, muß daraus geschlossen werden, daß es eine Pluralität von Zeiträumen gibt, aufgrund deren die Zeit Unschärfen, Diskontinuitäten, isolierbare Augenblicke im Verlauf des sich Ereignenden aufweist. Auf entscheidende Augenblicke, ergiebige Gelegenheiten zu stoßen hat gerade mit diesen Zeiträumen zu tun, die sich punktuell überschneiden können. Nach Aussage von Vladimir Jankélévitch: »Eine Gelegenheit ist nicht der Augenblick eines einsamen Werdens, sondern der durch den *Polychronismus,* das heißt durch die sporadische Anwesenheit und die Vielheit der Zeiträume, verkomplizierte Augenblick. [...] Die wundersame Gelegenheit ist auf die Polymetrie und die Polyrhythmik sowie auf die augenblickliche Interferenz von Werdendem zurückzuführen. Noch genauer ausgedrückt: Sie ist der Punkt, in dem die privilegierten Momente zweier unterschiedlicher Chronologien zusammenfallen; die Gelegenheit ist also eine Gleichzeitigkeit – nicht etwa eine gleichgültige, sondern eine glückliche Gleichzeitigkeit, die unsere Vorhaben und unser Wissen fördert.«[36]

Henri Cartier-Bresson ergreift diese Gelegenheiten, die das Gegenteil vom Charme der vergehenden Zeit sind – unvorhersehbare und nicht zu wiederholende Augenblicke, die aus der Koinzidenz ihrer jeweiligen Dauer entstehen. Der

260. In der römischen Campagna, 1966

Bogenschützen-Photograph tut nichts anderes, als sich in eine mit dem Werden isochrone Position zu versetzen, damit er bereit ist, die Gelegenheit im einzigen Augenblick, in dem sie sich als günstig darstellt, einfangen zu können. Auf solche Weise erreicht der Pfeil die Zielscheibe ebenso, wie die Zielscheibe dem Pfeil begegnet. Nur durch eine Disziplin, die das Bewußtsein in ständiger Wachsamkeit hält, ergibt sich die Möglichkeit, solche Augenblicke auch zu empfangen, wenn sie sich einem präsentieren. In einem Text, der wie für Henri Cartier-Bresson verfaßt zu sein scheint, schreibt Vladimir Jankélévitch: »Warten reicht nicht mehr aus: Jetzt muß man sich bereithalten, auf der Lauer sein und springen, ganz in der Art des Jägers, der eine flinke Beute einfängt, oder des Spielers, der im Flug einen kaum faßbaren Ball fängt. Ob Beute oder Geschenk, flüchtiges Lächeln der Versöhnung oder Lachen des Glücks, der Augenblick der Gelegenheit ist eine unendlich kostbare Chance, die man sich nicht entgehen lassen darf. Gerade das Nutzen der Gelegenheit setzt ein Ganzes an akrobatischer Technik voraus, das selbst auf der Koordination von zwei unmittelbaren Vorgängen beruht: Es ist in der Tat eine Kunst, nicht die Intervalle synchron zu machen, sondern zwei Augenblicke zur Gleichzeitigkeit zu bringen.«[37] Der entscheidende Augenblick, eine seltene Gabe des Zufalls,

vollbringt eine Synchronisation zwischen einem Motiv und dem Werden. Das Photo ist zwar eine Darstellung, bleibt aber doch eine Sache der Wahrnehmung, obwohl das registrierte Ereignis nicht mehr wahrnehmbar ist, wenn es als Bild gezeigt wird, und obwohl es das nie noch einmal unter absolut identischen Umständen sein kann (selbst im Fall einer Landschaft wird man niemals mehr exakt dasselbe Licht antreffen wie zum Zeitpunkt einer bestimmten Aufnahme). Da die Photographie durch Strukturen bestimmt wird, die denen der geläufigen Wahrnehmung vergleichbar sind, kann sie nicht anders betrachtet werden als eine Quasi-Wahrnehmung.[38]

Aber: »So kurz man die Wahrnehmung auch ansetzen mag, so nimmt sie doch immer eine gewisse Zeit in Anspruch [...].«[39] Unser Bewußtsein nimmt unaufhörlich Reorganisationen unseres Bezugs zur Dauer vor. Dies geschieht dank des Arbeitseinsatzes dessen, was Bergson unsere zwei Gedächtnisse nennt, wobei das eine unsere Erinnerungen enthält und das andere die Pluralität der Augenblicke verlängert. Er definiert die Dauer als etwas Heterogenes und Qualitatives, das vom Grad der Aufmerksamkeit abhängt, den unsere Anwesenheit in der Welt erfordert. Dieser kann erhebliche Schwankungen aufweisen: von der aufmerksamen Anbindung an die

261. Irène und Frédéric Joliot-Curie, 1944

nehmung, die gerade einmal unbeweglich ist. Weil die Photographie eine Super-Wahrnehmung aufgrund ihrer Eigenschaft als Abdruck und zugleich eine Wahrnehmung ist, die einen konstitutiven Mangel, eine wesentliche Unvollständigkeit dadurch aufweist, daß sie die spezifische Beweglichkeit nicht hat, öffnet sie einen Spalt im Innersten unseres Begreifens der Welt: Denn im Zentrum dieses Spalts definiert sie sich als künstlerische Praxis, werden eigentümliche Blicke konstruiert. So zeigt sich der Widerspruch, der die Einzigartigkeit der Photographie ausmacht und ihr gleichzeitig die Kraft verleiht, das Sichtbare zu befragen und es zu kritisieren. Nur indem sie sich auf diese Weise vom Wahrnehmungsfluß löst und gleichzeitig mit den Normen des Sehens absolut konform geht, erreicht Photographie den Wert und die Bedeutung einer an die Wahrnehmung selbst gestellten Frage. Zahlreich sind die Photographen, die diesen grundlegenden Punkt unterstrichen haben: Die Photographie macht etwas völlig anderes, als das Sichtbare zu katalogisieren, sie verteilt die Tatsachen neu und (re)aktiviert gewisse Möglichkeiten.[41]

Wie erfolgt das, was sich als eine Art Häutung der Zeit bezeichnen ließe? Eine Photographie (als beweiskräftiger Abdruck) wird als etwas wahrgenommen, das in eine vergangene Zeit gehört, obwohl sich darin ein unzweifelhaftes Gefühl der Gegenwart bestätigt. Die Photographie setzt unsere Wahrnehmung der Zeit einer originären und radikalen Gewalt aus: Sie konstatiert zugleich ihre Unumkehrbarkeit und eine gewisse Aktualität der Vergangenheit. Der beweiskräftige Abdruck kann gewisse Schubladen im Innern der Vergangenheit öffnen, darin rätselhafte Feuer entfachen und dazu anregen, erneut in ihnen herumzustochern, als wäre noch nicht alles gesagt, das letzte Wort noch nicht ausgesprochen worden. Sie läßt dann andere Objektivitätsschwellen als die der geläufigen Wahrnehmung entstehen und schafft ein imaginäres Raum-Zeit-Kontinuum, das der sichtbaren Welt direkt entnommen wurde, obgleich es im Verhältnis zu ihr leicht verschoben ist. Auf der Erfahrung einer solchen Ver-

feine Spitze der Gegenwart bis hin zum Aufsuchen von tiefer verborgenen, auch unbewußten Regionen unseres psychischen Lebens.[40] Da die Eingliederung des Bewußtseins in die Zeitlichkeit polymorph ist, neigt das Phänomen der Dauer mit seinen Straffungs- und Dehnungseffekten zu Variationen, in denen zum Einsatz kommt, was das psychische Leben von der Vergangenheit in all ihren Formen zu bewahren imstande war. Aus diesem Grund sind große Photographien weniger Akte der Wahrnehmung (vorausgesetzt, es gibt diese »reinen« Wahrnehmungsakte) als Vermittler zwischen Phänomenen geistiger Umdeutung (mit allem, was es an Trugbildern, vorgestellten oder archetypischen Bildern, an Erinnerungen usw. impliziert) und der Wahrnehmung selbst.

Im Grunde zwingt uns »das Wissen des *Bogenschützen*«, um einen Ausdruck von Jean-Marie Schaeffer zu verwenden – die Kenntnis der Tatsache, daß Photographie ein Licht-Abdruck ist –, sie wie ein Bild aus der Vergangenheit zu betrachten. Doch ihr Status als Quasi-Wahrnehmung zwingt uns, sie so anzuschauen, daß wir sie nicht von der Dauer trennen, von der sie eine Rekonfiguration ist.

Ihr Betrachter kann sich ihre Unbeweglichkeit zunutze machen, sich daran erfreuen, sie erforschen wie eine Wahr-

262. Der Berg Aso, Japan, 1966

263. Bretagne, 1963

schiebung baut die Story des Films *Blow up* von Antonioni auf. Die Schlußszene ist geradezu apologetisch: Der Photograph macht beim Spiel einer Gruppe fröhlicher Pantomimen mit, die so tun, als würden sie sich auf einem Tennisplatz die Bälle zuwerfen. Der Filmemacher zeigt auf beispielhafte Weise, daß die Photographie nicht in den Bereich der klassischen Doktrin der Darstellung fällt, wonach die Kunst eine Erscheinung zu sein hatte, deren Bestimmung es war, dem Sein Ausdruck zu verleihen. Statt dessen lädt sie ein, zwar getrennte, aber parallel verlaufende Raum-Zeit-Kontinuen miteinander in Verbindung zu setzen und deren konstitutive Elemente zu reaktivieren: ein Raum-Zeit-Kontinuum, dem es nachzuspüren, das es zu erforschen gilt, in das sich der Betrachter versetzt, auf den die Photographie das Bild einer Fiktion, eines Universums zurückwirft, das sich ausgehend von einem innegehaltenen Augenblick konstituiert hat.

Die Photographie (als Ikone diesmal) gibt den Blick auf eine Vielzahl von Zeitlichkeiten frei, die in einem durchaus ähnlichen, aber dennoch anderen Raum-Zeit-Kontinuum als dem der Wahrnehmung wirksam sind. Es gibt Photographien, in denen die abgebildeten Tatsachen, Gesten oder Gegenstände, obwohl sie genau zu erkennen sind und einer »normalen« Zeitlichkeit zugeschrieben werden können, in Zeiträume

gehören, die aufgrund eines Beschleunigungs-, Verlangsamungs- oder Trägheitseffekts mit der geläufigen Wahrnehmung nicht synchron laufen. Eine nur dieser Photographie spezifische Konfiguration der Dauer (oder verschiedener Zeiträume) hat sich erfüllt. Das ist die zweite Gewalt, die der Zeit durch die Photographie angetan wird: Die Zeit, obgleich sie vergeht, bietet sich dann trotzdem als Gegenstand der Neukomposition, der Rekonstruktion an, kann im Grunde eine Autonomie erlangen, die sie der Ikone zu verdanken hat (im Sinne von bildlicher Darstellung und nicht im religiösen Sinne, wie Roland Barthes ihn ihr verlieh).

Eine 1955 in Glyndebourne aufgenommene Photographie zeigt eine unwahrscheinliche Konfiguration in der Bewegung: Einige Personen in Abendgarderobe wandeln in einem Park. Die Legende verweist drauf, daß es sich um die Pause zwischen zwei Akten einer Opernaufführung handelt. Die Personen kommen vom hinteren Teil des Ausschnitts (des Parks) nach vorne und laufen auf das Schloß zu, von dem aus der Photograph die Szene in Aufsicht festhielt. Henri Cartier-Bresson war von einer unehrerbietigen Anekdote ausgegangen: Auf einem Feld im Hintergrund, kaum abgetrennt von den Spaziergängern, grasten Kühe. Das Interessante dieses Photos aber liegt nicht so sehr im Anekdotischen, das voll- Abb. 264

264. Pause in Glyndebourne, England, 1955

ständig aus dem Bild verschwunden ist (in der endgültigen Fassung fehlt die Herde), auch nicht darin, daß es einigermaßen bizarr ist, Leute in Abendgarderobe in einem Park, aber nicht das geringste Gebäude zu sehen, als vielmehr in der Komposition, in der all diese verstreuten Personen zusammengeführt werden: ein Dreieck, von dem ein Winkel in der oberen linken Ecke, dem hinteren Teil des Parks, sich öffnet, und ein anderes, dessen Spitze nach unten, in den Vordergrund weist. Somit wird die Perspektive durch die Einschreibung einer dreieckigen Form in den Ausschnitt der Photographie völlig neu gestaltet, die die verstreuten Gruppen miteinander verbindet und ihr Wandeln – von den entferntesten Spaziergängern (die aus dem Wäldchen kommen) bis zu den

nächsten (die zum Fest schreiten) – als eine Art Initiationsweg neu interpretiert.

Diese perfekte Komposition ist ein Ding der Unmöglichkeit, eine Herausforderung des Zufalls, zählt man die Faktoren zusammen, die notwendig sind, um diese Gruppen zu einer derart einheitlichen und bedeutungsvollen Form zusammenzufügen. Eine irritierende Konstellation entsteht im Herzen der Unordnung und weckt ein Gefühl von Schönheit, das mit dem des Schusses vergleichbar ist, wenn die Zielscheibe und der Pfeil scheinbar aufgrund einer gegenseitigen magnetischen Anziehung zusammenkommen.

Diesem Bild gelingt etwas, das weit über den reinen Stillstand einer Form, und sei sie noch so vollkommen, hinaus-

265. Rom, Trastevere, 1953

geht. Das ästhetische Wohlgefallen, das es einem bereitet, beschränkt sich nicht auf das Gefühl einer günstigen Gelegenheit oder einer glücklichen Fügung. Der einzigartige Augenblick eröffnet die Perspektive auf komplexere Zeiträume. Der Park von Glyndebourne wird zu einem Raum-Zeit-Kontinuum, das es zu erforschen, zu durchwühlen gilt, gewiß nicht in der Manier des öffentlichen Parks in *Blow up,* wo nach einer Leiche unter einem Busch gesucht wurde (wir befinden uns nicht mehr im Bereich der Ästhetik des Indizes), wohl aber als imaginärer Ort, an dem sich die einzelnen Elemente in Abhängigkeit voneinander neu gestalten und sich mannigfaltige Zeitlichkeiten zusammenfügen.

Das bedeutet nicht, daß die Photographie ein von Irritation gekennzeichnetes Verhältnis zur Wahrnehmung unterhält: Analogie heißt nicht Irritation. Es geht dabei um die Spannung zwischen der Tatsache, daß sie erkennbar Sichtbares

präsentiert, und derjenigen, daß sie dies unter Bedingungen tut, die gegenüber der Wahrnehmung verschoben sind. Diese Spannung kann natürlich mehr oder weniger kraftvoll, mehr oder weniger locker ausfallen. Indessen trifft zu, was Minor White schreibt: »Die Trennlinie zwischen Realität und Photographie läßt sich ohne jede Schonung ziehen, wird aber nicht ohne Schaden durchbrochen.«[42]

Der Photograph verleiht den verschiedensten Arten von Präsenz in der Welt Ausdruck: Vom ziellosen Reflexakt (das Faustschlag-Photo à la Weegee[43]) zur Askese eines Atget, der sich zugunsten des dokumentarischen Charakters seiner Aufnahmen völlig auslöschte (wohl wissend, daß er auf diese Weise das Gedächtnis der Dinge zum Sprechen brachte, ganz im Sinne von Victor Hugo: »Wenn man zu sehen weiß, findet man den Geist eines Jahrhunderts und die Physiognomie eines Königs sogar in einem Türklopfer wieder!«), vom faszinierenden Hunger nach Sehen eines gerade fünfzehnjährigen Jacques-Henri Lartigue bis hin zur introvertierten und noblen Ruhelosigkeit eines Robert Frank, der gestand: »Wir alle haben ein Gedächtnis, das sich hinter den Augen abspielt; seit 1974, in meinen letzten Photos also, habe ich eher das zu zeigen versucht, was sich hinter meinen Augen abspielte.«[44] Die Photographie geht zweifellos von denselben Bedingungen aus wie die Wahrnehmung, nur daß sie in ihren Grenzbereichen, an ihren Nebenschauplätzen arbeitet.

Henri Bergson unterschied daher zwischen zwei Arten von Beziehungen zum Ereignis: einer räumlichen Vorstellung, die am Ereignis entlangläuft, und einer zeitlichen Vorstellung, die sich, so kurz das Ereignis auch sein mag, in es hineinbohrt.[45] Eine Unterscheidung, die durchaus an die der Grammatiker zwischen Tempus und Aktionsart erinnert. Ersteres gibt chronologische Hinweise und impliziert eine lineare Darstellung: Es wird ein Anhaltspunkt gesetzt, von dem aus sich ein Vorher und ein Nachher bestimmen läßt. Die Aktionsart hingegen zielt auf die Bestimmung des Blickwinkels ab, aus dem heraus der Sprecher die Dauer der Tätigkeit, die Qualität subjektiver Dauer in Erwägung zieht.[46] Darüber hinaus kann die Aktionsart einer Tätigkeit nur einen einzigen Punkt in der Zeit ausfüllen (perfektiv, vollendet) oder sich über eine ganze Einheit des zeitlichen Vektors ausdehnen (imperfektiv, unvollendet) und sogar die zeitlichen Kategorien von Perfekt, Präsens und Futur transzendieren.

Sicher ist nur, daß alle Photographie in die zeitliche Kategorie des Perfekts fällt, da sie per definitionem ausschließlich Vergangenes zu sehen gibt. Sie in Begriffen von zeitlicher Linearität fassen zu wollen käme zwangsläufig einer Feststellung ihrer konstitutiven Armut gleich; da sie etwas Fragmentarisches ist, kann sie wohl kaum den kausalen Zusammenhang der Ereignisse wiederherstellen. Das photographische Ereignis eröffnet im Innern des Zeitvektors Qualitäten der Dauer, die aus der Kategorie der Aktionsart hervorgehen.[47]

Die Notwendigkeit dieser Unterscheidung mag vielleicht deutlicher erscheinen, wenn man ein anderes Beispiel hinzuzieht: Eddie Adams' Photo von einem Vietcong-Leutnant im Augenblick vor seiner Erschießung durch General Luong, den Polizeipräsidenten von Saigon, auf offener Straße, hat sich uns allen ins Gedächtnis eingeprägt. In Begriffen der linearen Zeit hat dieses Photo, als Abdruck, immer der Vergangenheit und nur ihr angehört. Warum also schnürt sich dem Betrachter jedesmal von neuem die Kehle zu? Man kann zu Recht annehmen, daß es so etwas wie das Phänomen der Identifizierung mit dem Opfer gibt. Das erklärt aber noch nicht, warum dieses Photo nicht genau dieselbe Wirkung auslöst wie unzählige andere Kriegsphotos (von Marc Riboud, George Rodger, David Seymour, Don Mc Cullin und vielen anderen) und auch nicht jenen Symbolcharakter des berühmten spanischen Milizionärs von Robert Capa besitzt. Wir meinen, die spezifische, nicht auszuhaltende Wirkung dieses

Photos rührt daher, daß es die Vergangenheit transzendiert und sich unter der Kategorie der Aktionsart unserer Aktualität als etwas unmittelbar Bedrohliches einschreibt. Nicht das »Es-ist-so-gewesen« ist unaushaltbar, sondern der »Augenblick-kurz-bevor«. Unter dem zeitlichen Blickwinkel betrachtet, gibt diese Photographie eine nackte Vergangenheit wieder (das Nicht-Wiederholbare schlechthin); unter dem Blickwinkel der Aktionsart stellt sie den Augenblick wieder her, in dem die Gegenwart gerade dabei ist, an der Zukunft »zu nagen«, wie Henri Bergson schreibt.[48] So betrachtet ist sie ein echtes Schockphoto. Im Gegensatz dazu stellt Henri Cartier-Bresson nicht den Schock selbst, sondern eine Pluralität von Zeitlichkeiten heraus, die in einem Augenblick versammelt und konzentriert werden, der bei aller Vergänglichkeit autonom ist.

Die Spur

Eine Momentaufnahme ist keine auf einen einzelnen Augenblick begrenzte Wahrnehmung; wir können niemals alle gleichzeitig auftretenden Elemente wahrnehmen, die der Photoapparat registriert und in einem homogenen Raum strukturiert. Deshalb ist die Photographie, auf der ein Pferd mitten im Sprung festgehalten ist (anonym, um 1900), so erstaunlich: Wir wissen, daß es wieder auf dem Boden landen muß (rätselhaft bleibt höchstens, wie es aufkommen wird), aber wir wissen auch, daß wir es niemals so hätten sehen können wie auf dem Bild, aufgehängt zwischen Himmel und Erde.[49] Selbst wenn wir uns intensiv auf den gegenwärtigen Augenblick konzentrieren, tauchen lediglich die Gegenstände, die uns interessieren, in unserem Blickfeld auf; wollen wir so viele Elemente wie möglich in unsere Anschauung aufnehmen, muß unsere Aufmerksamkeit nachlassen; dann nehmen wir ein Miteinander von Phänomenen wahr, das als Ganzes doch verschwommen bleibt. In einer Momentaufnahme werden die gleichzeitig auftretenden Elemente, die sich unserem Bewußtsein darstellen, auf eine Fläche übertragen. Aus diesem Grund brachte ihre Erfindung einen unbeschreiblichen Überraschungseffekt mit sich, der sich im Handumdrehen in unzähligen spielerischen Praktiken niederschlug (man denke insbesondere an Auguste Lumière, der ganz vergnügt von einem Stuhl springt und einen Meter über dem Boden schwebt, um die Verdienste der schnellen Platte zu rühmen, die er zusammen mit seinem Bruder kurz zuvor erfunden hatte), aber auch eine wahre Erschütterung bei den Malern hervorrief. Dennoch stimmt ein Gemälde von Théodore Géricault mit unserer Wahrnehmung von Bewegung besser

266. Die Tuilerien, Paris, 1977

überein als die Photographie eines galoppierenden Pferdes, auf der es mit vier dicht zusammengedrängten Hufen, von denen sich keiner auf dem Boden abstützt, gezeigt wird.

Außerdem – und das hebt Maurice Merleau-Ponty besonders hervor – sieht das von Muybridge photographierte Pferd so aus, als würde es auf der Stelle springen, während die Pferde des *Derby von Epsom,* deren Bäuche praktisch die Erde streifen, »mich den Übergriff des Körpers auf den Boden sehen lassen und weil nach einer Logik des Körpers und der Welt, die ich gut kenne, diese Übergriffe auf den Raum auch Übergriffe auf die Dauer sind«.[50]

Das Kino nimmt keine transzendierende Synthese der Bewegung vor – wie dies die Maler oder Bildhauer taten, indem sie sich für einen einzelnen Ausdruck entschieden, der, obgleich fiktiv, mehrere aufeinanderfolgende Momente in sich vereinte[51] –, sondern reiht die Photogramme nebeneinander, als gleich weit voneinander entfernte Punkte und Schnitte, die bewegungsimmanent sind.[52]

Die Photographie (nicht zu verwechseln mit dem Photogramm, das niemals wahrgenommen werden kann, da es Bestandteil einer Abfolge von Momenten ist) präsentiert sich als einzelner Punkt von modulierbarer Dauer. Unabhängig davon, ob sie eine Momentaufnahme oder eine gestellte Photographie ist, definiert sie sich nicht im Verhältnis zu einem anderen Punkt (eine Abfolge von Photographien auf einem Kontaktabzug macht noch keinen Film).

Rodin hat recht, wenn er sagt, daß die Malerei der Wahrnehmung der Wirklichkeit näherkommt als die Photographie: Die eine bewerkstelligt eine Synthese von Bewegung, während die andere von dieser lediglich einen bewegungslosen Punkt wiedergibt. »Rodin hat hierfür ein bedeutsames Wort: ›Es ist der Künstler, der die Wahrheit spricht, und das Photo, welches lügt, denn in der Wirklichkeit steht die Zeit nicht still.‹ Die Photographie hält die Augenblicke offen, die das Vorwärtstreiben der Zeit sofort wieder schließt, sie zerstört das Überschreiten, das Ineinandergreifen, die ›Metamorphose‹ der Zeit, die die Malerei dagegen sichtbar macht, weil die Pferde die Bewegung ›von hier weg nach dorthin‹ in sich haben, weil sie einen Fuß in jeden Augenblick setzen.«[53] Die Photographie verlötet die Einschnitte, die sie in der Zeit vornimmt, nicht miteinander, sondern restauriert das Gefühl der Dauer. Laut Edmond Couchot ist sie »ein Zeitknoten, den man gerne entknotet«.[54]

Es gibt außergewöhnliche Fälle, in denen die Wirklichkeit sich als ein signifikantes Ganzes darbietet. So etwas kann man als Geistesblitz bezeichnen, Momente, in denen man etwas

267. *Robert Doisneau,* Bei Madame Lucienne, Hausmeisterin, Rue de Ménilmontant, Paris, 20. Arrondissement, *1953*

sieht, noch bevor man genau hinschauen kann, in denen Zeit und Raum sich in einer synthetischen und homogenen Form präsentieren. Allerdings sind solche Erscheinungen gegenüber der Wahrnehmung verschoben, da sie vom Imaginären abhängen, von der Art und Weise, wie sich unser Bewußtsein als Bild in all die Bilder, die es umgeben, einfügt, wie es die Gesamtheit der mentalen und der Erinnerungsbilder strukturiert, die das Raster für die Einheit des Motivs abgeben. Erscheinungen dieser Art gehören in den Bereich des Unwillkürlichen, dessen, was sich aufdrängt, ohne beabsichtigt zu sein.

Abb. 261   »Ich ging zu den Joliot-Curie, um sie aufzunehmen, und fand folgendes an der Tür geschrieben vor: ›Bitte eintreten,

ohne anzuklopfen.‹ Ich trat ein, sah sie und drückte auf den Auslöser, bevor ich grüßen konnte. Dieser Anblick versetzte mir einen richtigen Schock! Ich habe sie erst begrüßt, nachdem ich das Photo gemacht hatte.«[55] Vielleicht ist es auch das, was das Risiko des Photographen ausmacht: sein Imaginäres für ein Bild wieder in Frage zu stellen. Genau deshalb »ist es das Photo, das einen aufnimmt, und nicht man selbst, der ein Photo aufnimmt«.[56] Des Photographen Freude besteht darin, sich vor visuellen Bildern wiederzufinden, die mit seinen eigenen geistigen Bildern zusammenlaufen, oder ein Universum virtueller Bilder auf den Nebenschauplätzen der aktuellen Bilder zu gründen.[57]

Morphologisch betrachtet läßt sich die Photographie durchaus als Abdruck definieren; will man aber die Aspekte der Dauer, die sie gestaltet, genauer bezeichnen, erscheint ein anderer Begriff angebrachter: der Begriff der Spur.

Die Spur ist ein eigener Signifikanzmodus der Photographie, der ihre Dimension der Erfahrung von Dauer mit ihrer zeitlichen Konfigurierung, die sie ihrer Dimension als Ikone zu verdanken hat, verbindet. Wenn das Photo tatsächlich eine Graphie ist, dann nicht, weil es das Sichtbare mit viel Geduld in die Zeit der Meditation einzeichnet und dabei auf eine transzendierende Synthese abzielt, sondern weil es Schichten von unterschiedlich tiefer und zugespitzter Dauer in einem einzelnen Zeitpunkt und in einem homogenen Raum zusammenzieht.[58]

Die Spur ist weder ein Abdruck noch eine morbide Doppelung des Gegenstands, sie hinterfragt vielmehr die Beschaffenheit des Gedächtnisses. Der Historiker Marc Bloch definiert sie mit folgenden Worten: »eine durch die Sinne wahrnehmbare Markierung, die uns ein Phänomen hinterlassen hat, das selber als solches nicht faßbar ist«.[59] Sie weist darauf hin, daß etwas oder jemand vorübergegangen ist, ohne zu zeigen, wer oder was vorübergegangen ist (nicht zu verwechseln mit der Essenz oder der Substanz dessen, was »vergangen ist«, in dem Sinne, daß etwas vorbei ist oder jemand dahingegangen). Sie verleiht einem keinen direkten Zugang zu dem, dessen Spur sie ist, weist aber in Richtung der Notwendigkeit, ein anderes Raum-Zeit-Kontinuum zusammenzusetzen als jenes, in dem man sich befindet; dieses andere ist dem eigenen allerdings nicht ganz unähnlich, da es im Grunde genommen immer ein kleiner Teil des eigenen gegenwärtigen Raum-Zeit-Kontinuums ist, auch wenn seine Gegenwart gleichzeitig in Frage gestellt wird.

Paul Ricœur weist auf das Paradox, daß Zeit nur sein kann, indem sie nicht ist, indem sie vergeht. Wie die Gegenwart ist auch die Spur ein Übergang, ein »aktiver Übergang und ein passives Vorübergehen« zugleich, schreibt er. Die Spur schreibt sich in den Kalender ein, führt allerdings Schätzwerte ein, die die chronologische Ordnung stören: »die Ungeradheit selbst«, wie dies Lévinas formuliert. Die Spur ist ein sonderbares Zeichen und »signifiziert ohne jeden Bezug auf einen bedeutungsverleihenden Akt, niemand wollte sie absichtlich zu einem Zeichen machen«.[60] Sie vollzieht letztendlich die Verknüpfung zwischen »der Zeit, die bleibt, und uns, die vergehen«. Im Hinblick auf das Rätsel des Vergangenheitsbezugs (das darin liegt, daß die Vergangenheit fortbesteht und daß die ins Gedächtnis zurückgerufene Vergangenheit zweifellos nur von einer uralten Vergangenheit ausgehend signifikant ist) eröffnet die Spur folglich die Perspektive auf eine Dehnung der Zeit, auf eine Öffnung auf ein Unendliches hin, das weder das Absolute noch das Sein an sich ist, sondern die abstrakte Position, von der aus es möglich ist, zu begreifen, wie die Zeit ist und zugleich vergeht, worüber ich verfüge und was mich überholt.

Die Photographien von Henri Cartier-Bresson haben alle, wenn auch in unterschiedlich starkem Maße, den Wert von Spuren oder Dokumenten, was nicht im Widerspruch zu ihrer ästhetischen Dimension steht: Die »schlechten Photos«, die keine entscheidenden Augenblicke sind, sind auch »schlechte Dokumente«, die erklären und zeigen, statt der Einschreibung eines Subjekts in die Dauer und deren unmittelbaren Antwort auf die Ansprüche des Aktuellen, der Gegenwart der Taten, Ausdruck zu verleihen.

Die Photographie entspringt einer Logik, die zugleich referentiell, was sie der Geschichte und folglich dem kollektiven Gedächtnis zuordnet, und symbolisch ist, wodurch sie sich als hermeneutischer Gegenstand erweist, der seine Entstehung einer einzigartigen Erfahrung verdankt.

Im Werk von Henri Cartier-Bresson entfaltet sich diese Dimension persönlicher Erfahrung, des Einsatzes des Unbewußten, des Einbringens des Schicksals im Angesicht des Zufalls, während er gleichzeitig auf die Dimension der Spur, des Dokuments über den Umweg der Reportage eingeht. Obgleich sie autonome Welten anbieten, vermitteln seine Photographien keine privilegierten Momente außerhalb der Zeit, sondern Augenblicke, in denen sich gewissermaßen das Werden, ein Spiel zwischen dem Möglichen und dem Unwiederbringlichen, entscheidet. Sie verweisen nicht auf die vergangene Zeit des photographischen Aktes, nicht einmal auf die Tatsache, daß alle Vergangenheit eine vorstellbare Zukunft in sich trägt (damit befinden wir uns in der Logik der Rekonstruktion, die von den Gewißheiten der Gegenwart ausgeht, und nicht in der Logik der Spur). Sie repräsentieren gleichzeitig ein Vergangenes, das bleibt, und ein Werden, für das unsere Gegenwart, obgleich sie nachfolgt, keinen Schlüssel liefert.

Die Photographie als Spur eröffnet eine Perspektive auf das Rätsel der Zeit, nämlich das All-Eine zu sein, welches unendlich teilbar ist, dessen jedes einzelne Teil jedoch selbst das All-Eine ist. Darin liegt ihr Paradox: »In der Spur«, schreibt Emmanuel Lévinas, »ist eine absolut vergangene Vergangenheit vorübergegangen. [...] Doch ist die Spur dann nicht die Schwere des Seins selbst, außerhalb seiner Akte und

seiner Sprache, wobei das Sein nicht durch seine Gegenwart, die es in die Welt einreiht, Gewicht hat, sondern gerade durch seine Unumkehrbarkeit, durch seine Ab-solution?«[61] Diese Analyse der Zeit findet sich im übrigen in der Symbolik des Zen-Bogenschießens, da die Einschreibung des Körpers des Schützen in die durch den gespannten Bogen umrissene Fläche auf explizite Weise ein Verhältnis zur kosmischen Zeit, zum All-Einen mit sich bringt. Desgleichen ist der entscheidende Augenblick bei Cartier-Bresson jener, in dem sich das Sein des Photographen und die Möglichkeit, daß eine Weltordnung existiert, gleichzeitig abspielen. Folglich ist auch das Risiko absolut.

Die zeitliche Modulation

Die Musik, der Tanz, der Roman sind ebenfalls künstlerische Formen, in denen die Dimension der Modulation oder Konfiguration zeitlicher Erfahrung einen wesentlichen Platz einnimmt. Hält man sich an die darstellenden Künste, so ist sie weder der Malerei unbekannt noch der Zeichnung, noch gar der Bildhauerei. Die Photographie aber kann nur unter der Bedingung eine »Kunst der Zeit« sein, daß die Unterscheidung zwischen den Künsten des Raumes und den Künsten der Zeit unstrittig ist.

Kaum daß eines der letzten Systeme der Künste errichtet war – das von Alain im Jahr 1926 vorgeschlagene –, wurde es durch das Auftreten des Kinos bereits angefochten, welches die Dichotomie von den Künsten der Bewegung (Tanz, Poesie, Musik, Theater) und denen der Ruhe (Architektur, Bildhauerei, Malerei) wieder in Frage stellte. In der Tat fällt das Kino augenscheinlich in beide Kategorien, wie Élie Faure zeigt, der die malerische Schönheit der kinematographischen Bilder unterstreicht, indem er das Kino mit einer bewegten Architektur und schließlich einer visuellen Symphonie vergleicht.[62] Alains Klassifizierung konnte nicht schlimmer durcheinandergebracht werden, obwohl man ihr Kategorien entlehnte. Trotzdem hatte das Erscheinen des Paares Photographie und Kino, Cousins ersten Grades gewissermaßen, zur Folge, daß eine klassische, aus dem Zeitalter der Aufklärung stammende Unterscheidung sich noch verfestigte: die zwischen Künsten, welche die Zeit zum Stoff und Mitteilungsfeld hatten (nämlich das Kino, das sie aus mindestens zwei Gründen für sich in Anspruch nehmen kann, als Kunst der Bewegung und als dramatische Kunst), und solchen, die sich im Gegensatz dazu im Raum entfalteten (nämlich die Photographie, die es mit Kompositionen innerhalb eines der Malerei entlehnten viereckigen Rahmens zu tun hat und gezwungen ist, einen bestimmten Moment in der Zeit festzuhalten). Christian Metz, der seinerseits eine Parallele zwischen dem photographischen und dem kinematographischen Bild zieht, bestätigt die Ausgrenzung des ersteren in die egotistische Zeit der Kontemplation des Vergangenen und die nicht mimetische Aktivität schlechthin, den Fetischismus.[63] Er stellt auf räumlicher Ebene dem kleinen Format des Photos die Vergrößerung entgegen, die das Kino durch die Projektion auf eine Leinwand vollzieht, und unterscheidet auf zeitlicher Ebene das Aufnahmetempo, das beim Photo ausschließlich vom Betrachter abhängt, während es im Kino über die Filmmontage bestimmt und also dem Zuschauer aufgezwungen wird. Damit übernimmt Metz den von Alain formulierten Gegensatz zwischen den Künsten der Bewegung (Tanz, Musik usw.) einerseits, die als Kollektiv erlebt werden und den Zuschauern eine Zeit vorgeben, deren Ablauf sie nicht zu

268. Deauville, 1973

beherrschen imstande sind, und den Künsten der Ruhe andererseits, die jedem Betrachter für sich die freie Zeiteinteilung seiner Kontemplation überlassen.[64]

Die Unterscheidung zwischen Künsten, die primär den Raum, und solchen, die primär die Zeit zum Thema haben, weist folglich fließende Übergänge auf, um nicht zu sagen, daß ihr die Stichhaltigkeit fehlt. Zumindest führt eine mit zweierlei Begriffen formulierte Problemstellung dazu, die tiefe Beziehung zu verkennen, die Raum und Zeit in welcher künstlerischen Form auch immer miteinander unterhalten. Oder wie Hubert Damisch sagt: »Wenn die Künste der Zeit sich im Raum widerspiegeln, muß man auch sehen, daß diejenigen des Raumes sich ihrerseits in der Zeit widerspie-

geln.«[65] Nichts anderes haben die Interpretationen der Photographien von Henri Cartier-Bresson offenbart, in denen deutlich zum Ausdruck kommt, daß der Umgang mit Zeit und die Fiktionskraft eng mit der plastischen Komposition, begriffen als Konfigurierung komplexer Werte der Dauer, verbunden sind.

Auch scheint es angebracht, sich zu fragen, ob sich Cartier-Bressons Kenntnis der Malerei und seine regelmäßigen Museumsbesuche einzig im Bereich der Komposition auswirken oder ob er sich nicht auch von Lösungen inspirieren läßt, die Maler hinsichtlich der Probleme im Umgang mit Zeit entwickelt haben.

Ob Malerei unter dem Blickwinkel der Darstellung oder der Kontemplation betrachtet wird, die Tatsache, daß sie zweidimensional ist, hindert die Zeit keineswegs daran, in ihr einen wesentlichen Platz einzunehmen. Seit der Renaissance ist zudem die Darstellung einer dritten, imaginären Dimension ein Modus der Anwesenheit von Zeit im Raum des Gemäldes, denn die Entfernung im Raum wird als eine Metapher der Entfernung in der Zeit wahrgenommen. Im übrigen vermag das Spiel der verschiedenen Ebenen im Gemälde dramatische Spannungen hervorzurufen, die es unterschwellig mit einer Zeitlichkeit rastern, welche aller Erzählung als Form eigen ist.

Was die der Kontemplation vor dem Bild eigentümliche Zeit betrifft, haben die zahlreichen und fruchtbaren, von der Phänomenologie inspirierten Nachforschungen die Intuition von Paul Klee nur bestätigen können, die er so nachdrücklich dargelegt hat: »Das Werk als menschliche Handlung (Genesis) ist, sowohl produktiv als rezeptiv, Bewegung. Produktiv liegt es an der manuellen Begrenzung des Schaffenden (er hat nur zwei Hände).« Rezeptiv liege es an der Begrenzung des Auges: »Die Begrenzung des Auges ist die Unmöglichkeit, eine auch ganz klein gemessene Fläche zu gleicher Zeit scharf zu sehen. Das Auge muß die Fläche abgrasen, eine Partie nach der andern abgrasend schärfen, eine nach der andern dem Gehirn in Erinnerung geben, welches die Eindrücke sammelt und aufspeichert. [...] Es begeht die Wege, die ihm im Werk eingerichtet, welches selber bewegt entstanden war und festgelegte Bewegung wurde.«[66]

Der gemalte Raum als strukturierter und in Hierarchien unterteilter Raum ist an sich ein verzeitlichter Raum. Was mit *Scanning* bezeichnet wird, die Bewegung des Abgrasens mit den Augen, wird in der Tat über einen Weg geregelt, der die Abfolge der Lesart, der Punkte der Spannung, der Ruhe festlegt. Seit Wölfflins Analyse von Gemälden und ihren Spiegelbildern ist wohlbekannt, daß die in unserer Kultur wohl durch unsere Lesegewohnheiten bedingte Blickrichtung von links nach rechts und von oben nach unten die diachronische Wahrnehmung des gemalten Raumes überdeterminiert, so daß in der narrativen Malerei im unteren rechten Teil des Gemäldes das »letzte Wort« des Werks gesprochen wird.[67] Dieser Vorrang des Linken über das Rechte ist in den Erzählungen der Malerei um so wichtiger, als dadurch eine narrative Logik greift – dank der (in der sprachlichen Anwendung klassischen) Verwechslung von Konsequenz und Abfolge: Was einem zuerst unter die Augen kommt, wird als Ursache dessen begriffen, was folgt.[68]

Es besteht im übrigen eine enge Verbindung zwischen der Zeit der vom Auge im Raum vollzogenen Wegstrecke, wie sie vom Maler eingerichtet wird, und der Zeitlichkeit des Werks. Dies ist eine in den Überlegungen von Paul Klee sehr wichtige Bemerkung, da sie zeigt, daß die Malerei, um diskursiv zu sein, nicht unbedingt eine Erzählung darstellen muß: Es existiert eine »Narrativität des Blicks« beziehungsweise eine Diskursivität der visuellen Erfassung, aufgrund deren es nach Émile Noël »genügt, ein Gemälde anzuschauen, um es zu verzeitlichen«.[69] Die nachahmende Malerei macht sich zweifellos die Verwirrung zwischen Dargestelltem und Erzähltem zunutze und lädt dadurch den Betrachter ein, ein Gemälde so zu »lesen«, wie man einen Text lesen würde. Doch selbst wenn zutreffen sollte, daß die Malerei dazu auffordert, zu beschreiben, zu identifizieren und also den malerischen Gegenstand im Rahmen sprachlichen Vorgehens zu sehen, verdankt sie (obgleich sie narrativ ist) die in ihr verlaufende Zeit nicht den Erzählfiguren, die in ihr angeordnet sind, sondern dem Wahrnehmungsvorgang selbst. »Dem narrativen Text liegt, wie jedem anderen Text auch, dieselbe Zeitlichkeit zugrunde, die er seiner eigenen Lektüre auf metonymische Weise entlehnt«, sagt Gérard Genette im Hinblick auf den Roman.[70]

Die, wenn man so will, primäre Zeit des gemalten Werkes ist die Zeit des »Lektürevorgangs« (im pragmatischen Sinne, wie ihn Genette anwendet) und nicht die Zeit der in ihm dargestellten Fiktion. Sonst müßte man schlußfolgern, daß nur narrative Werke der Malerei verzeitlicht sind. Die moderne Malerei, die ja alles Figurative ausgeschlossen hat, zeigt uns jedoch, wie sensibel sie für die zeitliche Dimension ist, egal, ob diese sich durch die Überlagerung mehrerer Schichten auf der Leinwand oder durch die Schnelligkeit in der Ausführung zum Ausdruck bringt.[71] Die beherrschte Nervosität, mit der die Zeichnungen und sogar die Gemälde von Henri Cartier-Bresson gezeichnet sind, stellt sehr wohl eine der Zeit übereignete Form der Anwesenheit dar.

Die Schnelligkeit der Ausführung, die Lebhaftigkeit des

Duktus verschaffen dem Gefühl des Betrachters für die wahrgenommene Dauer zweifellos eine Orientierung, indem sie zum Beispiel auf einen Konflikt zwischen den Formen, der Zeit und der Materie aufbauen. Es wäre allerdings reduktionistisch, zu meinen, daß die Komplexität des für das Auge eingerichteten Ablaufs und die Zeitlichkeit der Erfassung des Werks unmittelbar von dieser Geschwindigkeit in der Ausführung abhängig sind. Das gleiche gilt für das photographische Bild: Die Schnelligkeit der Wahrnehmung hängt nicht

269. Tivoli, 1933

von der Aufnahmegeschwindigkeit der Aufnahme ab.[72] Das ist die moderne Version des von Bernard Lamblin bekämpften Vorurteils, wonach die physikalische Beschreibung einer Kunst die Erfassung ihrer ästhetischen Dimension ermöglicht.[73] Man kann bestenfalls sagen, daß es gesellschaftliche Verwendungsarten der Photographie und insbesondere von Illustrationen gibt, die dazu einladen, die Bilder so flüchtig anzuschauen, wie man etwa ein Buch durchblättert. Also ist es nicht die Augenblicklichkeit des Vorgangs, der die zeitliche Textur der Photographie sowie die Qualität seiner Wahrnehmung bestimmt, sondern die Komplexität der Momente von Gleichzeitigkeit, die sich innerhalb des Ausschnitts anordnen.

Es gibt keinen Grund, weshalb die Photographie des Boulevard du Temple von 1839, die Daguerre mit einer etwa Abb. 9

Abb. 7

Abb. 235

fünfminütigen Belichtungszeit aufnahm, länger betrachtet werden sollte als eine Momentaufnahme von Cartier-Bresson oder Munkacsi beispielsweise. Während das Photo von Daguerre eher als Kuriosität, eine Art optisches Rätsel betrachtet wird, von dem sich der Blick abwendet, sobald er die Lösung erblickt hat, erfordert eine Momentaufnahme wie die *Arena von Valencia* die vollständige Neuformulierung der räumlichen Gegebenheiten und konstituiert eine zeitlich wie narrativ sehr komplexe Gliederung, die dem Betrachter ein keineswegs nur momentanes Verhältnis zum Bild aufdrängt.

Das Problem der Darstellung von Zeit im Gemälde beschränkt sich nicht auf die räumliche Organisation der »Narration des Blicks«. Sofern das Bild die Aufgabe übernimmt, von einem Ereignis zu erzählen, entspricht die Zeit in

270. Das Tal von Queyraz, 1954

der Malerei wie auch in der Photographie der Zeit, die ihm durch die verschiedenen narrativen Modalitäten aufgezwungen wird.

Als Folge seiner Systematisierung durch die romantische Ästhetik erfuhr der Gegensatz von Raum und Zeit eine Radikalisierung und wurde tendenziell zum Gemeinplatz, ungeachtet der Tatsache, daß ihn Lessing in der Absicht dargelegt hatte, einem anderen Klischee gegenüber, das der programmatischen Formel *ut pictura poesis* folgte, als Gegengewicht zu dienen. Diese Formel wollte, daß die Malerei der epischen Dichtung gleich erzählte und die Dichtung ihrerseits anschaulich ist wie Malerei. In seinem 1766 veröffentlichten Buch *Laokoon oder über die Grenzen der Malerei und Poesie* unterscheidet Lessing, dessen Anliegen es war, die Eigenart dramatischer Dichtung zu definieren, zwischen Malerei, die es mit Gegenständen im Raum zu tun hat, und Dichtung, die wie auch die Sprache in der Zeit artikuliert wird.[74] Der einen obliegt die Nachahmung nebeneinander aufgereihter Gegenstände, der anderen die Nachahmung aufeinanderfolgender Tätigkeiten, wobei beide *Mimesen* nicht miteinander verein-

bar sind. Lessings Formel war ungeheuer erfolgreich. Obwohl er behauptet, daß die Malerei nicht daran festhalten könne, sukzessive Momente einer Tätigkeit wiederzugeben, versöhnt er Malerei und Narratives miteinander, indem er einen einzigen, einen einzelnen Augenblick isoliert, in dem die Erzählung als Ganzes unter gleichzeitiger Berücksichtigung der Einheit des Ortes konzentriert ist. Diesen Augenblick nennt er den »prägnanten Augenblick« beziehungsweise das fruchtbare Moment. Somit wird die Dramaturgie direkt auf die Darstellung in der Malerei angewandt. Der prägnante Augenblick befindet sich in der dramatischen Kette und faßt deren Bedeutung in einer Synthese zusammen: Er resümiert eine Situation, während er sich gleichzeitig an einem Punkt extremer Intensität, einer Klimax befindet.

So erstaunt einen auch nicht die Feststellung, daß die den Theorien Lessings am nächsten stehenden Maler ihrerseits ein ausgeprägtes Interesse für die dramatische Kunst an den Tag legten (und sich darüber hinaus an Diderot hielten, den Lessing bewunderte und dessen bürgerliche Dramen er übersetzte). Man denke an *Le Verrou (Der Riegel)* von Fragonard. Man denke auch an Greuze, der dem Moralismus des bürgerlichen Dramas am nächsten stand und in großen Zügen Augenblicke malte, die sich ineinander verzahnen wie die Akte eines Theaterstücks: Auf diese Weise fand das Gemälde *L'Accordée de village (Die Dorfverlobte)*, dessen eigentlicher Titel *Eine Hochzeit und der Augenblick, in dem der Brautvater seinem Schwiegersohn die Mitgift aushändigt* lautet, zwei Jahre später seine Fortsetzung in *Le paralytique secouru par ses enfants (Der Gelähmte, unterstützt von seinen Kindern)*, auf dem zu sehen ist, wie dem nunmehr gebrechlichen Vater der Braut der Schwiegersohn zu Hilfe kommt.

Bei diesen Malern tritt ganz offensichtlich zutage, daß die Wahl des prägnanten Augenblicks und dessen Ausdruckskraft sehr stark von den Konventionen der dramatischen Sprache und der Rhetorik des theatralischen Gestus bestimmt sind, sei es mit der Schwülstigkeit eines Greuze oder in der elliptischen Art eines Fragonard.

Diese Feststellung macht eine – wenn auch verlockende – Annäherung zwischen dem prägnanten Augenblick Lessings und dem entscheidenden Augenblick Cartier-Bressons von vornherein hinfällig, sei es auch nur, weil die aus dem Leben gegriffene Photographie nicht über die Möglichkeit verfügt, die dem Theater eigentümlichen situationsbedingten und gestischen Konventionen wiederherzustellen. Und mehr noch: Der prägnante Augenblick unterscheidet sich grundsätzlich vom entscheidenden Augenblick, da der erste eine *Klimax* ist, das heißt ein Moment starker dramatischer Intensität innerhalb einer Abfolge von Ereignissen, die er zu einer Synthese zusammenfaßt und symbolisiert, während der zweite ein *Hapaxlegomenon* ist, das heißt eine einzigartige, nicht wiederholbare Gelegenheit, eine sonderbare und unvorhersehbare Koinzidenz, bei der schon die Vorstellung einer

271. Naturhistorisches Museum, Paris, 1976

Ereigniskette jeder Stichhaltigkeit entbehrt, da dieser außerordentliche Moment gewissermaßen vernichtet, was ihm vorausgeht und was ihm folgt, um ein autonomes Raum-Zeit-Kontinuum herzustellen und eine Fiktion im Innern dieses Augenblicks selbst – und nicht in Abhängigkeit der Abfolge, der er unterstehen müßte – zu generieren.

Abb. 257 Folglich gewinnen die beiden Portraits von Saul Steinberg nichts hinzu, wenn sie nacheinander oder sogar nebeneinander in Bezug gesetzt werden. Im übrigen gibt es auch zwei völlig unterschiedliche Versionen der *Arena von Valencia,* die eine 1952 in *Images à la sauvette* veröffentlicht und die andere 1979 in *Henri Cartier-Bresson photographe.*[75] Obwohl sie wahrscheinlich mit einem Abstand von nur wenigen Sekunden aufgenommen wurden, deutet nichts darauf hin, welche der beiden der anderen voranging oder folgte, zumal Cartier-Bresson keine Kontaktabzüge aus dieser Zeit behalten hat. Das Problem aber ist ganz offensichtlich ein anderes, denn sie erzählen nicht dasselbe. Das 1952 publizierte und später

nicht mehr in seinem Werk auftauchende Bild gab sich wie eine leicht burleske Szene des Auflauerns und somit ganz und gar anders als das bereits analysierte In-flagranti-Bild. Abb. 235

Entscheidender und prägnanter Augenblick widersprechen einander grundsätzlich, insofern der prägnante Augenblick eine theatralische Umsetzung des Ereignisses im Hinblick auf eine Intrige ist und folglich eine Verkettung von miteinander verbundenen Handlungen voraussetzt, hingegen der entscheidende Augenblick eine einzigartige Gelegenheit darstellt, innerhalb derer sich vielfältige Koinzidenzen gestalten.

Nehmen wir beispielsweise zwei Photographien, die besonders stark vom Pathos der Situation und von den Emotionen der Menschen geprägt sind, in denen jedoch keinerlei Theatralik zum Ausdruck kommt: *Kardinal Pacelli in Mont-* Abb. 272 *martre* von 1938 und *Beisetzung der Opfer der Charonne-* Abb. 273 *Unruhen* von 1962.

In der ersten Photographie konzentriert sich die Aufmerk-

272. Kardinal Pacelli in Montmartre, Paris, 1938

273. Beisetzung der Opfer der Charonne-Unruhen, Paris, 1962

274. Überdachter Platz von Simiane, 1969

275. Tennessee, 1947

samkeit auf einen Punkt, das Gesicht einer Frau, in dem sich eine Mischung aus Verzweiflung und Hoffnung ausdrückt, während sie sich an den Kardinal Pacelli wendet. Sicherlich ist dieser hier ganz in seiner »Rolle«, nämlich den einfachen Menschen Trost zuzusprechen und ihnen Gehör zu schenken. Ferner küßt ihm ein junger Mann ehrerbietig die rechte Hand. Indessen wird das Bild allein durch die Tatsache, daß der Kardinal dem Betrachter den Rücken zuwendet (der lediglich seinen Nacken, die Kalotte und den oberen Teil seines Kardinalsumhangs zu sehen bekommt), seiner Theatralik beraubt: Der Kardinal steckt mehr in seiner Funktion als in seiner Person. Nichts läßt Rückschlüsse darauf zu, wie er die flehentlichen Worte aufnimmt, die an ihn gerichtet werden, höchstens im metonymischen Sinn der Gesichtsausdruck des Würdenträgers zu seiner Linken. Allerdings ist dieser neutral. Wandert der Blick weiter über das ganze Bild, entdeckt er im oberen Teil drei Gesichter, die verschiedene, allesamt jedoch eher heitere Gefühle zum Ausdruck bringen.

In der Photographie, die während der Beisetzung der Opfer der Charonne-Unruhen aufgenommen wurde, ist dagegen die Einheitlichkeit des Affekts ganz offensichtlich, da der Gesichtsausdruck der Menschen durchgehend traurig ist. Doch auf paradoxe Weise wird die Theatralik, trotz der Frontalansicht und der Aufreihung der Personen, die eine Kette bilden, noch energischer zurückgewiesen: Man sieht nur verschlossene Gesichter von Frauen und Männern, die in ihrem Schmerz gefangen sind und nichts oder vielmehr das »Nichts«, das allein den Tod wiedergeben kann, ausdrücken, dem alles theatralische Pathos fehlt. Und obwohl wir es mit einer kompakten Menschenmenge zu tun haben, reduziert sich die addierte Traurigkeit der einzelnen nicht auf einen einzigen kollektiven und gleichen Ausdruck, sondern bleibt nebeneinander bestehen wie ebenso viele in ein und demselben Raum versammelte einsame Wesen.

Lessing schlägt nun eine Theorie der Beispielhaftigkeit des Augenblicks für jene in ihn einmündenden Augenblicke vor, die ihm vorausgehen, ohne sein Maß an Entschlossenheit zu besitzen, und die auf ihn folgen, ohne sein Maß an Intensität zu haben. Hier geht es durchaus nicht um eine Konzeption der Flüchtigkeit oder der Unbeständigkeit der Zeit, sondern im Gegenteil um eine Zeitlichkeit, die einer dramatischen Logik folgt. Doch selbst wenn es zutrifft, daß sich bei Cartier-Bresson einige dieser exemplarischen Augenblicke finden lassen, die im Rahmen einer Erzählung wiederhergestellt werden können (das in Dessau aufgenommene Bild wäre ein Beispiel dafür), begegnet man bei ihm viel häufiger Bildern, in denen der festgehaltene Augenblick jede Handlung ausschließt und sich zu einer Meditation ausdehnt.

Zwei Beispiele können genannt werden, beides Kompositionen mit Menschen, die in ein und demselben Raum versammelt sind und scheinbar doch nichts miteinander zu tun haben, da sich jeder seinen eigenen Träumereien hingibt.

Überdachter Platz von Simiane (1969) präsentiert sich wie ein Kaleidoskop von Attitüden und Bewußtseinsformen im Augenblick. So viele Blicke, Gesten und Arten, einen abgeschlossenen und fast bühnenhaften Raum zu bevölkern, wie Bewußtseinszustände und Empfindungen der Gegenwart. Hier wird eine Pluralität verschiedener Formen des Bewußtseins, sich in den Zeitfluß einzuschreiben, eine qualitative Mannigfaltigkeit der Dauer sichtbar gemacht. `Abb. 274`

Mit dem 1953 in Rom aufgenommenen Bild schließlich wird uns eine häusliche Szene präsentiert, die sich paradoxerweise nicht drinnen, sondern draußen abspielt. Vier Gestalten sind vor der Schwelle ihrer Haustür postiert, als ob sie dort zu Hause wären, und der Photograph nimmt sie von einem Raum aus auf, in dem zwei Stühle, die Schwelle und der Vorhang zu sehen sind. Eine spiralförmige Komposition läßt das Auge von den Stühlen im Vordergrund zu den drei Erwachsenen wandern, die ihren Blick nach links auf etwas außerhalb des Ausschnitts Befindliches richten, und mündet im Blick eines jungen Mädchens, das vom Vorhang verdeckt ist, aber von dem man sieht, daß es den Photographen beobachtet. Der Kreis schließt sich, und der Betrachter wird auf subtile Weise auf seine eigene Intimität verwiesen. `Abb. 265`

Zeit und Symbol

Henri Cartier-Bresson schöpft die Vorbilder oder Regeln, die ihn zu seinen Photographien inspirieren, weniger aus der Tradition der narrativen Malerei. Ein Teil seiner Originalität besteht ja gerade darin, mit der Vorstellung des prägnanten Augenblicks zu brechen. Vielmehr entstammen die Lösungen der Stilleben-Malerei, denn wie diese stellt auch die Photographie eine mit Bewegung potentiell aufgeladene Unbewegtheit dar, eine Assoziation der Anwesenheit mit Abwesenheit, des Augenblicks mit der Ewigkeit, die diesen einschließt und zugleich leugnet.

Im übrigen ist die Tatsache, daß das Stilleben und der Akt ab 1970 wieder Eingang in seine Malerei finden, nicht uninteressant; das *Rote Stilleben* von 1981 etwa und auch die Ansicht der Tuilerien aus der Vogelperspektive von 1983 sind neben den Landschaften Themen, denen er sich als Maler zuwendet. `Tafel VII` `Tafel V`

Die subtile Dialektik zwischen Sein und Nicht-Sein, Ordnung und Unordnung, Dauerhaftem und Ephemerem im Stilleben hob schon Paul Claudel hervor, als er schrieb: »Das holländische Stilleben ist ein Gefüge im Zustand der Auflösung, etwas, das der Macht der Zeit unterworfen ist.«[76]

Das gleiche gilt für die Photographie, dieses Bild auf

276. Irland, 1963

Papier, das der Abnutzung und dem Vergilben ausgesetzt und letztlich dazu bestimmt ist, die Entwertung der Spur zu erfahren. Als Vorgriff auf den kommenden Augenblick oder Eintauchen in die krude Zeitlichkeit, die von der Bewegung nur ihren Faden überliefert (siehe Giacometti in seinem Atelier), zeigt die Photographie von der Präsenz, deren Beweis sie ist, lediglich ihr Erlöschen.

Auf ihre Weise versetzt die Photographie den Betrachter in einen Strudel von Sein und Nicht-Sein. Ihr Schweigen ist trügerisch: Obwohl sie nicht erzählt, sich nicht innerhalb einer Abfolge einfindet, gestalten die Momente der Gleichzeitigkeit, über die sie verfügt, verschiedene erlebte Zeiträume innerhalb eines wie eine Fiktion ohne Einzelepisoden, Pointe oder Auflösung festgehaltenen Ganzen, das vielmehr der Betrachter zum Ausdruck bringt, indem er der Zeitlichkeit des Bildes ihren Sinn verleiht, den es ohne ihn nicht gäbe. Ebenso existiert die Spur nur für den, der sie zu entdecken weiß.

Für das Stilleben wie für die Photographie ist Zeit das Motiv der Darstellung selbst. Während das Stilleben allerdings den Raum zu einer symbolischen Darstellung der Zeit gestaltet, vollzieht die Photographie in derselben Bewegung eine zeitliche und räumliche Konfigurierung, was Cartier-Bresson bezeichnet als eine »neue Form der Plastizität, die eine Funktion plötzlich auftretender Linien ist«.[77]

Henri Cartier-Bresson greift selten auf Gegenstände zurück, um die Zeit darzustellen. Doch es finden sich einige Abb. 104 Ausnahmen, wie das Rad des Karrens in der 1947 in Indien gemachten Photographie, das im indischen Kontext auf eine

Symbolik der Zeit verweist. In dem im selben Jahr in Tennessee realisierten Bild wird durch die Aufschrift *Jesus is coming* Abb. 275 *soon* auf einem Kreuz, dessen Arme den Raum in vier Felder unterteilen, eine symbolische Lesart des Raum-Zeit-Kontinuums aufgenötigt. Das Bild, in dem sich Reportage und schwarzer Humor mischen, bietet einen Einblick in die eschatologischen Hoffnungen des tiefsten Amerika, die gleichzeitig von einem sehr distanzierten Blick in Zweifel gezogen werden.

Andererseits findet man zum Beispiel bei Robert Doisneau häufig Photographien, in denen die Zeit durch den Rückgriff auf einen Gegenstand thematisiert wird. Die Hausmeisterwohnung von Madame Lucienne in der Rue de Abb. 267 Ménilmontant wimmelt von zeitlichen Verweisen, die so kohärent sind, daß das ganze Bild zur Allegorie wird: Eine Standuhr neben einem Photo von jungen und lächelnden Brautleuten; die beiden selbst, um einiges gealtert, erscheinen als ihre reflektierten Abbilder im Spiegel, desgleichen eine Pendeluhr und ein Geschenkkalender der Post. Die Spiegelung der Standuhr bestimmt formal die Achse, um die herum sich die Komposition anordnet. Eine derartige symbolische (in gewissem Sinne literarische) Überfülle ist selten in den Bildern von Henri Cartier-Bresson. Alle diese Menschen, die laufen, rennen, vorbeigehen, sind in dem Augenblick festgehalten, da sie sich in eine Komposition einschreiben und sie mit ihrem Tupfer Zeitlichkeit versehen: *Hyères, 1932; Siph-* Abb. 77 *nos, 1961; Palais-Royal, Paris, 1960* usw. Ihre Funktion ist Abb. 48, 95 eher dynamischer als symbolischer Natur. Diese Photographien funktionieren nach dem aristotelischen Vorbild der *Mime-*

sis, die weder eine Kopie noch gar eine Reproduktion der Wirklichkeit ist, sondern Kenntnis und Beherrschung der Natur offenbart, indem sie all jenem Körper und Gestalt verleiht, was latent geblieben, nicht dargestellt und also in gewissem Sinne nicht gelebt wurde. So gesehen ist *Mimesis* das genaue Gegenteil einer sklavischen und verblassenden Nachahmung: Sie festigt eine intime Verbindung mit der Natur, wodurch sie, wie Jean-Michel Maulpoix zeigt, die persönliche Lyrik des Künstlers begründet.[78]

Jede Fiktion stellt eine Erfahrung dar, die geeignet ist, einen Widerhall in der Erfahrung ihres Betrachters zu finden.[79] Nehmen wir als Beispiele drei Photographien von Henri Cartier-Bresson, ein Stilleben, eine Landschaft und ein Portrait.

Abb. 269   *Tivoli, 1933.* Eine Steige, in der verstreut Früchte (Birnen und Aprikosen?) und einige Häufchen Haselnüsse liegen, füllt den gesamten unteren Teil des Bildes aus, während im Hintergrund auf einem anderen Tablett, das auf einem Kanister abgestellt ist, eine größere Auswahl von Früchten mit Achtsamkeit arrangiert wurde. Daß diese beiden Stilleben nebeneinandergestellt sind, ein Aspekt, der durch eine stark perspektivische Wirkung noch betont wird, überrascht. Diese Photographie, die einem Gemälde so nahe kommt, gibt ein Rätsel auf.

Natürlich könnte man behaupten, daß der Photograph nichts anderes tut, als die Existenz von »Stilleben« zu registrieren, die von Menschenhand arrangiert wurden. Die Gesamtheit aber stellt sich im geschlossenen Raum der Photographie nur insoweit als Neuinterpretation der Gattung Stilleben her, als einzig das Bild die potentielle Anwesenheit irgendeiner Person ausschließt und sie zugleich symbolisch andeutet. Andererseits ist es sehr wohl die Komposition aus zwei Feldern – von denen das erste aufgrund der perspektivischen Deformation wie ein Sprungbrett auf das zweite zuzuführen scheint –, die diesen alltäglichen Raum zu einem signifikanten Raum werden läßt, der den Unterschied zwischen der Zeit des für den kommerziellen Austausch offenen sozialen Lebens und der Zeit des intimen Lebens thematisiert. Ein solches Bild fällt allem Anschein zum Trotz (auch wenn es kein Ereignis schildert) in die Kategorie des entscheidenden Augenblicks, da es keine Aufzeichnung eines Tatbestands ist, sondern sich als Koinzidenz zwischen einem Moment und einer Komposition behauptet.

Abb. 276   *Irland, 1963:* ein Bild ohne Geschehen. Man hat sogar den Eindruck, daß nichts geschehen kann. Nicht der kleinste Windhauch, diesiges Licht; nur ein Detail spielt auf die weit zurückliegende Anwesenheit von Menschen an: das Wrack einer halb versunkenen Barke, schon vor langem dem allmählichen Verfall überlassen. Selbst das Meer, dessen Gezeiten diese Landschaft rhythmisieren müßten, hat sich so weit zurückgezogen, daß es aussieht, als dürfte es niemals wieder aufsteigen.

Dies alles scheint auf eine vormenschliche Zeit oder eine Zeit nach der Sintflut zu verweisen. Auf eine gewisse Weise meditiert Henri Cartier-Bresson hier über eine Zeitlichkeit, die die Zeit des Menschen überdauert, ohne dabei den Momentcharakter des Bildes zu vernachlässigen. Zu einem späteren Zeitpunkt sollte er diesen Darstellungstyp erneut bearbeiten, dieses Mal allerdings mit dem Bleistift. *Natur-*   Abb. 271 *historisches Museum, Paris, 1976:* die Skelette dieser schon lange ausgestorbenen Tiere scheinen gleichwohl auf den Betrachter loszustürmen. Eine weitere Frage an die Zeit.

Henri Matisse, Vence, 1944. Mehr noch als ein Portrait ist   Abb. 277 dies die Hommage eines Photographen an einen Maler. Auf den ersten Blick scheint nicht Matisse selbst das Thema dieser Aufnahme zu sein, da das Auge des Betrachters zunächst auf drei Tauben gelenkt wird, die im Vordergrund rechts im Bild ein weißes Lichtbüschel bilden. Durch die Bewegung zweier Tauben geführt, wandert das Auge durch den Raum und stößt auf Matisse im linken Mittelfeld. Eingehüllt in einen Hauskittel, ein weißes Band um die Stirn gebunden, beobachtet Matisse die Taube, die er in der linken Hand hält, während er in ein Buch zeichnet, das auf seinen Knien liegt.

Warmes Licht ergießt sich über die häusliche Szene, spiegelt die Welt des Malers. Die Vögel in Freiheit, Symbole für Frieden, haben am Werk des Meisters teil. Diese Gelassenheit ist nicht gleichgültig gegenüber der Welt: Wir erinnern daran, daß dieses Portrait im Jahr 1944 aufgenommen wurde. Matisse ist bei sich zu Hause: Alles hier ist Matisse. Der Künstler scheint den Photographen zu vergessen, der ihn seinerseits inmitten seiner Umgebung scheinbar verblassen läßt. Hier wird nicht so sehr auf den Beruf des Malers oder seine Lieblingsthemen angespielt, es handelt sich vielmehr um ein in der Art von Matisse gestaltetes photographisches Portrait.

Alles spielt sich zwischen der Zeichnung, die Matisse gerade anfertigt, und den Tauben im Vordergrund ab, die der Photograph dem Zeichner entwendet zu haben scheint: Sie bieten sich wie eine Ausdrucks- und Bewegungsstudie dar, ein dreiköpfiges und leuchtendes Taubenbouquet. Zwischen dem, was Matisse zeichnet, und dem Motiv der Photographie findet eine Substitution entsprechend dem durchkreuzten Weg statt, der dem Blick des Betrachters zugemutet wird. Aus der Koinzidenz dieses labilen Moments und eines Universums höchst ausgefeilter Formen entspringt ein entscheidender Augenblick, ein Punkt auf dem Faden der Zeit, der den Blick auf mannigfaltige Zeiträume freigibt: die Konzentration des Malers auf seine Arbeit, die *Geschichte,* deren Verlauf bald verändert wird.

Der entscheidende Augenblick ist zugleich eine Spur und eine Gelegenheit. Die Gelegenheit ist in der Tat ein *Fall,* der sich, unsere Aufmerksamkeit erheischend, zuträgt. Das Leben ist eine dauernde Chance, doch die Chancen, die es uns eigentlich bietet, tauchen unregelmäßig auf. Man kann sich folglich weder im voraus auf sie vorbereiten, noch sie zurück-

277. Henri Matisse, Vence, 1944

holen, da Unvorhersehbarkeit und Unwiederbringlichkeit die beiden Seiten ein und derselben Zeitlichkeit sind. Außerdem grenzt die Gelegenheit an ein Wunder. Sie ist, wie Jankélévitch schreibt, »ein Zufall, der seine Dienste anbietet«.[80] Doch weiß jeder, daß er in einem von tausend Fällen den richtigen Moment trifft.

Darum kann sich der Bogenschützen-Photograph nicht damit begnügen, untätig auf die Gelegenheit zu warten. Er muß auf der Lauer liegen. Und auch das Werden muß großzügig sein. Ein gespannter Geist, dem sich keine Gelegenheiten bieten, ist unglücklich, aber die Gelegenheit ohne Widerhall in einem Bewußtsein ist ein verlorenes Ereignis: »Das Phänomen der Gelegenheit schließt folglich eine Art wechselseitige Kausalität ein: Die Gelegenheit ist es, die den schöpfenden Genius aktiviert, doch für den schöpfenden Genius ist es die Begegnung, die, statt ein toter Fall zu sein, zu einer fruchtbaren und an Sinn reichhaltigen Gelegenheit wird.«[81] Das ist im Grunde die Bedeutung des Animismus des Henri Cartier-Bresson: Der Zufall ist nicht neutral, und das Leben ist hinreichend fruchtbar, um aus dem Chaos manchmal Ordnung entstehen zu lassen. Denn im Grunde erscheint die Gelegenheit nur darum, weil weder Harmonie (die alles vorhersehbar und nichts überraschend machen würde) noch

Kakophonie (die alle Begegnung unwahrscheinlich und alle Verständigung unmöglich machen würde) herrscht.

In jedem Fall aber muß man schnell handeln können, denn die Gelegenheit ist nicht nur unumkehrbar und unvorhersehbar, sie ist außerdem überwältigend. Wenn es die Spitze des Werdens ist, die der Bogenschützen-Photograph anvisiert, dann hat er es mit Hapaxlegomena zu tun, mit Einmaligem, Unwiederholbarem. Denn gibt sich der Bogenschützen-Photograph das Werden als Zielscheibe vor, dann hat er es mit einer sehr regen Zielscheibe zu tun, was die Gewandtheit noch stärker an den Zufall bindet. »Wenn schon viel Scharfsinn erforderlich ist, um ein Ziel zu erreichen, das sich vor unseren Augen im aktuellen Raum bewegt, also zugleich beweglich und dauerhaft ist, wie unendlich viel ausgeprägter muß der Scharfsinn sein, der nötig ist, ein Ereignis einzufangen, das in der Zeit verläuft und eine verschwindende Erscheinung ist; keine Ballistik, und sei sie unendlich kompliziert, kann uns lehren, die Gelegenheit einzufangen!«[82] In gewissem Sinne läßt sich das Einfangen des entscheidenden Augenblicks genausowenig erlernen wie das Zen-Bogenschießen: Es scheint angebrachter, von einer allmählichen Wandlung des Subjekts zu sprechen, die darauf hinausläuft, sein Leben und seine Kunst miteinander in Einklang zu bringen.

Portrait:
Dritte Skizze

»Cézanne, Degas! Cartier-Bresson zeigt, daß sie zur selben Familie gehören, deren Geheimnis die Unbefangenheit im ursprünglichen Sinne des Wortes ist: der Zustand von demjenigen oder derjenigen, der oder die frei geboren wurde.«
YVES BONNEFOY, *Remarques sur le dessin*

Von Vera Feyder im Jahre 1991 gefragt, was denn das Geheimnis seiner kreativen Dynamik sei, antwortete Henri Cartier-Bresson mit folgendem Apolog: Zur der Zeit, als er in Indonesien lebte, konnte der damalige Botschafter von Indien, Sandar Panilcar, den Namen »Cartier-Bresson« nicht korrekt aussprechen und vereinfachte ihn zu »Karttikeja«, dem Namen des Bruders von Ganesha, beide Söhne des Shiva und der Parvati. Die hinduistische Mythologie erzählt, daß eines schönen Tages Shiva und Parvati die Liebe, die ihnen ihre Kinder entgegenbrachten, auf die Probe stellen wollten und ihnen auftrugen, so schnell wie möglich um die Welt zu reisen: Auf diese Weise würde der Gewinner des Rennens seine Ergebenheit als Sohn bewiesen haben. Karttikeja, der ungestüme Krieger, stürzte unverzüglich los und verschwand, eine Rauchwolke hinter sich lassend. Ganesha, dessen Charakterzüge durch einen nachdenklichen Elefanten dargestellt sind, blieb reglos sitzen. Seine Eltern grübelten noch über seine Zuneigung nach, als er plötzlich aufstand, einmal um ihren Thron herumging, und sich wieder setzte. Er wurde zum Sieger erklärt.[1]

Diese Fabel veranschaulicht weniger eine Rangfolge als die Vertauschbarkeit von Handeln und Meditation, Photographie und Zeichnung. Cartier-Bresson trägt ebensoviel von Karttikeja wie von Ganesha in sich, er ist ein »unbändiger Buddhist«,[2] wie dies Martine Franck so treffend ausdrückt. Sein Portrait läßt sich wahrlich nur unter das Vorzeichen der Konfrontation von Widersprüchen setzen.

Die erste Zeit der Reife war durch die Depression von 1929, die Front populaire, den spanischen Bürgerkrieg, das Aufkommen des Faschismus, den Zweiten Weltkrieg geprägt. Nach seiner Gefangenschaft knüpfte er die Verbindungen, die er bereits zwischen seiner Kunst und der Sorge um den Werdegang der Geschichte geflochten hatte, noch um einiges fester zusammen. Am Ende der sechziger Jahre hatten sich die sozialen und wirtschaftlichen Bedingungen mächtig verändert und die verschiedenen Kommunikationsformen auf den ganzen Planeten ausgeweitet. Unser Jahrhundert steuert seinem Ende entgegen, derweil die Mythen, von denen es gelebt haben wird, langsam, aber sicher zur Neige gehen.

Das Jahr 1968 wird ihn heftig zeichnen, als schlösse sich mit ihm ein Kreis. 1970, nachdem er ein Jahr damit zugebracht hatte, Frankreich zu photographieren, spricht Henri Cartier-Bresson von einer Invasion des Häßlichen. Sein Bildband *Vive la France* schlägt manchmal einen ähnlichen Ton

278. Les Halles, Paris, 1968

an wie die Filme von Jacques Tati, der behauptete, er würde Kino machen wie ein Tischler eine Kommode. Zwei Welten, zwei Epochen werden optisch gegenübergestellt: die der neuen Städte, des *Design,* und die eines gewissen populären oder bäuerlichen Frankreich, das traditionelle Verhaltensweisen beibehält.

1969 an der französisch-belgischen Grenze: Ein Grenzbeamter, dessen Fahrrad an seinem Holzhäuschen angelehnt ist, scheint Tatis Film *Jour de fête* entnommen zu sein. Zwei Frau-

Abb. 278 en, die im Pariser Viertel Les Halles (1968) auf Steigen Platz genommen haben und sich gebärden, als würden sie in einem Salon de Thé sitzen, ähneln den bourgeoisen Damen in *Mon oncle.*

Paris und seine Vororte werden ihm als Ort der Reflexion und der Analyse der Entstehung einer neuen Welt dienen.
Abb. 280 *Abbruch des Bahnhofs Montparnasse, Paris, 1968* könnte das Symbol dafür abgeben. Es wird immer schwieriger, in den sich sprunghaft vermehrenden großen Wohnsiedlungen einen Augenblick der Menschlichkeit zu erhaschen. *Paris, 13.*
Abb. 279 *Arrondissement, 1971:* Eine junge Frau geht mit ihrem Kind in einer städtischen Landschaft spazieren, die aussieht, als hätten sie die Epigonen von Vasarely ausgeschmückt. Lär-

mend erwacht ein neues Paris, während ein anderes leise den letzten Atem aushaucht. Eine Zeitlang bestehen diese beiden Welten nebeneinander, blicken sie sich feindselig an: eine wohlsituierte Dame im Terrassencafé Chez Lipp schaut ihre junge Nachbarin im Minirock mit tadelnder Mine an; ein alter Mann, der aussieht wie ein Notar vom Land, betrachtet völlig entgeistert einen Slogan, der auf eine Wand im Quartier du Marais gesprüht wurde: *Jouissez sans entraves* (Genießen Sie hemmungslos). Selten wurde das Bewußtsein der Kluft zwischen den Generationen besser veranschaulicht.[3]

Das ländliche Frankreich hält noch Momente überwältigender Poesie bereit: In Simiane findet sich jene Stimmung   Abb. 274 wieder, von der auch das Bild des Tals der Seine (1956) erstrahlt, oder im selben Jahr die Ufer eines Flusses in der Nähe von Chambord, und später in Italien die Campagna   Abb. 260 in der Umgebung Roms (1966). 1968, als keiner so recht wußte, was überhaupt gespielt wurde, dem Jahr der Wachstumskrise der Wohlstandsgesellschaft beziehungsweise der Appelle einer Jugend, die ihre Orientierungspunkte verloren hatte, photographierte Henri Cartier-Bresson, wenn er nicht gerade in Paris mitten in den Demonstrationen oder an der Sorbonne war, Bäume im Brie-Tal.   Abb. 282

Seit Anfang der sechziger Jahre verleihen immer mehr Landschaften seinen Photographien eine meditative Komponente. Sie neigen spontan zur Zeichnung und knüpfen so an die Skizzen seiner Jugend an. Es ist wahr, daß sich solche Landschaften bereits seit 1944 ausmachen lassen, wie beispielsweise ein Gemüsegarten im Winter in der Nähe von Blois oder die Bilder von reiner und trockener graphischer Gestaltung, die er in der Gegend von Chambord und im Tal   Abb. 130, 270 von Queyraz (1954) aufgenommen hat; in Quebec 1964, wo das mit dem Schwingpflug bearbeitete Erdreich weniger von Furchen als von tiefen Scharten durchzogen ist;[4] in der Bretagne 1963, wo eine Bäuerin, die Heu auf ihrem Rücken   Abb. 263 trägt, einen zeitlosen Weg nimmt. 1966, im Wald von Meudon, sind es wieder abgestorbene Bäume in einem Hochwald, die als Motiv für eine sehr nüchterne Komposition dienen, wie man sie auch 1979 in der Schweiz wiederfindet.[5]

1991, immer noch in der Schweiz, faßt ein Bild, das zum   Abb. 281 Allegorischen neigt, die Wende zusammen, die unsere Geschichte nimmt: Über einem Mann, der in ein Tal hinabschaut und sich mit dem Arm an einen Betonpfeiler lehnt, hängt ein riesiger Klotz, der einer Seilbahn als Gegengewicht dient ... Diese Landschaften müssen ebensosehr als graphische Studien wie auch als Stilleben gelesen werden. Sie tragen den Stempel des Menschen, der die Erde entstellt. In Cartier-Bressons photographischer Produktion werden sie zu einer Meditationsform.

Eines Tages gibt ihm Tériade den Rat, wieder zu seiner ersten Liebe zurückzukehren. »Ich hatte mich an ihn gewandt, um zu fragen, ob es nicht zu anmaßend wäre, meine Gemälde und Zeichnungen zu veröffentlichen. Ich habe nicht die Absicht, Karriere zu machen, sondern möchte meine Sichtweise noch einmal überprüfen.«[6] Er braucht ein neues Betätigungsfeld. Die ihm Nahestehenden ermutigen ihn zu seinem neuen Weg. Sein Freund Saul Steinberg schickt ihm eine Postkarte zur Unterstützung des Vorhabens zusammen mit einem merkwürdigen Gegenstand, einem Photoapparat aus einem Holzblock mit einem Scharnier an Stelle des Suchers und einem großen Loch als Objektiv.

Dennoch gibt er die Photographie nicht zugunsten der Zeichnung auf. Er versucht vielmehr, sie miteinander zu verbinden, in ihnen und in sich entsprechend seiner Vorstellung einer »kunstlosen Kunst« gemeinsame Obertöne erklingen zu lassen. So machen sich in der berühmten persischen Sufi-Erzählung von Farid ud-Din Attar, *Vogelgespräche,* die Vögel

279. Paris, 13. Arrondissement, 1971

auf die Suche nach dem Vogelkönig Simorgh und hören, nachdem sie viele Prüfungen haben bestehen müssen, schließlich eine Stimme, die sagt: »Ihr habt eine lange Reise unternommen, um zu dem Reisenden zu gelangen.« Von nun an macht Cartier-Bresson wie Ganesha die Runde bei den Dingen und den Menschen, ohne sich von der Stelle zu rühren. Abb. 266 Als er wieder an die Malerei und an die Zeichnung anknüpft, wendet er seine Aufmerksamkeit den Tuilerien zu, die zu einem Lieblingsthema werden, als wäre das Herz der im Laufe seiner Initiationsreise anvisierten Zielscheibe nichts anderes als ein wohlvertrauter, intimer Ort ohne Rätsel noch Geheimnis.

»1962 fing ich wieder mit Gouachen an, und es war schlecht. 1971 war es zu sorgfältig, zu klein. Ende 1972 ging es mit dem Zeichnen für mich dann wirklich los. Manchmal

arbeite ich aber noch zu schnell: Man hantiert nicht ungestraft vierzig Jahre lang wie ein Nervenbündel mit dem Photoapparat herum!«[7] In seiner allmählichen Rückkehr zur Zeichnung kommt ganz klar sein Wille zum Ausdruck, es nicht bei dem Erreichten zu belassen. Für Robert Delpire, der bemerkenswerte Monographien des Photographen veröffentlicht hat, »hat Henri Cartier-Bresson eine Art von Photographie praktiziert, die viel Energie erfordert. Sobald er merkte, daß er alt wurde, hat er zur Zeichnung umgeschwenkt«.[8]

Ab 1966 zieht er sich allmählich von Magnum und vom Photojournalismus zurück. Diese Loslösung geht mit einer gewissen Desillusionierung einher. »Ich spürte, daß es notwendig war, mich wieder in Frage zu stellen, was mit der Tatsache zusammenhing, daß das Fernsehen und auch die Werbung den Umgang mit Reportagephotos doch sehr verändert hat, schließlich mit einer gewissen Ermüdung durch das, was zu einem Beruf geworden war, einem Kerker, trotz meiner Freundschaft und Dankbarkeit für Magnum, der ich verdanke, daß ich von meinem Archiv leben kann.«

Statt einen Begriff von der Welt zu vermitteln, tragen die in der Presse veröffentlichten Bilder dazu bei, sie Tag für Tag mehr zu ent-realisieren: »Die Massenmedien bedienen sich tagtäglich der Photographie – das bringt für den Photographen immer neue Verantwortungen mit sich. Der Abgrund zwischen den wirtschaftlichen Geboten unserer Konsumgesellschaft und den Ansprüchen derer, die von unserer Zeit Zeugnis ablegen, ist unbestreitbar. Das berührt uns alle, und ganz besonders die Generation der jungen Photographen. Mehr denn je müssen wir darauf bedacht sein, uns nicht von der Welt und dem Menschlichen trennen zu lassen.«[9] Cartier-Bresson hat diese historische Bewegung begleitet, als Photograph deren Widersprüche bewältigt. Ende der fünfziger Jahre vollzieht sich der endgültige Übergang, die unumkehrbare Hinwendung Frankreichs zur modernen Welt: »Für mich kam die große Veränderung in den Jahren 1955 und 1956. Davor war es noch das 19. Jahrhundert.«[10]

Die Zeitschriftenpresse, zu deren Erfindung Lucien Vogel mit seiner 1928 gegründeten Zeitschrift *Vu* beigetragen hatte, ist von harter Konkurrenz geprägt. Die Entwicklung des Photojournalismus und Cartier-Bressons Einstellung ihm gegenüber verweisen jedoch noch auf andere Aspekte als die auf dem Informationsmarkt herrschende Konkurrenz. Pierre

280. Abbruch des Bahnhofs Montparnasse, Paris, 1968

Dumayet, einer der Begründer des französischen Fernsehens, schrieb: »Hat die Fernsehinformation – die erstaunliche Fortschritte gemacht hat – ein angemessenes Konzept von dem, was ein Ereignis überhaupt ist? Ich weiß es nicht. Fast alles, was heutzutage sichtbar ist und spektakulär, kann gefilmt oder live übertragen werden. Meinetwegen! Doch in den meisten Fällen ist der wichtigste Teil des Ereignisses nicht sichtbar. Der Triumph von Reagan ist filmbar. Die Gründe, die Umstände seiner Wahl sind es nicht direkt: Einzig durch eine *wahre Fiktion* könnten wir sie vielleicht erfahren, einander mitteilen ...«[11] Und was sind die unzähligen Photographien, die die große Tradition des Photojournalismus eingebracht hat, anderes als solche wahren Fiktionen? Weder das Fernsehen noch der Mythos der globalen Kommunikation kann das Bedürfnis nach einem Blick restlos erschöpfen, der von Photographen auf die Welt gerichtet wird, die eine Ethik und ein künstlerisches Bewußtsein haben wie etwa die Photographen von Magnum und anderen Agenturen. Ein solcher Blick muß durch jede neue Generation von Photographen wieder neu erfunden werden.

Photographie und Zeichnung

Photographie und Zeichnung unterscheiden sich dadurch, daß in ihnen die Begriffe von Zeit und Bewegung auf verschiedene Weise präsent sind. »Die Photographie [...] ist ihrem Wesen nach extrovertiert, die Malerei introvertiert.« Da sie antinomische Begabungen erfordern, könnten Malerei und Photographie auf den ersten Blick als unvereinbar erscheinen.

Wie erklärt sich dann, daß Henri Cartier-Bresson niemals aufhörte, von seinem Photoapparat wie von einem Skizzenblock zu sprechen? »Die Photographie ist ein Mittel zum Zeichnen. Das Instrument ist nicht dasselbe, und das ist äußerst wichtig: Man muß das Instrument respektieren!«[12] Der Unterschied ist nicht nebensächlich.[13] Das, worin Photographie und Zeichnung (oder Malerei) einander widersprechen, ist radikal und oberflächlich zugleich. Radikal, weil die Instrumente die Haltung des Künstlers gegenüber der Wirklichkeit entscheiden. Oberflächlich, weil unterschwellig die verschiedenen Ausdrucksformen miteinander im Dialog ste-

281. Schweiz, 1991

hen: »Bei Aktdarstellungen ist es mit der Zeichnung einfacher: Es gibt keine Indiskretion. Mit der Kamera habe ich nur ein einziges Aktphoto gemacht, 1933 in Triest. Der Kopf fehlte, wahrscheinlich aus Schamgefühl ... Das Schwierige bei Aktdarstellungen ist zu wissen, wann man aufhören muß, nicht daran herumzubasteln ... Photo und Zeichnung unterscheiden sich in ihren Instrumenten. Beim Photographieren spürt man auf, flattert man wie ein Schmetterling herum. Beim Zeichnen muß man sehr wach sein, darf aber keine nervösen Ticks haben: Es hat eine graphologische Seite.«[14]

Die Anspielung auf die Aktdarstellung ist symptomatisch für eine wesentliche Unterscheidung: Als Abdruck tendiert die Photographie zu einer Verwechslung des Modells mit dem Bild und spielt somit die Rolle eines Auslösers von Affekten. Daher der Reflex des Schamgefühls. Von den einzigen Akt-

Abb. 283 photos, die Henri Cartier-Bresson aufnahm, ist eines ver-
Abb. 284 schwommen (zwei Lesbierinnen auf einem Bett in Mexiko, 1934), das andere ohne Kopf (Italien, 1933). Im Gegensatz dazu trägt die Zeichnung die Handschrift des Zeichners, der die Wahl hat, sein Werk zu skizzieren oder zu vollenden – wie

Abb. 287, 286 bei den Aktzeichnungen *A., April 1988* und *K. auf einem Sessel, 1990*. Er vereitelt die Tendenz der Photographie zur Iden-

tifizierung und behält der Zeichnung die Meditation über den Körper vor. »Aktzeichnungen sind das Schwierigste überhaupt, schwieriger als Bäume beispielsweise. Zeichnet man einen Baum, kann man ein wenig modifizieren, sehr wenig zwar, aber immerhin ein wenig. Bei einer Aktzeichnung ist das natürlich ausgeschlossen. Und die Köpfe, insbesondere die Köpfe der jungen Mädchen, das ist furchtbar schwierig. Die Köpfe von Männern, die Gesichter von alten Frauen, das geht, damit werde ich fertig. Es kommt sogar vor, daß ich damit nicht unzufrieden bin. Aber die jungen Mädchen ...«[15]

Aktphotos zu machen oder Aktzeichnungen anzufertigen setzt jeweils eine andere mentale Bereitschaft und eine andere Art, sich einzubringen, voraus. Henri Cartier-Bresson gestand Pierre Descargues, in dessen Begleitung er 1989 eine Ausstellung seiner Zeichnungen in der Hochschule der Künste in Paris besuchte: »Die Leute glauben, daß ich das Photo verachte. Aber ich habe nur das Instrument gewechselt, das ist alles. Das Geheimnis dafür ist die Konzentration. Ich kann mich nicht gleichzeitig auf zwei Aktivitäten konzentrieren, die so nah beieinander und doch so unterschiedlich sind.«[16]

So unterschiedlich diese beiden Praktiken auch sein mögen, Photographie und Zeichnung sind dennoch nichts anderes als die beiden Seiten ein und derselben künstlerischen Realität, innerlich miteinander verbunden wie die zwei Seiten einer Medaille. »Die Zeichnung ist eine – schnelle oder langsame – Meditation. Mit der Photographie findet man sich immer auf dem Kamm der Wellen wieder, wie ein Surfer, immer im Kampf mit der Zeit. Die Photographie formuliert das Problem von Raum und Zeit jedesmal neu. In diesem Punkt erweist mir meine natürliche Nervosität einen großen Dienst. Natürlich bekommt die Lebhaftigkeit des Strichs beim Zeichnen davon etwas ab. Doch beim Zeichnen bin ich ständig mit dem Blick dabei, der sich Zeit nimmt, in das einzudringen und in Ruhe das zu genießen, was ich mir anschaue, aber es sind der Bleistift und die Feder, die einen mitreißen: Letztere verträgt keinen Radiergummi (wie die Leica)! Und dennoch, die optische Welt ist genau dieselbe. Es gibt keine besondere Ästhetik der Photographie oder der Zeichnung. In beiden Fällen gibt es eine jeweils abgestimmte spezifische Technik, wodurch sich alles verändert. Und was die Zeichnung betrifft, muß ich noch lernen, mich zu beherrschen. Ganz allmählich ...«[17]

Der Zeichner könnte der Zeit gegenüber gar nicht in Verzug geraten, denn sie ist für ihn keine unumgängliche Gegebenheit, sondern eher ein intimes Gefühl, das durch die mehr oder minder ausgeprägte Nervosität seines Strichs vermittelt wird. Diese Eigenschaft findet sich in seinen Zeichnungen. Die Zeichnung »bezieht mit ein, was dem auf mechanischem Wege entstandenen Bild fehlt, die Beugung der Schrift, der graphische Abdruck«, schreibt Jean Leymarie.[18] Daher die »graphologische Seite«, denn der Zeichner erforscht Strich für Strich die Formen und haucht ihnen so den Ausdruck seiner

282. Brie, Mai 1968

eigenen inneren Dauer ein. Zeichnen heißt, zu akzeptieren, daß man nicht *von vornherein* über die Formen verfügt, die man allmählich konstruiert, sondern daß man über Zeit verfügt, im Gegensatz zum Photographen, der der Zeit zur Verfügung steht, die ihm die Formen liefert und diese im Augenblick selbst, da sie ihm erscheinen, gestaltet. »Mein Freund Sam Szafran, der Maler, tadelt mich: ›Die Wirklichkeit schnell sehen, ganz schnell – noch so eine Nebenwirkung der Photographie!‹ Um schnell gehen zu können, muß man sehr langsam gehen. Man muß beobachten, schauen, wie die Dinge geschehen, sie verstehen, sie fühlen, sonst gerät man in Gefahr, der Wichtigtuerei zu verfallen und undeutliches Gestottere von sich zu geben. Die Zeichnung ist auch die Frucht von Meditation. Man muß sich seine impulsive Seite bewahren und sich gleichzeitig vor Marotten in acht nehmen: Die findet man in der Zeichnung ebenso wie in der Photographie, in der Schrift ebenso wie im Wort.«[19]

Die Komposition, die in der Zeichnung allmählich entsteht, tritt in der Photographie auf ungestüme Weise und unverhofft ein. Es sind zugleich technische Vorgaben und ein ästhetisches Prinzip, die aus der Photographie eine Kunst der simultanen Komposition machen: »Man komponiert das Bild fast im gleichen Augenblick, in dem man den Auslöser be-

tätigt, und während man den Apparat an den Gegenstand heranrückt oder weiter entfernt, registriert man die Details, ordnet sie sich unter oder läßt sich von ihnen tyrannisieren. Manchmal kommt es vor, daß man unzufrieden stehenbleibt und abwartet, daß etwas passiert ... Manchmal läuft alles auseinander, und man hat überhaupt kein Photo. Läuft aber beispielsweise jemand zufällig vorbei, dann folgt man seinem Weg durch den Sucher, wartet, wartet immer noch, drückt auf den Auslöser und geht mit dem Gefühl fort, gute Beute gemacht zu haben.«[20]

Henri Cartier-Bresson wahrt die Einheit der Photographie und der Zeichnung, die sich beide mit denselben Fragen an die Wirklichkeit wenden, auf die Intelligenz der Dinge zustreben. »Jetzt kommen die Modelle in mein Atelier. Derzeit habe ich zwei, eine weiße und eine schwarze Frau. Ich lasse sie ihre Pose einnehmen, gehe um sie herum, wie ein Raubtier, ich warte, ich beobachte. Es ist ein katzenhafter Beruf, genau wie die Photographie. Die Katze macht sich unsichtbar, sie ist da, man sieht sie nicht mehr. Wenn ich zu Matisse ging, setzte ich mich in eine Ecke, ich bewegte mich nicht, wir sprachen nicht miteinander. Es war, als wäre ich gar nicht vorhanden.«[21]

Die Behauptung, daß es »keine besondere Ästhetik der

283. Mexiko, 1934

Photographie«[22] gäbe, entspricht der Auffassung einer grundsätzlichen Übereinstimmung aller künstlerischen Praktiken. Sicher gibt es diese Übereinstimmung zwischen den visuellen Künsten, die ein und dasselbe Sinnesorgan beanspruchen und einer gemeinsamen Geometrie folgen, so wie die Musik ihrerseits Gesetzen gehorcht, die mit der Mathematik in Zusammenhang stehen. »Sehen ist ein Ganzes«, behauptet er.[23] Für ihn gibt es keinen besonderen Blick in der Photographie und einen anderen in der Zeichnung, sondern eine Kultur der Intuition und der Sensibilität, die ebensoviel mit dem Gespür für Formen und Geometrie zu tun hat wie mit der Intelligenz der Lebewesen (daher die große Bedeutung insbesondere der literarischen Kultur als Mittel zur Erlangung authentischer Erfahrungen).

»Eines Tages hielt Eugene Smith ein Seminar vor Schülern einer Photoschule, an dem ich auch teilnahm. Am Ende beschwerten sie sich, weil er die Photographie gar nicht erwähnt, sondern die ganze Zeit von Musik gesprochen hatte. Er beruhigte sie damit, daß er sagte, alles, was für das eine richtig sei, träfe auch für das andere zu. Sie staunten nicht schlecht.«

Sich einen Blick zu schmieden setzt voraus, daß sich der Photograph gegenüber dem Sichtbaren ganz und gar einbringt. Und dieses Sichtbare stellt ein Ganzes dar, dem er

nichts entzieht, da er sich in seine Bewegung einfügt und mit dem Spiel der universellen Veränderungen verschmilzt. In der Zeichnung gehen die Formen und die Bewegung aus der Hand hervor. Photographieren bedeutet, die Richtung dieser Begegnung mit den Formen und der Bewegung umzudrehen. »Ich war bei Bonnard, um ihn zu photographieren. Wir redeten miteinander. Ganz plötzlich machte ich ein Photo. Da fragte er: ›Warum haben Sie genau in diesem Augenblick auf den Auslöser gedrückt?‹ ›Und Sie, warum haben Sie diesen gelben Farbton aufgetragen?‹ Er hat gelacht. Im einen wie im anderen Fall war die Antwort dieselbe: eine Sache des Blicks!«[24]

Aus diesem Grund gibt es kein hierarchisches Gefälle zwischen Zeichnung und Photographie. Laut Jean Leymarie: »Unfähig, irgendwelche Phantasiezeichnungen auszuführen, wie sie am meisten verbreitet sind, hält sich Henri Cartier-Bresson entschieden an die Beobachtungszeichnung, an die Zeichnung nach der Wahrnehmung, im Angesicht des Motivs. Die Meister des Quattrocento, Masaccio, Dürer, van Eyck, hatten sie souverän eingeführt – höchste Instanzen, die Cézanne in unnachgiebiger Weise wiedereinsetzte und als Ziel vorgab, daß man wachen Auges, ohne jeden geistigen oder sentimentalen Umweg *das zu durchdringen habe, was man vor sich hat.*«[25]

284. Akt, Italien, 1933

285. K. auf einem Sessel, 1989

286. K. auf einem Sessel, 1990

287. A., April 1988

288. A., April 1988

289. Möwen über dem Ärmelkanal, 1960

Ist der Zeichner Henri Cartier-Bresson deshalb ein Klassi-
zist? Oberflächlich betrachtet, vielleicht. Avigdor Arikha erinnert daran, daß die Beobachtungszeichnung in der hellenisti-
schen Welt und im alten China für die Essenz der Kunst
gehalten wurde. »Sie ist unmittelbar. Sie erfordert Gefühl:
intensive Empfindung, Scharfsinn, Schnelligkeit und augenblickliche Ausführung. Sie duldet keine nachträglichen Veränderungen, die man unweigerlich bemerken würde. [...] Sie
ist wie das Leben selbst, unvorhersehbar, es sei denn, man
zwingt sie, einer Vorlage zu folgen. Nach der Natur zu zeichnen oder zu malen, das heißt, gleichzeitig zu fühlen, zu erforschen und zu zeichnen, ist eine wirklich experimentelle Tätigkeit, allerdings nur unter der Bedingung, daß sie auf intensive
Weise subjektiv ist, ein augenblicklicher Ausbruch.«[26] Die
Beobachtungszeichnung besitzt tatsächlich sämtliche Eigenschaften der Photographie, so wie sie Cartier-Bresson praktizierte, einschließlich jenes organischen Zusammenhangs der
geistigen und der ästhetischen Dimension, der durch die Dialektik von Leere und Strich, den vitalen Atem, der sich darin
entfaltet, zum Ausdruck kommt: »Diese Eigenschaft des
Odems oder der vitalen Kraft, die die Chinesen das *chi* nannten [...], der Eigenschaft der rigorosen Registrierung des
Sichtbaren mit graphischen Mitteln hinzugefügt, bestimmte
die Beobachtungszeichnung bis in unsere Tage.«[27] Mehr noch
als ein Ausdruck der Treue dem Klassizismus gegenüber ist
die Beobachtungszeichnung bei ihm als Verweigerung von
Avantgardismus zu deuten, als ein die Moderne erneuernder
Akt jenseits der Modeerscheinungen. Seine Suche richtet sich
direkt auf die Wurzeln des Verlangens nach Veranschauli-

chung. Avigdor Arikha schreibt: »André Breton soll zu Giacometti gesagt haben, als dieser die Gruppe der Surrealisten verließ und anfing, sich an der Realisierung eines Kopfes nach
der Natur zu versuchen: ›Jedermann weiß, was ein Kopf ist.‹
Das Gegenteil aber wäre zutreffender: Jeder Kopf ist einmalig.
Die Kenntnis, die man sich durch das Zeichnen eines Kopfes
aneignen kann, ist nutzlos, wenn man einen anderen zeichnen will. Die Beobachtungszeichnung ist ein endloser Neube-
ginn.«[28] Die Erfüllung des Künstlers in seinem Werk ist
nichts anderes, als immer wieder von vorne zu beginnen.

Der Photoapparat ist ein Skizzenblock. Die Beweggründe
und der Geist sind identisch: »Die unmittelbare Zeichnung,
so wie ich sie mit Hilfe der Photographie praktiziere, ist
Impulsivität. Für mich ist es eine Frage der Zeit: Ich nehme
mir Zeit, um schnell gehen zu können. Die Zeichnung entsteht vor den eigenen Augen. Ein Photo, das ist Schnelligkeit,
ein Augenzwinkern; bei der Zeichnung nimmt man sich Zeit,
der einzige Luxus! Es gibt zwei Vorgehensweisen: die Augenblicklichkeit des Photos und sich Zeit nehmen beim Zeichnen. Ich besitze meinen Photoapparat immer noch, es ist eine
andere Art zu zeichnen, das hindert mich nicht daran, beides
zu machen ...«[29] Zweierlei Weisen, sich Zeit zu nehmen, die
einander ergänzen oder besser, sich gegenseitig durchdringen
wie die durchbrochenen Türstürze japanischer Tempel, auf
denen auf der einen Seite eine bestimmte Szene dargestellt ist
und auf der anderen, wenn man um sie herumgeht, wiederum eine andere: In den Öffnungen der Vorderseite hat der
Künstler auf der Rückseite eine andere Skulptur gestaltet, die
in ihrer Farbgebung zwar anders, aber untrennbar mit der

ersten verbunden ist. Wie Jean Leymarie erinnert, begaben sich die Meister, von denen er sich inspirieren läßt, Bonnard und Giacometti, niemals ohne ihren Skizzenblock außer Haus. »Ihrem Beispiel folgend und auf seine ganz persönliche Weise setzt Henri Cartier-Bresson an die Stelle der Umrißlinie, die zu dominant wäre, das Bündel vervielfältigter, sich überkreuzender Striche, die niemals einengen, was sie ins Leben rufen, und atmen lassen. Sein Ansatz ist durchdringend und unbefangen zugleich, treu und absichtlich, fließend und rauh, gespannt und offen. Meistens macht er vom Bleistift Gebrauch, ab und an benutzt er die Feder oder schwarze Kreide. Seine Themen lassen sich traditionellen Kategorien zuordnen, wenige Stilleben, viele Stadtansichten, Gärten, Landschaften, Wegkreuzungen, Denkmäler, ländliche Ansichten, Flußufer, Baumgruppen, Bergkämme, Portraits von Nahestehenden und, was aus Schamgefühl in der Photographie eine Ausnahme geblieben ist, der weibliche Akt, das ewige Modell der Gestalt in seiner taktilen Ausstrahlung und seinen wechselnden Posen. Einsam, seines Metiers als Gemeinnütziger enteignet, vor Kodizes und Orientierungsmomenten geschützt, schreitet der heutige Zeichner sich vorwärts tastend fort, ohne andere Stützen als seine Geradlinigkeit und seinen glühenden Eifer. Henri Cartier-Bresson führt einen anspruchsvollen und beharrlichen Kampf, um ›die Wahrheit zu verzaubern‹, wie es Degas, auch ein Betroffener, formulierte, um das Staunen weiterzugeben, das von ihm Besitz ergriffen hat und mit dem Alter angesichts der Herrlichkeit der Wirklichkeit noch wächst.«[30]

Der Dialog ergibt sich auf so natürliche Weise, daß gewisse Photos zu Zeichnungen werden: *Isle-sur-la-Sorgue, 1988* zeigt den Fluß, über dessen Ufer sich knotige Platanen neigen; sie spiegeln sich im Wasser, das ein Windstoß und die Vorwärtsbewegung einer Ente leicht kräuseln. Ganz verstohlen begibt sich die Ente im Vordergrund in eine helle Raute, die aufs Wasser gelegt zu sein scheint und einen Spiegelungseffekt auslöst, während weiter zur Böschung hin andere kleinere Lichträume an der Wasseroberfläche darauf einen Reim machen. Selten hatte bisher eine seiner Photographien eine solche Lyrik erreicht, die völlig frei ist von jeder persönlichen Spur. Augenblick und Ewigkeit fließen hier in einer unwahrscheinlichen und köstlichen Verbindung zusammen, ein Moment der Anmut, einer immanenten Anmut allerdings. Die spätere Zeichnung derselben Ansicht stellt wieder eine Perspektive her, indem sie das rechte Ufer mit aufnimmt (nicht aber die Ente). Materie und Raum werden dort wieder eingeführt, wo die Photographie einen übereilten Zeitmoment festgehalten hatte. Wir zitieren noch einmal François Jullien aus seinem Werk *Éloge de la fadeur:* »Die innere Ruhe, die Intuition der Leere machen uns nicht unempfänglich für Emotionen. Im Gegenteil, weil Emotionen uns nicht mehr verwirren, können wir sie um so besser erfassen und sie genießen. Der Ausbruch der Leidenschaft und ihr Drängen

werden vielmehr angeklagt, die Subjektivität oberflächlich zu machen und unsere Sensibilität einzuengen. Gelangt man in die Welt der Fadheit, lenken uns die Gefühle nicht mehr ab, hat sich die emotionale Erfahrung abgeklärt: Das Bewußtsein spiegelt um so besser, entsprechend der alten Metapher des stillen Gewässers oder des Spiegels, den unendlichen Reichtum des Innenlebens. Nicht nur mehr dieses eine besondere Gefühl wird in seiner Begrenztheit und Kontingenz ausgelebt; weil dieses Gefühl allumfassend wird, wird ihm vielmehr seine Virtualität zurückgegeben.«[31]

Er hat nichts anderes getan, als dem Grat seiner eigenen ethischen und ästhetischen Forderungen zu folgen. Andere französische Künstler oder Intellektuelle haben eine ähnliche Entwicklung vollzogen. Jean-Claude Carrière berichtet in einem Buch, in dem er seine Gespräche mit dem Dalai-Lama festgehalten hat, daß sich in der dritten Ausgabe der Zeitschrift *La Révolution surréaliste* vom April 1925 folgender Text mit dem Titel »An den Dalai Lama« findet: »Wir sind Deine treuen Diener, Großer Lama, schenke uns Dein Licht, in einer Sprache, die unserem unreinen europäischen Geist verständlich ist, und wenn es nötig sein sollte, ändere unseren Geist, sorge dafür, daß unser Geist sich ganz jenen Gipfeln der Vollkommenheit zuwendet, auf denen der menschliche Geist nicht mehr leidet. Schenke uns einen Geist ohne Gewohnheiten, wirklich gefroren im Geist, oder mit reineren Gewohnheiten, den Deinigen, wenn sie denn gut für die Freiheit sind. Wir sind umgeben von groben Päpsten, von Literaten, Kritikern, Hunden, unser Geist ist unter die Hunde gefallen, deren Denken sich nicht über die Erde erhebt und unabänderlich der Gegenwart verhaftet bleibt. Lehre uns, Lama, die materielle Levitation des Körpers, lehre uns, wie wir vom Boden abheben können. Denn Du weißt sehr wohl, Du annehmbarer Papst, Du Papst im wahren Geist, welche transparente Befreiung der Seele, welche Freiheit des Geistes im Geiste wir meinen. Mit dem inneren Auge schaue ich Dich, o Papst, auf dem Gipfel des Inneren. Im Innern bin ich Dir ähnlich, ich, Drang, Idee, Lippe, Levitation, Traum, Schrei, Verzicht auf die Idee, in der Schwebe zwischen allen Formen und nur noch auf den Wind hoffend.«[32] Zweifellos ein »jugendhafter« Text, wie Jean-Claude Carrière meint, der als einer der Drehbuchautoren für Luis Buñuel arbeitete und Peter Brook bei einem künstlerischen und spirituellen Abenteuer begleitete, das sie beide dem Buddhismus näherbrachte, genau wie Lawrence Durrell und Henri Cartier-Bresson. Vielleicht sind diese auf einen Punkt zulaufenden Lebenswege Ausdruck unseres Werdens, auch wenn uns der historische Abstand noch fehlt, um sagen zu können, welchen Sinn genau (wenn es denn einen gibt) dieses chaotische Voranschreiten unserer Epoche hat. Die Gegenüberstellung seiner Photographien mit seinen Zeichnungen weist die Einheit einer kunstlosen Kunst auf, die sich geduldig aufgebaut hat, ohne jemals zu erstarren.

Abb. 97

Abb. 96

Anmerkungen

PORTRAIT:
ERSTE SKIZZE (S. 6–25)

1. *Au bon plaisir d'Henri Cartier-Bresson,* Radiosendung von Vera Feyder, France Culture, 14. September 1991.
2. *ebd.*
3. *ebd.*
4. »En-rit«, im Französischen gleichlautend mit »Henri«, bedeutet: darüber lachend. »Ca-bré« entspricht dem französischen Wort »cabré« und bezeichnet ein sich bäumendes Pferd; durch den Bindestrich erhält man die Anfangsbuchstaben von *Cartier-Bresson.*
5. Julien Gracq, *Die Form einer Stadt,* Graz/Wien, Verlag Droschl, 1989, S. 91. Auch im Roman *Schwarzes Blut* von Louis Guilloux findet sich eine Beschreibung des Lebens in einem Gymnasium zur Zeit des Krieges: Die Tragödie des kantianischen und anarchistischen Lehrers Cripure besteht darin, daß er sowohl das Produkt dieses Schulsystems als auch dessen Skandal ist.
6. »Photographier n'est rien, regarder c'est tout«, Gespräch mit Philippe Boegner, *Le Figaro-Magazine,* 25. Februar 1989, S. 104-110.
7. »Nul ne peut entrer ici s'il n'est pas géomètre«, Gespräch mit Yves Bourde, *Le Monde,* 5. September 1974.
8. »Photographier n'est rien [...]«, 1989, *a.a.O.*
9. *Au bon plaisir d'Henri Cartier-Bresson,* 1991, a.a.O. genannte Radiosendung. Das Buch von Arthur Koestler, auf das Henri Cartier-Bresson hier anspielt, *Die Wurzeln des Zufalls,* erschien zeitgleich zur franz. Ausgabe 1972 bei Scherz.
10. *Au bon plaisir d'Henri Cartier-Bresson,* 1991, a.a.O. genannte Radiosendung.
11. »Nul ne peut entrer ici [...]«, 1974, *a.a.O.*
12. *ebd.*
13. Henri Cartier-Bresson, »L'Instant décisif«, in: *Images à la sauvette,* konzipiert und herausgegeben von Tériade, Paris, Ed. Verve, 1952; amerik. Ausg.: *The Decisive Moment,* New York, Simon & Schuster, 1952 (für diesen Titel entschied sich der Verleger Dick Simon). Der Text erschien auf deutsch unter dem Titel »Der entscheidende Augenblick« in: Wilfried Wiegand (Hrsg.), *Die Wahrheit der Photographie. Klassische Bekenntnisse zu einer neuen Kunst,* Frankfurt/Main, S. Fischer Verlag, 1981, S. 267-282, bzw. in Auszügen in: Wolfgang Kemp (Hg.), *Theorie der Fotografie III, 1945-1980,* München, Schirmer/Mosel, 1983, S. 78-82; für die Übersetzung der Zitate wurde, um der französischen Vorgabe so nahe wie möglich zu bleiben, nur teilweise auf die dt. Texte zurückgegriffen.
14. *ebd.*
15. *Les Cahiers de la photographie,* Nr. 18, 1986, Gespräch mit Gilles Mora.
16. *Au bon plaisir d'Henri Cartier-Bresson,* 1991, a.a.O. genannte Radiosendung.
17. *ebd.*
18. Louis Aragon, *Der Pariser Bauer,* Neuübersetzung, Frankfurt/Main, Suhrkamp, 1996, S. 118.
19. André Pieyre de Mandiargues, *Le Désordre de la mémoire, entretiens avec Francine Mallet,* Paris, Gallimard, 1975.
20. Jean-Paul Sartre, Vorwort zu *Aden. Die Wachhunde* von Paul Nizan, Reinbek, Rowohlt, 1978, S. 21.
21. »Nul ne peut entrer ici [...]«, 1974, *a.a.O.*
22. *Les Cahiers de la photographie,* 1986, a.a.O.
23. Michel Leiris, *Phantom Afrika. Tagebuch einer Expedition von Dakar nach Djibouti 1931-1933,* Frankfurt/Main, Suhrkamp, 1985, S. 20.
24. Paul Nizan, *Aden. Die Wachhunde, a.a.O.,* S. 56. Diese Reise unternahm Nizan im Jahr 1926, seine erste Veröffentlichung (franz.) geht auf das Jahr 1932 zurück.
25. Daran erinnert Peter Galassi in seiner wichtigen Untersuchung der ersten Photographien von Cartier-Bresson, *Henri Cartier-Bresson, the Early Work,* New York, Museum of Modern Art, 1989; franz. Ausg.: *Henri Cartier-Bresson, premières photos,* Paris, Arthaud, 1991.
26. Joseph Conrad, *Herz der Finsternis. Erzählung,* Frankfurt/Main, S. Fischer Verlag, 1968, S. 123.
27. Henri Cartier-Bresson, »L'Instant décisif«, *a.a.O.*
28. *ebd.*
29. Paul Nizan, *Aden. Die Wachhunde, a.a.O.,* S. 101 sowie Michel Leiris, *L'Afrique fantôme,* Paris, Gallimard, 1934 (das Zitat steht nicht in der dt. Ausg. *Phantom Afrika, a.a.O.*)
30. André Pieyre de Mandiargues, »Henri Cartier-Bresson Le Grand Révélateur«, *Le Nouvel Observateur,* 25. Februar–3. März 1983, S. 68.
31. Julien Gracq, *Die Form einer Stadt, a.a.O.,* S. 95.
32. *Les Cahiers de la photographie,* 1986, *a.a.O.*
33. *Au bon plaisir d'Henri Cartier-Bresson,* 1991, a.a.O. genannte Radiosendung.
34. Peter Galassi, *Henri Cartier-Bresson, premières photos, a.a.O.,* S. 56-57.
35. »H. C.-B. Le Grand Révélateur«, 1983, *a.a.O.*
36. *Les Cahiers de la photographie,* 1986, *a.a.O.*
37. *ebd.*
38. »Photographier n'est rien [...]«, 1989, *a.a.O.*
39. *Objectif peinture,* Radiosendung von Daniel Le Comte, France Culture, 12. Oktober 1976.
40. Henri Cartier-Bresson, *L'Imaginaire d'après nature,* ein 1980 verfaßter Text für die von Robert Delpire im Musée d'Art moderne de la Ville de Paris 1981 organisierte Retrospektive; wiederaufgenommen in: *L'Imaginaire d'après nature: Disegni, dipinti, fotografie di Henri Cartier-Bresson,* Ed. Giulana Scimé, Mailand, Padiglione d'arte contemporanea, 1983; in der dt. Ausg. *Henri Cartier-Bresson: Die Photographien,* München, Schirmer/Mosel, 1992, ist der Text nur in Auszügen wiedergegeben, steht aber unter dem Titel »Die Erfindung nach der Natur (1976)« in der Anthologie von Wolfgang Kemp (Hg.), *Theorie der Fotografie III, 1945-1980, a.a.O.,* S. 82-83.

41. Siehe *Eugène Atget, Photo Poche,* Nr. 16, Abb. 25.

42. Daniel Masclet, »Un reporter«, *Photo France,* Nr. 7, Mai 1951.

43. *ebd.*

44. Alain Buisine, *Eugène Atget ou la mélancolie en photographie,* Nîmes, Jacqueline Chambon, 1994, S. 107.

45. *ebd.,* S. 56.

46. Diesen Aphorismus von Victor Hugo läßt er auf der letzten Seite eines seiner Photographiebücher erscheinen; hier die dt. Ausg.: Henri Cartier-Bresson, *Photo-Galerie,* Band 4, München, Rogner und Bernhard, 1978, S. 88.

47. Roland Barthes, *Fragmente einer Sprache der Liebe,* Frankfurt/Main, Suhrkamp, 1984.

48. Yves Bourde, »L'Univers noir et blanc d'Henri Cartier-Bresson«, *Photo,* Nr. 15, Dezember 1968, S. 24-35.

49. *Les Cahiers de la photographie,* 1986, *a.a.O.*

50. *ebd.*

51. Claude Lévi-Strauss, *Brasilianisches Album,* München, Hanser, 1995.

52. Claude Lévi-Strauss, *Traurige Tropen,* Frankfurt/Main, Suhrkamp, 1982, S. 9.

53. James George Frazer, *Der goldene Zweig, das Geheimnis von Glauben und Sitten der Völker,* Reinbek, Rowohlt, 1989, S. 385.

54. *Au bon plaisir d'Henri Cartier-Bresson,* 1991, a.a.O. genannte Radiosendung.

55. Henri Cartier-Bresson, *Bali: Tanz und Theater,* Vorwort von Antonin Artaud, Begleittext von Beryl de Zoete, Olten, Roven Verlag, 1960.

56. Rosalind Krauss, »Corpus delicti«, *Explosante-Fixe, photographie et surréalisme,* Paris, Centre Georges Pompidou-Hazan, 1985, S. 91.

57. »Photographier n'est rien [...]«, 1989, *a.a.O.*

58. Marcel Proust, Vorwort zu *Amouren* von Paul Morand, Reinbek, Rowohlt, 1993, S. 19-20.

59. *L'Art vivant,* Radiosendung von G. Charensol u. J. Dalevèze, France Culture, 16. Dezember 1966.

60. Marcel Proust, *Le Temps retrouvé,* Paris, Gallimard, Pléiade, 1954, Bd. III, S. 895.

61. Henri Cartier-Bresson, »L'Instant décisif«, *a.a.O.*

Das Leben (S. 26–37)

1. Paul Valéry, *La Crise de l'esprit. Variété I,* Paris, Gallimard, 1924, S. 12.

2. »Photographier n'est rien [...]«, 1989, *a.a.O.*

3. Charles Baudelaire, »Der Maler des modernen Lebens«, in: *Der Künstler und das moderne Leben. Essays,* »Salons«, *Intime Tagebücher,* Leibzig, Reclam, 1994, S. 290 ff.

4. »Überträgt man die Idee des Fortschritts in den Bereich der schöpferischen Einbildungskraft (einige auf Logik um jeden Preis versessene Geister waren verwegen genug, dies zu tun), so wächst ihre Absurdität ins Riesenhafte, ihre Groteskheit steigert sich ins Grausenhafte.« Charles Baudelaire, »Die Weltausstellung 1855. Die schönen Künste«, in: *Der Künstler und das moderne Leben, a.a.O.,* S. 145.

5. Claude Abastado, *Introduction au surréalisme,* Paris, Bordas, 1971, S. 20. Das Zitat von Apollinaire ist seiner Rede *Conférence sur l'Esprit nouveau* entnommen, die er am 26. November 1917 hielt.

6. *ebd.,* S. 19.

7. Louis Aragon, *Der Pariser Bauer, a.a.O.,* S. 127.

8. Pierre Francastel, *Peinture et société,* Paris, Gallimard, Collection Idées-Art, 1972, S. 198.

9. Sigmund Freud, *Abriß der Psychoanalyse. Das Unbehagen in der Kultur,* Frankfurt/Main u. Hamburg, Fischer Bücherei KG, 1970, S. 86.

10. Jean Epstein, *Photogénie de l'impondérable,* Paris, Ed. Corymbe, 1935, S. 12.

11. »Nul ne peut entrer ici [...]«, 1974, *a.a.O.*

12. *L'Environnement poétique,* Radiosendung von Vera Feyder, France Culture, 6. Februar 1969.

13. *ebd.*

14. Louis Aragon, *Der Pariser Bauer, a.a.O.,* S. 101.

15. *L'Art vivant,* 1966, a.a.O. genannte Radiosendung.

16. Yves Bourde, »Sur les chemins de l'Asie«, *Photo,* Nr. 63, Dezember 1972, S. 32-45.

17. Henri Cartier-Bresson, »L'Instant décisif«, *a.a.O.*

18. *L'Environnement poétique,* 1969, a.a.O. genannte Radiosendung.

19. Henri Cartier-Bresson, »L'Instant décisif«, *a.a.O.*

20. *Les Chroniques photographiques,* Radiosendung von Jean Klein, France Culture, 24. Oktober 1970.

21. Yves Bourde, »Entretien avec Henri Cartier-Bresson«, *Photo,* Nr. 91, April 1975.

22. Henri Cartier-Bresson, »L'apprentissage du monde par la photographie«, Vorwort zu *Les Européens,* veröffentlicht in: *Art,* Nr. 535, 28. September 1955, sowie bei Ed. Verve, Paris, 1955 (Umschlag von Juan Miró).

23. Marcel Proust, *Contre Sainte-Beuve, a.a.O.,* S. 304.

24. Henri Bergson, *Schöpferische Entwicklung,* Jena, Eugen Diederichs Verlag, 1912, S. 204-205.

25. Henri Bergson, *Die seelische Energie. Aufsätze und Vorträge,* Jena, Eugen Diederichs Verlag, 1928, S. 5-6.

26. Henri Cartier-Bresson, »L'Instant décisif«, *a.a.O.*

27. Les Cahiers de la photographie, 1986, *a.a.O.*

28. Henri Cartier-Bresson, »L'Instant décisif«, *a.a.O.*

29. *ebd.*

30. *ebd.*

31. *ebd.*

32. »L'Univers noir et blanc [...]«, 1968, *a.a.O.*

33. Henri Cartier-Bresson, »L'Instant décisif«, *a.a.O.*

34. *ebd.*

35. Henri Bergson, *Die seelische Energie, a.a.O.,* S. 21-22. Es lohnt sich, im Hinblick auf diese Unterscheidung zwischen Vergnügen (plaisir) und Freude (joie) hier eine Anekdote wiederzugeben: In der Sendereihe mit dem Titel *Au bon plaisir,* die für France Culture realisiert wurde, widmete Vera Feyder die Sendung vom 14. September 1991 Henri Cartier-Bresson. Der war entsetzt darüber, daß von Vergnügen die Rede war und nicht von Freude, und er sagte: »Das Vergnügen bereitet einem Kitzel, es macht zum Dandy, zum Sybariten! Freude hingegen ist eine Explosion, eine Überraschung!« In der Ästhetik Henri Cartier-Bressons wird, wie in der Zen-Philosophie, der Freude größte Bedeutung beigemessen.

Der Animismus (S. 38–65)

1. Wiedergegeben in einem Artikel von Philippe Dubois, »Le corps et ses fantômes«, veröffentlicht in: *La Recherche photographique,* Nr. 1, Paris, Oktober 1986, S. 45.

2. James George Frazer, *Der goldene Zweig, a.a.O.,* S. 282.

3. Susan Sontag, *Über Fotografie,* Frankfurt/Main, Fischer Taschenbuch Verlag, 1980, S. 148. Jean-Marie Schaeffer bestätigt die These von Susan Sontag, vgl. *L'Image précaire,* Paris, Seuil, 1987, S. 122-123.

4. James George Frazer, *Der goldene Zweig, a.a.O.,* S. 15.

5. Diese beiden Beispiele werden im Artikel von Philippe Dubois kommentiert, *a.a.O.* Der genannte Titel heißt auf

deutsch etwa: »Die Seele des Menschen, ihre Bewegungen, ihre Erscheinungen, und die Ikonographie des unsichtbaren Fluidums«.

6. Zitiert von Jean-Luc Daval, *Histoire d'un art, la photographie,* Genf, Skira, 1982, S. 22 (das Zitat steht nicht in der dt. Ausg.: *Die Photographie. Geschichte einer Kunst,* Aarau/Schweiz, AT Verlag, 1983).

7. André Bazin, *Was ist Kino? Bausteine zur Theorie des Films,* Köln, Verlag M. DuMont Schauberg, 1975, S. 24-25.

8. *L'Environnement poétique,* 1969, a.a.O. genannte Radiosendung.

9. Siehe James George Frazer, *Der goldene Zweig, a.a.O.,* S. 70-87.

10. *ebd.,* S. 15.

11. *ebd.,* S. 1034.

12. Text von Brassaï, erschienen in: *Le Minotaure,* Nr. 3/4, Dezember 1933 (wiederaufgenommen in: *Graffiti,* Paris, Flammarion, 1993, S. 139).

13. Louis-Vincent Thomas, Artikel »Afrique noire« in der *Encyclopædia Universalis,* Paris, 1990, Bd. I, S. 492.

14. *ebd.,* S. 493.

15. *ebd.,* S. 494.

16. Pierre Bourdieu bemerkt ebenfalls, wie sehr sich im 19. Jahrhundert die Maler auf die Schriftsteller berufen haben, als sie die neuen Spielregeln der Kunst aufstellten: »Den Malern, die sich gegen die Académie gestellt hatten, und dem bürgerlichen Publikum wäre die sich ihnen aufdrängende Konversion mit Sicherheit nicht ohne den Beistand der Schriftsteller gelungen.« Pierre Bourdieu, *Les Règles de l'art,* Paris, Seuil, 1992, S. 195.

17. Aragon machte die Maschinen zu einem der Bestandteile seiner Mythologie der modernen Welt: »Andere blinde Kräfte sind uns erwachsen, andere größe Ängste, und so werfen wir uns denn vor unseren Töchtern, den Maschinen, nieder [...]. Der Mensch hat seine Aktivität an die Maschinen delegiert. Zu ihren Gunsten hat er sich der Denkfähigkeit entledigt. Und sie denken, die Maschinen. In der Entwicklung dieses Denkens gehen sie über den vorgesehenen Gebrauch hinaus. Sie haben zum Beispiel die unfaßbaren Wirkungen der Geschwindigkeit erfunden, die den, der sie erlebt, dermaßen verändern, daß man kaum sagen kann, daß man nur willkürlich sagen kann, er sei derselbe, der er war, als er in der Langsamkeit lebte.« Louis Aragon, *Der Pariser Bauer, a.a.O.,* S. 133.

18. Roland Barthes, *Die helle Kammer. Bemerkung zur Photographie,* Frankfurt/ Main, Suhrkamp, 1989, S. 95.

19. *ebd.,* S. 99.

20. *L'Environnement poétique,* 1969, a.a.O. genannte Radiosendung.

21. S. M. Eisenstein, *Cinématisme, peinture et cinéma,* Textsammlung, Brüssel, Edition Complexe, 1980. Eisenstein interessierte sich ebenfalls für das chinesische Denken, insbesondere weil es eine Synthese zwischen rationalem Denken und den empfindlichen Wirkungen des Kunstwerks zuließ (siehe seine Artikel über chinesische und japanische Malerei, *ebd.,* S. 157-219).

22. Henri Cartier-Bresson, »L'Instant décisif«, *a.a.O.*

23. *ebd.*

24. Den Begriff »infictionnel« verwendet Roland Barthes im Zusammenhang eines Vergleichs von Sprache und Photographie (in der deutschen Übersetzung taucht dieser Begriff nicht auf; der Gegensatz von »fictionnel« und »infictionnel« ist dort substantivisch durch die Begriffe Erfindung und Tatsächlichkeit gelöst, A.d.Ü.): »Die Sprache ist ihrem Wesen nach Erfindung; will man sie zur Wiedergabe von Tatsächlichkeit befähigen, so bedarf es eines enormen Aufwands: wir bemühen die Logik oder, wenn es daran mangelt, den Schwur; die Photographie aber verhält sich gleichgültig gegenüber jeder Vermittlung: Sie erfindet nicht; sie ist die Bestätigung selbst. [...] Sie ist eine umgekehrte Prophezeiung: wie Kassandra, den Blick jedoch auf die Vergangenheit gerichtet, lügt sie niemals: oder vielmehr kann sie lügen, was die Bedeutung der Sache anlangt, da sie von Natur aus tendenziös ist, niemals jedoch kann sie über deren Existenz hinwegtäuschen.« Roland Barthes, *Die helle Kammer, a.a.O.,* S. 96.

25. Die Untersuchung der *Meniñas* von Velázquez durch Michel Foucault zeigt dies auf exemplarische Weise. Michel Foucault, *Die Ordnung der Dinge,* Frankfurt/Main, Suhrkamp, 1980, S. 31-45.

26. Marc Le Bot, *L'Œil du peintre,* Paris, Gallimard, 1982, S. 99.

27. Henri Cartier-Bresson, »L'Instant décisif«, *a.a.O.*

28. *Au bon plaisir d'Henri Cartier-Bresson,* 1991, a.a.O. genannte Radiosendung.

29. Michel Leiris, *Mannesalter,* Frankfurt/Main, Suhrkamp, 1988, S. 8.

30. Alain Desvergnes, »Henri Cartier-Bresson à Arles«, *Photo,* Nr. 144, September 1979.

31. Henri Cartier-Bresson, »L'Instant décisif«, *a.a.O.*

32. In *Images à la sauvette* (1952) ist diese Photographie mit folgender Legende versehen: »Tiruvanamalai, Südindien, 1948. Während Sri Maharishi in seiner letzten Inkarnation als Mensch gerade stirbt und zu Gott wird, paradiert sein Lieblingspfau, das Geschenk eines Maharadschas, auf dem Gelände seiner letzten irdischen Wohnstätte.«

33. Michel Leiris, *Mannesalter, a.a.O.,* S. 18.

34. »Un reporter«, 1951, *a.a.O.*

35. Henri Cartier-Bresson, »L'Instant décisif«, *a.a.O.*

36. André Lhote, *Traités du paysage et de la figure,* Paris, Grasset, 1958, S. 19-20.

37. *ebd.,* S. 124.

38. *ebd.,* S. 26-28 (auf deutsch könnte der Buchtitel lauten: »Abhandlung über die Landschaft und die Gestalt«).

39. Interview, veröffentlicht in: *Le Monde,* 27. November 1994, S. 2.

40. *Au bon plaisir d'Henri Cartier-Bresson,* 1991, a.a.O. genannte Radiosendung.

41. »Photographier n'est rien [...]«, 1989, *a.a.O.*

42. »Un reporter«, 1951, *a.a.O.*

43. Henri Meschonnic, *Critique du rythme,* Paris, Verdier, 1982, S. 20.

44. Louis Althusser, *Philosophie und spontane Philosophie der Wissenschaftler,* Nachwort von Frieder Otto Wolf, Schriften Bd. 4, Berlin, Argument, 1985.

DER PHOTOGRAPHISCHE SCHUSS (S. 66–83)

1. »L'Univers noir et blanc [...]«, 1968, *a.a.O.*

2. Henri Van Lier, »Philosophie de la photographie«, *Les Cahiers de la photographie, Sondernr.,* 1983, S. 89.

3. Ernst H. Gombrich, *L'Écologie des images,* Paris, Flammarion, 1983.

4. François Dagognet, *Étienne-Jules Marey,* Paris, Hazan, 1987, S. 133.

5. In *La Vie d'un paysagiste* verwendet Guy de Maupassant ebenfalls die Metapher des Jägers zur Beschreibung einer Tätigkeit, die in vielen Punkten der von Henri Cartier-Bresson ähnelt: »Letztes Jahr, es war derselbe Landstrich, folgte ich oft Claude Monet bei seiner Suche nach Impressionen. In Wahrheit war er gar kein Maler mehr, sondern ein Jäger. [...] Angesichts des Motivs lauerte der Maler der Sonne und den Schatten auf, pflückte mit wenigen Pinselstrichen den herabfallenden Sonnenstrahl oder die vorüberziehende Wolke und brachte sie, ohne den geringsten Wert auf Falschheit oder Konvention zu legen, rasch auf seine Leinwand.«

6. Jean Epstein, *a.a.O.,* S. 12.

7. Zitiert von Peter Galassi, *a.a.O.,* franz. Ausg. S. 16.

8. »Un reporter«, 1951, *a.a.O.*

9. »Entretien avec Henri Cartier-Bresson«, 1975, *a.a.O.*

10. »Nul ne peut entrer ici [...]«, 1974, *a.a.O.*

11. Brassaï, *Gespräche mit Picasso,* Reinbek, Rowohlt, 1985, S. 42 (der zweite Teil von Picassos Äußerung steht nur in der franz. Ausg.).

12. »Man muß dazu sagen, daß zu dieser Zeit Photographie noch immer nicht als Kunst anerkannt wurde, außer von einem kleinen Kreis von Leuten. Man durfte sich nicht als Photograph ausgeben, denn das galt als Zeichen von Dilettantismus und wurde folglich von den Künstlern sehr übel aufgenommen. Das Photo war der arme Verwandte, das Zeichen eines ›sozialen Abstiegs‹, von dem Bourdieu berichtet und der bei H. C.-B. offensichtlich ist.« Anne Baldassari »Entretien avec Pierre de Fenoyl«, *Les Cahiers de la photographie,* Nr. 18, 1986, S. 81.

13. *Au bon plaisir d'Henri Cartier-Bresson,* 1991, a.a.O. genannte Radiosendung.

14. Zitiert von Jean Paulhan, in: *Les Fleurs de Tarbes,* Gallimard, Collection Idées, 1974, S. 34.

15. Auszug aus einem Brief an Peter Galassi, März 1987, *a.a.O.,* franz. Ausg., S. 17.

16. *Les Cahiers de la photographie,* 1986, *a.a.O.*

17. Für Rimbaud begründet das Potential an Auflehnung, die in jedem verborgen liegt, den Anspruch aller darauf, über Fähigkeiten zu verfügen, »das Leben zu verändern«; für Breton liefert der allgemeine Charakter des Unbewußten, in dem der Ursprung aller Kreativität liegt, die Rechtfertigung dafür, daß sich jedes Lebewesen in einen derartigen Zustand versetzen kann, daß er sein Unbewußtes handeln und das Werk daraus entstehen läßt, anstatt es bewußt zu schaffen.

18. »L'Univers noir et blanc [...]«, 1968, *a.a.O.*

19. Henri Cartier-Bresson, »Die Erfindung nach der Natur (1976)«, in: Wolfgang Kemp (Hg.), *Theorie der Fotografie III, 1945-1980, a.a.O.,* S. 82-83.

20. »Entretien avec Henri Cartier-Bresson«, 1975, *a.a.O.*

21. »Nul ne peut entrer ici [...]«, 1974, *a.a.O.*

22. Roland Barthes, *Die helle Kammer, a.a.O.,* S. 42-43.

23. *ebd.,* S. 43.

24. Henri Cartier-Bresson, »Die Erfindung nach der Natur (1976)«, in: Wolfgang Kemp (Hg.), *Theorie der Fotografie III, 1945-1980, a.a.O.,* S. 82.

25. Henri Cartier-Bresson, »L'Instant décisif«, *a.a.O.*

26. »Nul ne peut entrer ici [...]«, 1974, *a.a.O.*

27. »Henri Cartier-Bresson à Arles«, 1979, *a.a.O.*

28. Henri Cartier-Bresson, »L'Instant décisif«, *a.a.O.*

29. »Photographier n'est rien [...]«, 1989, *a.a.O.*

30. Henri Cartier-Bresson, »L'Instant décisif«, *a.a.O.*

31. Siehe den Artikel von Jean-Claude Gaudrand im Katalog der Ausstellung *Photos de famille,* die 1990 in der Grande halle de La Villette stattfand.

32. Henri Cartier-Bresson, Post-Scriptum zum »L'Instant décisif«, 2. Dezember 1985, in: *Les Cahiers de la photographie,* Nr. 18, 1986.

33. »Nul ne peut entrer ici [...]«, 1974, *a.a.O.*

34. »Henri Cartier-Bresson à Arles«, 1979, *a.a.O.*

35. Philippe Dubois, *L'Acte photographique,* Brüssel, Nathan-Labor, 1983, S. 154 (Hervorhebung im Text).

36. *ebd.,* S. 84. Durch diese Analyse findet man sich in der Tat und paradoxerweise mitten in der Apotheose des Zeichens und seiner Aufhebung zugleich wieder. Dieses Paradox wird aber verständlich, wenn man berücksichtigt, daß es sich dabei um eine Folge der Verwendung Peirce'scher Konzepte handelt, die Philippe Dubois seiner Beweisführung zugrunde legt. Émile Benveniste kritisierte diese mit folgenden Worten: »Die Schwierigkeit, die eine gesonderte Anwendung Pierce'scher Konzepte verhindert [...], liegt darin, daß letztendlich das Zeichen dem gesamten Universum zugrunde gelegt wird. [...] Der Mensch als Ganzes ist ein Zeichen, sein Denken ist ein Zeichen, sein Gefühl ist ein Zeichen. Für was aber können diese Zeichen, die allesamt Zeichen voneinander sind, schließlich Zeichen sein, das selbst kein Zeichen ist?« (Émile Benveniste, *Problèmes de linguistique générale,* Paris, Gallimard, N.R.F., Bd. II, S. 45; das Zitat steht nicht in der dt. Ausg.: *Probleme der allgemeinen Sprachwissenschaft,* Frankfurt/Main, Syndikat, 1977.) Dieser Gedankengang ließe sich durch die etwas lakonischere Überlegung von Henri Meschonnic ergänzen: »Wenn alles Zeichen ist, geht das Bezeichenbare zurück.« Henri Meschonnic, *Critique du rythme, a.a.O.,* S. 75.

37. *ebd.,* S. 84 (Hervorhebung von uns). Es ist sinnvoll zu ergänzen, daß der Begriff vom »entscheidenden Augenblick«, wie ihn Philippe Dubois gebraucht, wenn er tatsächlich von Henri Cartier-Bresson entlehnt wurde, in keinem anderen als in einem banalen, und wie wir im folgenden noch sehen werden, in einem von der Auffassung des Photographen weit entfernten Sinn verwendet wird.

38. In bezug auf Pierce verwendet Henri Van Lier nicht den Ausdruck »Metaphysik des Zeichens«, sondern spricht von »mittelalterlichem Realismus«, was im Grunde auf dasselbe hinausläuft: »Sein mittelalterlicher Realismus ließ ihn das Universum als eine Vorratskammer göttlicher Absichten betrachten, wo die Indizien ursprünglich Zeichen waren.« »Le non-acte photographique«, *Les Cahiers de la photographie,* Nr. 8, 1982, S. 28-29.

39. Philippe Dubois, *a.a.O.,* S. 86-69.

40. ebd., S. 160-168. In *Blow up,* 1966 von Antonioni gedreht, geht es um einen Photographen, der in einem Mordfall ermittelt, von dem es scheinbar keine andere Spur gibt als in der Vergrößerung einer Photographie, die per Zufall in einem öffentlichen Park gemacht wurde. Doch ist das wirklich ein Beweis, vor allem wenn die Vergrößerung derart groß ausfallen muß, daß das Bild dadurch irrwitzig wird und die Wirklichkeit, die es bezeugen müßte, in Myriaden kleiner schwarzer und weißer Körner zerstäubt, die letztendlich nur noch auf das Imaginäre verweisen? Mit »*Blow-up*-Effekt« bezeichnet Philippe Dubois dieses ungewisse Hinundherspiel zwischen Realem und Imaginärem.

41. Henri Cartier-Bresson, Brief, veröffentlicht in: *Le Monde,* 17. Dezember 1982.

42. Philippe Dubois erzählt, daß er während eines Spiels am Strand, das organisiert worden war, um »die Zeit totzuschlagen«, beim Sprinten photographiert wurde und davon den Eindruck bekam, dem Zeitfluß nicht mehr anzugehören. Philippe Dubois, *a.a.O.,* S. 155.

43. Henri Cartier-Bresson, »L'Instant décisif«, *a.a.O.*

44. Zitiert von André Jammes in: *Nadar,* Paris, Delpire/C.N.P., Collection Photo Poche, Nr. 1, 1983.

45. »Henri Cartier-Bresson à Arles«, 1979, *a.a.O.*

46. [Dieses Zitat steht nicht in der dt. Ausg., Anm.d.Ü.] Susan Sontag fügt noch hinzu: »Cartier-Bresson und Avedon gehören zu den ganz wenigen [Berufsfotografen], die offen (wenn auch mit Bedauern) den ausbeuterischen Aspekt ansprechen, der die Tätigkeit des Fotografen kennzeichnet.«, Susan Sontag, *a.a.O.,* S. 119.

47. *L'Environnement poétique,* 1969, a.a.O. genannte Radiosendung.

48. »Un reporter«, 1951, *a.a.O.*

49. Henri Cartier-Bresson, »L'Instant décisif«, *a.a.O.*

50. Henri Cartier-Bresson, »L'apprentissage du monde [...]«, 1955, *a.a.O.*

51. Henri Cartier-Bresson, »Die Erfindung nach der Natur (1976)«, in: Wolfgang Kemp (Hg.), *Theorie der Fotografie III, 1945-1980, a.a.O.,* S. 83.

52. Henri Cartier-Bresson, »L'Instant décisif«, *a.a.O.*

53. Marcel Granet, *La pensée chinoise,* Paris, Albin Michel, 1968, S. 395; da die deutsche Ausgabe *(Das chinesische Denken, Inhalt-Form-Charakter,* Frankfurt/Main, Suhrkamp, 1993) aus Gründen des mittlerweile veränderten wissenschaftlichen Wissensstandes das letzte Kapitel der franz. Ausgabe nicht enthält, wurden die Zitate von der Übersetzerin entsprechend übertragen.

54. »Henri Cartier-Bresson à Arles«, 1979, *a.a.O.*

55. Claude Lévi-Strauss, *Traurige Tropen, a.a.O.,* S. 408.

56. »Photographier n'est rien [...]«, 1989, *a.a.O.*

57. *L'Environnement poétique,* 1969, a.a.O. genannte Radiosendung.

58. Siehe Marcel Proust, *Le Temps retrouvé, a.a.O.,* Bd. III, S. 879 ff. u. *Contre Sainte-Beuve, a.a.O.,* S. 303.

59. Henri Cartier-Bresson, »Die Erfindung nach der Natur (1976)«, in: Wolfgang Kemp (Hg.), *Theorie der Fotografie III, 1945-1980, a.a.O.,* S. 83.

60. »Henri Cartier-Bresson à Arles«, 1979, *a.a.O.*

61. *L'Environnement poétique,* 1969, a.a.O. genannte Radiosendung.

JENSEITS
DES SURREALISMUS (S. 84–97)

1. Yves Bourde, »Les érotiques de Cartier-Bresson«, *Photo,* Nr. 57, Juni 1972.

2. Henri Cartier-Bresson, Brief, veröffentlicht in: »Coup d'œil américain«, *Caméra,* Nr. 7, Juli 1976.

3. Beaumont Newhall, »La vision instantanée de Henri Cartier-Bresson«, *Caméra,* Nr. 34, 10. Oktober 1965.

4. Der Ende 1974 von Julien Levy verfaßte Text wurde u. a. veröffentlicht in: *Henri Cartier-Bresson – Zeichnungen,* München, Schirmer/Mosel, 1989, S. 9.

5. Er selbst sollte 1969, anläßlich der Radiosendung von Vera Feyder, *Au bon plaisir,* daran erinnern.

6. Peter Galassi, *a.a.O.,* S. 32-38.

7. Yves Bourde, »Une année de reportage: portrait d'un pays, à propos de ›Vive la France‹«, *Photo,* Nr. 38, November 1970.

8. Siehe *Explosante-Fixe, a.a.O.,* S. 171.

9. *ebd.,* S. 154.

10. Gustave Caillebotte präsentierte sein Gemälde *Peintres en bâtiment* anläßlich der dritten Ausstellung der Impressionisten 1877 zeitgleich zu *Pont de l'Europe.* Die Photographie von Man Ray (ohne Titel)

geht auf das Jahr 1929 zurück und ist in *Explosante-Fixe, a.a.O.,* auf S. 142 zu finden.

11. Gérard Genette, *Palimpseste. Die Literatur auf zweiter Stufe,* Frankfurt/Main, Suhrkamp, 1993.

12. Guy de Maupassant, »Der Roman«, Vorrede zu *Pierre und Jean,* Romane Bd. 1, München, Winkler, 1974, S. 661-677 (hier S. 675).

13. André Pieyre de Mandiargues, Text zu *Henri Cartier-Bresson: Photoportraits,* München, Schirmer/Mosel, 1985, S. 7.

14. *Les Cahiers de la photographie,* 1986, *a.a.O.*

15. *ebd.*

16. André Breton, *L'Amour fou,* Frankfurt/Main, Suhrkamp, 1975, S. 22. Für eine tiefergehende Analyse, siehe Rosalind Krauss: »Der Begriff der konvulsivischen Schönheit, der im Zentrum surrealistischer Ästhetik steht, ist auf die Tatsache zurückführbar, daß die Realität als etwas in Repräsentation Umgewandeltes empfunden wird. Man könnte sagen, daß Surrealität die zu einer Art Schrift verwandelte konvulsivische Natur ist.« Rosalind Krauss, »La Photographie au service du surréalisme«, *Explosante-Fixe, a.a.O.,* S. 35.

17. André Breton, *Die verlorenen Schritte. Essays, Glossen, Manifeste,* Berlin, Edition Tiamat, 1989, S. 7.

18. *Les Cahiers de la photographie,* 1986, *a.a.O.*

19. André Breton, *Die Manifeste des Surrealismus,* Reinbek bei Hamburg, Rowohlt, 1977, S. 11 bzw. 43.

20. Das Gemälde *Pont de l'Europe* von Gustave Caillebotte befindet sich im Petit Palais in Genf. Eine Skizze davon (32 x 46 cm) hängt im Musée des Beaux-Arts in Rennes. Claude Monets *Gare Saint-Lazare* ist in Paris im Musée d'Orsay zu sehen.

DER ZUFALL (S. 98–115)

1. »Nul ne peut entrer ici [...]«, 1974, *a.a.O.*

2. *L'Environnement poétique,* 1969, a.a.O. genannte Radiosendung.

3. Susan Sontag, *a.a.O.,* S. 113.

4. Gewisse Maler sind ebenfalls der Frage des Zufalls nachgegangen. Jean-Pierre Changeux führt in *Raison et Plaisir,* Paris, Odile Jacob, 1994, S. 111 das Beispiel eines Gemäldes von Laurent de La Hyre an, *La Tuile, ou les Joueurs de dés,* auf dem drei Frauen dargestellt sind (ohne Zweifel Schicksalsgöttinnen), die an einem Tisch spielen; über derjenigen, die soeben gewonnen hat und mit dem Finger auf die

richtige Kombination deutet, löst sich ein Ziegel aus der Decke und droht sie zu erschlagen. Geht es um die Gleichheit von Glück und Unglück? Oder um die universelle Herrschaft des Zufalls, die ausgerechnet jene mit einschließt, die die Fäden der Unentrinnbarkeit spinnen? Wie dem auch sei, die philosophische Lektion richtet sich an Eingeweihte und gibt sich als eine Allegorie zu lesen.

5. Jean-Marie Schaeffer, *L'Image précaire, a.a.O.,* S. 159.

6. *L'Environnement poétique,* 1969, a.a.O. genannte Radiosendung.

7. Eugène Delacroix, *À propos d'une méthode de dessin,* 1850. Dieser Ausschnitt ist wiedergegeben in: »Du bon usage de la photographie«, *Photo Poche,* Nr. 27, 1987, S. 22.

8. *Au bon plaisir d'Henri Cartier-Bresson,* 1991, a.a.O. genannte Radiosendung.

9. Siehe *Photogénies,* Nr. 5, C.N.P.-Ministère de la Culture, 1984, o. S.

10. Aristoteles, Poetik, Stuttgart, Reclam, 1982, Kap. IX, S. 33. Vielschichtige und argumentativ untermauerte Überlegungen über die verschiedenen Bedeutungen des Begriffs des Zufalls in der griechischen Zivilisation finden sich bei: Léon Robin, *La Pensée grecque,* Paris, Albin Michel, 1973, S. 130-151 u. 328-376.

11. Albert Jacquart, »Un acteur décisif mais fictif: le hasard«, *Traverses,* Nr. 23, Paris, Centre Georges Pompidou, November 1981, S. 66.

12. *ebd.,* S. 67.

13. Siehe Marcel Granet, *Das chinesische Denken, Inhalt-Form-Charakter,* Frankfurt/Main, Suhrkamp, 1993, S. 246-256. Siehe auch Jacques Brosse, »Le hasard et les traditions extrême-orientales«, *Traverses,* Nr. 23, *a.a.O.,* S. 41-51.

14. Marcel Granet, *a.a.O.* (dt. Fassung), S. 249-250.

15. »Was gern der Nachwelt überliefert wird, sind nicht die Ursachen und Wirkungen, sondern – da die Reihenfolge ihres In-Erscheinung-Tretens von nebensächlicher Bedeutung ist – als einmalig begriffene, wenngleich auf denselben Stamm gepfropfte Erscheinungen. *Sie werden als im gleichen Maße ausdrucksstark und damit als austauschbar empfunden.«* ebd. (dt. Fassung), S. 250 (Hervorhebung im Text).

16. Siehe Dan Sperber, *Über Symbolik,* Frankfurt/Main, Suhrkamp, 1975.

17. Marcel Granet, *a.a.O.* (franz. Fassung), S. 427.

18. *Objectif peinture,* 1976, a.a.O. genannte Radiosendung.

19. *Interview muet,* Ausstellungskatalog, Paris, Galerie Agathe Gaillard, November 1983.

20. In einem Artikel zu Francis Picabia gibt André Breton die Harmonie der Schmach preis: »Das Wort Harmonie ist absolut bar jeder Bedeutung und zeugt nur von dem Wunsch, hinterher auf völlig unbefriedigende Weise auszudrücken, daß wir nur vernünftige Gefühlsregungen verspüren, was nicht sehr bedeutend ist.« André Breton, *Die verlorenen Schritte, a.a.O.,* S. 123.

21. André Breton, *L'Amour fou, a.a.O.,* S. 27.

22. Siehe André Breton/Philippe Soupault, *Bitte* (S'il vous plaît), Frankfurt/Main, Verlag der Autoren, 1978.

23. »In *Nadja* halten zufällige Begebenheiten sowie die Begegnung mit der jungen Frau André Breton einen Spiegel seiner selbst vor. In *L'Amour fou* erlauben es die *Glücklichen Funde* Giacometti, die Statue im Rohzustand zu vollenden, und Breton, den Sinn des Lebens wiederzufinden.« Claude Abastado, *a.a.O.,* S. 156.

24. André Breton, *L'Amour fou, a.a.O.,* Tafel 19, S. 146.

25. *ebd.,* S. 146-147.

26. Dieser Satz von André Breton ist den *Entretiens (1913-1952),* Paris, Gallimard, Collection Idées, S. 140 entnommen und wurde von Henri Cartier-Bresson der *Histoire de la photographie,* Nr. 1, Paris, Delpire-Le Nouvel Observateur, 1976 (auf deutsch in: *Photo-Galerie,* Band 4, München, Rogner und Bernhard, 1978), als Motto vorangestellt.

27. André Breton, *Die verlorenen Schritte, a.a.O.,* S. 10-11.

28. *Rencontre avec Henri Cartier-Bresson,* Gespräch mit Pierre Descargues, Radiosendung von France Culture, 11. März 1989.

29. Im Hinblick auf die obengenannten surrealistischen Photographen kann man insbesondere den Artikel von Rosalind Krauss hinzuziehen: »Corpus delicti«, *Explosante-Fixe, a.a.O.,* S. 55-112.

30. Brassaï, *Graffitis,* Flammarion, 1994, S. 140.

31. Das Zitat ist der Radiosendung *Contacts* (Produzent: Robert Delpire, Regie: Sylvain Roumette, C.N.P.-La Sept-Arte-K.S. Vision, 1989) entnommen. Doisneau formuliert dies auch schriftlich in: *À l'imparfait de l'objectif,* Paris, Belfond, 1989, S. 190: »Mein Umherschlendern folgte in nichts einem systematischen Raster, ich lief wie ein Hans-guck-in-die-Luft herum und verließ mich dabei auf *das Glück des Zufalls,* ausgestattet mit einer Ausrüstung, deren Dürftigkeit eine Absicherung gegen die Virtuosität darstellte« (Hervorhebung von uns).

32. Das mythische Bild von Eugene Smith macht aus ihm einen der Meister der engagierten Reportage. Er selbst jedoch war hin und her gerissen zwischen den Anforderungen journalistischer Objektivität und seinem Gewissen als Künstler, das ihn manchmal dazu verleitete, mit dem Zufall zu spielen. Er schreibt selbst: »Ich bin ständig hin und her gerissen zwischen der Haltung des gewissenhaften Journalisten, der die Tatsachen wiedergibt, und jener des schöpferischen Künstlers, der weiß, daß Poesie und buchstäbliche Wahrheit kaum zusammenpassen«, zitiert in: *Histoire de la photographie,* herausgegeben von Jean-Claude Lemagny u. André Rouillé, Paris, Bordas, 1986, S. 170. Eine kürzlich erschienene Biographie (Jim Hugues u. Mc Graw-Hill, *Shadow and substances, W. Eugene Smith, The Life and Work of an American Photographer,* 1989) gibt Aufschluß darüber, wie er einige seiner Bilder präparierte, retouchierte oder inszenierte (siehe den Artikel von Michel Guerrin, *Le Monde des arts,* 18. April 1991, S. 21). Es findet sich bei ihm eine Dramaturgie des Zufalls, in der die wahrscheinliche Zufälligkeit, wie bei Aristoteles, der emotionalen Kraft des Ereignisses nicht widerspricht, sondern es verstärkt.

33. Die Vorstellung des Zufalls bei Robert Frank, der sich bei einer seiner Monographien für den Titel *The Lines of my Hand* (New York, Lustrum Press, 1972) entschied, erscheint in Gestalt der Nicht-Voraussagbarkeit, mit Bildern, die systematisch falsch gerahmt scheinen, wie wenn seine Sichtweise die »eines Menschen [wäre], der nie vorgegeben hat, etwas von dem zu verstehen, was er sieht«, wie es Arnaud Claass in »Les lignes de sa main«, *Les Cahiers de la photographie,* Nr. 11-12, 1983, auf S. 56 ausdrückt. In derselben Ausgabe der Zeitschrift stellt Jean Arrouye die Wahrnehmung des Zufalls bei Henri Cartier-Bresson der von Robert Frank gegenüber: »Diese Photographie ist nicht das Ergebnis einer Kontemplation (nichts ist stabil) und noch weniger eines Strebens (nichts ist voraussehbar). [...] Diese Art Photographie ist nicht mehr abhängig von der Komposition, von den strengen und wohletablierten Formverhältnissen oder von der organischen Koordination, von der Henri Cartier-Bresson spricht, sondern sie resultiert aus einer *Umschreibung,* die die Korrelation von zufällig nebeneinandergesetzten Gegenständen nach sich zieht.« Jean Arrouye, »La Chine de Robert Frank«, *ebd.,* S. 75-76 (Hervorhebung im Text).

34. Eher Koinzidenz als Zufall, weil darin die Möglichkeit zum Ausdruck gebracht wird, Tatsachen, die nicht derselben Gattung angehören, die nicht derselben Logik folgen, einander näherzubringen. Seine Hermeneutik entfaltet sich nicht in Richtung des Rätselhaften und Geheimnisvollen wie in der surrealistischen Ästhetik, sondern mehr zum Symbolischen hin, wie in der chinesischen Konzeption des Zufalls, der unter dem Blickwinkel einer Paarung von Formen (hier das Rad, die Hand und der Oberkörper) betrachtet wird.

35. Alan W. Watts, *Zen-Buddhismus. Tradition und lebendige Gegenwart,* Reinbek, Rowohlt, 1961, S. 214.

36. Henri Cartier-Bresson, »L'Instant décisif«, *a.a.O.*

37. *ebd.*

38. *ebd.*

39. *ebd.*

40. Ansel Adams, »Ein persönliches Credo (1943)«, in: Wolfgang Kemp (Hg.), *Theorie der Fotografie III, 1945-1980, a.a.O.,* S. 41-46, hier S. 46. Eine der Wolken-Photographien von Ansel Adams ist in »Histoire de voir«, *Photo Poche,* Nr. 42, S. 105 wiedergegeben.

41. Alfred Stieglitz, *How I came to photograph clouds,* Text von 1923 wiederaufgenommen in: *Photographers on Photography,* Nathan Lyons ed., Englewood-Cliffs, Prentice-Hall, 1966, S. 110.

42. Zitiert von Eugen Herrigel, in: *Zen in der Kunst des Bogenschießens,* Otto Wilhelm Barth Verlag, 1994, S. 42.

43. Ferdinando Scianna, »À propos d'Henri Cartier-Bresson«, *Camera International,* Nr. 11, Sommer 1987, S. 20.

44. Im Zusammenhang mit dem Klicken des Auslösers des Photoapparats schreibt Roland Barthes: »Für mich hat der Klang der Zeit nichts Trauriges.«, in: *Die helle Kammer, a.a.O.,* S. 24.

45. Albert Einstein, Brief an Hedi Born vom 9. Oktober 1944. In *Dieu ne joue pas aux dés,* Paris, Gallimard, 1994, schreibt Henri Laborit: »Wie viele Physiker auch denkt David Bohm, der mit Einstein zusammengearbeitet hat, daß die wahre Natur des Universums zwar immateriell, aber geordnet ist, daß es jenseits von Erscheinung eine Gesamtheit ›versteckter‹ Variablen gibt, die der scheinbar willkürlichen Bewegung der Partikel eine nicht statistische, aber kohärente Basis geben.«

PORTRAIT:
ZWEITE SKIZZE (S. 116–133)

1. »Photographier n'est rien [...]«, 1989, *a.a.O.*

2. Brassaï, *a.a.O.,* S. 185.

3. »Photographier n'est rien [...]«, 1989, *a.a.O.*

4. *ebd.*

5. *Au bon plaisir d'Henri Cartier-Bresson,* 1991, a.a.O. genannte Radiosendung.

6. »Henri Cartier-Bresson à Arles«, 1979, *a.a.O.*

7. Henri Michaux, *Ein Barbar in Asien,* Graz, Verlag Droschl, 1992, S. 11.

8. Paul Claudel, *L'Oiseau noir dans le soleil levant* (einschl. der Textsammlung *Connaissance de l'Est*), Paris, Gallimard, Collection Poésie, 1974, S. 157-158.

9. *L'Environnement poétique,* 1969, a.a.O. genannte Radiosendung.

10. »Photographier n'est rien [...]«, 1989, *a.a.O.*

11. Ferdinando Scianna wurde 1944 in Sizilien geboren.

12. »Photographier n'est rien [...]«, 1989, *a.a.O.*

13. *Au bon plaisir d'Henri Cartier-Bresson,* 1991, a.a.O. genannte Radiosendung.

14. »Nul ne peut entrer ici [...]«, 1974, *a.a.O.*

15. Pierre Bourdieu, *Les Règles de l'art, a.a.O.,* S. 457.

16. *ebd.,* S. 345. In der kürzlich erschienenen Publikation der 1960 für das französische Radio und Fernsehen aufgezeichneten Gespräche zwischen Marcel Duchamp und Georges Charbonnier tritt allerdings eine Persönlichkeit zutage, die sich gegenüber ihrem Mythos recht befremdet zeigt und gesteht, daß ihre Entscheidung, mit dem Malen aufzuhören, durch den Ekel vor dem »Kommerzialismus in der Kunst« ausgelöst wurde: »Unsere Epoche hat seit hundert Jahren im besten Sinne des Wortes nichts produziert, dies vor allem durch die Einmischung des Kommerzialismus in Fragen der Kunst. [...] Was mich ein wenig verdrießlich macht, ist die Menge der Leute, die sich selbst als Künstler bezeichnen, die es sind oder die es zu sein glauben. Und auch, daß es unglaublich viel Abfall geben wird in dieser Produktion, wie wir sie heute haben.« Georges Charbonnier, *Entretiens avec Marcel Duchamp,* Paris, André Dimanche Ed., 1994. Zumindest in diesem Punkt kommt die Kritik, die er formuliert, dem von Cartier-Bresson eingenommenen Standpunkt sehr nahe.

17. Henri Cartier-Bresson, Brief, veröffentlicht in: *Le Monde,* 17. Oktober 1974.

18. »Nul ne peut entrer ici [...]«, 1974, *a.a.O.*

19. »Fleurir la statue de Cartier-Bresson ou la dynamiter?«, Text von Henri Cartier-Bresson u. a. als Antwort auf das Interview von Yves Bourde vom 5. September 1974, *Le Monde,* 17. Oktober 1974, S. 18-19.

20. Brief von Jean-Michel Folon, *Le Monde,* 17. Oktober 1974, S. 18.

21. Anne Baldassari, »Entretien avec Pierre de Fenoyl«, *a.a.O.,* S. 80-82.

22. Jean-Marie Schaeffer, *L'Art de l'âge moderne,* Paris, Gallimard, 1992, S. 363-364.

23. Simon Leys, *La Forêt en feu. Essai sur la culture et la politique chinoises,* Paris, Hermann, 1983, S. 14-15 (Hervorhebung im Text).

24. William Henry Fox Talbot, *The Pencil of Nature,* 1844, Reprint New York, 1969, Kap. XV, o. S.

25. Simon Leys, *a.a.O.,* S. 28.

26. *ebd.,* S. 39.

27. *ebd.,* S. 35. Im Zusammenhang mit dem Kontaktabzug spricht auch Henri Cartier-Bresson vom Seismographen.

28. *ebd.,* S. 35.

29. »L'Univers noir et blanc [...]«, 1968, *a.a.O.*

30. *Henri Cartier-Bresson, point d'interrogation,* Film von Sarah Moon, Take Five Production, 1994.

31. »Folglich ist das oberste Gebot des Künstlers, egal ob Maler oder Dichter, das *chi* festzuhalten und zu kultivieren sowie dessen Energie seinem Werk zuteil kommen zu lassen. Wird dem Werk diese vitale Inspiration vorenthalten, fehlt ihm der nötige Atem, dann erweisen sich im folgenden alle anderen technischen Qualitäten, die es aufbieten könnte, als unnütz. Wohnt ihm aber dieser innere Kreislauf inne, werden die möglicherweise auftretenden Ungeschicklichkeiten in der Ausführung ausgeglichen. Die Arbeit des Kritikers besteht somit vor allem anderen in einer Beurteilung der im Werk sich manifestierenden Intensität des *chi*.« Simon Leys, *a.a.O.,* S. 31.

32. Francis Ponge, *Pour un Malherbe,* Paris, Gallimard, 1965, S. 58-80 (Hervorhebung im Text) [dieses u. die folgenden Zitate stehen nicht in der dt. Teilausg. *Praxis der Sprache. Aus Malherbe,* Stuttgart, Edition Rot, 1967].

33. *ebd.,* S. 58.

34. *ebd.,* S. 45.

35. »L'Univers noir et blanc [...]«, 1968, *a.a.O.*

DIE PHOTOREPORTAGE (S.134–191)

1. *Les Cahiers de la photographie,* 1986, *a.a.O.*

2. Henri Cartier-Bresson, »L'Instant décisif«, *a.a.O.*

3. *ebd.*

4. »La longue marche d'Henri Cartier-Bresson«, Gespräch mit André Fermigier, *Le Nouvel Observateur,* Nr. 309, 12.-18. Oktober 1970.

5. Henri Cartier-Bresson, »L'Instant décisif«, *a.a.O.*

6. Pierre Bourdieu u. a., *Eine illegitime Kunst, Die sozialen Gebrauchsweisen der Photographie,* Frankfurt/Main, Europäische Verlagsanstalt, 1981.

7. Henri Cartier-Bresson, »L'Instant décisif«, *a.a.O.*

8. *ebd.*

9. *ebd.*

10. *ebd.*

11. *ebd.*

12. *ebd.*

13. Henri Cartier-Bresson, »L'apprentissage du monde [...]«, 1955, *a.a.O.*

14. Henri Cartier-Bresson, »L'Instant décisif«, *a.a.O.*

15. Genau das bezeichnet Roland Barthes mit Verankerungs- und Relaisfunktionen in einem Artikel mit dem Titel »Rhétorique de l'image«, in: *Communication,* 1964, der wiederaufgegriffen wurde in: *L'Obvie et l'Obtus,* Paris, Seuil, 1982, S. 25-42.

16. Henri Cartier-Bresson, »L'Instant décisif«, *a.a.O.*

17. *ebd.*

18. Außer im Band *Vive la France,* wo die Photographien von Henri Cartier-Bresson von Auftraggeberseite erzwungenermaßen den Status von Illustrationen eingenommen haben, war es ihm immer möglich, bei der Ausarbeitung der Konzeption und beim Seitenlayout seiner Bücher entscheidend mitzuwirken, dank Verlegern wie Tériade und Robert Delpire oder, wie für die Neuausgabe von *Paris à vue d'œil* 1994, Maurice Coriat (dt. Ausg.: *À propos de Paris,* München, Schirmer/Mosel, 1994).

19. *Les Cahiers de la photographie,* 1986, *a.a.O.*

20. »Um die Verkörperung einer präzisen hermeneutischen Absicht sein zu können, muß [das Bild] lesbar sein, und um lesbar sein zu können, muß es unbedingt stereotype visuelle Bedeutungen reproduzieren, die wiedererkennbar sind.« Jean-Marie Schaeffer, *L'Image précaire, a.a.O.,* S. 154.

21. Roland Barthes, *Mythen des Alltags,* Frankfurt/Main, Suhrkamp, 1974, S. 56.

22. Jean-Marie Schaeffer, *L'Image précaire, a.a.O.,* S. 155.

23. Henri Cartier-Bresson, »L'Instant décisif«, *a.a.O.*

24. Jean-Marie Schaeffer, *L'Image précaire, a.a.O.,* S. 150.

25. Cardinal de Retz, *Mémoires,* Paris, Gallimard, Pléiade, S. 252.

26. Jean-Claude Lemagny u. André Rouillé (Hrsg.), *Histoire de la photographie,* Paris, Bordas, 1986, S. 166.

27. »Henri Cartier-Bresson à Arles«, 1979, *a.a.O.*

28. Jean-Marie Schaeffer, *L'Image précaire*, *a.a.O.*, S. 155-156.

29. Henri Cartier-Bresson, »Die Erfindung nach der Natur (1976)«, in: Wolfgang Kemp (Hg.), *Theorie der Fotografie III, 1945-1980, a.a.O.*, S. 83.

30. »Un reporter«, 1951, *a.a.O.*

31. André Breton, *Discours au congrès des écrivains pour la défense de la culture*, wiederaufgenommen in: *Position politique du surréalisme*, Paris, Sagittaire, 1935.

32. »Sur les chemins de l'Asie«, 1972, *a.a.O.*

33. Von Henri Cartier-Bresson im Off gesprochener Text *in Southern Exposures*, 1969-1970, C.B.S.-News (Übers. vom Autor). Dieser Film wurde im Anschluß an *Impressions of California* für C.B.S.-News gedreht.

34. *ebd.*

35. Siehe Ernst Bloch, *Erbschaft dieser Zeit*, Gesamtausgabe Bd. 4, Frankfurt/Main, Suhrkamp, 1977.

36. Die Photographen der Mitte des 20. Jahrhunderts, zumindest viele unter ihnen, haben sich nicht abseits der dominanten Künstlergestalten halten können, die den engagierten Schriftsteller zum Vorbild hat. Dies um so weniger, als die Photographie Überlegungen zum Gang der Geschichte anstellt und sogar in diesen eingreifen kann. Um André Breton gerecht zu werden, sei anzumerken, daß er trotz seiner politischen Einstellung den Begriff des Engagements heftig kritisierte. »Eben deshalb ist er [der Intellektuelle] kein Mensch des Engagements im Sinne jenes unglückseligen Ausdrucks, den André Breton oft und mit gutem Recht von sich gewiesen hat. Was aber nicht bedeutet, daß er nicht Partei ergriffe, im Gegenteil: Wenn er sich einmal [...] entschieden hat [...], ist er hartnäckig und ausdauernd, denn es gibt keine größere Beherztheit als die Beherztheit des Denkens«, schreibt Maurice Blanchot in: »Die Intellektuellen im Kreuzfeuer«, *Das Unzerstörbare*, München/Wien, Carl Hanser Verlag, 1991, S. 209.

37. »Henri Cartier-Bresson à Arles«, 1979, *a.a.O.*

38. Hinsichtlich dieser Frage, siehe Sogyal Rimpoché, *Le Livre tibétain de la vie et de la mort*, Paris, La Table ronde, 1992.

39. Henri Cartier-Bresson, »Die Erfindung nach der Natur (1976)«, in: Wolfgang Kemp (Hg.), *Theorie der Fotografie III, 1945-1980, a.a.O.*, S. 83.

40. »Nul ne peut entrer ici [...]«, 1974, *a.a.O.*

41. »L'Univers noir et blanc [...]«, 1968, *a.a.O.*

42. Henri Cartier-Bresson, »L'apprentissage du monde [...]«, 1955, *a.a.O.*

43. Michel Leiris, *Mannesalter, a.a.O.*, S. 13.

44. Jean-François Chevrier, »L'homme de la rue, de Charles Nègre à Robert Doisneau« (Unterlagen zum Kolloquium über Eugene Atget im Collège de France, 14.-15. Juni 1985), *Photographies*, Sondernr., März 1986, S. 87-91. Über das Pittoreske der Landschaft siehe den Artikel von Jean Arrouye, »Renversements imaginaires ou le dépaysement paysagier«, *La Recherche photographique*, Nr. 1, Oktober 1986, S. 19-31.

45. Siehe *Robert Doisneau, Photo Poche*, Nr. 5, Abb. Nr. 1, 23 u. 25.

46. Siehe zum Beispiel *Marseille, 1932; La Villette, 1932; Mexico*, 1934, in: Peter Galassi, *a.a.O.*, S. 106, 59 u. 119.

47. Man wird dies beispielsweise mit den zwei Kindern von Doisneau vergleichen können, die vom Einkaufen in Choisy-le-Roi zurückkommen (*Photo Poche*, Abb. Nr. 24): Der Akzent ist auf Elemente populärer Kultur gelegt (die Schuhe, die Fassade einer Lebensmittelhandlung, die Zeitung *L'Humanité*).

48. Henri Cartier-Bresson, »L'Instant décisif«, *a.a.O.*

49. Deutlich schärfere Worte könnte man Jean-Marie Schaeffer noch entlehnen, daß denn diese »Petition der Existenz und der Vertrauenswürdigkeit« von der Kenntnis dessen herrührt, was er die photographische *Arche* nennt: »Der Abdruck, also das photonische Bild, konstituiert die *Arche* des photographischen Bildes, insofern es sich als Aufzeichnung sichtbarer Spuren definiert.« Jean-Marie Schaeffer, *L'Image précaire, a.a.O.*, S. 27.

50. Die Photographie manifestiert diese paradoxale Form der Gegenwart, die Roland Barthes wie folgt kommentierte: »In der Photographie geht eine unlogische Verknüpfung zwischen dem *Hier* und dem *Damals* vonstatten.« Zu dieser vollendeten Gegenwart kommt noch eine *Gegenwart des Narrativen* und eine *historische Gegenwart*. Es sei jedoch hinzugefügt, daß unsere Analyse den Schlußfolgerungen widerspricht, die Roland Barthes aus der Existenz einer paradoxalen Gegenwart in der Photographie gezogen hat: »Wenn diese Bemerkungen eine gewisse Richtigkeit haben«, schreibt er, »müßte demnach die Photographie mit einem rein zuschauermäßigen Gewissen verbunden werden, und nicht mit dem fiktionalen Gewissen, das mehr projektiv, ›magischer‹ ist, von dem grob gesehen das Kino abhängen würde.« Roland Barthes, »Rhétorique de l'image«, *L'Obvie et l'Obtus, a.a.O.*, S. 36. Uns scheint im Gegensatz dazu, daß die vollendete Gegenwart das Eingreifen anderer

Gegenwartsformen nicht verbietet und demzufolge auch nicht, daß das fiktionale oder symbolische Gewissen funktioniert.

51. Siehe *Zeitblende, Fünf Jahrzehnte MAGNUM Photographie*, München, Schirmer/Mosel, 1989, S. 27 u. 92-93.

52. Es geht um die Radiosendung *Salle de rédaction*, produziert von François-Régis Bastide, France Culture, 30. Oktober 1970. Gilles Caron, 1939 geboren, war insbesondere zusammen mit Raymond Depardon einer der Mitbegründer der Agentur Gamma im Jahr 1967. Seine Photographien vom Mai ʼ68 und von Biafra sind weltberühmt. Er starb in der Nähe von Phnom Penh am 5. April 1970.

53. »Photographier n'est rien [...]«, 1989, *a.a.O.*

54. *Au bon plaisir d'Henri Cartier-Bresson*, 1991, a.a.O. genannte Radiosendung.

55. Carole Naggar, »Du cœur à l'œil«, *Le Matin de Paris*, 23. Januar 1981.

56. Henri Cartier-Bresson, »L'Instant décisif«, *a.a.O.*

57. Patrick Roegiers' Artikel zu einer Ausstellung von Dieter Appelt im Studio 666, Gesamtkatalog des ›Mois de la Photo‹, Paris, November 1986, S. 154.

58. *Sowjetunion, Photographische Notizen von Henri Cartier-Bresson*, Luzern u. Frankfurt/Main, Verlag C. J. Bucher, 1973.

59. Anne Baldassari »Entretien avec Pierre de Fenoyl«, *a.a.O.*, S. 80-81.

60. *ebd.*, S. 80.

61. *ebd.*, S. 81-82.

62. *Les Cahiers de la photographie*, 1986, *a.a.O.*

63. Siehe Peter Galassi, *a.a.O.*, S. 106 u. 119.

64. Es ließen sich hier zahlreiche Werke anführen, doch beschränken wir uns auf eine Nennung: Michael Baxandall, *Die Wirklichkeit der Bilder, Malerei und Erfahrung im Italien des 15. Jahrhunderts*, Frankfurt/Main, Syndikat, 1980, in der einerseits die vertraglichen Beziehungen zwischen dem Maler und seinem Auftraggeber und andererseits die Folgen solcher Beziehungen auf die ästhetische Wahrnehmung untersucht werden.

65. Henri Cartier-Bresson, »L'Instant décisif«, *a.a.O.*

66. Siehe die Photographien, die 1933 in Alicante und 1934 in Mexiko *(Calle Cuauhtemoczin)* aufgenommen wurden, in: *Photoportraits, a.a.O.*, S. 78-79.

67. Siehe *Photoportraits, a.a.O.*, S. 58 für das Portrait von Truman Capote, S. 194 u. 217 für die Portraits von Carson McCullers u. S. 253 für das von Claude Roy.

68. Siehe *Photoportraits, a.a.O.*, S. 131 für das Portrait von Saul Steinberg u. S. 107, 177 u. 279 für die Portraits von Mandiargues.

69. Siehe Henri Cartier-Bresson und Louis Clayeux, *Alberto Giacometti photographié par Henri Cartier-Bresson,* Layout von Ferdinando Scianna, Mailand, Franco Sciardelli, 1991.

70. Françoise Ayxendri berichtet in ihrem Artikel »Les portraits de Cartier-Bresson« in *Le Matin de Paris* vom 12. Januar 1984, daß es in der Tat Max Ernst war, von dem er im Jahr 1927 eines seiner ersten photographischen Portraits machte. So groß die Zahl der herausragenden Persönlichkeiten sein mag, die Henri Cartier-Bresson kannte, ihm schwebte nie vor, eine photographische Enzyklopädie berühmter Menschen dieses Jahrhunderts zusammenzustellen. Im übrigen ist es fast unmöglich, eine klare Trennlinie zwischen seinem Privatleben und der gesellschaftlichen und kulturellen Geschichte der 30er bis 70er Jahre zu ziehen, so sehr vermischen sich diese Bereiche.

71. Siehe *Théorie des genres,* insbesondere den Beitrag von Robert Scholes, »Les modes de la fiction«, Paris, Seuil, Collection Points, 1986, S. 77 ff.

72. Peter Galassi, *a.a.O.,* S. 46.

73. *ebd.*

74. *Au bon plaisir d'Henri Cartier-Bresson,* 1991, a.a.O. genannte Radiosendung.

75. *L'Environnement poétique,* 1969, a.a.O. genannte Radiosendung.

76. *ebd.*

77. *Interview muet, a.a.O.:* Das Zitat von François Mauriac ist der Sendung *Contacts* von Robert Delpire, Paris, C.N.P.-La Sept-Arte-K.S. Vision, 1994, entnommen.

78. Hervé Guibert, »Cartier-Bresson, ›Photoportraits‹ sans guillemets«, *Le Monde,* 10. Oktober 1985.

DER ZEN-BOGENSCHÜTZE
(S. 192–225)

1. Zitiert von Daisetz T. Suzuki in seinem Vorwort zu Eugen Herrigel, *Zen in der Kunst des Bogenschießens, a.a.O.,* S. 9.

2. In seinen *Wahlverwandtschaften,* Stuttgart, Reclam, 1956, S. 134, bezeichnet J. W. Goethe mit »rotem Faden« das, was es ermöglicht, etwas mit verdeckter Kontinuität zu verfolgen, und dem Werk seine Einheit verleiht: »Wir hören von einer besondern Einrichtung bei der englischen Marine. Sämtliche Tauwerke der königlichen Flotte, vom stärksten bis zum schwächsten, sind dergestalt gesponnen, daß ein roter Faden durch das Ganze durchgeht, den man nicht herauswinden kann ohne alles aufzulösen, und woran auch die kleinsten Stücke kenntlich sind,

daß sie der Krone gehören. Eben so zieht sich durch Ottiliens Tagebuch ein Faden der Neigung und Anhänglichkeit, der alles verbindet und das Ganze bezeichnet.«

3. *Au bon plaisir d'Henri Cartier-Bresson,* 1991, a.a.O. genannte Radiosendung.

4. Die deutsche Originalausgabe des Werkes von Eugen Herrigel geht auf das Jahr 1948 zurück und wurde von Kurt Weller in Konstanz unter dem Titel *Zen in der Kunst des Bogenschießens* veröffentlicht.

5. *Le Tir à l'arc mis en lumière par Georges Braque,* Eugen Herrigel u. Georges Braque, Paris, 1960, in 8°, 61 S. Die Aphorismen von Georges Braque sind dem Band *Der Tag und die Nacht, Aus den Aufzeichnungen 1917-1952,* Zürich, Die Arche, 1985 (?) entnommen.

6. Eugen Herrigel, deutscher Philosophieprofessor, reiste in den Jahren vor Ausbruch des Zweiten Weltkriegs zusammen mit seiner Frau nach Japan zum Studium an der Kaiserlichen Universität von Tohoku. Von jahrelanger leidenschaftlicher Begeisterung für die fernöstliche Mystik getragen, sah er darin die Gelegenheit, sich mit dem Zen-Buddhismus vertraut zu machen. In Anbetracht der Schwierigkeit, die das Verständnis von etwas, das weder eine Religion noch eine Weisheit und auch keine Mystik im christlichen Sinne des Wortes ist, für einen Europäer darstellt, empfiehlt man ihm, den Zugang über eine der mit dem Zen verbundenen Künste zu finden, die in gewisser Weise dessen Propädeutik darstellen. Dazu zählt die Kunst der Blumenarrangements, die Tuschemalerei aus China (seine Frau wird sich für diese beiden Wege entscheiden) und schließlich das Bogenschießen, für das er optiert.

7. Laotse, *Tao-te-king, Das Buch vom Sinn und Leben,* Übersetzt und mit einem Kommentar von Richard Wilhelm, München, Eugen Diederichs Verlag, 1995; hier: Kap. 77, S. 120.

8. Eugen Herrigel, *a.a.O.,* S. 32.

9. Im Taoismus sind die Begriffe von Atem, Leere, Rhythmus und Leben unmittelbar miteinander verbunden: »Der Atem des Universums ist gleichzeitig Leere und Licht, Wärme und Leben.« Chuang-Tzu, zitiert von Marcel Granet in: *La Pensée chinoise, a.a.O.,* S. 442.

10. Laotse, *Tao-te-king, a.a.O.,* Kap. 24, S. 64. Das Zen kennt weder die Idee der Perfektionierung des Selbst noch die des Über-sich-selbst-Hinauswachsens; das unterscheidet es sowohl von der westlichen Mystik als auch vom Sportsgeist. Diesbezüglich läßt sich bei Alan W. Watts nachlesen: »Denn alle Vorstellungen von Selbst-Vervollkommnung und davon, was man in Zukunft werden oder bekommen möchte,

rühren einzig von dem abstrakten Bild her, das wir uns von uns selbst machen. Sie zu verfolgen heißt, diesem Bild immer mehr Wirklichkeit zu verleihen. Andererseits ist unser wahres, außerbegriffliches Selbst bereits der Buddha und benötigt keine Vervollkommnung.« Alan W. Watts, *Zen-Buddhismus, a.a.O.,* S. 157.

11. Falls eine Analogie überhaupt zum Verständnis beitragen kann, dann könnte man, um die Tragweite dieser Betrachtung über die Kräfte der Intelligenz zu ermessen, Marcel Proust anführen, der am Anfang von *Contre Sainte-Beuve, a.a.O.,* auf S. 211 schreibt: »Jeden Tag messe ich der Intelligenz weniger Wert bei. Jeden Tag werde ich mir mehr darüber bewußt, daß der Schriftsteller nur losgelöst von ihr etwas von unseren vergangenen Eindrücken begreifen kann, das heißt etwas von sich selbst, und so einzig den Stoff der Kunst erreichen kann.« Intelligenz wird hier als ein weitläufiges System der Erfassung elementaren sensoriellen und affektiven Lebens wahrgenommen, das es einem ohne Zweifel ermöglicht, sich inmitten der Konventionen und der Zeichen gesellschaftlichen Lebens im allgemeinen zurechtzufinden, sich aber zwischen den Künstler und den Stoff seines Werks schiebt, wenn er seine authentische Persönlichkeit zu entdecken oder zum Ausdruck zu bringen versucht. Marcel Proust nennt dies »sein eigenes banales Ich anbohren, um das Andere herauszuholen«. *Ebd.,* S. 305.

12. Louis Aragon, *Der Pariser Bauer, a.a.O.,* S. 155.

13. Alan W. Watts, *Zen-Buddhismus, a.a.O.,* S. 43.

14. *ebd.,* S. 44.

15. Bei Laotse finden sich die grundlegenden Symbole für diese um den Begriff der Leere kreisende Kosmologie: Er verwendet das Bild vom Blasebalg einer Schmiede, welcher, obwohl »leer [...], doch nicht zusammen[fällt]« (*Tao-te-king, a.a.O.,* Kap. 5, S. 45; diese Metapher verbindet auf klare Weise Leere und Atem) oder auch das Bild von der Radnabe eines Karrens (in Anspielung auf die Darstellung der Zeit): »Dreißig Speichen umgeben eine Nabe: / In ihrem Nichts besteht des Wagens Werk.« (*Tao-te-king, a.a.O.,* Kap. 11, S. 51.)

16. François Cheng, *Vide et plein, le langage pictural chinois,* Paris, Seuil, Collection Points, 1991, S. 45.

17. Marcel Granet, *a.a.O.* (franz. Fassung), S. 427. Bisher ging es Herrigel nur darum, zu lernen, den Bogen »im Geiste« zu spannen. Nach einem Jahr der Praxis wird endlich ein viel heikleres Problem angegangen: »Als nächstes kam das Lösen des Schusses

an die Reihe. Bisher durften wir es aufs Geratewohl vollziehen. [...] Und was mit dem Pfeile geschah, war noch gleichgültiger gewesen. [...] Sie [die Zielscheibe] zu treffen ist kein Kunststück, da man ihr in einer Entfernung von höchstens zwei Metern gegenübersteht.« Eugen Herrigel, *a.a.O.*, S. 35.

18. Lie-Tseu (dt. Lieh-tse), *Le Vrai Classique du vide parfait*, II, X, in: *Philosophes taoïstes, a.a.O.*, S. 401.

19. Eugen Herrigel, *a.a.O.*, S. 37.

20. »»Der Schuß wird ja nur glatt, wenn er den Schützen selbst überrascht. Es muß sein, wie wenn die Bogensehne den Daumen, der sie festhält, jählings durchschnitte. Sie dürfen also die rechte Hand nicht absichtlich öffnen««, sagt der Meister. Eugen Herrigel, *a.a.O.*, S. 38-39.

21. Hinsichtlich dieser Frage verweisen wir auf das Werk von Marcel Granet, *a.a.O.* (dt. Fassung), S. 252-253: »Um das Handeln zu leiten und die Welt zu erklären, bedarf es keineswegs der Unterscheidung von Kräften, Substanzen und Ursachen und braucht man sich keineswegs mit den an die Begriffe Stoff, Bewegung und Leistung geknüpften Problemstellungen zu belasten. Es genügt an sich, die gegenseitige Abhängigkeit der emblematischen Gegebenheiten und ihrer sichtbaren Verwirklichungen wahrzunehmen. Sie geben den Anstoß zu einer Erkenntnis der Zusammengehörigkeiten und Verantwortlichkeiten. Sie entheben ebenso von der Annahme einer ersten Ursache wie auch von der Suche nach Ursachen.«

22. Eugen Herrigel, *a.a.O.*, S. 40.

23. Die taoistische Propädeutik beruht insbesondere auf den *Koan,* eine Art Rätselaufgaben, die nicht zu lösen sind, weil ein logischer Zugang zu ihnen entweder von vornherein unmöglich ist oder vereitelt wird (siehe Alan W. Watts, *Zen-Buddhismus, a.a.O.*, S. 134 ff.). Für den Zen-Meister geht es im wesentlichen darum, seinen Schülern beizubringen, sich von ihrem ausschließlichen Vertrauen in ihre logischen Fähigkeiten zu lösen. Im Zusammenhang mit einer Analyse des japanischen Haiku widmet Roland Barthes dieser Praxis einige Seiten in einem Kapitel mit der Überschrift »Die Befreiung vom Sinn«, in: *Das Reich der Zeichen,* Frankfurt/Main, Suhrkamp, 1981, S. 100-104.

24. »»Wir Bogenmeister sagen: Ein Schuß – ein Leben! Was dies bedeutet, können Sie jetzt noch nicht verstehen, aber vielleicht hilft Ihnen ein anderes Bild, welches dieselbe Erfahrung ausdrückt. Wir Bogenmeister sagen: Mit dem oberen Ende des Bogens durchstößt der Bogenschütze den Himmel, am unteren Ende hängt, mit einem Seiden-

faden befestigt, die Erde. Wird der Schuß mit starkem Ruck gelöst, besteht die Gefahr, daß der Faden zerreißt. Für den Absichtlichen und Gewalttätigen wird dann die Kluft endgültig, und der Mensch verbleibt in der heillosen Mitte zwischen Himmel und Erde.«« Eugen Herrigel, *a.a.O.*, S. 42.

25. *ebd.*, S. 49.

26. *ebd.*, S. 66.

27. Dieser Vergleich zwischen dem Schöpfungsakt und der Handlungsweise von Kindern ist André Breton nicht fremd, der im ersten *Manifest des Surrealismus, a.a.O.*, S. 37 schreibt: »Die Kindheit nähert uns vielleicht am meisten dem ›wahren Leben‹: die Kindheit, außer der, abgesehen von seinem Passierschein, der Mensch über nichts verfügt als über einige Freikarten; die Kindheit, wo alles dennoch zum wirksamen Besitz – und ohne Wagnis – seiner selbst beitrug.«

28. Alain Dister, »Paroles d'instantanées«, *Le Nouvel Observateur*, 13.-20. September 1988.

29. Henri Cartier-Bresson, *Die Photographien, a.a.O.*

30. *Au bon plaisir d'Henri Cartier-Bresson,* 1991, a.a.O. genannte Radiosendung.

31. *L'Environnement poétique,* 1969, a.a.O. genannte Radiosendung.

32. »Une année de reportage [...]«, 1970, *a.a.O.*

33. Henri Cartier-Bresson, »L'Instant décisif«, *a.a.O.*

34. »Henri Cartier-Bresson à Arles«, 1979, *a.a.O.*

35. L'Art vivant, 1966, a.a.O. genannte Radiosendung.

36. *Objectif peinture,* 1976, a.a.O. genannte Radiosendung.

37. *L'Environnement poétique,* 1969, a.a.O. genannte Radiosendung.

38. »Nul ne peut entrer ici [...]«, 1974, *a.a.O.*

39. Laotse, *Tao-te-king, a.a.O.*, Kap. 29, S. 69.

40. *Les Cahiers de la photographie,* 1986, *a.a.O.*

41. Henri Cartier-Bresson, »L'Instant décisif«, *a.a.O.*

42. Ein Beispiel aus dem Film: Man denke an Jean Renoir, der schon 1934 in seinem Film *Toni* eine Form der Annäherung an die gesellschaftliche Wirklichkeit erfindet, die dem sehr nahe kommt, was später in Italien zum Neo-Realismus werden sollte. Was die Photographie betrifft, ließe sich die *Groupe des XV* anführen, die Marie de Thézy folgendermaßen einordnet: »Plötzlich erfreute sich die von den Illustrierten in großen Auflagen lancierte Reportage zehn Jahre lang, um 1930 herum, großer

Beliebtheit. Über die historische Perspektive hinaus, durch die ein Bild unserer Zeit für die Zukunft festgehalten werden sollte, versuchte eine gegen die bürgerliche Ordnung opponierende militante Sichtweise, die Ausbeutung, die Armut zu denunzieren. [...] Damals machte Willy Ronis seine Anfänge mit ›Regards‹, dem Organ der kommunistischen Partei. Aus der Aufmerksamkeit, mit der zu der Zeit die armen Gesellschaftsschichten bedacht wurden, entwickelte sich in der Photographie eine sehr städtische Poesie, die ihr Pendant in der Literatur fand.« Marie de Thézy, »Le groupe des XV, un moment de la photographie française«, *Les Cahiers de la photographie*, Nr. 9, 1983, S. 39.

43. Henri Cartier-Bresson, »Die Erfindung nach der Natur (1976)«, in: Wolfgang Kemp (Hg.), *Theorie der Fotografie III, 1945-1980, a.a.O.*, S. 83.

44. »Henri Cartier-Bresson à Arles«, 1979, *a.a.O.*

45. *ebd.*

46. Hinsichtlich der äußerst komplexen Beziehungen, durch die die ikonischen Darstellungen in unserer Kultur mit der Sprache verbunden sind, konsultiere man das Buch von Jacqueline Lichtenstein, *La Couleur éloquente,* Paris, Flammarion, 1989, wo die Autorin zeigt, wie die Malerei, nachdem sie durch die platonische Tradition auf den ambivalenten Nimbus des Irrationalen beschränkt worden war, von der Rhetorik im 17. Jahrhundert aufgrund ihrer Überzeugungsfähigkeiten vereinnahmt wurde. Dem Buch stellt die Autorin folgendes köstliches Zitat von Alberti voran: »Blind wollte einer sein, um besser philosophieren zu können, und von Stunde zu Stunde die Gegenstände nicht sehen, die ihn von jenen verborgenen und äußerst seltenen abgelenkt hätten, die seine vortreffliche Meditation formten. Ich besitze nicht die Dreistigkeit, solch großen Philosophen zu tadeln, doch ihn nachzuahmen vermag ich ebensowenig.« In der chinesischen Tradition hingegen, wo Malerei, Schrift und Meditation sehr eng miteinander verbunden sind, steht die Intelligenz des Weisen nicht im Gegensatz zu der des Künstlers. Aus diesem Blickwinkel muß der Wille Henri Cartier-Bressons verstanden werden, dem photographischen Bild eine im Gegensatz zum sprachlichen Denken autonome reflexive Funktion zuzuweisen.

47. Louis Aragon, *Der Pariser Bauer, a.a.O.*, S. 229-230.

48. »L'Univers noir et blanc [...]«, 1968, *a.a.O.*

49. *Les Chroniques photographiques,* 1970, a.a.O. genannte Radiosendung.

50. Eugen Herrigel, *a.a.O.*, S. 51.

51. *ebd.*, S. 55.

52. Wir erinnern daran, daß das Tao weder ein Gott noch die Vernunft, weder der Geist noch die Seele der Welt ist: *Tao* bedeutet Weg und bezeichnet das regelmäßigste und beste Verhalten. Abermals ist das chinesische Denken von unmittelbarer Konkretheit: Tao ist ein Regulationsprinzip der Bewegung der Dinge, so, wie sie sich ereignen. Siehe Marcel Granet (dt. Fassung), *a.a.O.*, S. 227-256.

53. Eugen Herrigel, *a.a.O.*, S. 58. Dieser Satz läßt an einen fast gleichlautenden Satz von Pablo Picasso denken, den er gerne wiederholte.

54. *ebd.*, S. 53-54.

55. *ebd.*, S. 54.

56. Charles Baudelaire entwickelt eloquent diesen Standpunkt, wonach die Imagination und die Mechanik unvereinbar sind. Aus diesem Grund ist er gewillt, der Photographie zwar eine ähnliche Rolle zuzugestehen wie dem Buchdruck, aber keinesfalls mehr. Siehe »Der Salon von 1859. Das moderne Publikum und die Photographie«, in: *Der Künstler und das moderne Leben, a.a.O.*, S. 203-209.

57. »Nichts könnte verschiedener sein von der selbstaufopfernden Plackerei eines Künstlers wie Proust als die Mühelosigkeit des Fotografierens, der wohl einzigen anerkannte Kunstwerke hervorbringenden Aktivität, bei der eine einzige Bewegung, ein Druck auf den Knopf, ein vollständiges Werk produziert«, schreibt beispielsweise Susan Sontag, *a.a.O.*, S. 156.

58. Roland Barthes unterstreicht, wie verlockend und irreführend zugleich der Vergleich zwischen *satori* und mystischer Ekstase ist: »Der ganze Zen – und der Haiku ist nur dessen literarischer Zweig – erscheint so als ein gewaltiges Verfahren, das dazu bestimmt ist, *die Sprache anzuhalten,* jene Art innerer Radiophonie zu brechen, die unablässig in unserem Inneren sendet, und dies noch bis in den Schlaf hinein (vielleicht hindert man die Übenden deshalb am Schlafen), um das unbezwingliche Geplapper der Seele zu leeren, auszutrocknen und in Sprachlosigkeit zu versetzen. Und vielleicht ist das, was im Zen *satori* genannt wird und das sich im Westen nur durch Ausdrücke mit vage christlicher Konnotation übersetzen läßt (Erleuchtung, Offenbarung, Schau), nur ein panischer Schwebezustand der Sprache, die Leerstelle, die in uns die Herrschaft des Codes auslöscht, der Bruch in unserem inneren Monolog, der für unsere Person konstitutiv ist. [...] Bei all diesen Erfahrungen handelt es sich nicht darum, so scheint es, die Sprache unter der mystischen Stille

des Unsagbaren zu erdrücken, sondern darum, sie zu *zügeln,* jenen sprachlichen Kreisel anzuhalten, der in seiner Drehung das zwanghafte Spiel des Symbolersatzes fortführt.« Roland Barthes, *Das Reich der Zeichen, a.a.O.*, S. 102-103. Seine Analyse ist um so interessanter, als er sich nicht damit begnügt, die psychologische Bedeutung des *satori* einzukreisen, sondern dessen semantisch-ästhetische Folgen in Erwägung zieht: Das *satori* hat nur im Rahmen eines ästhetischen Denkens einen Sinn, das, im Gegensatz zur romantischen westlichen Ästhetik, das Gelingen, die Vollendung der künstlerischen Erfahrung nicht als eine signifikante Sättigung, sondern als die zeitweilige Aufhebung der Symbolisierungsprozesse oder deren *Maß* betrachtet. Die Analysen von Jean-Marie Schaeffer in: *L'Image précaire, a.a.O.*, S. 170, zeigen sehr wohl, daß das photographische Bild nicht in der Lage wäre, sich der von der romantischen Ästhetik angenommenen symbolischen Ordnung zu unterwerfen, es sei denn, es würde an die Vorstellung vom Erhabenen appellieren.

59. *Au bon plaisir d'Henri Cartier-Bresson,* 1991, a.a.O. genannte Radiosendung.

60. *ebd.*

61. Anzunehmen, daß das chinesische Denken auf irgendeinem *Apriori* in Analogie zur gegenwärtigen Ideologie vom Tod des Subjekts beruht – die mit den gemeinsamen Auswirkungen von Strukturalismus und Freudianismus in Frankreich in den 60er Jahren einhergeht –, hieße eine völlig falsche Perspektive einnehmen.

62. Siehe Paul Demieville, »Les entretiens de Lin-tsi« (Übersetzung u. Untersuchung, die 1958/59 Thema eines Seminars am Collège de France war), *Hermès,* Nr. 4, Nouvelle Série, 1985, S. 235-254. Es sei angemerkt, daß im Verhältnis die erste der in diesem Tetralemma vorgeschlagenen Lösungen Gemeinsamkeiten mit der Logik des »photographischen Aktes« aufweist, für die lediglich »das Empfinden des photographischen Prozesses« auf das Motiv übertragen wird.

63. Siehe François Cheng, *a.a.O.*, S. 100-105.

64. Marcel Granet, *a.a.O.* (dt. Fassung), S. 100.

65. Siehe Marcel Granet, der folgende Nuance hinzufügt: »Man charakterisierte ihre Bemühung [die der taoistischen Denker], indem man sagte, daß sie sich von den animistischen Vorstellungen befreien wollten, die zu ihrer Zeit im chinesischen Denken vorherrschten. Es wäre zutreffender, nicht von Animismus, sondern von Magie zu sprechen. Indem sie die Vorstellung des Tao intellektualisierten, wenn ich

so sagen kann, und zudem auf den Begriffen des Unpersönlichen und Unparteiischen bestanden, versuchten die taoistischen Meister, das, was bis dahin als das konkrete und totale Ordnungsprinzip oder als das fruchtbare Milieu magischer Handlungen begriffen worden war, als ein Prinzip rationaler Erklärung zu interpretieren.« Marcel Granet, *a.a.O.* (franz. Fassung), S. 428.

66. G. F. Carrera, *La Photographie le néant,* Paris, P.U.F., 1986. Zitiert von Regis Durand, in: *Le Regard pensif,* Paris, La Différence, 1988, S. 16.

67. Regis Durand, *a.a.O.*, S. 17-18.

68. Philippe Dubois, *L'Acte photographique, a.a.O.*, S. 86 (Hervorhebung im Text).

69. *ebd.*, S. 88. Das Zitat verweist auf das Buch von John Berger und Jean Mohr, *Eine andere Art zu erzählen,* München/ Wien, Carl Hanser Verlag, 1984 (hier: S. 86).

70. Henri Van Lier, »Philosophie de la photographie«, *Les Cahiers de la photographie, a.a.O.*, S. 50.

71. Jean-Marie Schaeffer, *L'Image précaire, a.a.O.*, S. 188-189.

72. *ebd.*, S. 191.

73. Diese Photographie ist insbesondere wiedergegeben im Buch von Beaumont Newhall, *Geschichte der Photographie,* München, Schirmer/Mosel, 1984.

74. Jean-Marie Schaeffer, *L'Image précaire, a.a.O.*, S. 37.

75. Vladimir Jankélévitch, *La Musique et l'Ineffable,* Paris, Seuil, 1983, S. 186.

76. Wie Jean-Marie Schaeffer in *L'Image précaire, a.a.O.*, S. 160-161 schreibt: »Die romantische Ästhetik [...] nimmt als offensichtliche Wahrheit an, daß eine Tätigkeit nur unter der Bedingung in eine Kunst münden kann, daß sie hermeneutische Gegenstände produziert und von einer Sprache geleitet wird. [...] Die photographische Kunst bereitet einem solchen Sakralisierungsdiskurs viel Kopfzerbrechen, wie dies die Mißgeschicke zeigen, die ihr darin widerfahren.«

77. Roland Barthes, *Die helle Kammer, a.a.O.*, S. 59.

78. *ebd.*, S. 65.

DER GEOMETER (S. 226–247)

1. »Entretien avec Henri Cartier-Bresson«, 1975, *a.a.O.*

2. »Nul ne peut entrer ici [...]«, 1974, *a.a.O.*

3. Alain Bergala, »Henri Cartier-Bresson, un livre, une exposition«, *Les Cahiers du cinéma,* Nr. 308, Februar 1980.

4. Dieser »dynamische Widerspruch zwischen Nichtwollen und Beherrschung« trifft genau auf die chinesische Ästhetik zu, wie François Jullien insbesondere im Hinblick auf die Musik hervorhebt, wenn er von dem Faden spricht, der für den Instrumentalisten die Entstehung und den Verlust vereint: »Der Musiker, so begabt er auch sein mag, geht gewisser Töne verlustig, während er gleichzeitig andere Töne entstehen läßt.« *Éloge de la fadeur: à partir de la pensée et de l'esthétique de la Chine,* Paris, Garnier-Flammarion, 1993, S. 69. Es geht in der Tat darum, einen virtuellen Tonraum zu erhalten, eine weniger bestätigende als neutrale Spanne des Ausdrucks bereitzuhalten: »Was nicht mehr in eine Richtung tendiert als in eine andere, was sich nicht mehr in einer Weise charakterisieren läßt als in einer anderen, sondern seine Fähigkeit zum Aufschwung vollständig in sich behält.« *Ebd.,* S. 43.

5. Der Knabe der Rue Mouffetard ist Thema einer Analyse von Raúl Beceyro, der auf die »Fehler« verweist, die Henri Cartier-Bresson in diesem Bild unterlaufen sind, was seiner Meinung nach »die Vorstellung widerlegt, wonach der Photograph den Stoff beherrscht und ihn also zum Erstarren bringt«, in: *Henri Cartier-Bresson, essai,* Paris, Créatis, 1980, S. 14-15. Uns hingegen erscheint die Beherrschung als unbestritten, da die Komposition, obwohl sie eine Neigung aufweist, darum nicht minder perfekt ist. Es wäre vielmehr angebracht, von einem ausgearbeiteten Widerspruch zwischen der formalen Beherrschung und der Suche nach Überraschung, nach dem Unwillkürlichen zu sprechen.

6. *L'Environnement poétique,* 1969, a.a.O. genannte Radiosendung.

7. Robert Klein, *La Forme et l'Intelligible,* Paris, Gallimard, Collection Tel, 1970, S. 161.

8. »L'Univers noir et blanc [...]«, 1968, *a.a.O.*

9. Robert Klein, *a.a.O.,* S. 162.

10. Siehe Plotin, *Enneaden,* VI. Enneade, Buch 7, Kap. 22, Jena und Leipzig, Eugen Diederichs, 1905.

11. Zitiert von Nicole Vandier-Nicolas, in: *Chinesische Malerei und Tradition der Gelehrten,* Würzburg, Edition Popp, 1983, S. 202.

12. »Entretien avec Henri Cartier-Bresson«, 1975, *a.a.O.*

13. *Les Chroniques photographiques,* 1970, a.a.O. genannte Radiosendung.

14. Henri Cartier-Bresson, »Die Erfindung nach der Natur (1976)«, in: Wolfgang Kemp (Hg.), *Theorie der Fotografie III, 1945-1980, a.a.O.,* S. 83.

15. Von Jean Lacouture zitierte Äußerungen, in: »Die Gründer«, *Zeitblende, Fünf Jahrzehnte MAGNUM Photographie, a.a.O.,* S. 54.

16. »Photographier n'est rien [...]«, 1989, *a.a.O.*

17. *L'Environnement poétique,* 1969, a.a.O. genannte Radiosendung.

18. »L'Univers noir et blanc [...]«, 1968, *a.a.O.*

19. Eugen Herrigel, *a.a.O.,* S. 69.

20. »L'Univers noir et blanc [...]«, 1968, *a.a.O.*

21. Leo N. Tolstoi, *Krieg und Frieden,* München, Deutscher Taschenbuch Verlag, 1990, S. 1093.

22. »Nul ne peut entrer ici [...]«, 1974, *a.a.O.*

23. Henri Cartier-Bresson, »L'apprentissage du monde [...]«, 1955, *a.a.O.*

24. *ebd.*

25. »Nul ne peut entrer ici [...]«, 1974, *a.a.O.*

26. Vladimir Jankélévitch, *a.a.O.,* S. 57 u. 70.

27. François Jullien, *Éloge de la fadeur [...], a.a.O.,* S. 123 u. 143 (die Hervorhebungen im dt. Text kennzeichnen die Stellen, an denen die im Franz. als Merkmal der Betonung eingesetzte Großschreibung verwendet wurde).

28. André Lhote, *Traités du paysage et de la figure, a.a.O.,* S. 142.

29. *ebd.,* S. 87-88 (Hervorhebung im Text). Das Buch von André Lhote eröffnet die Debatte gegen diejenigen, die in der modernen Malerei die Herrschaft des nackten Instinktes sehen und die tiefe Kontinuität ignorieren, die beispielsweise einen Maler wie Cézanne mit der Tradition der großen Meister verbindet. Die Forderung nach Rigorismus und Disziplin, die Kenntnis der großen Museumswerke, der Begriff selbst der photographischen Intelligenz – alle wesentlich bei Henri Cartier-Bresson – sind das unmittelbare Erbe von André Lhote, der den surrealistischen Einfluß erheblich differenziert und der surrealistischen Doktrin in gewissen wesentlichen Punkten sogar widersprechen sollte. Peter Galassi konstatiert zwar diese Schuld gegenüber André Lhote, minimiert aber die Tragweite, um die These über das Jugendwerk zu untermauern, das eine photographische Weiterführung surrealistischer Ästhetik wäre: »Nichtsdestotrotz kann die Lehre von Lhote Cartier-Bresson dabei geholfen haben, Disziplin nicht als die routinehafte Anwendung formeller Regeln zu begreifen, sondern als Definition einer Gesamtheit präziser Bedingungen, die geeignet sind, ein künstlerisches Problem zu klären, und so der Phantasie erlauben, frei darin zu arbeiten. In diesem Sinne hat die Malerausbildung, die Henri Cartier-Bresson erhalten hat, tatsächlich eine wichtige Rolle in seiner Photographie spielen können.« Peter Galassi, *a.a.O.,* S. 12. Der ideologische und affektive Einfluß des Surrealismus mag unbestreitbar sein, doch der Beitrag von André Lhote und vor allem die Kenntnis der Tradition der Malerei machen das Gerüst des gesamten Werkes von Henri Cartier-Bresson aus.

30. »Nul ne peut entrer ici [...]«, 1974, *a.a.O.*

31. *Objectif peinture,* 1976, a.a.O. genannte Radiosendung.

32. André Lhote, *Traités du paysage et de la figure, a.a.O.,* S. 29.

33. Jean-Marie Schaeffer, *L'Image précaire, a.a.O.,* S. 46.

34. »Diese Tiefe, die die Maler seit jeher in Unruhe versetzte, findet in der Verwendung von Blenden ihre wirkliche Technik: Da jedes Feld das andere verdrängt, bemüht sich das abwechselnd vor- und rückwärts gelenkte Auge, die dritte Dimension zu realisieren. Der Geniestreich bestand darin, durch die unendliche Wiederholung jedes Phänomens jede Vertiefung durch eine *gleichwertige* Vorwärtsbewegung zu kompensieren. Ohne diesen Trick würde das Auge den Horizont, den Hintergrund auf einen Schlag absuchen, ohne sich durch diese aufeinanderfolgenden Widerstände erregen zu lassen, die ihm, indem sie es in seiner Suche nach dem Raum aufhalten, ein ambivalentes und subtiles Vergnügen bereiten«, schreibt André Lhote in: *Traités du paysage et de la figure, a.a.O.,* S. 30 (Hervorhebungen im Text).

35. Jean-Marie Floch, *Les Formes de l'empreinte,* Périgueux, Ed. Pierre Fanlac, 1986, S. 81.

36. Man denke an die kubistischen Landschaften von Picasso, insbesondere an *Horta del Ebro,* wo die Dachfläche eines der Häuser in der Mitte des Gemäldes die Fluchtlinien auf brutale Weise bremst. »Um eine zu indiskrete perspektivische Wirkung zu vermeiden, wird die Flucht der Linien – beispielsweise der vom Dach im Vordergrund – umgekehrt, wie bei den primitiven Völkern und den Chinesen, und aus denselben Gründen«, schreibt André Lhote in: *Traités du paysage et de la figure, a.a.O.,* Bildtafel XXX.

37. *ebd.,* S. 125.

38. Aufgrund der Einprägsamkeit einer unerbittlichen, obgleich äußerst diskreten Komposition schafft es Henri Cartier-Bresson die meiste Zeit, dem Pittoresken und Anekdotischen zu entwischen. So schrieb André Lhote im Hinblick auf *Die Zirkusparade* von Georges Seurat: »Das Ge-

mälde kann die gewöhnlichsten oder die sonderbarsten Schauspiele unterschiedslos darstellen, ohne dabei ins Pittoreske verfallen zu müssen: Die unerbittliche und liebliche Kadenz hebt in aller Schärfe den Verlauf der Anekdote hervor und verleiht ihr die Erhabenheit antiker Basreliefs.« André Lhote, *Traités du paysage et de la figure*, *a.a.O.*, Abb. Nr. 50.

39. André Lhote, *Traités du paysage et de la figure*, *a.a.O.*, S. 27.

40. *ebd.*, S. 11.

41. *ebd.* Hierbei handelt es sich um *Ein Sonntag in Port-en-Bresse* von Georges Seurat.

42. Ernst H. Gombrich, *Die Geschichte der Kunst,* erweiterte, überarb. u. neu gestaltete 16. Ausgabe, Frankfurt/Main, S. Fischer Verlag, 1996, S. 625.

43. Text von Avigdor Arikha, 1988 für den C.N.P. anläßlich des 80. Geburtstags von Henri Cartier-Bresson geschrieben und wiederaufgenommen in: *Peinture et regard*, Paris, Hermann, 1991, S. 223.

DIE SPUR UND DIE ZEIT
(S. 248–279)

1. Vladimir Jankélévitch, *a.a.O.*, S. 149.

2. In seinem Einleitungstext zur *Photo-Poche*-Ausgabe zu Cartier-Bresson schreibt Jean Clair: »Das Photo, das uns das Erscheinen der Dinge und der Lebewesen so liefert, als wären sie verschwunden beziehungsweise gestorben, stellt die bestmögliche Annäherung des Schleiers der Maya dar, die man sich vorstellen kann. Niemals ist es so stark von jenem düsteren oder todbringenden Sinn, wie ihn der Buddhismus lehrt, durchdrungen, als wenn es, bei diesem rituellen Gebrauch, ein Situations-Photo oder ein sogenanntes Amateur-Photo ist. [...] Das Photo als Kunst aber richtet sich gegen diesen maschinellen und heimtückisch tödlichen Gebrauch der photographischen Industrie, stellt die Beziehung zwischen der Außenwelt und uns wieder her und setzt sich, wie jede andere Kunst auch, nicht die Beschwörung des Todes zum Ziel, sondern bezeichnet im Gegenteil seine Anwesenheit im Herzen des Lebens als etwas, was ihm Sinn verleiht.«

3. Hervé Guibert, *L'Image fantôme*, Paris, Minuit, 1981, S. 38.

4. Es lohnt sich, daran zu erinnern, daß der Tod seiner Mutter Überlegungen zur Photographie auslöste, die auf Wiedererinnerung ausgerichtet und von Trauerarbeit durchdrungen sind sowie von der Hoffnung auf Beschwörung jener »Super-Illu-

sion«, wie sie das Verschwinden eines nahestehenden Menschen darstellt, stimuliert werden. Der Ausdruck »Super-Illusion« stammt aus dem Apolog auf dem Umschlagrücken der französischen Ausgabe von *Die helle Kammer*.

5. Roland Barthes, *Die helle Kammer, a.a.O.*, S. 102.

6. Marcel Proust, *À la recherche du temps perdu*, Paris, Gallimard, Pléiade, 1954, Bd. III, S. 886.

7. In einem der Photographie gewidmeten Buch im Werk von Proust, *a.a.O.*, S. 76, schreibt Jean-François Chevrier: »In dieser Auslegung ist die Verdammung der Photographie klar. Sie umfaßt die von Benjamin bis Reik übernommene Unterscheidung zwischen Erinnerung und Gedächtnis: ›Das Gedächtnis‹, schrieb Reik, ›hat die Aufgabe, die Eindrücke zu schützen. Die Erinnerung neigt dazu, sie zu zerlegen.‹ Und es ist jetzt (nach Freud) banal zu sagen, daß das Vergessen der wahrhaftige bewahrende Faktor sei.« Auch uns erscheint diese Unterscheidung zwischen Erinnerung und Gedächtnis als völlig zutreffend.

8. Roland Barthes, *Die helle Kammer, a.a.O.*, S. 100. Die Episode über Roland Barthes' unerwartete Entdeckung eines Bildes seiner Mutter, das ihren »Ausdruck« [air] enthält, ist mit der Proust'schen Erfahrung mit der Reminiszenz im Hof des Hôtels von Guermantes vergleichbar. Dann nämlich erwacht ein ganzes Imaginäres zu neuem Leben, wie wenn diese Photographie aus dem sogenannten »Wintergarten« plötzlich die Strömungsrichtung umgekehrt hätte, der alle anderen, einfachen Abdrücke, denen das Imaginäre versagt blieb, folgten. Ohne Zweifel enthüllt Barthes diese Photographie seinen Lesern nicht, da es ihm nicht möglich wäre, von dieser einzigartigen Erfahrung ausgehend, die einen Grenzfall darstellt, eine Objektivität zu begründen. Die Photographie aus dem Wintergarten teilt sich im übrigen die Eigenschaft, nicht präsentierbar zu sein, mit anderen, ganz gewöhnlichen Erinnerungsphotos, für jene nämlich, bei denen sie nichts auslösen würde. So treffen sich die Extreme wieder, und die Erinnerungsphotos, die den Abdruck des bruchstückhaften Augenblicks einschreiben, teilen die gleiche Vertraulichkeit, die gleiche Unkommunizierbarkeit mit dem einzigen, das die Evidenz eines ganzen Lebens enthält.

9. *ebd.*, S. 119.

10. Was Barthes das »Signum der Zeit« nennt: »Ist die Photographie nun verrückt oder zahm? Sie kann eines so gut wie das andere sein: zahm, wenn ihr Realismus sich in Grenzen hält, wenn er von ästhetischen

oder empirischen Gewohnheiten gemildert bleibt (etwa beim Durchblättern einer Zeitschrift beim Arzt oder Friseur); verrückt, wenn dieser Realismus absolut und sozusagen ursprünglich ist und damit das Signum der Zeit ins verliebte und erschreckte Bewußtsein dringen läßt: wahrhaftig eine Umkehrbewegung, die den Lauf der Dinge wendet und die ich abschließend die photographische *Ekstase* nennen möchte.« *Ebd.*, S. 130.

11. Die Unterscheidung zwischen Indiz und Ikone ist wesentlich, da alle indizienhaften Zeichen keine analoge Funktion haben: »Der Abdruck der Radioaktivität des Urans auf einer photographischen Platte ist wohl ein sichtbares Indiz gleicher Art, doch es impliziert keine Ähnlichkeitsbeziehung zwischen Gegenstand und Zeichen, und natürlich auch keine Analogiebeziehung.« Jean-Marie Schaeffer, *L'Image précaire, a.a.O.*, S. 56.

12. »Ein gemaltes Portrait verweist im allgemeinen auf die reale Person, die es darstellt: Aus diesem Blickwinkel betrachtet, kann es dieselbe Funktion erfüllen wie das photographische Bild. Wird es aber als Zeichen *an sich* betrachtet, bleibt es ein Zeichen der Essenz, selbst wenn die Beziehung zum individualisierenden Verweis vollständig hergestellt ist. Umgekehrt bleibt ein photographisches Bild auch dann ein Zeichen der Existenz, wenn es niemals möglich sein sollte, zu rekonstruieren, wessen Portrait es ist. [...] Der Zwangscharakter der These von der für die photographische Ikone eigentümlichen Existenz wird durch ein vielsagendes Beispiel beschrieben: Logisch gesprochen ist es möglich, gleichzeitig zu behaupten, daß ein bestimmtes Gemälde das Monster von Loch Ness darstellt und daß dieses Monster nicht existiert; diese beiden Aussagen wären allerdings unvereinbar, wenn uns eine Photographie vorläge (die allerdings nur über die Existenz an sich etwas aussagen würde, ohne der Natur des Phänomens oder seinen Interpretationen vorzugreifen).« *Ebd.*, S. 122-125.

13. »Diese Spannung«, schreibt Jean-Marie Schaeffer, »kommt auf unzähligen Ebenen zur Geltung. [...] Auf der Ebene der temporalen Einfügung des Bildes existiert eine virtuelle Spannung zwischen der Aktualität der ikonischen Präsenz und dem Wissen um die *Arche*, das es in die Vergangenheit zurückdrängt. Dieselbe Spannung findet sich auf der Ebene der Struktur des Bildes wieder, welche zwischen dem quasi wahrnehmenden Feld und der ikonischen Figuration oszilliert.« *Ebd.*, S. 102.

14. Möglicherweise hat Franz Kafka diese Ambivalenz der Affekte, die auf die Oszil-

lationsbewegung zwischen Indiz und Ikone, zwischen der Kälte und der Wahrung einer Wesenheit zurückzuführen ist, kurz: die *morbidezza,* die mit dem Blättern von Photoalben einhergeht, am besten beschrieben: »Und daß dieses Bildchen so unerschöpflich ist, das ist freilich ebensoviel Freude wie Leid. Es vergeht nicht, es löst sich nicht auf wie Lebendiges, dafür aber bleibt es wieder für immer erhalten und ein dauernder Trost, es will mich nicht durchdringen, aber es verläßt mich auch nicht.« Franz Kafka, »Brief in der Nacht vom 27. zum 28.XII.12«, in: *Briefe an Felice und andere Korrespondenz aus der Verlobungszeit,* Frankfurt/Main, Fischer Taschenbuch Verlag, 1990, S. 211.

15. So erhielt beispielsweise die 1949 in China aufgenommene Photographie (siehe Abb. 245: *Peking 1949*) folgende Legende: »Nachdem ein Bauer, der nach Peking gekommen war, um sein Gemüse zu verkaufen, seinen Markttag beendet hatte, setzte er sich hin, um seine Vorräte zu verzehren: ein chinesisches Brot und eine dicke Getreidesuppe. Ein resignierter Ladeninhaber hat in seinem Laden nichts mehr zu verkaufen. Peking ist von den Volksarmeen bereits heimgesucht worden.« Siehe *L'Autre Chine,* Paris, C.N.P., Collection Photo Notes, 1989, Abb. Nr. 7 u. hier Nr. 245.

16. Jean-François Chevrier, »Proust et la photographie«, in: Marcel Proust, *À la recherche du temps perdu, a.a.O.,* S. 86.

17. *Amerika. Photo-Skizzen,* München, Schirmer/Mosel, 1991, S. 88. Der dt. Filmtitel lautet: *Misfits – Nicht gesellschaftsfähig.*

18. »Une année de reportage [...]«, 1970, *a.a.O.*

19. »Im Photo hat sich etwas vor eine kleine Öffnung *gestellt* und ist dort geblieben (so jedenfalls empfinde ich es); doch im *Film hat sich* vor der gleichen kleinen Öffnung *etwas vorbeibewegt:* Die Pose wird von der ununterbrochenen Folge der Bilder beseitigt und geleugnet: es kommt zu einer anderen Phänomenologie und folglich zu einer anderen Kunst, obgleich sie von der ersteren abgeleitet ist.« Roland Barthes, *Die helle Kammer, a.a.O.,* S. 88.

20. In einem 1951 in der Zeitschrift *Esprit* erschienenen Artikel verwendet André Bazin den Begriff »Abguß« zur Unterscheidung zwischen Photographie und Film: »Der Fotograf erhält über das Objektiv als Mittler einen richtigen lichtstarken Abzug, eine Art Abguß. [...] Die Fotografie aber ist insofern eine schwache Technik, als ihre Augenblicklichkeit sie zwingt, die Zeit nur stückweise einzufangen. Der Film macht etwas sehr Paradoxes: Er nimmt sich die

Zeit des Objektes zum Vorbild und stellt zudem den Eindruck seiner Dauer her.« André Bazin, *Was ist Kino?, a.a.O.,* S. 86. Für die Photographie gilt die Dimension des Abgusses auf morphologischer Ebene, doch führt sie nur zu fehlerhaften Vereinfachungen, wenn man darin ausschließlich das signifikante System des photographischen Bildes sieht, das dann nur noch »behindert« zu sein vermag, schreibt Bazin. Jean-Marie Schaeffer hingegen zeigt, daß Photographie kein Abguß, sondern ein Abdruck auf Entfernung ist, und daß zudem zwei verschiedene Ebenen nicht miteinander verwechselt werden dürfen: »Die Ebene des Abdrucks hält sich an die des digital-photonischen Bildes und muß von derjenigen der analogen Photographie unterschieden werden. Letztere zeichnet sich dadurch aus, daß sie mindestens einem zusätzlichen Zwang ausgesetzt ist, nämlich der Ähnlichkeit des Bildes eines Gegenstands mit den Bedingungen der menschlichen Sichtweise dieses Gegenstands.« Jean-Marie Schaeffer, *L'Image précaire, a.a.O.,* S. 17. In der Tat verewigt die Vorstellung von Abdruck, abgesehen von dieser engen Definition, eine dreifache Illusion: Photographie ist ein Abguß des Gegenstands, sie hat einen Bezug zum Tod dessen, was sie repräsentiert, sie verweist auf die Zeit der Erinnerung und auf die Vergangenheit im allgemeinen.

21. Über diese metaphysische Erfahrung hinaus, die die Entdeckung des Photos seiner Mutter mit sich bringt, berichtet Barthes nur von unbefriedigenden Erfahrungen und schließt auf das Vorhandensein einer Ausdrucksform der Zeit, die sich von der absoluten Zeit der Ekstase unterscheidet: »Nun weiß ich, daß es noch ein anderes *punctum* (ein anderes ›Stigma‹) gibt als das des ›Details‹. Dieses neue *punctum,* nicht mehr eines der Form, sondern der Dichte, ist die Zeit, ist die erschütternde Emphase des Noemas (›Es-ist-so-gewesen‹), seine reine Abbildung.« Roland Barthes, *Die helle Kammer, a.a.O.,* S. 105. Doch dieses zweite *punctum* hängt ganz offensichtlich vom Abdruckwert der Photographie ab, ohne daß der ikonische Wert berücksichtigt wurde. Seine Beispiele sind aus diesem Blickwinkel bezeichnend: Es handelt sich um Bilder, deren Wert im wesentlichen dokumentarisch ist beziehungsweise deren figurative Qualität mit Stillschweigen übergangen wird.

22. »Es ist *möglich,* daß Ernest, der kleine Schüler, den Kertész 1931 photographiert hat, heute noch lebt (doch wo? wie? welch ein Roman!). Jede Photographie hat mich als Bezugspunkt, und eben dadurch bringt sie mich zum Staunen, daß sie die funda-

mentalen Fragen an mich richtet: warum lebe *ich hier und jetzt?«* Ebd., S. 95.

23. »Bisweilen bringt die Photographie etwas zum Vorschein, was man an einem wirklichen Gesicht (oder seinem Spiegelbild) niemals wahrnimmt: einen genetischen Zug, ein Stück von sich selbst oder von einem Verwandten, das von einem Vorfahr stammt. So habe ich auf einem Photo den ›Schnabel‹ der Schwester meines Vaters. Die Photographie vermittelt ein kleines Stück Wahrheit, freilich um den Preis einer Zerstückelung des Körpers.« *Ebd.,* S. 114.

24. »Die Abstammung liefert eine stärkere, schlüssigere Identität als die individuelle – sie ist darüber hinaus tröstlicher, denn der Gedanke an den Ursprung versöhnt uns, wohingegen uns die Vorstellung der Zukunft umtreibt und ängstigt; und dennoch enttäuscht uns diese Entdeckung, weil sie zwar eine Fortdauer bekräftigt (die Wahrheit der Gattung, nicht die meine), gleichzeitig aber die rätselhafte Verschiedenartigkeit von Individuen deutlich sichtbar macht, die ein und derselben Familie entstammen: Welche Verbindung besteht zwischen meiner Mutter und ihrem furchterregenden, monumentalen, an Hugo gemahnenden Vorfahr, verkörpert er doch den unmenschlichen Abstand innerhalb des Stammes?« *Ebd.,* S. 115.

25. Henri Cartier-Bresson, »L'Instant décisif«, *a.a.O.*

26. ebd.

27. ebd.

28. Maurice Merleau-Ponty, *Das Auge und der Geist, Philosophische Essays,* hrsg. von Hans Werner Arndt, Hamburg, Felix Meiner Verlag, 1984, S. 15. Einige Seiten weiter (S. 20) fügt er hinzu: »Aber das Fragen der Malerei zielt in jedem Fall auf dieses verborgene und fieberhafte Entstehen der Gegenstände in unserem Körper.«

29. Roland Barthes, *Die helle Kammer, a.a.O.,* S. 122-124.

30. Zitiert von Jean-François Chevrier, »Proust et la photographie«, *a.a.O.,* S. 15.

31. Patrick Roegiers, »Mais où est donc passé le chat de Steinberg?«, *Les Cahiers de la photographie,* Nr. 18, 1986, S. 88-93.

32. *Contacts,* 1989, a.a.O. genannte Radiosendung.

33. Henri Bergson, *Denken und schöpferisches Werden, Aufsätze und Vorträge,* Meisenheim am Glan, Westkultur-Verlag, 1948, S. 176.

34. »Bemühen wir uns dagegen, die Veränderung, so wie sie ist, wahrzunehmen, in ihrer natürlichen Unteilbarkeit, so sehen wir, daß sie die Substanz selbst der Dinge ist. Dann erscheint uns die Bewegung nicht mehr unter der flüchtigen Form, die

sie für das Denken so ungreifbar macht, und die Substanz nicht mehr als die Unveränderlichkeit, die sie für unsere Erfahrung unzugänglich machte.« *Ebd.,* S. 177.

35. *ebd.,* S. 208.

36. Vladimir Jankélévitch, *Le Je-ne-sais-quoi et le presque-rien,* Paris, Seuil, 1980, Bd. I, S. 117.

37. *ebd.,* S. 123.

38. »Die analoge Beziehung [zwischen photographischem Bild und geläufiger Sichtweise] wird durch die optische Vorrichtung garantiert, die keinem anderen technischen Zweck dient als der Herstellung eines Bildes, das durch (partielle) Überlagerung verbildlichter Formen mit perzeptiven Formen in das quasi perzeptive Feld übertragen werden kann, ein Ziel, das mittels einer entstehungsgeschichtlichen Verwandtschaft des photographischen Bildes mit der physiologischen Wahrnehmung erreicht werden kann. Diese Verwandtschaft bezieht sich sowohl auf den Träger der Übertragung von Informationen, sprich den Photonenfluß, als auch auf gewisse Voraussetzungen zu seiner Anordnung, deren wichtigste selbstverständlich die optische Zentrierung ist.« Jean-Marie Schaeffer, *L'Image précaire, a.a.O.,* S. 40.

39. Henri Bergson, *Materie und Gedächtnis, Eine Abhandlung über die Beziehung zwischen Körper und Geist,* Jena, Eugen Diederichs, 1919, S. 18-19.

40. Siehe Henri Bergson, *Materie und Gedächtnis, a.a.O.*

41. Man könnte sich Emile Zola in Erinnerung rufen: »Man kann nicht behaupten, etwas wirklich gesehen zu haben, bevor man es photographiert hat.« – Garry Winogrand: »Wenn ich etwas photographiere, dann um zu wissen, nach was es aussieht, wenn es einmal photographiert ist.« – oder auch Jacques Meuris: »Photographie ist ein geistiger Vorgang, ausgehend von einer zufälligen Gelegenheit, etwas anzuschauen, was bis dahin gemeinhin nur gesehen wurde.« Zitiert von Jean Arrouye in einem Artikel mit dem Titel »L'ailleurs de la photographie«, *Les Cahiers de la photographie,* Nr. 15, 1985, S. 109-122.

42. Zitiert von Gilles Mora, in: »Le projet photographique«, *Les Cahiers de la photographie,* Nr. 8, 1982, S. 20.

43. Siehe *Weegee, Photo Poche,* Nr. 21, Vorwort von André Laude.

44. Roegiers, Patrick: »Robert Frank ou les mystères de la chambre«, *Le Monde,* 11.-12. Mai 1986.

45. Siehe Henri Bergson, *Materie und Gedächtnis, a.a.O.,* S. 137-143. Gilles Deleuze macht in *Das Zeit-Bild, Kino 2,* Frankfurt/Main, Suhrkamp, 1991, S. 124,

darauf aufmerksam, daß diese Unterscheidung derjenigen entspricht, die Charles Péguy zwischen Geschichte und Gedächtnis vorschlägt: »Die Geschichte verläuft im wesentlichen horizontal, das Gedächtnis im wesentlichen vertikal. Geschichte besteht im eigentlichen darin, daß sie an einem Ereignis entlang verläuft. Das Gedächtnis besteht wesentlich darin, weil es mitten im Geschehen ist, vor allen Dingen da nicht herauszukommen, darin zu bleiben und es zu seinem Innern zurückzuverfolgen.« Charles Péguy, *Clio,* Paris, Gallimard, S. 230.

46. Diese Annäherung erfolgt nicht zufällig, da die Differenzierung zwischen Zeit und Aktionsart auf die Untersuchungen von Gustave Guillaume, *Temps et Verbe,* Paris, 1929, zurückgeht, von der sich Henri Bergsons Philosophie inspirieren ließ, indem er insbesondere in die Beschreibung linguistischer Tatsachen den Begriff der psychischen Energie einführte.

47. Peter Wollen unterscheidet zwischen verschiedenen photographischen Gattungen, indem er eine grammatikalische Analyse in Begriffen der Aktionsart auf sie anwendet: »Zeitgeschichtliche Photographien werden als Signifikanten von *Ereignissen* wahrgenommen; Kunstphotographien und die Mehrzahl der dokumentarischen Photographien hingegen als Signifikanten von *Zuständen;* gewisse Dokumentarphotographien und die Muybridge-Serien wiederum als Signifikanten von *Prozessen.* [...] Verschiedenen Photographie-Typen entsprechen verschiedene Typen narrativer Elemente. Wenn diese Annahme stimmt, läge der Dokumentarphotographie folgende Frage unterschwellig zugrunde: ›Wird etwas geschehen, womit dieses abgeschlossen oder unterbrochen wird?‹ Die Frage seitens der zeitgeschichtlichen Photographie müßte lauten: ›Wie konnte es vorher richtig sein, und was wird daraus werden?‹ Schließlich müßte die Frage seitens der Kunstphotographie lauten: ›Wie ist es dazu gekommen, oder war dem schon immer so?‹ So bringen die verschiedenen Gattungen der Photographie unterschiedliche Perspektiven innerhalb von Situationen der Dauer und von Situations-Sequenzen ins Spiel.« Peter Wollen, »Feu et glace«, *Photographies,* Nr. 4, April 1984, S. 17-21.

48. »Praktisch nehmen wir nur die Vergangenheit wahr, die reine Gegenwart ist das unfaßbare Fortschreiten der Vergangenheit, die an der Zukunft nagt«, schreibt Henri Bergson, in: *Materie und Gedächtnis, a.a.O.,* S. 145.

49. Hier werden wir an eine anonyme Photographie erinnert – ein Pferd taucht

von einem Sprungbrett in ein Schwimmbecken –, die den Titel *Pueblo, Colorado, um 1900* trägt und bei einer Jahrmarktdarbietung aufgenommen wurde. Vgl. *Histoire de Voir,* Bd. II, *Photo Poche,* S. 21.

50. Maurice Merleau-Ponty, *a.a.O.,* S. 38-39.

51. »Was die Bewegung vermittelt, sagt Rodin, ist ein Bild, wo die Arme, die Beine, der Rumpf und der Kopf je zu einem anderen Zeitpunkt erfaßt sind, das also den Körper in einer Haltung darstellt, die er zu keinem Zeitpunkt eingenommen hat, und seinen Teilen fiktive Verbindungen aufzwingt, als wenn allein dieses Zusammentreffen von Unzusammengehörigem in der Bronze und auf der Leinwand den Übergang und die Dauer hervorbringen könnte.« *Ebd.,* S. 38.

52. Siehe Gilles Deleuze, *Das Bewegungs-Bild, Kino 1,* Frankfurt/Main, Suhrkamp, 1989, S. 13.

53. Maurice Merleau-Ponty, *a.a.O.,* S. 39.

54. Edmond Couchot, »Prise de vue, prise de temps«, *Les Cahiers de la photographie,* Nr. 8, 1982, S. 106.

55. *Contacts,* 1989, a.a.O. genannte Radiosendung.

56. *L'Environnement poétique,* 1969, a.a.O. genannte Radiosendung.

57. »Wir sind von Bildern umgeben. Viele von ihnen sind unsichtbar; sie umgeben uns wie Bilder des Verlangens, wie Darstellungen; sie existieren in unserer Phantasie und in Projektionen. Es sind dies konzeptuelle Bilder, die sozusagen noch nicht geboren wurden, das heißt, sie befinden sich einerseits im Bereich der ›Wirklichkeit‹, andererseits aber auch im Bereich der imaginären Wirklichkeit und können mittels unterschiedlicher künstlerischer Schritte, ausgehend von Elementen des Sichtbaren, gebildet werden«, schreibt Dieter Appelt in: *Théâtre des Réalités* (Kolloquium-Unterlagen), Metz, 1986, S. 36-37.

58. Der Filmemacher und Photograph Johan Van der Keuken bemerkt: »Es gibt nicht nur die Zeit, es gibt auch Zeit-Schichten. Wir reden davon, als ob es etwas wäre, aber in der Tat ist es nichts. Dennoch besitzen wir innerhalb dieses Nichts einen Körper [...].« »L'expérience d'un photographe-cinéaste«, *Photographies,* Nr. 4, April 1984, S. 36.

59. Marc Bloch, *Apologie der Geschichte oder Der Beruf des Historikers,* Stuttgart, Ernst Klett Verlag, 1974, S. 67. Die folgenden Analysen sind von Paul Ricœur inspiriert, der diesen Satz von Marc Bloch zitiert in: *Zeit und Erzählung, Band III: Die erzählte Zeit,* München, Wilhelm Fink Verlag, 1991, S. 191.

60. Paul Ricœur, *Zeit und Erzählung, Band*

III, *a.a.O.,* S. 192 u. 200. Hier kommentiert er ein Kapitel, das Emmanuel Lévinas der Spur gewidmet hat, in: *Humanismus des anderen Menschen,* Hamburg, Felix Meiner Verlag, 1989, S. 51-59.

61. Emmanuel Lévinas, *a.a.O.,* S. 56.

62. Siehe Alain, *Le Système des beaux-arts,* Paris, Gallimard, 1926, und Élie Faure, *Fonction du cinéma,* Genf, Gonthier, 1964.

63. »Zwei Charakteristiken tragen dazu bei, eine gewisse Affinität zwischen dem Photo und dem Fetisch hervorzubringen: die geringe Größe und die Möglichkeit der Stillstellung des Blicks. In derselben Weise resultiert der wahre (klinische) Fetisch aus der einzigartigen und endgültigen Stillstellung des Blicks, die für ein ganzes Leben gilt.« Christian Metz, »Photo fétiche«, *Pour la photographie,* Bd. III, Paris, G.E.R.M.S., 1990, S. 117-131.

64. Siehe Alain, *Le Système des beaux-arts, a.a.O.,* S. 42-45.

65. Hubert Damisch, »L'espace, le temps et les arts de l'espace«, Gespräch mit Émile Noël für den Radiosender France Culture, außerdem veröffentlicht in: *L'Espace et le Temps aujourd'hui,* Paris, Seuil, Collection Points Sciences, 1983, S. 237.

66. Paul Klee, *Das bildnerische Denken. Schriften zur Form- und Gestaltungslehre,* Basel, Benno Schwabe & Co Verlag, 1956, S. 357-371 (der Satz »Rezeptiv liegt es an der Begrenzung des Auges« konnte in der genannten dt. Ausg. nicht gefunden werden). Unter den von der Phänomenologie inspirierten Untersuchungen möchten wir hier die von Pierre Francastel nennen: »Die intelligente Lesart eines Werks entfaltet in der Zeit wieder das, was die Hand des Künstlers im Raum verdichtet hat. In keinem Werk, das Raum suggeriert, ist die Zeit abwesend.« Pierre Francastel, *L'Image, la vision et l'imagination,* Paris, Denoël-Gonthier, 1983, S. 177.

67. Siehe Bernard Lamblin, *Peinture et Temps,* Paris, Ed. Klincksieck, 1983, S. 77. Wölfflins Thesen wurden durch die Arbeiten von Mercedès Gaffron bereichert, die gezeigt hat, daß der Blick nicht nur von links nach rechts verläuft, sondern auch die Tiefe mit einbezieht. Vgl. Bernard Lamblin, *ebd.,* S. 90.

68. Eines der von Lamblin untersuchten Beispiele, Bruegels *Gleichnis von den Blinden,* in einem Spiegel betrachtet, spricht für sich: »Dreht man die Abbildung dieses Gemäldes um, [...] dann sieht es so aus, als würde derjenige, der gerade stürzt und die ihm Nachfolgenden in seinen Sturz hineinreißt, sie nicht mehr zum Graben hinziehen, sondern als würde er im Gegenteil von ihnen in den Graben gestoßen. Ihr unfreiwilliger Sturz vermittelt den Eindruck eines entschiedenen Stoßes, weil sie nun von der rechten zur linken Seite stürzen, also in Gegenrichtung zur natürlichen Bewegung unserer Augen.« Siehe Bernard Lamblin, *a.a.O.,* S. 79-82.

69. Siehe Hubert Damisch, »L'espace, le temps et les arts de l'espace«, *a.a.O.,* S. 238-239.

70. Gérard Genette, *Figure III,* Paris, Seuil, 1972, S. 78.

71. In seiner Untersuchung der Tusche-Werke von Hans Hartung zeigt Bernard Lamblin, wie entscheidend in der Tat die zeitliche Dimension ist: »Jedes seiner Gemälde, schreibt Marcel Brion als Kommentar zum Werk von Hartung, vermittelt uns den schwer analysierbaren Eindruck, daß etwas *sich vollendet.* Hartungs innere Gewalt, die Schnelligkeit der Handbewegungen des Künstlers sind unmittelbar auf den Leinwänden dieses großen Schöpfers zu sehen und wecken im Betrachter das Gefühl, an einem zeitlichen Abenteuer der plastischen Formen teilzuhaben.« Bernard Lamblin, *a.a.O.,* S. 120.

72. Als Regis Durand feststellt, daß Photographien mit Hast angeschaut werden, und gleichzeitig gewahr wird, daß es sich hierbei einerseits um einen »sozialen oder kulturellen Reflex« handelt, schreibt er: »Cézanne sagte, daß auch das Gemälde etwas ist, das man entweder gleich oder gar nicht sieht. Doch in der Photographie entspricht diese Geschwindigkeit der der Ausführung.« *Le Regard pensif, a.a.O.,* S. 36.

73. Siehe Bernard Lamblin, *a.a.O.,* S. 33.

74. Gotthold Ephraim Lessing, *Laokoon oder über die Grenzen der Malerei und Poesie; mit beiläufigen Erläuterungen verschiedener Punkte der alten Kunstgeschichte,* Nachwort von Ingrid Kreuzer, Stuttgart, Reclam, 1983.

75. Beide Versionen wurden veröffentlicht in: Peter Galassi, *a.a.O.,* S. 41; die zweite ebenfalls in: *Die Photographien,* München, Schirmer/Mosel, 1992.

76. Paul Claudel: *Vom Wesen der holländischen Malerei,* Berlin u. Frankfurt/Main, S. Fischer Verlag, 1954, S. 55.

77. Henri Cartier-Bresson, »L'Instant décisif«, *a.a.O.*

78. Jean-Michel Maulpoix, *La Voix d'Orphée, essai sur le lyrisme,* Paris, José Corti, 1989.

79. »Mit jedem Bild werden sensomotorische Verhaltensweisen und Darstellungen assoziiert, sei es, daß es auf die Schaffung eines figurativen Zeichens hinausläuft oder einfach nur auf eine praktische Tätigkeit intellektueller Erkenntnis. Jedes Bild ist zugleich Abbild und Entwurf eines Verhaltens; es impliziert die Herstellung von Verbindungen – nicht aber eine Identifizierung mit dem Vorbild – und Verständnis. Jedes Bild ist Fiktion, und jedes Bild verbindet notgedrungen, konsequenterweise, Elemente, die der Gegenwart entnommen werden, mit Elementen aus dem Gedächtnis, durch das in letzter Konsequenz solche Elemente präsent und verwendbar werden, die entfernt oder weiter zurückliegen und aufgrund persönlicher Erfahrung wie über die Erfahrung anderer Menschen bekannt sind. In dieser Weise wird offensichtlich, daß eine der fundamentalen Eigenschaften des plastischen Bildes in der Tatsache liegt, daß es Elemente unterschiedlichen Ursprungs beziehungsweise solche, die nicht denselben Realitätscharakter besitzen, miteinander vereint. Schließlich setzt jedes Bild nicht nur eine Kombination zeitlicher und räumlicher Werte voraus, sondern eine Eingliederung von Elementen, die gegenüber sowohl individuellen als auch kollektiven Erfahrungen festgelegt sind«, schreibt richtigerweise Pierre Francastel, in: *L'Image, la vision et l'imagination, a.a.O.,* S. 146.

80. Vladimir Jankélévitch, *Le Je-ne-sais-quoi [...], a.a.O.,* S. 116.

81. *ebd.,* S. 128-129.

82. *ebd.,* S. 125.

PORTRAIT: DRITTE SKIZZE (S. 280–291)

1. *Au bon plaisir d'Henri Cartier-Bresson,* 1991, a.a.O. genannte Radiosendung.

2. Während der von Vera Feyder moderierten Sendung, *Au bon plaisir d'Henri Cartier-Bresson,* ruft Yann Le Tourmelin, buddhistischer Mönch und Priester, aus: »Er ist immerhin der elektrisierteste Buddhist, dem ich jemals begegnet bin!« Für diese Sendung hatte Henri Cartier-Bresson darum gebeten, sich mit dem Dalai-Lama, der damals in Paris weilte, zu unterhalten, und daß René Dumont, im Namen seines Kampfes für die Ökologie, eingeladen würde.

3. Für diese beiden Photographien, siehe *Paris à vue d'œil,* Paris, Seuil, 1994, die Abbildungen 92, *Chez Lipp, 1968,* und 118, *Rue de Vaugirard, mai 1968.*

4. Siehe *Henri Cartier-Bresson Collection,* Katalog, veröffentlicht von der Universität der Künste, Osaka, Kunihiko Tsukamoto, 1991, Photographien Nr. 72, 76 und 329.

5. *ebd.,* Nr. 80, sowie *Henri Cartier-Bresson photographe,* Paris, Robert Delpire, 1979, Nr. 103.

6. »Nul ne peut entrer ici [...]«, 1974, *a.a.O.*

7. *ebd.*

8. *Au bon plaisir d'Henri Cartier-Bresson,* 1991, a.a.O. genannte Radiosendung.

9. Henri Cartier-Bresson, Einführung zu *Meine Welt von Henri Cartier-Bresson,* Luzern u. Frankfurt/Main, Verlag C. J. Bucher, 1968.

10. *Au bon plaisir d'Henri Cartier-Bresson,* 1991, a.a.O. genannte Radiosendung.

11. Ausschnitt aus »Une génération à peine ...«, Artikel veröffentlicht im Katalog der Ausstellung *Paris-Paris, 1937-1957,* Centre Georges Pompidou, 28. Mai– 2. November 1981, S. 468.

12. *Rencontre avec Henri Cartier-Bresson,* 1989, a.a.O.

13. »Jedesmal, wenn das Gespräch auf die Bedeutung der Technik in der Photographie abschweift, ziehe ich mittlerweile aus Gewohnheit immer dasselbe Exposé, nämlich mein kleines ›Gesetz über die drei Zustände‹, hervor. *Niederer Zustand:* der des naiven Amateurs, der glaubt, dank der Eigenschaften seines Apparats schöne Photos zu machen, und nur von Knöpfen, Stellschrauben und Blenden spricht. *Mittlerer Zustand:* derjenige, der weiß, daß Technik nicht viel wert ist, daß man sie überwinden muß, im Dienste des Gefühls verwenden muß. *Oberer Zustand:* Ein großer Künstler weiß, daß es in der Kunst keine andere Sorte von Problemen gibt als die der Technik.« Jean-Claude Lemagny, »Le dessin d'H. C.-B.«, *Les Cahiers de la photographie,* Nr. 18, 1986, S. 65-66.

14. *Rencontre avec Henri Cartier-Bresson,* 1989, a.a.O.

15. »Henri Cartier-Bresson raconte sa passion pour le dessin«, Gespräch mit Philippe Dagen, *Le Monde,* 11. März 1995.

16. *Rencontre avec Henri Cartier-Bresson,* 1989, a.a.O.

17. *Les Cahiers de la photographie,* 1986, a.a.O.

18. Jean Leymarie, *Henri Cartier-Bresson, double regard,* Amiens, Le Nyctalope, 1994, o. S.

19. »Nul ne peut entrer ici [...]«, 1974, a.a.O.

20. Henri Cartier-Bresson, »L'Instant décisif«, *a.a.O.*

21. »Henri Cartier-Bresson raconte [...]«, 1995, a.a.O.

22. *Les Cahiers de la photographie,* 1986, a.a.O.

23. »Nul ne peut entrer ici [...]«, 1974, *a.a.O.*

24. »Henri Cartier-Bresson raconte [...]«, 1995, a.a.O.

25. Jean Leymarie, *Henri Cartier-Bresson, double regard, a.a.O.*

26. Avigdor Arikha, *Peinture et regard, a.a.O.,* S. 106 u. 129.

27. *ebd.,* S. 126.

28. *ebd.,* S. 127.

29. *Objectif peinture,* 1976, a.a.O. genannte Radiosendung.

30. Jean Leymarie, *Henri Cartier-Bresson, double regard, a.a.O.*

31. François Jullien, *Éloge de la fadeur [...], a.a.O.,* S. 129-130.

32. Jean-Claude Carrière, *Die Kraft des Buddhismus. Bewußter leben in der Welt von heute,* Frankfurt/Main, Eichborn, 1996, S. 103-104. Dieser wahrscheinlich von Robert Desnos redigierte Text wurde Henri Cartier-Bresson durch Florence Loeb zugespielt, die sich als Antonin Artaud ausgibt; veröffentlicht auf S. 17 der Reprint-Ausgabe von *La Révolution surréaliste,* Nr. 3, Paris, Jean-Michel Place, 1975.

Bibliographie

(in chronologischer Reihenfolge)

DEM ŒUVRE VON HENRI CARTIER-BRESSON GEWIDMETE WERKE

The Photographs of Henri Cartier-Bresson, Texte von Lincoln Kirstein und Beaumont Newhall, New York, The Museum of Modern Art, 1947 [42 s/w-Photographien].

Beautiful Jaipur, Text von Max J. Olivier, Jaipur, Informationsbüro der Regierung von Jaipur, 1948 [64 s/w-Photographien].

Images à la sauvette, konzipiert und realisiert von Tériade, Text von Henri Cartier-Bresson, »L'Instant décisif«, Umschlag von Henri Matisse, Paris, Ed. Verve, 1952 [126 s/w-Photographien]; amerik. Ausg.: *The Decisive Moment,* New York, Simon & Schuster, 1952; Text von Henri Cartier-Bresson, »Der entscheidende Augenblick«, in Auszügen in: Wilfried Wiegand (Hg.), *Die Wahrheit der Photographie. Klassische Bekenntnisse zu einer neuen Kunst,* Frankfurt/Main, S. Fischer Verlag, 1981, S. 267-282, sowie in: Wolfgang Kemp (Hg.), *Theorie der Fotografie III. 1945-1980,* München, Schirmer/Mosel 1983, S. 78-82.

Les Danses à Bali, Vorwort von Antonin Artaud, Begleittext von Béryl de Zoete, Paris, Robert Delpire, Collection »huit«, 1954 [46 s/w-Photographien]; dt. Ausg.: *Bali: Tanz und Theater,* Olten, Roven Verlag, 1960.

D'une Chine à l'autre, Vorwort von Jean-Paul Sartre, Paris, Robert Delpire, 1954 [144 s/w-Photographien]; dt. Ausg.: *China gestern und heute,* 1955; amerik. Ausg.: *From one China to another,* Text von Han Suyin, New York, Universe Books, 1956; engl. Ausg.: *China in transition,* Text von Han Suyin, London, Thames and Hudson, 1956.

Les Européens, konzipiert und realisiert von Tériade, Umschlag von Joan Miró (Gouache), Text von Henri Cartier-Bresson mit einem vorangestellten Gedicht von Charles d'Orléans, Paris, Ed. Verve,

1955 [114 s/w-Photographien]; amerik. Ausg.: *The Europeans,* New York, Simon & Schuster, 1955.

Moscou, vu par Henri Cartier-Bresson, Paris, Delpire, Collection »neuf«, 1955 [163 s/w-Photographien]; amerik. Ausg.: *People of Moskow,* New York, Simon & Schuster; dt. Ausg.: *Menschen in Moskau,* Düsseldorf, Karl Rauch Verlag; engl. Ausg.: *People of Moskow,* London, Thames and Hudson; ital. Ausg.: *Mosca,* Mailand, Artimport.

Henri Cartier-Bresson: Fotografie, Text von Anna Fárová, Prag, Státni nakladadtelství krásné literatury, hudby a umení, 1958 [58 s/w-Photographien]; slowak. Ausg.: Bratislava, Slovenské Vydavateľstvo Krásnej Literatury, 1959.

Photographies de Henri Cartier-Bresson, Paris, Robert Delpire, 1963 [47 s/w-Photographien]; amerik. Ausg.: *Photographs by Cartier-Bresson,* Einleitung von Lincoln Kirstein und Beaumont Newhall, New York, Grossmann; engl. Ausg.: *Photographs by Cartier-Bresson,* London, Jonathan Cape; japan. Ausg.: Tokyo, Asahi; schweizer. Ausg.: *Henri Cartier-Bresson: Meisteraufnahmen,* Zürich, Fretz und Wasmuth Verlag, 1964.

China, Nachwort von Barbara Brakeley Miller sowie Anmerkungen von Henri Cartier-Bresson, New York, Bantam Books, 1964 [85 s/w-Photographien].

Flagrants délits, Text von Henri Cartier-Bresson, Paris, Robert Delpire, 1968 [210 s/w-Photographien]; amerik. Ausg.: *The World of Henri Cartier-Bresson,* New York, Viking Press, 1968; dt. u. schweizer. Ausg.: *Die Welt von Henri Cartier-Bresson,* Luzern und Frankfurt/Main, Verlag C. J. Bucher, 1968.

L'Homme et la machine, Einleitung von Étiemble, IBM World Trade Corp., Paris, Le Chêne, 1969 [106 s/w-Photographien]; amerik. u. engl. Ausg.: *Man and Machine,* New York und London, IBM World Trade Corp., 1969; ital. u. span. Ausg.

Vive la France, Text von François Nourissier, Paris, Robert Laffont, Sélection du Reader's Digest, 1970 [17 Farbphotos,

245 s/w-Photographien]; amerik. Ausg.: *Cartier-Bresson's France,* New York, Viking Press; dt. u. schweizer. Ausg.: *Frankreich,* Frankfurt und Luzern, Bucher Verlag; engl. Ausg.: *Cartier-Bresson's France,* London, Thames and Hudson.

The Face of Asia, Einleitung von Robert Shaplen, New York, John Weatherhill/ Orientations Ltd., Hongkong, 1972 [119 s/w-Photographien]; franz. Ausg.: *Visages d'Asie,* Einleitung von Robert Shaplen, Paris, Le Chêne, 1972.

À propos de L'U.R.S.S., Text von Henri Cartier-Bresson, Paris, Le Chêne, 1973 [141 s/w-Photographien]; amerik. Ausg.: *About Russia,* New York, Viking Press; dt. u. schweizer. Ausg.: *Sowjetunion, Photographische Notizen von Henri Cartier-Bresson,* Luzern u. Frankfurt/Main, Verlag C. J. Bucher, 1973; engl. Ausg.: *About Russia,* London, Thames and Hudson.

Henri Cartier-Bresson, Text von Henri Cartier-Bresson, History of Photography Series, Millerton, New York, Aperture, 1976 [41 s/w-Photographien]; franz. Ausg.: *Histoire de la photographie,* Nr. 1, Paris, Delpire/Le Nouvel Observateur, 1976; japan. Ausg.: Tokyo, Quick Fox, 1976; dt. Ausg.: *Photo-Galerie,* Band 4, München, Rogner und Bernhard, 1978; überarb. amerik. Ausg.: New York, Aperture, 1987; ital. Ausg.: Udine, Art &, 1988.

Henri Cartier-Bresson photographe, Text von Yves Bonnefoy, Paris, Robert Delpire, 1979 [155 s/w-Photographien]; amerik. Ausg.: *Henri Cartier-Bresson Photographer,* Boston, New York, Graphic Society, 1979; dt. Ausg. (erw. und überarb. Ausg.): *Die Photographien,* München, Schirmer/Mosel, 1992; engl. u. japan. Ausg.

Henri Cartier-Bresson, essai, Essay von Raúl Beceyro, Paris, Créatis, 1980.

Henri Cartier-Bresson, Einleitung von Jean Clair, Paris, Centre National de la Photographie, Collection Photo Poche, 1982 [63 s/w-Photographien]; amerik. Ausg. (New York, Pantheon Books, 1985) und engl. Ausg. (1989) mit einer Einleitung von Michael Brenson.

Henri Cartier-Bresson: Ritratti, 1928-1982, Texte von André Pieyre de Mandiargues und Ferdinando Scianna, Serie Argento I Grandi Fotografi, Mailand, Gruppo Editoriale Fabbri, 1983 [79 s/w-Photographien]; engl. Ausg.: *Henri Cartier-Bresson: Portraits,* The Great Photographers Series, London, William Collins Son, 1984.

Paris mystifié: la grande illusion du Grand Louvre, Vorwort von Henri Cartier-Bresson, Texte von Bruno Foucart, Sébastien Loste und Antoine Schnapper, Paris, Julliard, 1985.

Henri Cartier-Bresson: Photoportraits, mit einem Text von André Pieyre de Mandiargues, Paris, Gallimard, 1985 [255 s/w-Photographien]; amerik. u. engl. Ausg.: New York und London, Thames and Hudson, 1985; dt. Ausg.: München, Schirmer/Mosel, 1985.

Henri Cartier-Bresson: The Early Work, Text von Peter Galassi, New York, The Museum of Modern Art, 1987 [4 Farbabb. (Gemälde), 2 s/w-Abb., 93 s/w-Photographien]; franz. Ausg. mit einigen Änderungen: *Henri Cartier-Bresson: premières photos. De l'objectif hasardeux au hasard objectif,* Text von Peter Galassi in der Übersetzung von Pierre Leyris, Paris, Arthaud, 1991.

Henri Cartier-Bresson in India, Vorwort von Satyajit Ray, Einleitung von Yves Véquaud, London, Thames and Hudson, 1987 [105 s/w-Photographien]; amerik. Ausg.; indische Ausg.: Mapix Publishing Co., Ahmedabad, Indien, 1985.

Trait pour trait: les dessins d'Henri Cartier-Bresson, Einführung von Jean Clair, Vorwort von John Russel, Paris, Arthaud, 1989 [9 Farbabb. (Gemälde), 56 s/w-Abb. (Zeichnungen)]; amerik. u. engl. Ausg.: *Line by Line – The drawings of Henri Cartier-Bresson,* New York und London, Thames and Hudson, 1989; dt. Ausg.: *Henri Cartier-Bresson – Zeichnungen,* München, Schirmer/Mosel, 1989.

L'Autre Chine, Einleitung von Robert Guillain, Paris, Centre National de la Photographie, Collection Photo Notes, 1989 [60 s/w-Photographien mit Bildunterschriften von Henri Cartier-Bresson].

L'Amérique furtivement, Vorwort von Gilles Mora, Gestaltung von Robert Delpire, Paris, Ed. du Seuil, 1991 [99 s/w-Photographien]; amerik., dän., engl., ital. u. portugies. Ausg.; dt. Ausg.: *Amerika. Photo-Skizzen,* München, Schirmer/Mosel, 1991; Neuaufl. 1996 (mit einem Vorwort von Arthur Miller).

Alberto Giacometti photographié par Henri Cartier-Bresson, Texte von Henri Cartier-Bresson und Louis Clayeux, Mailand,

Franco Sciardelli, Buchreihe herausgegeben von Ferdinando Scianna, 1991 [23 s/w-Photographien].

Paris à vue d'œil, Texte von Vera Feyder und André Pieyre de Mandiargues, hrsg. von Maurice Coriat, Paris, Seuil, 1994 [131 s/w-Photographien]; amerik., engl. u. japan. Ausg.; dt. Ausg.: *À propos de Paris,* München, Schirmer/Mosel, 1994.

Double regard, Text von Jean Leymarie, Amiens, Le Nyctalope, 1994 [7 s/w-Photographien u. 7 Zeichnungen]; engl. Ausg.

Carnets mexicains, 1934-1964, Text von Carlos Fuentes, Paris, Hazan, 1995 [53 s/w-Photographien]; dt. Ausg.: *Mexikanisches Tagebuch,* München, Schirmer/Mosel, 1996.

André Breton, Roi Soleil, Text und Photographien von Henri Cartier-Bresson, Paris, Fata Morgana, 1995.

WERKE MIT LITHOGRAPHIEN VON HENRI CARTIER-BRESSON

Yves BONNEFOY, *Comme aller loin, dans les pierres,* Crest-La Sétérée-Jacques Clerc, 1992 [7 Lithographien, 125 numerierte Exemplare].

Louis ARAGON, *Le Paysan de Paris,* New York, Limited Edition Club, 1994 [7 Lithographien, 1 Photographie, 300 numerierte Exemplare].

ANTHOLOGIEN MIT WERKEN VON HENRI CARTIER-BRESSON

Daniel WRONECKI, *New York,* Paris, Nathan, 1949 [64 s/w-Photographien].

Claude MOISY, *Birmanie,* Lausanne, Ed. Rencontre, 1969 [69 s/w-Photographien].

Howard BARNSTONE, James JOHNSON SWEENEY (Vorwort), *The Galveston that was,* New York, Mac Millan-Houston, The Museum of Fine Arts, 1966 [Photographien von Ezra Stoller und 46 s/w-Photographien von Henri Cartier-Bresson].

Weston J. NAEF (Einleitung), *Behind the Great Wall of China: Photographs from 1870 to the Present,* verlegt von Cornell Capa, New York, The Metropolitan Museum of Art, 1972 [10 s/w-Photographien].

Georgette ELGEY, *Front Populaire,* Paris, Le

Chêne-Magnum, 1976 [8 s/w-Photographien].

Staffan TJERNELD, *Minns du 50-talet,* Stockholm, Förlags A.B. Marieberg, 1979 [23 s/w-Photographien].

Jean LACOUTURE, William MANCHESTER und Fred RITCHIN, *Magnum, 50 ans de Photographies,* Paris, Nathan Images, 1989 [20 s/w-Photographien]; dt. Ausg.: *Zeitblende. Fünf Jahrzehnte MAGNUM Photographie,* München, Schirmer/Mosel, 1989.

Serge BRAMLY, Agnès de GOUVION SAINT-CYR und Alain SAYAG, *Photo Dessin, Dessin Photo,* Ausstellungskatalog, Arles, Actes Sud, 1994 [2 Zeichnungen, 2 s/w-Photographien].

AUSSTELLUNGSKATALOGE

Henri Cartier-Bresson: The Decisive Moment: Photographs, 1930-1957, New York, American Federation of Arts-French Cultural Services, 1957 [4 s/w-Photographien].

Claude ROY und Ryoichi KOJIMA (Einleitung), *Photographs by Cartier-Bresson,* Tokyo, Asahi Shimbun, 1966 [60 s/w-Photographien].

Henri CARTIER-BRESSON, Texte von Claude ROY und Helmut MAY, *Henri Cartier-Bresson,* Köln, Kunsthalle, 1967 [209 s/w-Photographien].

Claude ROY und Ryoichi KOJIMA, *Henri Cartier-Bresson,* Mailand, Französische Botschaft/Centro Francese di Studi di Milano-Popular Photography Italiana, 1967 [178 s/w-Photographien].

Alain ROBBE-GRILLET (Einleitung), *Impressions de Turquie,* Paris, Bureau de Tourisme et d'Information de Turquie, 1968 [12 s/w-Photographien].

Henri Cartier-Bresson, Vive la France, Tokyo, 1974 [90 s/w-Photographien, 1 Zeichnung].

Julian LEVY (Einleitung), *Henri Cartier-Bresson: Drawings,* New York, Carlton Gallery, 1975 [22 Ill.].

Manuel GASSER (Einleitung), *Henri Cartier-Bresson: Zeichnungen,* Zürich, Galerie Bischofberger, 1975 [29 Ill.].

P. SIHARE (Einleitung), *Selected Photographies by Henri Cartier-Bresson,* New Delhi, National Gallery of Modern Art, 1976 [8 s/w-Photographien].

Henri Cartier-Bresson: Dessins, Forcalquier, Galerie Lucien Henry, 1976 [23 Ill.].

Henri Cartier-Bresson: 70 photographies, Text von Yves Bourde (Wiederaufn. des

Art. in: *Le Monde* vom 5.9.1974), Marseille, École d'Art et d'Architecture de Marseille-Luminy, 1977 [8 s/w-Photographien].

Sir Ernst GOMBRICH, *Henri Cartier-Bresson,* London, Victoria & Albert Museum, 1978 [19 s/w-Photographien].

Henri Cartier-Bresson, Tokyo, Pacific Press Service, 1979 [392 s/w-Photographien]; korean. Ausg. 1985; erw. Neuaufl., 1991.

Images du Pays Franc: Cartier-Bresson, Lille, Le Pays FRANC, Région Nord-Pas-de-Calais, 1980 [16 s/w-Photographien].

James LORD, André BERNE-JOFFROY und Bernadette CONTENSOU (Vorwort), *Henri Cartier-Bresson: Dessins 1973-1981,* Paris, Musée d'Art Moderne de la Ville de Paris, 1981 [60 Ill.].

Carlo BERTELLI (Einleitung), *Scanno di Henri Cartier-Bresson,* Scanno, Italien, Städtische Bibliothek, 1982 [4 s/w-Photographien].

James LORD (Einleitung), *Henri Cartier-Bresson: Dibujos, 1973-1981,* Mexico, Museo de Arte Moderno/Instituto Nacional de Bellas Artes, 1982 [9 s/w-Ill.].

Christian DUMON (Vorwort), *Henri Cartier-Bresson: Teckningar (1973-1983),* Stockholm, Franska Institutet, 1983 [1 Ill.].

Henri CARTIER-BRESSON, Lamberto VITALI, James LORD und Giuliana SCIMÉ (Einleitung), *L'imaginaire d'après nature: Disegni, dipinti, fotografie, documentari di Henri Cartier-Bresson,* Mailand, Padiglione d'Arte Contemporanea, 1983 [11 Gemälde, 24 Zeichnungen, 27 s/w-Photographien].

Juan RULFO (Vorwort), *Henri Cartier-Bresson: carnet de notes sur le Mexique,* Paris, Centre Culturel du Mexique, 1984 [41 s/w-Photographien].

Henri CARTIER-BRESSON, *Henri Cartier-Bresson,* Toulouse, Galerie municipale du Château d'Eau, 1984 [22 s/w-Photographien].

André PIEYRE DE MANDIARGUES und Vera FEYDER (Einleitung), *Henri Cartier-Bresson: Paris à vue d'œil,* Paris, Association des Amis du Musée Carnavalet – Paris Audiovisuel, 1984 [133 s/w-Photographien].

Amy CONGER (Einleitung), *Photographs by Henri Cartier-Bresson from Mexico, 1934 and 1963,* Corpus Christi, Art Museum of South Texas, 1984 [22 s/w-Photographien].

Julian LEVY, André BERNE-JOFFROY und David ELLIOTT (Vorwort), *Henri Cartier-Bresson: Drawings and Paintings,* Oxford, Museum of Modern Art, 1984 [5 Gemälde, 23 Zeichnungen, 3 s/w-Photographien].

Satyajit RAY, Yves VÉQUAUD (Einleitung), *Henri Cartier-Bresson. En Inde,* Paris, Centre National de la Photographie/Ministère de la culture, Collection Photo Copies, 1985 [39 s/w-Photographien].

Henri Cartier-Bresson, Seoul, K.B.S., 1985 [408 s/w-Photographien].

Michael BRENSON, André BERNE-JOFFROY und James LORD, *Henri Cartier-Bresson: dessins et tempéras,* Athen, Institut Français, 1985 [11 Ill.].

Dieter SCHRAGE (Einleitung), *Henri Cartier-Bresson: Zeichnungen,* Salzburg, Rupertinum und Museum Moderner Kunst, Wien, Palais Liechtenstein, 1985 [26 Ill.].

Leonardo SCIASCIA und Giuliana SCIMÉ, *L'Uomo e la macchina: Henri Cartier-Bresson,* Agrigente, Centro Culturale Editoriale Pier Paolo Pasolini, 1986 [10 s/w-Photographien].

Susana BENKO, Paolo GASPARINI, Henri CARTIER-BRESSON und Jose Maria SALVADOR (Vorwort), *Henri Cartier-Bresson: Fotografo,* Caracas, Museo de Bellas Artes, 1986 [12 s/w-Photographien].

Roland SCOTTI, Thomas SCHIRMBÖCK und Friedrich W. KASTEN (Einleitung), *Henri Cartier-Bresson: Zeichnung und Fotografie,* Mannheim, Mannheimer Kunstverein, 1986 [25 s/w-Photographien, 25 Zeichnungen].

Arnold HERSTAND (Einleitung), *Henri Cartier-Bresson: Drawings and Paintings,* New York, Arnold Herstand & Company, 1987 [2 Gemälde, 8 Zeichnungen].

Noriyoshi SAWAMOTO (Vorwort), *Paris, vu par Eugène Atget und Henri Cartier-Bresson,* Tokyo, Metropolitan Tien Art Museum, 1988 [jeweils 80 s/w-Photographien].

Henri Cartier-Bresson, Tokyo, Pacific Press Service, 1989 [Band 1 mit 39 s/w-Photographien u. Texten von Malern, Schriftstellern und Filmemachern; Band 2 mit 12 Gemälden u. 42 Zeichnungen].

Henri Cartier-Bresson Collection, Universität der Künste, Osaka, Kunihiko Tsukamoto, 1991.

Arthur MILLER, *Henri Cartier-Bresson, L'Amérique furtivement,* Übers. von Dominique Rueff, Paris, F.N.A.C. Étoile, 1991.

Henri Cartier-Bresson – Martine Franck, Taipei, Fine Arts Museum-National Taipei Teachers College, 1991 [13 Zeichnungen von Henri Cartier-Bresson, 14 s/w-Photographien von Martine Franck].

Jean LEYMARIE, *Henri Cartier-Bresson: Dessins,* Noyers-sur-Serein (Yonne), Parma (Palazzo San Vitale), Noceto, Saragossa (Centro de Exposiciones) und Logroño, 1992 [40 Zeichnungen].

Jean LEYMARIE, Henri CARTIER-BRESSON und José Luis Martínez CANDIAL (Einleitung), *Henri Cartier-Bresson: Dibujos-Fotografias,* Saragossa, Centro de Exposiciones y Congresos-Museo Camón Aznar, 1993 [9 Gemälde, 1 Collage, 28 Zeichnungen, 8 s/w-Photographien].

Julian LEVY und África GUZMÁN, *Henri Cartier-Bresson, Primeras fotografias y Últimos dibujos,* Barcelona, Centro de Cultura Contemporánea, 1994 [3 s/w-Photographien, 3 Zeichnungen].

Dominique SZYMUSIAK, *Matisse par Henri Cartier-Bresson,* Le Cateau-Cambrésis, Musée Matisse, 1995 [29 s/w-Photographien].

Henri CARTIER-BRESSON und Gérard MACÉ (Einleitung), *Dessins et Hommage à Henri Cartier-Bresson,* Valence (Drôme), C.R.A.C., 1995 [6 Zeichnungen, 6 s/w-Photographien, Umschlag von Martine Franck].

ARTIKEL IN ZEITUNGEN UND ZEITSCHRIFTEN ZU HENRI CARTIER-BRESSON

Ben SHAHN, »Henri Cartier-Bresson«, *Magazine of Art,* Mai 1947.

Daniel MASCLET, »Sur quelques maîtres«, *Photo France,* Nr. 4, Januar 1941, S. 15-29.

Daniel MASCLET, »Un reporter«, *Photo France,* Nr. 7, Mai 1951.

»Notes de voyage en Chine«, *Photo Monde,* Nr. 31, Januar 1954 [41 s/w-Photographien].

Nancy NEWHALL, »Controversy and the Creative Concept«, *Aperture,* Bd. 2, Nr. 2, 1954.

Henri CARTIER-BRESSON, »L'apprentissage du monde par la photographie«, Vorwort zu *Européens,* in: Art, Nr. 535, 28. September 1955 [3 s/w-Photographien].

Beaumont NEWHALL, »La vision instantanée de Henri Cartier-Bresson«, *Camera,* 34:10, Oktober 1955, S. 456-489 [1 Farbphoto auf dem Deckblatt, 34 s/w-Photographien, 1 Kontaktabzug].

Robert DELPIRE und René HAURY, »La Seine: das Leben eines Stromes, Henri Cartier-Bresson«, *Du,* 18:6, Juni 1958 [6 Farb- u. 30 s/w-Photographien].

Michel BUTOR, »Henri Cartier-Bresson«, *Art,* Nr. 699, Dezember 1958.

»Porträtaufnahmen«, *Du,* 21:4, April 1961, S. 1-42 [36 s/w-Photographien].

»Cartier-Bresson dessine«, *Télérama*, Nr. 638, 8. April 1962.

Daniel MASCLET, »Un humanisme objectif«, *Terres d'images*, Nr. 8, Juni 1965, S. 3 [1 s/w-Photographie].

Beaumont NEWHALL, »La vision instantanée de Henri Cartier-Bresson«, *Caméra*, Nr. 34, 10. Oktober 1965.

»Le flâneur des deux rives«, *Asahi Camera*, Nr. 1, 1966, S. 50-91 [31 s/w-Photographien].

Margaret R. WEISS, »Encore at the Louvre«, *Saturday Review*, 26. November 1966.

Lincoln KIRSTEIN, »Les États-Unis d'Amérique par Henri Cartier-Bresson« und »Épilogue«, *Camera*, Nr. 7, 1967 (Sondernr. zu Henri Cartier-Bresson).

Manuel GASSER, »Henri Cartier-Bresson, Schweiz«, *Du*, 27:8, August 1967, S. 582-650 [56 s/w-Photographien].

Paul CAPONIGRO, *Aperture*, Bd. 13, Nr. 4, 1967, S. 18-35 [17 s/w-Photographien].

»L'exposition Cartier-Bresson«, *L'Officiel de la Photographie*, Nr. 149, Januar 1967, S. 590-594 [4 s/w-Photographien].

Daniel MASCLET, »Henri Cartier-Bresson expose au Musée des Arts décoratifs«, *Le Photographe*, Nr. 1121, Februar 1967, S. 64-66 [6 s/w-Photographien].

Bob SCHWALBERG, David VESTAL und Michael KORDA, »Cartier-Bresson Today: Three Views«, *Popular Photography*, 60:5, Mai 1967, S. 108-109, 138-142.

Claude ROY und Ryoichi KOJIMA, »Henri Cartier-Bresson«, *Popular Photography Italiana*, Oktober 1967, S. 1-40 [178 s/w-Photographien].

Jacob DESCHIN, »A Decade of Work Surveyed«, *The New York Times*, 30. Juni 1968 [1 s/w-Photographie].

Hilton KRAMER, »The Classicism of Henri Cartier-Bresson«, *The New York Times*, 7. Juli 1968 [1 Photographie].

Lincoln KIRSTEIN, »Artist with Camera«, *The New York Times*, 21. Juli 1968 [5 Photographien].

Yves LORELLE, »En Turquie avec Henri Cartier-Bresson«, *Photo Cinéma*, Nr. 802, August 1968, S. 282-284 [7 s/w-Photographien].

»De la ›laudatio‹ pour Henri Cartier-Bresson«, *Camera*, Nr. 10, Oktober 1968, S. 18-31 [21 s/w-Photographien; Wiederaufnahme des einleitenden Textes zu *Flagrants Délits*].

Yves BOURDE, »L'univers noir et blanc d'Henri Cartier-Bresson«, *Photo*, Nr. 15, Dezember 1968, S. 24-35 [13 s/w-Photographien].

Claude ROY, »Henri Cartier-Bresson«, *Le Nouvel Observateur*, Nr. 216, 30. Dezember 1968, S. 28-29.

Yves BOURDE, »Henri Cartier-Bresson reporter de la Libération«, *Photo*, Nr. 24, September 1969 [16 s/w-Photographien].

André FERMIGIER, »La longue marche d'Henri Cartier-Bresson«, *Le Nouvel Observateur*, Nr. 309, 12.-18. Oktober 1970 [3 s/w-Photographien].

Maurice ROY, »Comment vivent les Français«, *L'Express*, Nr. 1005, 12.-18. Oktober 1970, S. 78-85 [4 Photographien auf dem Deckblatt, 13 s/w-Photographien].

Jean BOTHOREL, »Henri Cartier-Bresson regarde vivre les Français«, *La Vie catholique*, 18.-24. Oktober 1970, S. 31-33 [6 s/w-Photographien].

Betrand GIROD DE L'AIN, »Henri Cartier-Bresson au Grand Palais«, *Le Monde*, 21. Oktober 1970.

Yves BOURDE, »Une année de reportage: portrait d'un pays, à propos de *Vive la France*«, Photo, Nr. 38, November 1970, S. 26-37.

Roger DELAYE, »Henri Cartier-Bresson, le portrait de la France«, *Photo Cinéma*, Nr. 831, Januar 1971, S. 2-5 [5 s/w-Photographien].

Robert DOISNEAU, »Dans le Grand Palais de Cartier-Bresson«, *Journalistes Reporters*, Nr. 20, Januar 1971 [2 s/w-Photographien].

Michel MOHRT, »Cartier-Bresson: ce pays étrange«, *La Nouvelle Revue Française*, Januar 1971, S. 124-126.

Jean-Dominique ROUILLER, »Henri Cartier-Bresson: impressions de Californie«, *Revue suisse*, Nr. 6, 25. März 1971, S. 252-258 [3 s/w-Photographien].

Ernst HAAS, »Henri Cartier-Bresson: A Lyrical View of Life«, *Modern Photography*, 35:11, November 1971, S. 88-97 u. 134.

Yves BOURDE, »Les érotiques de Cartier-Bresson«, *Photo*, Nr. 57, Juni 1972.

ÉTIEMBLE, »L'enfant et la machine«, *Photo*, Nr. 60, September 1972, S. 36-41 [5 s/w-Photographien].

Yves BOURDE, »Sur les chemins de l'Asie«, *Photo*, Nr. 63, Dezember 1972, S. 32-45 [11 s/w-Photographien].

Jean LEROY, »L'homme et la machine d'Henri Cartier-Bresson«, *Photographie*, Nr. 29, Dezember 1972, S. 79-80.

»La Basilicata«, *Du*, 34:7, Juli 1974, S. 6-43 [32 s/w-Photographien].

Yves BOURDE, »Nul ne peut entrer ici s'il n'est pas géomètre, un entretien avec Henri Cartier-Bresson«, *Le Monde*, 5. September 1974 [1 Collage von 1930].

»Fleurir la statue de Cartier-Bresson ou la dynamiter?«, Texte von Henri Cartier-Bresson, Robert Delpire, Jean-Michel Folon, M. Hauville, Guy Le Querrec, Marc Riboud und Jean-Loup Sieff als

Antwort auf das Interview von Yves Bourde vom 5. September 1974, *Le Monde*, 17. Oktober 1974, S. 18-19.

Claude ROY, »Ce cher Henri«, *Photo*, Nr. 86, November 1974.

Yves BOURDE, »Entretien avec Henri Cartier-Bresson«, *Photo*, Nr. 91, April 1975.

Bruno QUEYSANNE, »Sur l'exposition des dessins d'Henri Cartier-Bresson à Forcalquier«, *Arch'1*, April 1976, S. 15-16.

Lincoln KIRSTEIN und Allan PORTER, »Coup d'œil américain«, *Camera*, 55:7, Juli 1976, S. 3-46 [45 s/w-Photographien].

»Cartier-Bresson, le maître depuis 40 ans«, *Photo*, Nr. 119, August 1977, S. 10-17 [6 s/w-Photographien].

Alain DESVERGNES, »Henri Cartier-Bresson à Arles«, *Photo*, Nr. 144, September 1979.

Alain BERGALA, »Henri Cartier-Bresson, un livre, une exposition«, *Les Cahiers du cinéma*, Nr. 308, Februar 1980.

Michel NURIDSANY, »Cartier-Bresson, l'œil et le cœur«, *Le Figaro*, 29. Februar 1980 [1 s/w-Photographie].

Hervé GUIBERT, »Un livre et une exposition d'Henri Cartier-Bresson: la conscience et l'émotion«, *Le Monde*, 5. März 1980.

Carole NAGGAR, »Une exposition et un album racontent l'itinéraire visuel d'un des grands témoins de ce temps«, *Le Matin*, 12. März 1980.

Claude ROY, »Le voleur d'étincelles«, *Le Nouvel Observateur*, Nr. 801, 17.-23. März 1980 [1 s/w-Photographie].

André LAUDE, »Henri Cartier-Bresson«, *Les Nouvelles littéraires*, Nr. 2729, 27. März 1980.

Carole NAGGAR, »Henri Cartier-Bresson, Photographe«, *Le Matin de Paris*, 12. März 1980 [2 s/w-Photographien].

Ferdinando SCIANNA, »La photographie aussi est *cosa mentale*«, *La Quinzaine littéraire*, 1.-15. April 1980 [1 s/w-Photographie].

»Images du pays franc«, *Le Figaro*, 23. Juli 1980 [1 s/w-Photographie].

Hervé GUIBERT, »Vive la Photo: rencontre avec Henri Cartier-Bresson«, *Le Monde*, 30. Oktober 1980.

Michel NURIDSANY, »Cartier-Bresson, un classicisme rayonnant«, *Le Figaro*, 3. Dezember 1980.

Hervé GUIBERT, »Henri Cartier-Bresson de 1927 à 1980«, *Le Monde*, 3. Dezember 1980.

Carole NAGGAR, »Du cœur à l'œil«, *Le Matin de Paris*, 23. Januar 1981.

»Une photo d'Henri Cartier-Bresson«, *Le Monde*, 23. April 1981.

Hervé GUIBERT, »Les dessins d'Henri Cartier-Bresson: fragments d'une médiation«, *Le Monde,* 4. Juni 1981.

Hervé GUIBERT, »Photo: l'envers de la médaille«, *Le Monde,* 17. Dezember 1982, S. 31.

Christian CAUJOLLE, »Magnum à la polonaise«, *Libération,* Januar 1983 [1 unveröff. Photographie, Polen, 1931].

André PIEYRE DE MANDIARGUES, »Henri Cartier-Bresson Le Grand Révélateur«, *Le Nouvel Observateur,* 25. Februar-3. März 1983, S. 68-69 [2 s/w-Photographien].

Christian CAUJOLLE, »Henri Cartier-Bresson portraitiste«, *Libération,* 10.-11. Dezember 1983 [1 s/w-Photographie].

Françoise AYXENDRI, »Les portraits de Cartier-Bresson«, *Le Matin de Paris,* 12. Januar 1984 [1 s/w-Photographie].

Michel NURIDSANY, »Cartier-Bresson portraitiste«, *Le Figaro,* 14. Januar 1984 [1 s/w-Photographie].

Hervé GUIBERT, »Cartier-Bresson, ›Photoportraits‹ sans guillemets«, *Le Monde,* 10. Oktober 1985 [1 s/w-Photographie].

André PIEYRE DE MANDIARGUES, »Les victimes enchantées de Cartier-Bresson«, *L'Express,* 18.-24. Oktober 1985, S. 177-178 [6 s/w-Photographien].

Michel NURIDSANY, »Henri Cartier-Bresson l'incontournable«, *Le Figaro,* 21. November 1985 [2 s/w-Photographien].

Patrick ROEGIERS, »Rencontre: Cartier-Bresson, Gentleman-Caméléon«, *Le Monde,* 16.-17. März 1986, S. XII [1 Photographie, 1 Zeichnung].

Patrick ROEGIERS, »Mais où est donc passé le chat de Steinberg?«, *Les Cahiers de la photographie,* Nr. 18, 1986, S. 88-93.

Les Cahiers de la photographie, Nr. 18, 1986: Sondernr. »Henri Cartier-Bresson« [38 s/w-Photographien, 17 Zeichnungen]; Texte von Henri Cartier-Bresson, Christian Phéline, Jean Kempf, Jean-Claude Lemagny, Julien Levy, Gilles Mora, Anne Baldassari, Eric Bullot, Patrick Roegiers, Jean Arrouye, Gabriel Bauret, Micheline Lo, Ernst Haas sowie ein Gespräch zwischen Henri Cartier-Bresson und Gilles Mora.

Ferdinando SCIANNA, »À propos d'Henri Cartier-Bresson«, *Camera International,* Nr. 11, Sommer 1987, S. 20-29 [8 s/w-Photographien].

»Photo-postale: Henri Cartier-Bresson«, *Libération,* 12. August 1987 [1 s/w-Photographie, kommentiert von Henri Cartier-Bresson].

»A master with a Double Image«, *Newsweek,* 21. September 1987, S. 53 [2 Ill.].

Patrick ROEGIERS, »Les jeunes années de Cartier-Bresson«, *Le Monde,* 4.-5. Oktober 1987.

Alain DISTER, »Paroles d'instantanées«, *Le Nouvel Observateur,* 13.-20. September 1988.

»Cartier d'hiver«, *Télérama,* Nr. 2032, 21. Dezember 1988 [4 Photographien, kommentiert von Robert Doisneau, Jean Lacouture, Milan Kundera und Pierre Boulez].

Brigitte OLLIER, »Henri Cartier-Bresson, roi de cœur«, *Libération,* 28. Dezember 1988 [3 s/w-Photographien].

Thierry BAYLE, »Un photographe loin des clichés«, *Le Quotidien de Paris,* 31. Dezember 1988.

Michel FRIZOT, »Cartier-Bresson, le regard hors de soi«, *Beaux-Arts,* Nr. 65, Februar 1989, S. 68-73 [4 s/w-Photographien].

Philippe BOEGNER, »La mémoire du siècle, troisième entretien: Henri Cartier-Bresson: ›Photographier n'est rien, regarder c'est tout‹«, *Le Figaro-Magazine,* 25. Februar 1989, S. 104-110 [4 s/w-Photographien].

Anne-Marie MORICE, »Le photographiste«, *Télérama,* Nr. 2047, 5. April 1989 [1 s/w-Photographie, 1 Zeichnung].

Dan HOFSTADTER, »Profiles: Stealing a March on the World – I.«, *The New Yorker,* 65:36, 23. Oktober 1989.

Dan HOFSTADTER, »Profiles: Stealing a March on the World – II.«, *The New Yorker,* 65:37, 30. Oktober 1989.

Henri CARTIER-BRESSON, »Magnum, le zen et le tir à l'arc«, *Le Monde,* 25. Januar 1990 [Antwort auf einen Artikel von Patrick Roegiers über die Ausstellung zum 50. Jahrestag der Gründung von Magnum].

Ulderico MUNZI, »Cartier-Bresson: la foto è stupro«, *Corriere della Sera,* 2. Juni 1990, S. 5.

Brigitte OLLIER, »Le petit Henri est devenu photographe, hé oui!«, *Libération,* 14. September 1991.

Michel GUERRIN, »Rencontre avec Henri-Cartier Bresson: la jouissance de l'œil«, *Le Monde,* 21. November 1991, S. 19-21 [1 Photographie, 1 Zeichnung].

Patrick ROEGIERS, »L'Amérique d'un libertaire«, *Le Monde,* 21. November 1991 [1 Photographie].

Gilles MORA, »L'Amérique, avec Cartier-Bresson«, *Photographies Magazine,* Nr. 38, Januar-Februar 1992, S. 60-67 [7 s/w-Photographien].

Ulderico MUNZI, »Camera con vista: ›Io e la mia Leica in America‹: Le confessioni di monsieur Henri«, *Corriere della Sera,* 2. Februar 1992, S. 1-2.

Jean LEYMARIE und Georg EISLER, »Henri Cartier-Bresson, from Photography to Painting«, *Bostonia,* Boston University, Frühjahr 1993, S. 40-47 [5 Gemälde, 9 Zeichnungen, dar. 1 auf dem Deckblatt].

»John Berger meets Cartier-Bresson«, *The Sunday Times,* 29. Mai 1994, S. 40-49 [6 Ill.].

Henri CARTIER-BRESSON, »S'évader«, *Le Monde,* 30. Juni 1994 [geschrieben anläßlich der Vorführung des Films von Sarah Moon während der Veranstaltung Rencontres d'Arles].

»L'ovation pour Cartier-Bresson«, *Le Provençal,* 14. Juli 1994.

Michel GUERRIN, »Henri Cartier-Bresson, le patron«, *Le Monde,* 14. Juli 1994.

Laurent BOUDIER, »Henri Cartier-Bresson, en plein cœur«, *Télérama,* Sondernr., Oktober 1994, S. 51 [1 s/w-Photographie].

Philippe DAGEN, »Henri Cartier-Bresson raconte sa passion pour le dessin«, *Le Monde,* 11. März 1995 [1 Photographie u. 1 Zeichnung].

John BERGER, »Henri Cartier-Bresson«, *Aperture,* Nr. 138, Winter 1995, S. 12-15, 20-21 [3 Zeichnungen, eine Aufnahme Henri Cartier-Bressons von Martine Franck].

FILME, DIE UNTER DER LEITUNG VON HENRI CARTIER-BRESSON ENTSTANDEN SIND

Zweiter Regieassistent von Jean Renoir im Jahr 1936 bei den Dreharbeiten von *La vie est à nous* (Das Leben gehört uns) und *Une partie de campagne* (Eine Landpartie) sowie im Jahr 1939 von *La règle du jeu* (Die Spielregel).

Victoire de la vie, Dokumentarfilm über die Verwundeten in den Krankenhäusern der Republikaner, Spanien, 1937; Kamera: Jacques Lemare.

Le Retour, Dokumentarfilm über die Heimkehr von Kriegsgefangenen und Deportierten, 1944-1945; Produktion: OWI und Ministère des Prisonniers, in Zus.-Arbeit mit Lt. Banks und Capt. Krimsky; Produzentin: Norma Ratner.

Impressions of California, 1969-1970, CBS News; Kamera: Jean Boffety [16 mm, 30 Minuten].

Southern Exposures, 1969-1970, CBS News; Kamera: Walter Dombrow [16 mm, 30 Minuten].

FILME UNTER VERWENDUNG VON PHOTOGRAPHIEN VON HENRI CARTIER-BRESSON

Midlands at Play and at Work, ABC Television, London, 1963
Fünf 15-Minuten-Filme über Deutschland, Süddeutscher Rundfunk, München, 1963-1964.
Le Québec vu par Henri Cartier-Bresson, National Film Board of Canada, 1964; Produktion: Guy Glover, Verleger: Taxtier and Wolf Foenig.
Flagrants Délits, Film von Robert Delpire, Originalmusik: Diego Masson, Paris, Delpire Production, 1967 [600 Photographien von Henri Cartier-Bresson, 29 Minuten].
Images de France, Film von Liliane de Kermadec, ORTF-Unité Trois Productions, Paris, 1970.
The Decisive Moment: Henri Cartier-Bresson, New York, Scholastic Magazines Inc.-The International Fund for Concerned Photography, 1973 [73 s/w-Dias].
Why New Jersey, New York, National Educational Television, Channel 13, 1975.
Contre l'oubli: Lettre à Mamadou Bâ, Mauritanie, Kurzfilm, Regie: Martine Franck für Amnesty International, Schnitt: Roger Ikhlef, 1991.

FILME ÜBER HENRI CARTIER-BRESSON

Henri Cartier-Bresson, Film von Jules César Muracciole, FR3-Ile de France, 1989 [11 Minuten].
Henri Cartier-Bresson, point d'interrogation, Film von Sarah Moon, Take Five Production, 1994 [35 Minuten; engl. u. franz. Fassung].
Contacts, Text von Henri Cartier-Bresson, von ihm selbst gelesen, Regie: Robert Delpire, nach einer Idee von William Klein, Paris, Centre National de la Photographie/La Sept-Arte-K.S. Vision, 1994 [11 Minuten].

RADIOSENDUNGEN

L'Art vivant, Produzenten: G. Charensol und J. Dalevèze, France Culture, 16. Dezember 1966.
L'Environnement poétique, Prod.: Vera Feyder, France Culture, 6. Februar 1969.
Les Chroniques photographiques, Prod.: Jean Klein, France Culture, 24. Oktober 1970.
Salle de rédaction, Interview von Henri Cartier-Bresson, geführt von Jean Delavèze u. Philippe Esnault, Prod.: François-Régis Bastide, France Culture, 30. Oktober 1970.
Le Mois en question, Prod.: Roger Vrigny, France Culture, 18. November 1970.
Objectif Peinture, Prod.: Daniel Le Comte, France Culture, 12. Oktober 1976.
Les Après-midi de France Culture: l'évolution du photo-journalisme, Prod.: Pierre Descargues, France Culture, 21. Oktober 1976.
Rencontre avec Henri Cartier-Bresson, Gespräch mit Pierre Descargues, France Culture, 11. März 1989.
Au bon plaisir d'Henri Cartier-Bresson, Prod. u. Regie: Vera Feyder, France Culture, 14. September 1991 [270 Minuten; CD von F.N.A.C.-France Culture].
Grand Angle: »Tireur-Photographe, un métier, un art«, Prod.: Monette Berthommier, France Culture, 8. Juli 1995 [Lesung eines von Henri Cartier-Bresson zugesandten Faxes zum Beruf des ›Schützen‹ von Photographien sowie ein von Martine Franck und Pierre Gassmann geführtes Interview].

Die Tonbänder dieser Sendungen werden im Archiv der I.N.A. aufbewahrt; dank der Genehmigung des Leiters der Phonothek, Maïc Chomel, war es uns möglich, sie anzuhören.

ALLGEMEINE BIBLIOGRAPHIE

(in alphabetischer Reihenfolge der Autoren)

ABASTADO, Claude, *Introduction au surréalisme,* Paris, Bordas, 1971.
ALAIN, *Le Système des beaux-arts,* Paris, Gallimard, 1926.
ALTHUSSER, Louis, *Philosophie und spontane Philosophie der Wissenschaftler,* Nachwort von Frieder Otto Wolf, Schriften Bd. 4, Berlin, Argument, 1985.
APPELT, Dieter, *La Pensée en images, stratification et temps d'exposition prolongé,* aus den Unterlagen des Kolloquiums »Théâtre des Réalités«, Metz, 1986.
ARAGON, Louis, *Der Pariser Bauer,* Neuübersetzung, Frankfurt/Main, Suhrkamp, 1996.
ARIKHA, Avigdor, *Peinture et regard: Écrits sur l'art 1965-1990,* Paris, Hermann, 1991.
ARISTOTELES, *Poetik,* Stuttgart, Reclam, 1982.
ARROUYE, Jean, »La Chine de Robert Frank«, *Les Cahiers de la photographie,* Nr. 11-12, 1983; »D'une autobiographie l'autre«, *Les Cahiers de la photographie,* Nr. 13, 1984; »L'ailleurs de la photographie«, *Les Cahiers de la photographie,* Nr. 15, 1985; »Renversements imaginaires ou le dépaysement paysagier«, *La Recherche photographique,* Nr. 1, Oktober 1986.
Eugène Atget, Paris, Centre National de la Photographie, Collection Photo Poche, Nr. 16.
ATTAR, Farid ud-Din, *Vogelgespräche.* Die berühmte persische Sufi-Erzählung über die Pilgerfahrt nach innen, Interlaken, Ansata-Verlag, 1993.
AUMONT, Jacques, *L'image,* Paris, Nathan, 1990.
BACHELARD, Gaston, *La Dialectique de la durée,* Paris, Presses Universitaires Françaises, 1989.
BANCROFT, Anne, *Zen,* München, Kösel, 1985.
BARTHES, Roland, *Fragmente einer Sprache der Liebe,* Frankfurt/Main, Suhrkamp, 1984.
BARTHES, Roland, *Mythen des Alltags,* Frankfurt/Main, Suhrkamp, 1974.
BARTHES, Roland, *Das Reich der Zeichen,* Frankfurt/Main, Suhrkamp, 1981.
BARTHES, Roland, *Die helle Kammer. Bemerkung zur Photographie,* Frankfurt/Main, Suhrkamp, 1989.
BARTHES, Roland, *L'Obvie et l'Obtus,* Paris, Seuil, 1982.
BAUDELAIRE, Charles, *Der Künstler und das moderne Leben. Essays,* »Salons«, Intime Tagebücher, hrsg. von Henry Schumann, Leibzig, Reclam, 1994.
BAUDINET, Marie-José, »Similitude et économie dans l'icône byzantine durant la crise de l'iconoclasme«, *Revue d'esthétique,* Toulouse, Privat, 1984.
BAURET, Gabriel, »Résonance de l'œuvre de Robert Frank«, *Les Cahiers de la photographie,* Nr. 11-12, 1983.
BAURET, Gabriel, »Autobiographie littéraire et autobiographie photographique«, *Les Cahiers de la photographie,* Nr. 13, 1984.

BAXANDALL, Michael, *Die Wirklichkeit der Bilder, Malerei und Erfahrung im Italien des 15. Jahrhunderts,* Frankfurt/Main, Syndikat, 1980.

BAZIN, André, *Was ist Kino? Bausteine zur Theorie des Films,* hrsg. von H. Bitomsky, H. Farocki u. E. Kaemmerling, Köln, Verlag M. DuMont Schauberg, 1975.

BENJAMIN, Walter, *Œuvres,* Band 2: *Poésie et révolution* (Auswahl an Essays), Paris, Denoël, 1971.

BENVENISTE, Émile, *Problèmes de linguistique générale,* Paris, Gallimard, N.R.F.

BERGER, John/Mohr, Jean, *Eine andere Art zu erzählen* (unter Mitarbeit von Nicolas Philibert), München/Wien, Carl Hanser Verlag, 1984.

BERGSON, Henri, *Denken und schöpferisches Werden. Aufsätze und Vorträge,* Meisenheim am Glan, Westkultur-Verlag, 1948.

BERGSON, Henri, *Zeit und Freiheit,* mit einem Nachwort von Konstantinos P. Romanòs, Hamburg, Europäische Verlagsanstalt, 1994.

BERGSON, Henri, *Materie und Gedächtnis. Eine Abhandlung über die Beziehung zwischen Körper und Geist,* Jena, Eugen Diederichs, 1919.

BERGSON, Henri, *Schöpferische Entwicklung,* Jena, Eugen Diederichs Verlag, 1912.

BERGSON, Henri, *Die seelische Energie. Aufsätze und Vorträge,* Jena, Eugen Diederichs Verlag, 1928.

BLANCHOT, Maurice, *Das Unzerstörbare. Ein unendliches Gespräch über Sprache, Literatur und Existenz,* München/Wien, Carl Hanser Verlag, 1991.

BLOCH, Ernst, *Erbschaft dieser Zeit,* Gesamtausg. Bd. 4, Frankfurt/Main, Suhrkamp, 1977.

BLOCH, Marc, *Apologie der Geschichte oder Der Beruf des Historikers,* Stuttgart, Ernst Klett Verlag, 1974.

BONNEFOY, Yves, *Remarques sur le dessin,* Paris, Mercure de France, 1993.

BOUBAT, Édouard, *La Photo,* Paris, Livre de poche Jeunesse, 1989.

BOURDIEU, Pierre u.a., *Eine illegitime Kunst, Die sozialen Gebrauchsweisen der Photographie,* Frankfurt/Main, Europäische Verlagsanstalt, 1981.

BOURDIEU, Pierre, *Die feinen Unterschiede: Kritik der gesellschaftlichen Urteilskraft,* Frankfurt/Main, Suhrkamp, 1996.

BOURDIEU, Pierre, *Les Règles de l'art,* Paris, Seuil, 1992.

BRAMLY, Serge, »L'instant photographique«, *Pour la photographie* (Unterlagen des Kolloquiums, Paris VIII.), G.E.R.M.S., 1983.

BRAQUE, Georges, *Der Tag und die Nacht,*

Aus den Aufzeichnungen 1917-1952, Zürich, Die Arche, 1973.

BRASSAÏ, *Gespräche mit Picasso,* Reinbek, Rowohlt, 1985.

BRASSAÏ, *Graffitis,* Paris, Flammarion, 1993.

BRETON, André, *L'Amour fou,* Frankfurt/Main, Suhrkamp, 1975.

BRETON, André, *Les Champs magnétiques,* Paris, Gallimard, 1967.

BRETON, André, *Die kommunizierenden Röhren,* München, Rogner und Bernhard, 1980.

BRETON, André, *Die verlorenen Schritte. Essays, Glossen, Manifeste,* Berlin, Edition Tiamat, 1989.

BRETON, André, *Die Manifeste des Surrealismus,* Reinbek bei Hamburg, Rowohlt, 1977.

BRETON, André/SOUPAULT, Philippe, *Bitte (S'il vous plaît),* Frankfurt/Main, Verlag der Autoren, 1978.

BROSSE, Jacques, »Le hasard et les traditions extrême-orientales«, *Traverses,* Nr. 23, Paris, Centre Georges Pompidou, November 1981.

BUISINE, Alain, *Eugène Atget ou la mélancolie en photographie,* Nîmes, Jacqueline Chambon, 1994.

CARRERA, G. F., *La Photographie le néant,* Paris, P.U.F., 1986.

CARRIÈRE, Jean-Claude, *Die Kraft des Buddhismus. Bewußter leben in der Welt von heute,* Frankfurt/Main, Eichborn, 1996.

CHANGEUX, Jean-Pierre, *Raison et Plaisir,* Paris, Odile Jacob, 1994.

CHARBONNIER, Georges, *Entretiens avec Marcel Duchamp,* Paris, André Dimanche Ed., 1994.

CHENG, François, *Vide et Plein, le langage pictural chinois,* Paris, Seuil, Collection Points, 1991.

CHEVRIER, Jean-François, »L'homme de la rue, de Charles Nègre à Robert Doisneau« (Unterlagen zum Kolloquium über Eugène Atget im Collège de France, 14.-15. Juni 1985), *Photographies,* Sondernr., März 1986.

CLAASS, Arnaud, »Les lignes de sa main«, *Les Cahiers de la photographie,* Nr. 11-12, 1983.

CLAUDEL, Paul, *L'Oiseau noir dans le soleil levant,* Paris, Gallimard, Collection Poésie, 1974.

CLAUDEL, Paul, *Vom Wesen der holländischen Malerei,* Berlin u. Frankfurt/Main, S. Fischer Verlag, 1954.

CONRAD, Joseph, *Herz der Finsternis. Erzählung,* Frankfurt/Main, S. Fischer Verlag, 1968.

COUCHOT, Edmond, »Prise de vue, prise de temps«, *Les Cahiers de la photographie,* Nr. 8, 1982.

DAGOGNET, François, *Étienne-Jules Marey,* Paris, Hazan, 1987.

DAVAL, Jean-Luc, *Die Photographie. Geschichte einer Kunst,* Aarau/Schweiz, AT Verlag, 1983.

DAVID-NÉEL, Alexandra, *Wanderer mit dem Wind,* Reisetagebücher in Briefen 1904-1917, Wiesbaden, F. A. Brockhaus, 1979.

DEBRAY, Régis, *L'Œil naïf,* Paris, Seuil, 1994.

DELEUZE, Gilles, *Das Bewegungs-Bild, Kino 1,* Frankfurt/Main, Suhrkamp, 1989.

DELEUZE, Gilles, *Das Zeit-Bild, Kino 2,* Frankfurt/Main, Suhrkamp, 1991.

DEMIEVILLE, Paul, »Les entretiens de Lin-tsi«, *Hermès,* Nr. 4, Nouvelle Série, 1985.

DOISNEAU, Robert, *A l'imparfait de l'objectif,* Paris, Belfond, 1989.

DUBOIS, Philippe, *L'Acte photographique,* Brüssel, Nathan-Labor, 1983.

DUBOIS, Philippe, »Le corps et ses fantômes«, *La Recherche photographique,* Nr. 1, Oktober 1986.

DURAND, Regis, »Photographies, sculpture du temps«, *Art Press,* Nr. 108, November 1986.

DURAND, Regis, *Le Regard pensif,* Paris, La Différence, 1988.

EISENSTEIN, S. M., *La Non-Indifférente Nature,* Paris, Bourgois, Collection 10/18, 1976.

EISENSTEIN, S. M., *Cinématisme, peinture et cinéma,* Textsammlung, Brüssel, Edition Complexe, 1980.

ENCYCLOPÆDIA UNIVERSALIS, Bd. I, Artikel »Afrique noire« von Louis-Vincent Thomas, Paris, 1990, S. 492-494.

EPSTEIN, Jean, *Photogénie de l'impondérable,* Paris, Ed. Corymbe, 1935.

FAURE, Élie, *Fonction du cinéma,* Genf, Gonthier, 1964.

FENOYL, Pierre de, »Entretien avec Anne Baldassari«, *Les Cahiers de la photographie,* Nr. 18, 1986.

FLOCH, Jean-Marie, *Les Formes de l'empreinte,* Périgueux, Ed. Pierre Fanlac, 1986.

FOUCAULT, Michel, *Die Ordnung der Dinge,* Frankfurt/Main, Suhrkamp, 1980.

FOX TALBOT, William Henry, *The Pencil of Nature,* 1844, Reprint New York, 1969.

FRANCASTEL, Pierre, *Peinture et société,* Paris, Gallimard, Collection Idées-Art, 1972.

FRANCASTEL, Pierre, *L'Image, la vision et l'imagination,* Paris, Denoël-Gonthier, 1983.

FRAZER, James George, *Der goldene Zweig, das Geheimnis von Glauben und Sitten der Völker,* Reinbek, Rowohlt, 1989.

FREUD, Sigmund, *Abriß der Psychoanalyse. Das Unbehagen in der Kultur,* Frankfurt/

Main u. Hamburg, Fischer Bücherei KG, 1970.

GAUDRAND, Jean-Claude, »Un siècle de Photo de famille«, *Photos de famille,* Ausstellungskatalog, La grande halle de La Villette, 1990.

GENETTE, Gérard, *Figure III,* Paris, Seuil, 1972.

GENETTE, Gérard, *Palimpseste. Die Literatur auf zweiter Stufe,* Frankfurt/Main, Suhrkamp, 1993.

GHYKA, Matila C., *Le Nombre d'or,* 2 Bde, Paris, Gallimard, 1931.

GOETHE, Johann Wolfgang, *Die Wahlverwandtschaften. Ein Roman,* Nachwort von Ernst Beutler, Stuttgart, Reclam, 1956.

GOMBRICH, Ernst H., *L'Écologie des images,* Paris, Flammarion, 1983.

GOMBRICH, Ernst H., *Die Kunst, Bilder zum Sprechen zu bringen: Ein Gespräch mit Didier Eribon,* Stuttgart, Klett-Cotta, 1993.

GOMBRICH, Ernst H., *Die Geschichte der Kunst,* erweiterte, überarb. und neu gestaltete 16. Ausgabe, Frankfurt/Main, S. Fischer Verlag, 1996.

GRACQ, Julien, *Die Form einer Stadt,* Graz/Wien, Verlag Droschl, 1989.

GRANET, Marcel, *Das chinesische Denken, Inhalt-Form-Charakter,* Frankfurt/Main, Suhrkamp, 1993.

GRANET, Marcel, *La pensée chinoise,* Paris, Albin Michel, 1968.

GUERRIN, Michel, *Le Monde des Arts,* 18. April 1991.

GUIBERT, Hervé, *L'Image fantôme,* Paris, Minuit, 1981.

GUILLAUME, Gustave, *Temps et Verbe,* Paris, 1929.

GUILLOUX, Louis, *Schwarzes Blut,* Roman, Berlin, Verlag Volk und Welt, 1973.

HEGEL, Georg Wilhelm Friedrich, *Ästhetik,* Band I, Frankfurt/Main, Europäische Verlagsanstalt, 1955.

HERRIGEL, Eugen, *Zen in der Kunst des Bogenschießens,* Otto Wilhelm Barth Verlag, 1994.

HUGUES, Jim/Mc GRAW-HILL, *Shadow and substances, W. Eugene Smith, The life and Work of an American Photographer,* 1989.

ISER, Wolfgang, »La fiction en effet«, *Poétique,* Nr. 39, Paris, Seuil, 1979.

JACQUART, Albert, »Un acteur décisif, mais fictif: le hasard«, *Traverses,* Nr. 23, Centre Georges Pompidou, November 1981.

JAMMES, André, *Nadar,* Paris, Delpire/Centre National de la Photographie, Collection Photo Poche, Nr. 1, 1983.

JANKÉLÉVITCH, Vladimir, *La Musique et l'Ineffable,* Paris, Seuil, 1983.

JANKÉLÉVITCH, Vladimir, *Le Je-ne-sais-quoi et le Presque-rien,* Paris, Seuil, Band 1, 1980.

JAUSS, Hans Robert, *Ästhetische Erfahrung und literarische Hermeneutik,* Frankfurt/Main, Suhrkamp, 1982.

JULLIEN, François, *Éloge de la fadeur: à partir de la pensée et de l'esthétique de la Chine,* Paris, Garnier-Flammarion, 1993.

KAFKA, Franz, *Briefe an Felice und andere Korrespondenz aus der Verlobungszeit,* hrsg. von Erich Heller u. Jürgen Born, Frankfurt/Main, Fischer Taschenbuch Verlag, 1990.

KEMP, Wolfgang (Hg.), *Theorie der Fotografie III, 1945-1980,* München, Schirmer/Mosel, 1983.

KLEE, Paul, *Das bildnerische Denken. Schriften zur Form- und Gestaltungslehre,* hrsg. u. bearb. von Jürg Spiller, Basel, Benno Schwabe & Co Verlag, 1956.

KLEIN, Robert, *La Forme et l'Intelligible,* Paris, Gallimard, Collection Tel, 1970.

KOESTLER, Arthur, *Die Wurzeln des Zufalls,* Bern/München/Wien, Scherz, 1972.

KOYRÉ, Alexandre, *Mystiques, spirituels, alchimistes du XVIe siècle allemand,* Paris, Gallimard, Collection Idées, 1971.

KRAUSS, Rosalind, »Corpus delicti«, *Explosante-Fixe, photographie et surréalisme,* Paris, Centre Georges Pompidou-Hazan, 1985.

KRAUSS, Rosalind, »La Photographie au service du surréalisme«, *Explosante-Fixe,* Paris, Centre Georges Pompidou-Hazan, 1985.

LABORIT, Henri, *Dieu ne joue pas aux dés,* Paris, Gallimard, 1994.

LAMBLIN, Bernard, *Peinture et Temps,* Paris, Ed. Klincksieck, 1983.

LAOTSE, *Tao-te-king,* Das Buch vom Sinn und Leben, Übersetzt und mit einem Kommentar von Richard Wilhelm, München, Eugen Diederichs Verlag, 1995.

LAWRENCE, T. E., *Die sieben Säulen der Weisheit. Lawrence von Arabien,* München/Leipzig, List Verlag, 1994.

LE BOT, Marc, *L'Œil du peintre,* Paris, Gallimard, 1982.

LE GOFF, Jacques, *Geschichte und Gedächtnis,* Frankfurt/Main-New York, Campus-Verlag, 1992.

LEIRIS, Michel, *Mannesalter,* Frankfurt/Main, Suhrkamp, 1988.

LEIRIS, Michel, *Phantom Afrika. Tagebuch einer Expedition von Dakar nach Djibouti 1931-1933,* hrsg. u. Einleitung von Hans-Jürgen Heinrichs, Erster Teil, Ethnologische Schriften, Band 3, Frankfurt/Main, Suhrkamp, 1985.

LEJEUNE, Philippe, *Der autobiographische Pakt,* Frankfurt/Main, Suhrkamp, 1994.

LEMAGNY, Jean-Claude / Rouillé, André (Hg.), *Histoire de la photographie,* Paris, Bordas, 1986.

LESSING, Gotthold Ephraim, *Laokoon oder über die Grenzen der Malerei und Poesie; mit beiläufigen Erläuterungen verschiedener Punkte der alten Kunstgeschichte,* Nachwort von Ingrid Kreuzer, Stuttgart, Reclam, 1983.

LÉVI-STRAUSS, Claude, *Brasilianisches Album,* München, Hanser, 1995.

LÉVI-STRAUSS, Claude, *Traurige Tropen,* Frankfurt/Main, Suhrkamp, 1982.

LÉVINAS, Emmanuel, *Humanismus des anderen Menschen,* Einleitung von Ludwig Wenzler, Hamburg, Felix Meiner Verlag, 1989.

LÉVY-BRUHL, Lucien, *Das Denken der Naturvölker,* Wien und Leipzig, Braumüller, 1921.

LEYS, Simon, *La Forêt en feu. Essai sur la culture et la politique chinoises,* Paris, Hermann, 1983.

LHOTE, André, *Traités du paysage et de la figure,* Paris, Grasset, 1958.

LIE-TSEU, *Le Vrai Classique du vide parfait,* II, X, in: *Philosophes taoïstes,* Paris, Gallimard, Pléiade, 1980.

MALRAUX, André, *Antimémoires,* Paris, Gallimard, 1972.

MAULPOIX, Jean-Michel, *La voix d'Orphée, essai sur le lyrisme,* Paris, José Corti, 1989.

MAUPASSANT, Guy de, »Der Roman«, Vorrede zu *Pierre und Jean,* Romane Bd. 1, München, Winkler, 1974, S. 661-677.

MAYNARD, Patrick, »L'icône ressuscitée de ses cendres: photographie et fonction des images«, *Critique*-Minuit, Nr. 459-460, August-September 1985.

MERLEAU-PONTY, Maurice, *Das Auge und der Geist, Philosophische Essays,* hrsg. von Hans Werner Arndt, Hamburg, Felix Meiner Verlag, 1984.

MESCHONNIC, Henri, *Critique du rythme,* Paris, Verdier, 1982.

METZ, Christian, »Photo, fétiche«, *Pour la photographie,* Bd. III, Paris, G.E.R.M.S., 1990.

MICHAUX, Henri, Ein Barbar in Asien, Graz, Verlag Droschl, 1992.

MORA, Gilles, »Le projet photographique«, *Les Cahiers de la photographie,* Nr. 8, 1982.

MORAND, Paul, *Amouren, Drei Novellen,* Mit einem Vorwort von Marcel Proust, Reinbek, Rowohlt, 1993.

NEWHALL, Beaumont, *Geschichte der Photographie,* München, Schirmer-Mosel, 1984.

NIETZSCHE, Friedrich, *Menschliches, Allzumenschliches. Ein Buch für freie Geister,* Frankfurt/Main, Insel Verlag, 1982.

NIZAN, Paul, Aden. *Die Wachhunde, Zwei Pamphlete,* Vorwort von Jean-Paul Sartre, hrsg. von Traugott König, Reinbek, Rowohlt, 1978.

NOËL, Émile, »La géométrie de l'œil et du cerveau; entretien avec Jean Ninio«, *L'Espace et le Temps aujourd'hui,* Paris,

Seuil, Collection Points Sciences, 1983.

NOËL, Émile, »L'espace, le temps et les arts de l'espace; entretien avec Hubert Damisch«, *L'Espace et le Temps aujourd'hui,* Paris, Seuil, Collection Points Sciences, 1983.

PAULHAN, Jean, *Les Fleurs de Tarbes,* Gallimard, Collection Idées, 1974.

PÉGUY, Charles, *Clio,* Paris, Gallimard.

Pieyre de Mandiargues, André, *Le Désordre de la mémoire, entretiens avec Francine Mallet,* Paris, Gallimard, 1975.

PLECY, Albert, *La Photo, art et langage,* Verviers, Marabout, 1975.

PLOTIN, *Enneaden,* In Auswahl übersetzt u. eingeleitet von Otto Kiefer, 2 Bde, Jena u. Leipzig, Eugen Diederichs, 1905.

PONGE, Francis, *Pour un Malherbe,* Paris, Gallimard, 1965.

PROUST, Marcel, *À la recherche du temps perdu,* Paris, Gallimard, Pléiade, 1954.

PROUST, Marcel, *Eine Liebe Swanns,* Frankfurt/Main, Suhrkamp, 1995.

PROUST, Marcel, *Le Temps retrouvé,* Paris, Gallimard, Pléiade, 1954.

RICŒUR, Paul, *Zeit und Erzählung,* 3 Bde, München, Wilhelm Fink Verlag.

RIMPOCHÉ, Sogyal, *Le livre tibétain de la vie et de la mort,* Paris, La Table ronde, 1992.

RIO, Michel, »Le dit et le vu«, *Communication,* Nr. 29, 1978.

ROBIN, Léon, *La Pensée grecque,* Paris, Albin-Michel, 1973.

ROEGIERS, Patrick, »Robert Frank ou les mystères de la chambre«, *Le Monde,* 11.-12. Mai 1986.

ROUILLÉ, André, »Clichés de la vie privée; parcours à la lisière de l'intime«, *Photos de famille,* Ausstellungskatalog, La grande halle de La Villette, 1990.

SCHAEFFER, Jean-Marie, *L'Art de l'âge moderne,* Paris, Gallimard, 1992.

SCHAEFFER, Jean-Marie, *L'Image précaire,* Paris, Seuil, 1987.

SCHOLES, Robert u.a., »Les modes de la fiction«, *Théorie des genres,* Paris, Seuil, Collection Points, 1986.

SONTAG, Susan, *Über Fotografie,* Frankfurt/Main, Fischer Taschenbuch Verlag, 1980.

SOURIAU, Étienne, *Les Structures maîtresses de l'œuvre d'art,* Paris, Centre de Documentation Universitaire, 1956.

SPERBER, Dan, *Über Symbolik,* Frankfurt/Main, Suhrkamp, 1975.

STIERLE, Karlheinz, »Réception et fiction«, *Poétique,* Nr. 39, Paris, Seuil, 1979.

TARDIEU, Jean, *Le Fleuve caché, Poésies 1938-1961,* Paris, Gallimard, 1948.

THÉZY, Marie de, »Le groupe des XV, un moment de la photographie française«, *Les Cahiers de la photographie,* Nr. 9, 1983.

TOLSTOI, Leo N., *Krieg und Frieden,* München, Deutscher Taschenbuch Verlag, 1990.

TOURNIER, Michel, »Création et Prédation«, *Les Cahiers de la photographie,* Nr. 8, 1982.

VACCARI, Franco, *La Photographie et l'inconscient technologique,* Paris, Ed. Créatis, 1981.

VAN DER KEUKEN, Johan, »L'expérience d'un photographe-cinéaste«, *Photographies,* Nr. 4, April 1984.

VAN LIER, Henri, *Les Arts de l'espace,* Brüssel, Casterman, 1959.

VAN LIER, Henri, »Le non-acte photographique« (Kolloquium-Unterlagen, Paris, Sorbonne), *Les Cahiers de la photographie,* Nr. 8, 1982.

VAN LIER, Henri, »Philosophie de la photographie«, *Les Cahiers de la photographie,* Sondernr., 1983.

VERNANT, Jean-Pierre, »De la présentification de l'invisible à l'imitation de l'apparence«, *Revue d'esthétique,* Nr. 7, Toulouse, Privat, 1984.

VALÉRY, Paul, *La Crise de l'esprit. Variété I,* Paris, Gallimard, 1924.

VANDIER-NICOLAS, Nicole, *Esthétique et peinture de paysage en Chine,* Paris, Ed. Klincksieck, 1987.

VANDIER-NICOLAS, Nicole, *Chinesische Malerei und Tradition der Gelehrten,* Würzburg, Edition Popp, 1983.

WATTS, Alan W., *Zen-Buddhismus. Tradition und lebendige Gegenwart,* Reinbek, Rowohlt, 1961.

WOLLEN, Peter, »Feu et glace«, *Photographies,* Nr. 4, April 1984.

Namensregister

Die fettgedruckten Zahlen verweisen auf die Seite, auf der die betreffende Abbildung jeweils wiedergegeben ist.

Verzeichnis der abgebildeten Werke

Die Photographie *Kardinal Pacelli in
Montmartre, Paris, 1938* auf S. 274 wurde
ohne schwarzen Rahmen abgedruckt, da
sie nach Augenmaß aufgenommen und
neu gerahmt wurde.

GRAPHISCHE WERKE

Die römischen Zahlen verweisen auf die
Farbtafeln in der Mitte des Buches (ohne
Seitenangaben). Die Formate sind in cm,
Höhe vor Breite, angegeben.

DANK

Der Autor dankt besonders herzlich Henri Cartier-Bresson und Martine Franck für ihre Unterstützung und ihre Ermutigungen. Große Dankbarkeit gebührt auch Yves Bonnefoy, Jean-François Barrielle, Robert Delpire und Jean Arrouye sowie Marie-Thérèse Dumas, deren Hilfe äußerst wertvoll war, Anne Crémieux und Marie-Pierre Giffey vom Archivdienst der Agentur Magnum, Daniel Mordac und Marie-Pierre Bride von Picto Bastille, dem Studio Perrain, schließlich Claire Legarde und Nathalie Michel, die das Manuskript mit großer Sorgfalt durchgesehen haben, und Frédéric Célestin für das graphische Konzept.

Der Verlag dankt Madame Brassaï für ihre freundliche Unterstützung des Werkes, desgleichen Dominique Grosmangin und Isabelle Sauvage sowie folgenden Verlagen: Dervy, Gallimard, Bernard Grasset, Librairie Orientaliste Paul Geuthner, Hermann, Labor, Robert Laffont, Albin Michel, Presses Universitaires de France, Le Seuil und Skira.

BILDNACHWEIS

Die kursiven Zahlen verweisen auf die Nummern der Abbildungen im Text.